U0455509

权威·前沿·原创

皮书系列为
"十二五""十三五"国家重点图书出版规划项目

文化志愿服务蓝皮书

BLUE BOOK OF
CULTURAL VOLUNTEER SERVICE

中国文化志愿服务发展报告（2018）

ANNUAL REPORT ON DEVELOPMENT OF CHINA'S
CULTURAL VOLUNTEER SERVICE (2018)

主　编／良警宇

社会科学文献出版社
SOCIAL SCIENCES ACADEMIC PRESS（CHINA）

图书在版编目（CIP）数据

中国文化志愿服务发展报告. 2018 / 良警宇主编
. -- 北京：社会科学文献出版社，2018.12
（文化志愿服务蓝皮书）
ISBN 978 - 7 - 5201 - 4122 - 2

Ⅰ. ①中… Ⅱ. ①良… Ⅲ. ①文化工作 - 志愿 - 社会
服务 - 研究报告 - 中国 - 2018 Ⅳ. ①G12 ②D669.3

中国版本图书馆 CIP 数据核字（2018）第 293010 号

文化志愿服务蓝皮书
中国文化志愿服务发展报告（2018）

主　　编／良警宇

出 版 人／谢寿光
项目统筹／陈　颖
责任编辑／陈晴钰

出　　版／社会科学文献出版社·皮书出版分社 （010）59367127
　　　　　　地址：北京市北三环中路甲 29 号院华龙大厦　邮编：100029
　　　　　　网址：www. ssap. com. cn
发　　行／市场营销中心 （010）59367081　59367083
印　　装／三河市龙林印务有限公司

规　　格／开 本：787mm × 1092mm　1/16
　　　　　　印 张：27.75　字 数：419 千字
版　　次／2018 年 12 月第 1 版　2018 年 12 月第 1 次印刷
书　　号／ISBN 978 - 7 - 5201 - 4122 - 2
定　　价／98.00 元

皮书序列号／PSN B - 2016 - 596 - 1/1

本书如有印装质量问题，请与读者服务中心（010 - 59367028）联系

▲▲ 版权所有 翻印必究

编委会成员名单

编委会主任　良警宇

编委会成员　（以本书文序排列）

王筱雯　王天泥　王惠君　邓芸芸　杨伟庆
陈雯鸳　杨应时　庞桂馨　张　帆　杨兰亭
文　航　刘惠平　梁爱民　吕婷婷　舒　阳
果美侠　宣艺瑶　杨丹丹　陈　娟　苏华琦
鄢新艳　庄红伟　沈海涵　刘继文　毛　鑫
郭宇坤　辛媛媛　闻　瑶　刘　洋　王书洁
王　鲲　赵　菁　杨江浩

主要编撰者简介

（以本书文序排列）

良警宇　中央民族大学教授，国家公共文化服务体系建设专家委员会委员，中国社会学会城市社会学专业委员会副会长，主要研究方向为文化社会学、城市社会学、公共文化与志愿服务等。

王筱雯　辽宁省图书馆馆长、研究馆员，辽宁省图书馆学会理事长，主要研究方向为公共图书馆服务体系构建、公共文化政策、文化志愿服务研究等。

王惠君　广东省文化馆馆长、研究馆员，广东省非物质文化遗产保护中心主任，中国文化馆协会文化志愿服务委员会主任，主要研究方向为公共文化服务体系构建、公共文化政策、文化志愿服务研究等。

陈雯鹭　中国国家博物馆社会教育宣传部馆员，公共教育工作室志愿者管理工作负责人，主要研究方向为博物馆公共教育、文化志愿服务研究等。

杨应时　中国美术馆公共教育部副主任、副研究馆员，主要研究方向艺术博物馆公共教育与管理、中国书法艺术研究、文化志愿服务研究等。

刘惠平　中国古籍保护协会会长、研究馆员，主要研究方向为图书馆学、古籍保护、志愿服务研究等。

舒　阳　深圳市文化馆事业发展部部长，深圳市文化志愿服务总队秘书长，主要研究方向为文化馆公共教育、文化志愿服务研究等。

果美侠 故宫博物院宣传教育部副主任、研究馆员，主要研究方向为博物馆公共教育与管理、明清中西文化交流史、文化志愿服务研究等。

宣艺瑶 国家图书馆馆员，主要研究方向为图书馆学、图书馆公共服务与教育等。

杨丹丹 首都博物馆馆长助理兼宣教部主任、副研究馆员，主要研究方向为博物馆管理与公共教育、博物馆策展、文化志愿服务研究等。

陈　娟 厦门市文化馆馆长、研究馆员，主要研究方向为公共文化服务体系建设、文化馆管理与公共教育、志愿服务与管理等。

苏华琦 厦门市文化馆副馆长，研究馆员，主要研究方向为文化馆管理与公共教育、志愿服务与管理等。

沈海涵 温州市文化馆馆员，主要研究方向为文化馆公共教育与管理、志愿服务与管理等。

闻　瑶 江苏省淮阴工学院讲师，中央民族大学博士生，主要研究方向为文化社会学、城市社会学等。

赵　菁 中国国家博物馆培训部副研究馆员，主要研究方向为博物馆公共教育与管理、文化志愿服务研究等。

王　鲲 北京外国语大学法语语言文化学院副院长，教育部中法人文交流研究中心负责人，主要研究方向为法国文化与社会研究、法语语言文学研究等。

摘　要

本书全面展现了 2016 年以来中国文化志愿服务事业的发展状况，分析了中国文化志愿服务发展的实践特征、发展模式与发展趋势，探讨了文化志愿服务的理论与政策。

全书由"总报告""分报告""地方篇""机构篇""项目篇""专题篇""借鉴篇"七个部分组成。"总报告"总结了 2016 年以来中国文化志愿服务发展取得的成就、存在的问题，展望了新时代我国文化志愿服务事业的发展机遇和发展趋势。"分报告"对我国重要领域文化志愿服务发展现状进行了分析。"地方篇"梳理和分析了各地文化志愿服务事业的发展状况。"机构篇"呈现了公共文化机构志愿服务的发展特点与经验。"项目篇"介绍了"春雨工程"——全国文化志愿者边疆行活动、"大地情深"——国家艺术院团志愿服务走基层活动以及全国基层文化志愿服务活动等典型品牌案例。"专题篇"分析了省级图书馆、文化馆和博物馆微信公众号信息传播状况以及学术研究状况。"借鉴篇"分析了法国、美国和日本文化志愿服务的经验。附录中的"大事记"记录了 2016～2018 年我国大力发展文化志愿服务的重要事件。

本书提出，在全面深化改革的背景下，作为志愿服务和现代公共文化服务体系建设的重要组成部分，我国文化志愿服务事业获得重大发展：文化志愿服务发展被纳入国家深化改革的总体部署以及国家和地方"十三五"文化发展规划的重要内容；文化志愿服务发展的社会环境根本改善，法治基础得到夯实；文化志愿服务在制度规范建设、组织网络与人才队伍培育、活动品牌打造、服务领域拓展和形式创新、志愿者管理与培训等方面取得了显著成效，在社会化发展和信息化建设等方面进行了积极探索；文化志愿服务实

践和理论的研究也得到推进。但由于历史和现实因素制约，仍然在区域、群体和层次的均衡发展，信息平台建设和实现信息网络联通，管理制度与服务规范的落实，激励保障措施的完善，社会组织化水平的提高与多元化发展，理论研究水平的提升等方面还面临着问题。在全面构建现代公共文化服务体系、实施文化精准惠民、传承优秀传统文化与保护非物质文化遗产，推动"一带一路"和中华文化"走出去"，实现乡村振兴和促进文化与旅游融合发展的国家战略与发展机遇下，文化志愿服务也呈现新的发展趋势和发展任务。

目　录

Ⅶ 借鉴篇

Ⅷ 附录

皮书数据库阅读**使用指南**

总 报 告

General Report

B.1

中国文化志愿服务发展报告
（2016~2018年）

良警宇 *

摘　要：　在全面深化改革的背景下，作为志愿服务和现代公共文化服务体系建设的重要组成部分，我国文化志愿服务事业获得重大发展：文化志愿服务发展被纳入国家深化改革的总体部署，是国家和地方"十三五"文化发展规划的重要内容；文化志愿服务发展的社会环境得到根本改善，法治基础得到夯实；文化志愿服务在制度规范建设、组织网络与人才队伍培育、活动品牌打造、服务领域拓展和形式创新、志愿者管理与培训等方面取得了显著成效，在社会化发展和信息化建设等方

---

* 良警宇，中央民族大学教授，国家公共文化服务体系建设专家委员会委员，中国社会学会城市社会学专业委员会副会长。

面进行了积极探索；文化志愿服务实践和理论的研究也得到推进。但仍然在区域、群体和层次的均衡发展，信息平台建设和实现信息网络联通，管理制度与服务规范落实以及激励保障措施的完善，社会组织化水平的提高与多元化发展推进，以及理论研究水平的提升等方面还面临问题。在全面构建现代公共文化服务体系、实施文化精准惠民、传承优秀传统文化与保护非物质文化遗产，推动"一带一路"和中华文化"走出去"，实现乡村振兴和促进文化与旅游融合发展的国家战略与发展机遇下，文化志愿服务也呈现新的发展趋势，有新的发展任务。

关键词：　中国　文化志愿服务　发展趋势

一　文化志愿服务事业发展状况与成就

在全面深化改革的背景下，作为志愿服务和现代公共文化服务体系建设的重要组成部分，我国文化志愿服务事业 2016 年以来获得重大发展：文化志愿服务发展被纳入国家深化改革的总体部署，被列为国家和地方"十三五"文化发展规划的重要内容；国家一系列相关法律和政策措施的相继出台，使文化志愿服务发展的社会环境得到根本改善，法治基础得到夯实；文化志愿服务在制度规范建设、组织网络与人才队伍培育、活动品牌打造、服务领域拓展和形式创新、志愿者管理与培训等方面取得了显著成效，在社会化发展和信息化建设等方面进行了积极探索和实践，文化志愿服务实践和理论研究得到推进。

（一）文化志愿服务发展被纳入国家深化改革的总体部署

2016 年是国家"十三五"规划的开局之年，文化志愿服务作为志愿服务的重要组成部分，被纳入深化改革和加强与创新社会治理的总体部署。

2016年5月和8月，中央全面深化改革领导小组第二十四次会议和第二十七次会议分别审议通过了《关于支持和发展志愿服务组织的意见》《关于公共文化设施开展学雷锋志愿服务的实施意见》。连续两次中央深改组会议讨论关于志愿服务的意见，充分显示了志愿服务在国家战略发展中所具有的重要地位，肯定了文化志愿服务对于培育和践行社会主义核心价值观，传承和弘扬中华优秀传统文化的价值，以及在志愿服务的发展创新和风尚引导中的重要地位。在这一背景下，中宣部、中央文明办等七部门于12月发布的《关于公共文化设施开展学雷锋志愿服务的实施意见》提出，到2020年"基本建成公共文化设施志愿服务组织体系、志愿服务项目体系和志愿服务管理制度体系。公共文化设施志愿者队伍不断壮大，志愿服务组织充满活力，志愿服务活动广泛开展，成为全社会学雷锋志愿服务的品牌，传承和弘扬中华优秀传统文化的窗口，培育和践行社会主义核心价值观的重要阵地"[1] 等工作目标。同时，国家也对深入推进各类公共文化设施开展学雷锋志愿服务进行了具体部署，公布了公共文化设施开展学雷锋志愿服务首批61个示范单位。各地积极贯彻中央决策部署，推动文化志愿服务进入新的发展阶段。

（二）文化志愿服务发展被列为国家和地方"十三五"文化发展规划的重要建设内容

在国家和各地政府、文化厅（局）制定的相关"十三五"发展规划中，推进文化志愿服务事业发展也被列为重要内容。

2017年发布的《文化部"十三五"时期文化发展改革规划》提出，要"推进文化志愿服务，建立和完善文化志愿者注册招募、服务记录、管理评价和激励保障机制，提高文化志愿服务规范化、专业化和社会化水平"[2]；在现代公共文化服务体系建设的重点项目中，设立了"全国文化志愿服务

---

[1] 中宣部、中央文明办、教育部、民政部、文化部、国家文物局和中国科协七部门联合印发《关于公共文化设施开展学雷锋志愿服务的实施意见》，2016年印发。
[2] 文化部印发《文化部"十三五"时期文化发展改革规划》，2017年印发。

行动计划"，"每年实施100个左右具有示范意义的志愿服务项目，培育文化志愿服务品牌；实施'阳光工程'—中西部地区农村文化志愿服务行动计划；建立健全各级文化志愿服务组织，壮大文化志愿者队伍，加强分级分类管理和培训"①；提出了实施"春雨工程"，开展文化志愿者边疆行活动。

2017年的《文化部"十三五"时期全国公共图书馆事业发展规划》，将文化志愿服务作为"创新管理体制机制，促进社会化发展"的重要抓手，提出要"广泛开展文化志愿服务。弘扬志愿服务精神，坚持志愿服务与政府服务、市场服务相衔接，鼓励和支持公共图书馆开展参与广泛、内容丰富、形式多样的文化志愿服务，探索具有图书馆特色的文化志愿服务模式，打造一批公共图书馆志愿服务品牌。完善公共图书馆志愿者注册招募、服务记录、管理评价和激励机制。各级文化行政部门对公共图书馆志愿服务给予必要的指导和支持"②。并将"开展公共图书馆志愿服务活动"作为"创新公共图书馆管理体制"的重要内容予以推进。措施包括"着眼于丰富公共图书馆服务项目和内容，弥补公共图书馆工作人员不足，在各级公共图书馆和基层综合性文化服务中心，广泛招募志愿者，建立相应工作制度，辅助做好图书管理、借阅咨询、阅读辅导和推广活动等工作，加强志愿者培训，并为其开展服务提供必要条件"③。

文化部在2017年印发的《"十三五"时期繁荣群众文艺发展规划》中，将"发展和壮大群众文艺志愿者队伍"作为"培育和壮大群众文艺力量"的重点任务，提出"各级文化馆（站）建立文化志愿服务机制，鼓励和动员专家学者、专业艺术工作者参加群众文艺工作，通过教学帮带，提升群众文艺工作水平。加强基层群众文艺志愿者队伍建设，建立注册招募、服务记录、管理评价、教育培训机制。继续开展文化志愿服务品牌活动，推进'春雨工程'——全国文化志愿者边疆行活动、'大地情深'——国家艺术院团志愿服务走基层活动、'阳光工程'——中西部农村文化志愿服务行动

---

① 文化部印发《文化部"十三五"时期文化发展改革规划》，2017年印发。
② 文化部印发《"十三五"时期全国公共图书馆事业发展规划》（文公共发〔2017〕19号）。
③ 文化部印发《"十三五"时期全国公共图书馆事业发展规划》（文公共发〔2017〕19号）。

计划，发挥品牌活动示范引导作用。会同中国文联文艺志愿服务中心开展文艺家志愿服务活动"① 等规划要求。

为了深入实施《"十三五"时期贫困地区公共文化服务体系建设规划纲要》，《文化部"十三五"时期文化扶贫工作实施方案》进一步明确了贫困地区公共文化服务体系建设的重点任务，将文化志愿服务作为"推动贫困地区公共文化服务体系建设"的抓手，推动"开展文化志愿服务项目"，提出继续组织开展"春雨工程"——全国文化志愿者边疆行活动、"大地情深"——国家艺术院团志愿服务走基层活动和"阳光工程"——中西部农村文化志愿服务行动计划，"以重点需求项目为引领，推动文化资源向老少边穷地区倾斜，推动贫困地区文化志愿服务工作蓬勃开展"②。各省市文化厅（局）也根据当地实际，在发布的有关"十三五"发展规划中制定推动文化志愿服务发展，加快构建现代公共文化服务体系的要求。一些省市还出台了推动文化志愿服务工作的专项规划，如2016年底广东省发布了首个省级的文化志愿服务专项规划——《广东省文化志愿服务工作"十三五"规划》，以全面推动文化志愿服务事业的全域发展。

（三）文化志愿服务发展的法治基础得到夯实

2017年党的十九大报告明确提出"推进诚信建设和志愿服务制度化，强化社会责任意识、规则意识、奉献意识"③。2016年以来，国家层面关于志愿服务和公共文化服务体系建设法律法规的出台，使文化志愿服务发展的社会环境得到根本改善，法治基础进一步夯实。

志愿服务立法方面，第十二届全国人民代表大会第四次会议于2016年3月16日通过了《中华人民共和国慈善法》（以下简称《慈善法》），并于

---

① 文化部印发《"十三五"时期繁荣群众文艺发展规划》（文公共发〔2017〕10号）。
② 文化部财务司印发《"十三五"时期文化扶贫工作实施方案》（办财务函〔2017〕131号）。
③ 习近平：《决胜全面建成小康社会 夺取新时代中国特色社会主义伟大胜利——在中国共产党第十九次全国代表大会上的报告》，2017年10月18日。

2016 年 9 月 1 日起正式施行。《慈善法》对于志愿者、志愿服务组织和活动的慈善性质，以及志愿者的权益，都进行了明确细致的规定。① 2017 年 9 月 6 日，国务院总理李克强签署国务院令，公布了《志愿服务条例》，自 2017 年 12 月 1 日起正式施行。该条例提出了志愿服务专业化方向发展的要求，并特别提出"国家鼓励和支持国家机关、企业事业单位、人民团体、社会组织等成立志愿服务队伍开展专业志愿服务活动，鼓励和支持具备专业知识、技能的志愿者提供专业志愿服务"②。这些法律的出台为推动文化志愿服务的健康发展提供了有力的法治保障。

公共文化服务立法方面，全国人大常务委员会会议于 2016 年 12 月 25 日审议通过了《中华人民共和国公共文化服务保障法》（以下简称《公共文化服务保障法》），该法于 2017 年 3 月 1 日起正式施行。《公共文化服务保障法》高度重视公共文化服务社会化发展，将鼓励和支持社会力量参与上升为法定原则③，将文化志愿服务确定为公共文化服务提供的重要方式，提出"国家倡导和鼓励公民、法人和其他组织参与文化志愿服务"；要求公共文化设施管理单位应当依法建立文化志愿服务机制，组织开展文化志愿服务活动，并要求县级以上地方人民政府相关部门指导和支持文化志愿活动并建立管理评价、教育培训和激励保障机制，以及志愿者从事面向基层的公共文化服务的要求。④《公共文化服务保障法》的出台夯实了推进文化志愿服务发展的法治基础，对于全面深化改革，提高文化治理能力，具有十分重要的意义。2017 年 11 月 4 日，全国人大常务委员会会议审议通过《中华人民共和国公共图书馆法》（以下简称《公共图书馆法》），自 2018 年 1 月 1 日起施行。《公共图书馆法》对接《公共文化服务保障法》的要求，明确了"国家鼓励公民参与公共图书馆志愿服务。县级以上人民政府文化主管

①　第十二届全国人民代表大会常务委员会第 4 次会议通过《中华人民共和国慈善法》。
②　国务院第 175 次常务会议通过《志愿服务条例》（国令第 685 号）。
③　第十二届全国人民代表大会常务委员会第 25 次会议通过《中华人民共和国公共文化服务保障法》。
④　第十二届全国人民代表大会常务委员会第 25 次会议通过《中华人民共和国公共文化服务保障法》。

部门应当对公共图书馆志愿服务给予必要的指导和支持",① 肯定了文化志愿服务对公共图书馆事业发展的作用，为推动公共图书馆文化志愿服务工作奠定了基础。

（四）文化志愿服务制度化建设取得重大进展

2016 年以来的文化志愿服务工作重点突出了制度的建设、引导、规范和促进作用，为我国文化志愿服务事业的规范化、长效化和稳定性发展奠定了基础。

2016 年 7 月，文化部印发了《文化志愿服务管理办法》②，共 6 章 28 条。该办法根据文化志愿服务特点，明确了文化志愿服务的范围、文化志愿者应享有的权利和履行的义务，规定了文化志愿服务组织单位应履行的职责，提出文化志愿服务组织单位应结合实际，建立文化志愿服务激励回馈制度和文化志愿服务嘉许制度，对于推动文化志愿服务常态化、规范化、制度化发挥了引导和推动作用。

《文化志愿服务管理办法》出台后，各地文化行政部门积极落实，许多省、自治区、直辖市根据该办法制定了地方的具体实施办法。如 2016 年 6 月广东省文化厅联合省文明办制定印发了《广东省文化志愿服务规范指引》，山东省文化厅于 2016 年 12 月发布了《山东省文化志愿服务实施办法》，③ 内蒙古自治区文化厅于 2017 年 9 月发布了《内蒙古自治区文化志愿者管理办法（试行）》④，这些办法都明确了文化志愿者注册登记、培训管理、服务规范、考核评估和表彰激励等内容，以推动文化志愿服务标准化、规范化发展。许多地级市根据本省的安排，发布市级的文化志愿服务管理办法，如包头市文化新闻出版广电局于 2016 年 3 月发布了《包头市文化志愿者管

① 第十二届全国人民代表大会常务委员会第 30 次会议通过《中华人民共和国公共图书馆法》。
② 文化部印发《文化志愿服务管理办法》（文公共发〔2016〕15 号）。
③ 山东省文化厅关于印发《山东省文化志愿服务实施办法》的通知（鲁文群〔2016〕3 号）。
④ 内蒙古自治区文化厅印发《内蒙古自治区文化志愿者管理办法（试行）》的通知（内文办字〔2017〕380 号）。

理办法》①，深圳市文体旅游局于 2016 年 11 月发布了《文化志愿服务管理办法》②。

2016 年也是推广和落实中央文明办、民政部等党政部门制定的面向全国志愿服务领域的指导意见和规范标准的重要年份。为了推进和落实《志愿服务信息系统基本规范》③，文化部积极推动研究和制定公共图书馆、文化馆、博物馆以及美术馆四个领域的文化志愿服务工作规范等制度性文件。

（五）文化志愿服务组织网络和人才队伍建设得到加强，社会化发展得到推进

各级文化部门积极推动文化志愿服务的组织网络构建和人才队伍发展，推动全国性的以及区域性的文化志愿服务协会或联盟相继成立，加强文化志愿服务的组织网络以及人才队伍的建设，社会化发展得到推进，网络联动能力进一步提高。

2016 年 11 月 29 日，中国文化馆协会文化志愿服务委员会在广东省文化馆正式成立，由此搭建了全国文化馆志愿服务的交流平台，这不仅有利于打造文化志愿服务资源共建共享机制和推动文化志愿服务长效发展，而且有利于文化志愿服务工作领域探索从文化馆向社会化扩展以及文化馆职能突破的路径。2017 年 11 月 8 日中国古籍保护协会古籍保护志愿服务专业委员会暨文化志愿者联合会成立，标志着古籍保护工作开始向"公众参与时代"持续迈进。中国博物馆协会志愿者专业委员会作为长期致力于促进博物馆志愿者交流和服务提升的全国性博物馆志愿者网络，在推动博物馆志愿者工作的规范发展和交流中发挥了重要作用，截至 2017 年末，全国共有博物馆

---

① 包头市文化新闻出版广电局印发《包头市文化志愿者管理办法》，2016 年印发。
② 深圳市文体旅游局印发《文化志愿服务管理办法》，2016 年印发。
③ 民政部发布《志愿服务信息系统基本规范》（标准编号：MZ/T 061 – 2015）。

4721个，接待观众97172万人次①，占文物机构接待观众总数的84.7%。其中中等规模以上的博物馆几乎都引入了数量不等的志愿者为博物馆提供志愿服务，志愿者在博物馆与观众之间搭起了一座座传递美的桥梁。志愿服务工作在公共图书馆的精神文明建设中发挥了积极作用，成为图书馆业务工作拓展和工作创新的良好方式。2016年10月26日，中国图书馆学会公共图书馆分会召开"公共图书馆分会志愿服务工作委员会第一次会议"，对进一步促进全国公共图书馆志愿服务工作的发展、规范志愿服务工作管理、充分发挥图书馆志愿服务工作的职能作用做出了部署。

在各地探索建立创新文化志愿服务组织管理模式方面，继河北省首个在民政部门注册建立省级文化志愿者协会后，山东、云南等地区也积极推进筹建，推动文化志愿服务社会化发展。如山东省威海市成立威海市文化志愿者协会，鼓励引导社会力量参与公共文化服务，全市共有注册文化志愿者17000余名。日照市成立的文化志愿者协会有团体会员40余个，个人会员4000多名，涵盖文化、广电、新闻出版、社科、文联等领域以及部分文化类企业，市、县、乡文化场馆均设立了志愿服务岗，文化志愿服务逐步走上规范化、制度化、常态化。②

各地还积极探索成立文化志愿服务联盟，通过推动区域性文化志愿服务的网络联动推进交流与合作。如2017年12月30日上海文化志愿服务联盟成立，首批联盟成员单位包括上海文化志愿者服务总队、社区文化活动中心日常巡查志愿服务总队、文艺志愿服务总队、上图志愿者服务基地等13家机构。联盟的成立对于加强发挥平台作用，增强文化志愿服务的力度、广度和深度，创新和加强新时代公共文化建设，提高文化志愿服务的水平与质量，营造城市文化氛围，加强文化志愿者队伍管理发挥了推动作用。

公共文化机构之间的文化志愿服务联盟也不断得到推进。2016年福建省艺术馆成立了福建省文化馆志愿者联盟。同年，重庆市成立主城区文化馆

① 文化和旅游部财务司：《中华人民共和国文化和旅游部2017年文化发展统计公报》，《中国文化报》2018年5月31日第4版。
② 山东省文化厅、山东省财政厅2017年《关于对威海市日照市申报创建示范区意见的报告》。

联盟、渝东北片区文化馆联盟、渝西片区文化馆联盟、泛渝东南地区文化馆联盟。各联盟举办了"艺术普及 全民共享"区域交流演出、展览和以全民艺术普及成果为主题的巡演活动等各具特色的文化志愿服务活动，在文化物联网跨区县配送、打造具有区域性特色文化志愿服务方面取得了初步成效。2017年依托首都图书馆联盟各成员单位，北京市成立了公共图书馆文化志愿服务总队，在公共图书馆全面推进文化志愿服务工作，引导和带动社会力量投身文化志愿服务，不断完善专兼结合的基层文化工作队伍。

在志愿服务组织网络广泛构建的基础上，文化志愿者人才队伍稳固发展。如北京市加强文化志愿者队伍建设，建成了以市文化志愿者服务中心为龙头，以区分中心为基础，覆盖市、区、街道乡镇的三级文化志愿服务网络，文化志愿者达到3.27万名，文化志愿服务团体311个，参与人数28万人①。广东省中山市调动社会力量参与文化志愿服务，整合了文广新系统内外的服务资源，建立起44支文化志愿服务分队，构建了市、区、街道、社区四级网络，文化志愿服务体系覆盖全市各个角落，拥有注册文化志愿者达10163人②。在西部地区，西藏自治区日喀则市积极建立公共文化志愿者人才数据库。2016年招募885名公共文化志愿者，招募范围覆盖日喀则市18个县（区）③。新疆巴州文化体育广播影视局于2016年在全社会招募各类文化志愿者300余名，组建完善了12支文化志愿者服务团队，按专业特长、服务岗位、服务时段对文化志愿者实行分类注册管理。此外，还加大文化户创建力度，挂牌命名899户文化户。鼓励农牧民自办业余文艺团体220个，有业余演员5500余人。这些文化户和业余演员成为巴州农村文化志愿服务活动的主力军④。

① 数字来源于北京市文化局2016年工作总结的相关数字统计。
② 《"文化＋公益"让志愿服务深入人心》，http：//news. sina. com. cn/c/2017 – 10 – 27/doc – ifynfrfm9458839. shtml。
③ 《日喀则市招募文化志愿者实现全覆盖》，http：//www. xinhuanet. com/local/2017 – 05/22/ c_ 129611477. htm。
④ 《新疆巴州文化体育广播影视局积极推进文化志愿服务常态化》，https：// www. mcprc. gov. cn/whzx/qgwhxxlb/xj/201609/t20160912_ 793973. htm。

010

全国各地的公共文化机构志愿服务组织建设和志愿者队伍建设也呈现常态化发展。一方面，各地的公共文化机构文化志愿服务队（中心）相继成立；另一方面，各个公共文化机构的文化志愿服务队（中心）长期招募志愿者，如国家博物馆、首都博物馆、国家图书馆、首都图书馆、辽宁省图书馆、浙江图书馆等服务组织长期在官方网站、机构微信公众号等发布招募通告，不断壮大志愿者队伍。

（六）文化志愿服务项目品牌化建设成就突出

2016 年以来，文化志愿服务的品牌化项目建设得到进一步发展。原有的深具影响力的全国文化志愿服务品牌"春雨工程"——全国文化志愿者边疆行和"大地情深"——国家艺术院团志愿服务走基层两项示范活动，以及各级文化部门依托各类公共文化机构组织开展的全国基层文化志愿服务活动继续实施。其中，"春雨工程"和"大地情深"两项全国的示范性活动2016 年在城乡基层开展各类"大舞台"文艺演出、"大讲台"辅导讲座和"大展台"文化展览等 500 多场，共招募了 5000 多名文化志愿者，实施了134 个文化志愿服务项目，受益群众近百万人次[①]。2017 年两项示范活动在城乡基层开展各类"大舞台"文艺演出、"大讲台"辅导讲座和"大展台"文化展览等近 300 场，共实施了 108 个文化志愿服务项目，招募近 5000 名文化志愿者，为群众提供了大量身边的、日常性的文化志愿服务，受到欢迎[②]。

2016 年，"阳光工程——中西部农村文化志愿服务行动计划"在文化部、中央文明办推动下启动实施，在中西部 22 个省（区、市）和新疆生产建设兵团集中招募了 1200 名农村文化志愿者，配备到 1200 个行政村，充分发挥文化志愿者在村级公共文化建设方面的积极作用，增强村级公共文化内生发展动力，开展农村文化建设工作，丰富农村精神文化生活，提高农村文

---

① 数字来源于文化部关于 2016 年文化志愿服务的相关数字统计。
② 数字来源于文化部关于 2017 年文化志愿服务的相关数字统计。

化建设水平。在 2016 年的实施经验和基础上，2017 年文化部又在中西部 22 个省（区、市）和新疆生产建设兵团确定 1471 名文化志愿者，配备到 671 个行政村和 800 个乡村学校少年宫，开展为期一年的文化志愿服务。各省（区、市）文化厅（局）、新疆生产建设兵团文化广播电视局结合村级综合性文化服务中心和乡村学校少年宫建设，在本地区开展农村文化志愿者和乡村学校少年宫辅导教师志愿者招募配备工作，推动在农村开展公共文化服务和在乡村学校少年宫进行辅导服务。2018 年 8 月中央文明办、文化和旅游部公共文化司发布《关于实施"圆梦工程"——农村未成年人文化志愿服务计划》。2018 年"圆梦工程"共分配中西部 22 个省份及新疆生产建设兵团文化志愿者 610 人，招募乡村学校少年宫文化志愿者，开展为期一年的文化志愿服务。

2017 年"阳光工程"文化志愿者在签约的一年中开展志愿服务累计达到 12191 次，148543 小时。2018 年的"阳光工程"于 8 月开始实施，截至 2018 年 11 月 15 日，中西部 22 个省份及新疆生产建设兵团累计服务次数约 4833 次，累计服务时长约 18417 小时。与 2017 年同期相比服务时长增长 163%。据统计，2018 年"圆梦工程"自开展以来，累计开展志愿服务项目 512 次，累计服务时长总计 1177 小时[1]。

为发挥典型的示范带动作用，2016 年和 2017 年文化部连续两年对文化志愿服务典型项目、典型团队和典型个人进行了表彰，以推进特色化文化志愿服务品牌的建设，提升各地文化志愿服务品质，以及推动和促进文化志愿服务活动广泛深入地开展。其中，2016 年推出中国艺术研究院的"西藏非物质文化遗产定向培训班"等"春雨工程"示范活动典型案例以及国家京剧院的"京剧《红灯记》赴河南郑州演出"等"大地情深"示范活动典型案例共 59 个；国家图书馆的"'网络书香'数字图书馆阅读推广活动西藏行服务"等基层文化志愿服务活动典型案例共 100 个；中国美术馆文化志

---

[1] 数字来源于文化和旅游部关于"阳光工程"和"圆梦工程"文化志愿服务的相关数字统计。

愿服务队等优秀文化志愿服务团队共 52 个；李延、刘新宝等优秀文化志愿服务个人共 59 名。① 2016 年，在由中央宣传部、中央文明办等 15 个部门组织开展的宣传推选全国"学雷锋志愿服务'四个 100'先进典型"活动中，故宫博物院志愿者服务队志愿者霍慢忆、北京市海淀区志愿者服务中心志愿者马崇阳、山西省长治市武乡县大有乡李峪村文化志愿者服务队王竹红被评为"最美志愿者"。中国国家博物馆志愿者协会、广东省文化志愿者总队、甘肃省博物馆志愿者团队等被评为"最佳志愿服务组织"，国家图书馆"网络书香"阅读推广志愿服务活动、辽宁省图书馆"对面朗读"文化助残志愿服务项目、云南省图书馆少数民族古籍抢救修复文化志愿服务项目等被评为"最佳志愿服务项目"。2017 年推出"故宫文化边疆行"等"春雨工程"和"现代京剧《党的女儿》《名剧名段演唱会》走进抚州"等"大地情深"示范活动典型案例共 44 个，"故宫志愿者日常讲解服务"等基层文化志愿服务活动典型案例共 62 个，故宫博物院志愿者服务队等优秀基层文化志愿服务典型团队共 53 个，张亚兴、侯继庆等优秀文化志愿服务典型个人共 67 名。② 2017 年，在宣传推选全国"学雷锋志愿服务'四个 100'先进典型"活动中，天津师范大学文学院副教授、中国古籍保护协会文化志愿者联合会志愿者石祥、辽宁省图书馆文化志愿者团队志愿者宁家宇、广东省"第一人称"残智障人士艺术服务中心志愿者李振华等 3 人被评为"最美志愿者"；湖南省文化志愿服务总队、中国国家交响乐团"金管银弦"文化志愿者服务团队、重庆图书馆志愿者协会被评为"最佳志愿服务组织"，中华古籍普查文化志愿服务行动项目、"美丽乡村 文化先行"——宁夏贫困地区农村文化志愿服务活动项目、北京市西城区第一文化馆"温馨影院"志愿服务项目被评为"最佳志愿服务项目"。2017 年 7 月 19 日"阳光工程"中西部农村文化志愿服务行动座谈会在山东日照举行，为总结经验、激励先进，文化部、中央文明办推出了 10 个省级项目办、25 个地市级或县级

---

① 数字来源于文化部通报表扬的 2016 年文化志愿服务典型名单。
② 数字来源于文化部通报表扬的 2017 年文化志愿服务典型名单。

项目办，50名农村文化志愿者作为2016年"阳光工程"典型进行了表彰
（见表1）。

表1　文化部通报表扬的文化志愿服务典型（2016～2017年）

单位：项，人

年份	"春雨工程"典型案例	"大地情深"典型案例	基层服务活动典型案例	基层服务典型团队	典型个人
2016	45	14	100	52	59
2017	36	8	62	53	67
合计	81	22	162	105	126

资料来源：根据文化部2016年和2017年通报表扬名单整理。

（七）文化志愿服务范围和领域不断拓展、服务形式不断创新

各级文化部门不断拓展文化志愿服务地域和服务领域，服务范围不断拓宽。一是服务地域不断拓展。文化志愿服务活动继续从东部地区和城市地区重点转向服务于老少边穷地区、基层地区，推动文化志愿服务活动在全国范围内开展，以促进优质文化资源在城乡之间、地区之间的均衡配置。二是服务领域不断扩展。除了依托博物馆、图书馆、文化馆（站）等公共文化机构为群众提供艺术指导、知识普及和文化宣传等形式多样、内容丰富的阵地服务外，还积极探索将文化志愿服务引入社区建设、文化产业、文化市场、非遗保护、工作督查和精准扶贫等领域。三是服务对象不断拓宽。广大文化志愿者既开展对边疆民族地区的对口支援工作，也深入社区、农村、军营服务，特别是针对留守儿童、孤寡老人、残疾人和流动的农民工群体开展服务，保障特殊群体文化权益，推进公共文化服务均等化。

在文化志愿服务范围不断拓展的同时，服务形式也不断创新。各级文化部门结合地方实际，立足群众需求，着眼文化民生，积极探索"线上"与"线下"模式相结合的、具有地方和行业特色的文化志愿服务工作模式和工作方式。如重庆依靠科技手段，采取文化志愿服务的形式，在全市搭建统一

的公共文化物联网服务平台，首创公共文化物联网服务，实行百姓"点单"、政府配送的服务模式。重庆渝中区的文化馆总分馆模式，按照"1个总馆＋7个街区分馆＋77个社区文化室"的模式，将社区文化活动室纳入文化馆总分馆建设体系，延伸公共文化服务网络。为保障顺利实施，政府财政每年保障120万元专项资金为77个社区聘请文化志愿者管理设施和开展活动，文化设施利用率明显提高。① 首都图书馆等多家图书馆联合开展京津冀三地"共沐书香，悦享好书"青少年经典导读公益活动，金陵图书馆的"朗读者"系列品牌活动在"互联网＋"领域积极探索，为公共图书馆文化志愿服务的"互联网＋"应用提供了借鉴，提升了志愿服务资源的使用效能。通州区的志愿者们充分利用新媒体推进和完善了"文明通州"微信公众平台的功能建设，积极支持"文明随手拍"的品牌建设，并通过开展线上线下活动，组织发展了1万余人"中国文明网联盟通州站"志愿者队伍，积极发挥文明使者的作用。② 上海市宝山区加强文化志愿服务与国际民间艺术节、市民文化节、陈伯吹国际儿童文学奖等重大文化节庆的协同，以重大节庆为文化志愿服务提供平台，以文化志愿服务为重大节庆增光添彩。③ 广东中山市坚持举办"慈善万人行"，以文化活动平台募集公益资源，扶危济困。河南省许昌市深入挖掘乡土文化资源，充分发挥文化志愿者的业务技能，着力做好193个贫困村文化资源的调查研究，帮助梳理提炼本地文化资源优势，通过发展"文化＋旅游""文化＋农产品"等形式，帮助贫困村做好"文化＋"发展规划，促进文化优势资源向壮大经济优势转化，逐步提高贫困村群众的生活水平。④ 三亚市结合建立群众基本文化需求的反馈机制工作，指导各社区、村结合实际情况，建立起文化特派员、文化监督员或文

---

① 重庆市群众艺术馆：《以"物联网""总分馆"提升文化馆服务效能——重庆文化馆创新实践探索》，2016年中国文化馆年会《城市文化馆服务创新与实践探索》分论坛发言。
② 景俊美：《北京公共文化服务现状、问题与对策研究》，施昌奎主编《北京公共服务发展报告（2016～2017）》，社会科学文献出版社，2017年。
③ 上海市宝山区人民政府：《以民间艺术的国际交流与传播，促全民文化素养提升——宝山区创建第四批国家公共文化服务体系示范区汇报》，2017年7月。
④ 《许昌市创建国家公共文化服务体系示范区规划（2018～2020）》，2017年。

化信息员等基层文化志愿者队伍,收集、整理群众文化需求的社会舆情及信息反馈,并特邀"两会"代表、委员视察监督,建立信息反馈制度,确保公共文化供给的针对性和目标性,实现供需的有效对接。

文化志愿服务重视面向基层"种文化",通过阵地服务、流动服务和数字服务等多种形式,服务广大群众,助力精神文明建设。如北京市密云区2016年在社区成立了有6000余人的志愿服务队伍,在提供高水平文化服务的同时,增进邻里互助、爱心帮扶的优秀传统美德。① 新疆巴州带动农村、社区文化志愿服务活动广泛开展。巴州针对幅员辽阔、人员居住分散、基层群众文化生活相对贫乏的实际,坚持面向基层、贴近生活、服务群众,开展流动性文化志愿服务活动,把道德讲堂、文艺演出、图书阅览、美术作品等送到边远农牧区。组织文化志愿者积极走进文化馆站服务,帮助做好文化数字资源收集整理、民语数字资源译制、农家书屋图书整理和流动服务等工作。②

(八)文化志愿者队伍的管理与教育培训不断加强

2016年以来,文化志愿者的管理和教育培训工作得到进一步加强。首先,文化系统通过举办全国性的文化志愿服务工作培训和经验交流会议,开阔了各地文化志愿者骨干的工作视野,为来自全国各地的文化志愿服务搭建起交流学习的平台,提升了各省市区文化志愿服务工作骨干的综合素质和专业水平。2016年6月文化部公共文化司连续举办了3期专题培训班,对各级"阳光工程"项目办负责人进行业务培训,进一步统一思想,明确项目实施要求和步骤。内蒙古、湖北等地还结合项目推进情况,不定期对农村文化志愿者进行理论和业务培训,不断提升农村文化志愿者的业务能力。2016年7月,广东省深圳市举办了文化部主办的"全国文化志愿服务工作现场

---

① 景俊美:《北京公共文化服务现状、问题与对策研究》,施昌奎主编《北京公共服务发展报告(2016~2017)》,社会科学文献出版社,2017。
② 《新疆巴州文化体育广播影视局积极推进文化志愿服务常态化》,http://www.mcprc.gov.cn/whzx/qgwhxxlb/xj/201609/t20160912_793973.htm,2016年9月12日。

经验交流会"，对全国近五年文化志愿服务工作经验进行交流。8月，东莞市举办了"全国文化志愿服务机制建设培训班"，全国各省120名文化志愿服务管理者进行了学习交流。9月，"全国县级文化志愿服务管理人员培训班"在株洲开班，来自全国31个省、自治区、直辖市以及新疆生产建设兵团的126名县级文化志愿服务管理人员参加了为期5天的培训；同月，"全国文化志愿服务管理人员培训班"在成都举办，来自全国各地的79名文化志愿者参加了培训。2017年5月，"全国文化志愿服务管理人员培训班"在北京举办，来自全国各地的文化志愿服务管理人员共计128人进行了培训。10月，"全国文化志愿服务工作培训班"在广东省中山市举办，来自全国副省级以上文化（群艺）馆文化志愿服务工作业务骨干、广东省的文化志愿服务工作人员共150余人参加了此次培训学习。2018年，四川、湖南、安徽、湖北、河南、河北6个省份开展了"阳光工程"（或"圆梦工程"）培训工作；9月中旬文化和旅游部公共服务司对全国参与"阳光工程"省份的管理者进行了服务开展情况及系统讲解的培训；同时，在三大基地调研总结会上，公共服务司也参与了培训工作。除公共服务司参与培训的省份外，吉林、陕西、海南、云南等省份也开展培训。

其次，除了文化部门直接组织的全国性教育培训外，全国性的社会组织也结合公共文化设施广泛开展学雷锋志愿服务的要求，加强了对公共文化机构文化志愿服务工作的教育培训。2016年6月，中国志愿服务联合会在北京怀柔举办公共文化设施学雷锋志愿服务培训班。全国31个省（自治区、直辖市）及新疆生产建设兵团的公共文化设施、旅游文化设施、体育文化设施相关志愿服务工作负责同志共计180人参加培训。同年9月，中央文明办在江苏省南京市举办学雷锋志愿服务工作培训班，教育部、文化部、国家文物局、中国科协有关司局负责同志，各地区文明办负责同志和负责志愿服务工作的处长、各计划单列市和省会城市文明办负责同志、公共文化设施开展学雷锋志愿服务首批示范单位有关负责同志共160余人参加培训。

再有，各地结合地方的人才培训工程、公共文化设施培训平台、培训基地，以及"阳光工程"等项目要求，积极开展相关培训辅导。如威海市将文化志愿者培训纳入宣传文化干部"千人培训工程"和"千村万人文化培训工程"培训范围，提高文化志愿者的服务意识和能力。泉州市以市艺术馆、县（市、区）文化馆和乡镇（街道）综合文化站为主要培训平台，充分发挥基层文化骨干、文化能人的作用，在全市深入实施民间文艺团队"培训计划"，实施文化馆（站）专业人才"走基层、结对子"包片辅导计划，大力发展专兼职公共文化服务队伍。一些地区还通过设立文化志愿者学院，建立培训基地，探索推动文化志愿服务教育培训工作的常态化机制。如广东省中山市设立文化志愿者学院，强化了文化志愿者培训上岗和文化志愿服务队伍建设。

在志愿者的管理和激励方面，各地积极完善文化志愿者注册招募、服务记录、管理评价和激励保障机制。如上海市宝山区按年度推出优秀文化志愿服务团队、先进人物和品牌，综合运用典型塑造、舆论宣传、荣誉激励、运行扶持等多种激励手段，发挥好典型引路、示范带动作用。应用"大数据"技术建立公众参与公共文化服务、参与文化志愿者服务等"积分制度"，搭建面向全区文化志愿者的综合服务平台，带动社会力量参与公共文化，为文化志愿服务组织建设、技能培训、活动开展、后勤保障提供支撑，推动形成具有宝山特点的文化志愿服务体系和模式。江苏省镇江市出台《镇江市文化志愿者管理制度》，推进社会化；市属文化单位出台《镇江市向社会组织购买公共文化服务实施办法》，广泛招募各类文化服务志愿者，依托文化馆、街道文体服务中心建设文化志愿者服务基地，建立全区文化志愿者信息库，健全文化志愿者服务机制，定期对文化志愿者进行培训。吉林省辽源市成立文化志愿者服务中心，构建市、县（区）、乡镇（社区）三级志愿者服务体系，建立文化志愿者数据库，完善电子档案，实现活动项目、志愿者与服务对象有效对接。

（九）数字化平台建设和应用得到发展

为发挥互联网对于文化志愿服务资源的集成和管理作用，许多地区积极推进电子信息数字化平台建设，推动文化志愿者、服务对象、活动项目有效匹配，实现文化志愿服务供给与需求的对接，提高信息化水平和志愿者队伍建设科学化，提高志愿服务资源的使用效能和管理水平，增强多元化特色。

在信息平台建设方面，文化和旅游部建立了"中国文化志愿服务信息管理平台"、微信公众服务号，平台设立了春雨工程、阳光工程、基层活动、学雷锋活动、政策法规和志愿者等信息栏目，交流全国性文化志愿服务活动的开展信息、政策法规，并实现对志愿者和服务活动的有效管理。全国多数省级文化部门也都建立了服务平台和微信公众号，进行信息发布和志愿者的管理。如广东省文化志愿者总队在建立了"广东文化志愿者信息管理服务平台"、微信公众服务号、手机 APP 等数字化渠道之外，结合打造"广东公共文化云"项目，设置了"文化志愿服务"板块，汇集全省各地文化志愿服务数字化相关资源和需求。黑龙江省设立了专门的文化志愿服务平台，进行志愿者和志愿团队的招募注册，提供志愿服务信息，发布志愿服务动态，展示志愿服务风采。一些地区还通过文化云平台进行资源信息整合，如 2017 年 5 月"文化镇江云"正式上线运行，市民可通过网页、微信和手机 APP 等渠道随时随地登录并在线注册成为文化志愿者，对文化活动的效果进行在线评估打分。通过该平台，各层各类文化资源被打包上传云端，让群众在享受海量的数字化资源和高品质的公共文化服务的同时，推动了文化志愿服务的公益行为。[①] 这些电子信息平台，通过利用数字化手段进行资源整合、需求分类、优化服务，将线下一系列烦琐的登记、核实、记录、存档工作转接到文化志愿者信息管理服务平台，实现网上实名制注册、在线活动报名、云服务记录等，有效解决了文化志愿者注册报名及服务记录清单、服务供需对接等问题，实现了资源共享、服务共建。

（十）文化志愿服务实践和理论研究得到推进

2016 年以来，通过专著出版、会议交流研讨和论文发表等形式，文化

---

① 镇江市人民政府：《镇江市创建国家公共文化服务体系示范区报告》，2017 年 12 月。

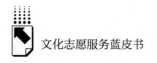

志愿服务的理论研究不断得以深化。

专著出版方面，我国首部《文化志愿服务蓝皮书：中国文化志愿服务发展报告》于2016年正式出版。该书首次全面系统地展现了2010～2015年以来中国文化服务事业发展的历史过程、成就、问题以及发展趋势，以文化志愿服务的视角阐述我国现代公共文化服务体系建设，为新形势下做好公共文化服务提供权威、系统、全面的文化志愿服务资料。译著方面，《招募与管理志愿者：博物馆志愿者管理手册》一书从志愿者资源发掘、各类博物馆的不同需求、项目计划制订、志愿者及项目管理、志愿者激励维系五个方面，系统介绍了美国博物馆志愿者工作的经验和理念。

会议研讨方面，2017年在安徽省马鞍山市举行的中国文化馆年会上，举办了由文化部公共文化司主办、广东省深圳市文化馆承办的2017年全国文化馆文化志愿服务项目展示活动。来自北京、辽宁、上海等地10个优秀的文化志愿服务项目进行了现场展示。在年会上，广东省文化馆和中国文化馆协会文化志愿服务委员会共同主办了"创新服务，提升效能——乡镇（街道）综合文化站在构建现代公共文化服务体系中的作用"主题论坛，交流探讨了创新乡镇（街道）文化站文化志愿服务的经验。2018年9月27日，第五届中国文化馆年会"2018全国文化馆文化志愿服务工作论坛"在四川成都举办。该论坛由中国文化馆协会、广东省文化厅主办，承办单位为中国文化馆协会文化志愿服务委员会和广东省文化馆。经过遴选，有9个优秀项目案例在论坛上进行经验展示，促进了各文化馆文化志愿服务的工作沟通与交流。

2016年6月，中国美术馆举行了"美术馆文化志愿服务与管理研讨会"。来自北京地区的各美术馆和艺术类博物馆相关工作负责人，参加2016年全国美术馆公共教育人才培训班的全体学员和工作人员，中国美术馆相关部门工作人员、志愿者代表、实习生代表以及新闻媒体记者等约120人出席，共同交流探讨了美术馆文化志愿服务与管理相关议题。相关研讨成果被汇集和刊登于《中国美术馆》期刊，形成了一定的社会影响力。2018年11月1日，来自全国的约70家美术馆参加由中国美术馆在北京主办的"共享·交融——2018年全国美术馆公共教育年会"，在"业界分享：交流与探讨"板块中，对美术馆文化志愿服务与管理的转型重构进行了深入探讨。

2017年9月，由中国博物馆协会志愿者工作委员会、上海博物馆和宁波博物馆联合主办的博物馆志愿者论坛暨中国博物馆协会志愿者工作委员会年会在上海博物馆召开。来自国内外知名博物馆的专家学者围绕"推动社会进步与发展的博物馆志愿者"的主题，从志愿者工作的历史、理念、方法、实践等方面切入，共同探讨和研究博物馆志愿者工作中存在的问题、博物馆志愿者未来发展以及中国博物馆如何塑造具有社会前进驱动力的志愿者队伍。2018年11月24日在福州市举办的第八届"中国博物馆及相关产品与技术博览会"上，全国91家文博单位参加了中国博物馆协会志愿者工作委员会年会，探讨发挥博物馆志愿者在传承发展中华优秀文化中的作用，分享学习优秀志愿服务项目案例和志愿工作心得，并进行了第九届"牵手历史——中国博物馆十佳志愿者之星"推介活动，湖北省博物馆许晓红等10名"十佳志愿者之星"，南京博物院许越等5名"优秀志愿服务工作者"，浙江省博物馆和福建博物院的2个"优秀志愿服务项目"以及内蒙古博物院、广东省博物馆、苏州博物馆的3个"优秀志愿服务团队"获得了推荐和表扬。

围绕国内外公共文化设施志愿服务特点、文化志愿服务的作用，我国文化志愿服务发展的成就与问题，国外的发展经验以及文化志愿服务的理论与实践经验等议题，相关研究成果，特别是对于图书馆和博物馆的研究平稳增长，研究内容不断丰富，研究视角不断扩展（见表2）。

表2　公共文化机构论文成果统计（2010～2017年）

单位：篇

年份	2010	2011	2012	2013	2014	2015	2016	2017
篇数	18	33	36	50	67	68	57	81

资料来源：作者根据中国学术期刊全文数据库2010～2017年期刊论文文献检索查阅所得数据进行汇总，http://www.cnki.net/。

二 文化志愿服务事业发展问题与对策

2016 年以来，我国文化志愿服务取得了重要发展，在弥补政府和市场文化服务不足、促进现代公共文化服务体系建设方面发挥了作用。但由于历史和现实因素制约，在区域、群体和层次的平衡发展，信息的网络联通，管理的现代化水平，管理制度、服务标准规范的建设，以及激励保障措施的推进，组织体系完善和多元化发展模式等方面，还存在一定的问题，面临着挑战。下一步的工作重点应着力于解决当前存在的这些问题，大力推进文化志愿服务的区域、群体和层次的平衡发展；推动信息网络全国联通，提高管理现代化水平；完善服务标准规范和激励保障措施，加强管理和推进制度落实；推动组织体系建设和多元化发展模式。

（一）文化志愿服务事业发展中的问题

1. 文化志愿服务区域、群体和层次的不平衡发展问题

公共文化服务的不均衡发展仍是当前社会发展中面临的首要问题，也是文化志愿服务当前发展中面临的问题。不均衡体现在东中西部地区，以及农村与城市、内地与边疆等区域之间的差异方面，也体现在不同社会阶层之间的差异，以及同一地区不同类属的场馆、不同等级的场馆之间的服务差异上。差异的形成因素也不尽相同，包括了地区经济发展不平衡、不同群体对公共服务设施的认知和使用意识不同、不同机构和场馆对文化志愿服务重视程度不同，以及不同等级的机构和场馆的人员编制和资金投入不同等问题。不仅存在服务内容和服务方式的差异，而且涉及管理能力、发展基础等问题，因此推动区域、群体和层次的平衡发展仍是未来发展的重点任务。

2. 文化志愿服务的信息化水平、信息的联通共享亟须加强

《关于公共文化设施开展学雷锋志愿服务的实施意见》提出，要"积极探索'互联网＋志愿服务'，安全合规利用信息技术手段，助推志愿服

务专业化、特色化和精准化"。① 在当前互联网和信息技术被广泛应用的背景下，志愿服务的信息发布、需求对接、服务管理和教育培训等方式都开始逐步从线下模式向"互联网＋"的模式转型。但目前文化志愿服务在志愿者的在线注册登记、培训管理、建立在线记录等方面还存在制度、规范落实不够及信息联通不畅等问题。如目前还没有对我国各种类型文化志愿服务情况进行汇总登记和管理的专属平台，而在我国目前最大的中国志愿服务网中，及时注册并进行及时、完整、准确记录的文化志愿服务团体和项目有限，登记的志愿服务队和服务项目，相比实际存在的团队数量、开展活动的状况仍然有很大差距，与政府所提出的"注册管理""互联互通、信息共享""实行服务记录的异地转移和接续"等要求有差距（见表3）。对各个省级文化馆、图书馆和博物馆等机构微信公众号的分析也显示出，我们对于新媒体手段的使用开发也不足，多数未能发挥公众号管理作用，具体信息推送标题不明，内容也未能显现文化志愿服务特色，推送形式不能充分激发群众阅读与互动兴趣，缺少反映志愿服务过程与成效的相关信息。

表3　公共文化机构志愿服务队伍和项目注册情况（2018年）

单位：支，项

项目	图书馆	博物馆	文化馆	美术馆	科技馆	合计
志愿服务队	584	408	310	48	41	1391
志愿服务项目	5028	1954	223	155	863	8223

资料来源：根据中国志愿服务网的相关统计数据汇总，http://www.chinavolunteer.cn，截至2018年4月28日的数据。

3. 管理制度和服务标准规范不健全，激励保障制度不完善

近两年的相关调查发现，许多公共文化机构在服务协议签订、服务标准

① 中宣部、中央文明办、教育部、民政部、文化部、国家文物局和中国科协印发《关于公共文化设施开展学雷锋志愿服务的实施意见》，2016年。

制定和管理制度健全等方面仍不完善或实施力度不够,因此需要继续完善制度规范,加大实施力度,全面实现包括志愿者的招募、培训、考核、保险、嘉许、退出等方面志愿服务的标准化管理。同时,对公共文化机构的调查显示,许多公共文化机构的志愿者流失率比较高,志愿者的专业能力不够,因此应当继续健全激励保障制度,制定系统规范的绩效考评制度和培训制度,全面落实《志愿服务条例》和《文化志愿服务管理办法》,设立相应的保障和服务保险,发挥志愿者的积极作用,使优秀志愿者不断沉淀下来,成为文化志愿服务发展的稳定资源,提升文化志愿服务的水平,保证文化志愿服务发展的常态化和可持续性。

4. 文化志愿服务的社会组织化水平不高、多元化发展不足

一是目前我国文化志愿服务体系化和网络化发展的框架已基本搭建,但主要是由文化行政部门推动下的所属公共文化机构的服务网络的建设,还亟须推进发展正式注册的文化志愿服务社会组织;二是还没有建立从全国层面统筹文化志愿服务的协会组织,缺少在全国范围统筹文化志愿服务交流、培训与合作的机构和平台;三是隶属于公共文化机构的志愿者的自我管理组织的建设也需要得到推动;四是对团体志愿者资源的重视不够,公共文化机构与各类团队志愿者资源的链接机制不健全。

5. 对文化志愿服务实践和理论的研究水平需要提升

随着文化志愿服务的发展,我国对文化志愿服务实践和理论研究的关注度有显著提高,但对于不同领域文化志愿服务实践和理论的研究水平有较大的差异,对国外文化志愿服务研究不足。总体而言,博物馆、图书馆文化志愿服务的研究相对较多,对文化馆文化志愿服务的探讨不够(见表4)。以2016~2017年收录到中国学术期刊全文数据库的论文成果为例,图书馆、博物馆和文化馆志愿服务相关研究论文分别为103篇、31篇和4篇。可以看出,相关研究中对于图书馆和博物馆志愿服务的学术研究的成果不断增加,而对于文化馆志愿服务的研究非常薄弱。因此,需要全面提升对于不同领域文化志愿服务实践和理论的研究水平。此外,虽然图书馆、博物馆都有对国外经验的引荐,但总体而言成果不足。

表4　不同类型公共文化机构论文成果统计比较（2016~2017年）

单位：篇

年份	图书馆	博物馆	文化馆	合计
2016	46	9	2	57
2017	57	22	2	81

资料来源：作者根据中国学术期刊全文数据库2016~2017年期刊论文文献检索查阅所得数据进行筛选和汇总，http://www.cnki.net/。

（二）文化志愿服务事业发展的对策建议

1. 推动文化志愿服务区域、群体和层次的均衡发展

针对文化志愿服务区域、群体和层次的不平衡发展问题，首先，应该发挥文化志愿服务在全民动员方面的积极作用，继续通过"春雨工程""阳光工程"等全国示范性活动以及基层文化志愿服务活动的广泛开展来加强交流、弥合差异；其次，应当在政府财政支持、志愿者的教育培训、志愿者队伍的建设和服务能力提升方面继续向基层、弱势群体以及老少边穷地区倾斜；最后，应通过"结对子"和"种文化"等帮扶措施推动跨区域、跨机构的交流合作，促进文化志愿服务以及公共文化服务的区域、群体和层次的平衡发展，推动优秀文化的共享共建。

2. 推动信息平台和网络联通建设，提高志愿服务信息化水平

针对当前信息化水平不高，制度、规范落实不够，信息联通不畅等现状问题，应积极落实中央关于志愿服务信息化有关部署要求，推动信息平台建设，实现区域乃至全国各地的志愿服务信息系统互通互联、资源整合、信息共享，盘活潜在志愿者人力资源，提高信息化水平，提升文化志愿服务管理决策的科学水平，满足文化志愿服务事业发展需要。在当前移动互联时代，也应重视新媒体手段的使用，如微信作为新媒体时代的数字化、网络化普及技术，在公众中利用率很高，可成为文化志愿服务信息传播和信息化管理的有效工具，微信公众号作为公共文化机构信息对外的重要窗口，也应得到有效和广泛利用，来进行文化志愿服务的信息推送与功能开发，提升服务创新

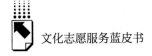

性、精准性、实效性和广泛性，让广大人民群众在参与中获益，在获益中实现自我提升。

3. 健全管理制度和服务标准规范，完善激励保障制度

健全管理制度和服务标准规范是文化志愿服务走向专业化、现代化的重要标志，是文化志愿服务发展常态化和实现可持续性发展的保证。首先，应当全面落实《志愿服务条例》和《文化志愿服务管理办法》，健全管理制度和服务标准规范，落实从招募注册到教育培训、考核评估、保障激励以及退出机制等方面的志愿服务标准化管理，加大实施力度和提升文化志愿服务的水平。其次，积极宣传和利用国家和地方出台的相关激励措施，完善激励保障制度。国家和地方层面目前陆续出台了许多志愿服务相关的激励措施，如广东省、浙江省、成都市、杭州市等许多地方纷纷出台政策文件，强化志愿服务激励，实行志愿服务积分落户。这些激励措施是落实国务院《志愿服务条例》关于"县级以上人民政府应当根据经济社会发展情况，制定促进志愿服务事业发展的政策和措施""国家鼓励企业和其他组织在同等条件下优先招用有良好志愿服务记录的志愿者""公务员考录、事业单位招聘可以将志愿服务情况纳入考察内容"的规定的具体措施，地方政府也在志愿服务激励回馈机制建设过程中发挥了重要作用。文化部门和文化机构应当积极宣传和利用这些激励措施，完善文化志愿服务的激励机制，吸引优秀志愿者不断沉淀下来，成为文化志愿服务发展的稳定资源，推动文化志愿服务可持续性发展。

4. 提高文化志愿服务组织化水平，推动文化志愿服务的多元化发展模式

首先，要针对文化志愿服务主要由文化行政部门推动的状况，健全对社会力量参与文化志愿服务的准入机制，广泛推动各类社会团体和社会力量全面参与，整合更多的社会力量参与到文化志愿服务中来，推动正式注册的文化志愿服务社会组织的进一步发展。其次，推动建立从全国层面统筹文化志愿服务的组织，推进建设文化志愿服务交流培训与合作的机构与平台。再次，推动文化志愿者组织单位的志愿者在遵守机构管理规范的前提下进行自我组织和自我管理，增强志愿者的自主性和提高自身能力，加强志愿者与机构组织之间的沟通，激发志愿者的责任感，增强团队凝聚力，减少志愿者的

流失。最后，要充分重视团体志愿者的力量，利用其人员充实，服务时间集中，没有管理和保障的后顾之忧的优势，支持重大活动的文化志愿服务的开展。

5. 提升对文化志愿服务实践和理论的研究水平

首先，要提升对文化志愿服务实践和理论研究的关注度，通过定期发布文化志愿服务的研究课题，设立文化志愿服务研究论坛和研讨会，推动学者广泛关注和参与文化志愿服务的研究与讨论；其次，要全面提升对于不同领域文化志愿服务实践和理论的研究水平，针对文化馆文化志愿服务研究相对薄弱的状况，重点推动对文化馆志愿服务经验的总结与理论研究，全面提升对于不同领域文化志愿服务实践和理论的研究水平；最后，针对目前对国外文化志愿服务研究不足的现状，有计划地组织翻译和介绍国外经验，推动相应成果的出版和发表，形成中外经验的对话与理论探讨。

三　文化志愿服务事业发展机遇与趋势

社会环境的整体改善为开展文化志愿服务提供了良好的条件。在构建现代公共文化服务体系、实施文化精准惠民、推动"一带一路"建设和"中华文化走出去"，传承优秀传统文化和保护非物质文化遗产、推动文化与旅游融合发展以及乡村振兴的国家战略和发展机遇下，文化志愿服务也呈现新的发展趋势和发展任务。

1. 文化志愿服务助力公共文化体系建设的重点工作

推进以县级文化馆、图书馆为中心的总分馆制建设，推进公共文化机构法人治理结构改革，建设基层综合性文化服务中心等是当前构建现代公共文化服务体系的重要任务。大力推进文化志愿服务，广泛吸收社会专业人士参与总分馆制管理运行，参与公共文化机构的理事会工作，参与基层综合服务中心的管理运营服务，是推进文化志愿服务参与公共文化服务体系建设的重要方面。

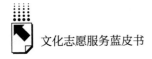

2. 文化志愿服务助力文化精准惠民

党的十九大报告提出要进一步"完善公共文化服务体系，深入实施文化惠民工程，丰富群众性文化活动"，文化志愿服务应在反馈群众需求和愿望，推动群众广泛参与公共文化服务体系建设，助力公共文化服务体系建设实现文化精准惠民，提升文化服务效能，不断提升人民的满意度和获得感中发挥重要作用。

3. 文化志愿服务助力优秀传统文化传承和非物质文化遗产保护

党的十八大以来，党中央高度重视中华优秀传统文化的传承发展，强调弘扬中华优秀传统文化在提升文化自信和彰显国家文化软实力，以及发展社会主义先进文化、实现中华民族伟大复兴等方面的重大意义。文化志愿服务是协同更多的社会资源传承中华优秀传统文化、保护与发展非物质文化遗产的重要途径，是推动社会主义核心价值观与广泛弘扬中华优秀传统文化的载体，应积极发挥志愿服务助力弘扬优秀传统文化传承和非物质文化遗产保护的作用，探索和总结文化志愿服务助力优秀传统文化传承和非物质文化遗产保护的经验和做法。

4. 文化志愿服务助力"一带一路"建设和中华文化走向世界

在"一带一路"建设中使中华文化走向世界不仅需要有文化内容的生产、组织，还要有传播载体和传播渠道，各类文化志愿服务组织可以发挥民间组织和民间外交的独特优势，加强与"一带一路"沿线国家政府、志愿组织开展志愿服务合作，扩大中国文化志愿服务的国际影响力，提升国家文化软实力。

5. 文化志愿服务助力乡村振兴

党的十九大报告提出实施乡村振兴战略，中央在 2018 年的 1 号文件中，对实施乡村振兴战略做出了全面部署，《乡村振兴战略规划（2018～2022年）》于 9 月由中共中央、国务院印发①，明确了今后 5 年的重点任务。文化志愿服务将在丰富群众文化生活、重塑乡村文化生态、健全农村基层服务

---

① 中共中央、国务院印发《乡村振兴战略规划（2018～2022 年）》，2018 年印发。

体系、鼓励社会人才投身乡村建设中发挥积极作用，助力在乡村振兴中使农民有更多获得感和幸福感。

6. 文化志愿服务助力文化与旅游融合发展

党的十九大以来，满足人民群众的美好生活需要，推动文化事业、文化产业和旅游业融合发展，是当前文化改革与文化建设的重点任务。应发动文化志愿者深入探索文化志愿者参与文旅融合发展的服务形式和内容，着力对文化和旅游融合发展的广度与深度进行拓展，鼓励志愿者利用专业技能或对本土知识的了解，进行文化资源的调查研究，梳理提炼本地文化资源优势，发挥文化旅游在脱贫攻坚中的特殊作用，满足人民群众的美好生活需要。

参考文献

习近平：《决胜全面建成小康社会　夺取新时代中国特色社会主义伟大胜利——在中国共产党第十九次全国代表大会上的报告》，2017 年 10 月 18 日，http：//politics. people. com. cn/n1/2017/1027/c1001－29613459. html。

本书编委会：《中华人民共和国公共文化服务保障法》，人民出版社，2016 年。

本书编委会：《中华人民共和国公共图书馆法》，人民出版社，2017 年。

柳斌杰、雒树刚、袁曙宏：《中华人民共和国公共文化服务保障法学习问答》，中国法制出版社，2017 年。

中华人民共和国文化和旅游部：《中华人民共和国文化和旅游部 2017 年文化发展统计公报》，中国统计出版社，2018 年。

李雪：《文化志愿服务：春雨滋润大地》，《中国文化报》2017 年 3 月 1 日第 2 版。

王连文：《公共文化设施学雷锋志愿服务工作深入推进》，《中国文化报》2018 年 6 月 28 日第 3 版。

薛帅、陈璐：《扎实推进机构改革任务落实　推动文化事业、文化产业和旅游业融合发展》，《中国文化报》2018 年 6 月 11 日第 2 版。

分　报　告

Supporting Reports

B.2
我国公共图书馆志愿服务发展报告

王筱雯　王天泥*

摘　要：　2016 年以来，我国公共图书馆的文化志愿服务工作快速发展。从建设进展来看，各级管理制度密集出台，组织建设和服务活动广泛开展，学术研究成果更加丰富。从建设成就来看，公共图书馆文化志愿服务队伍进一步壮大，服务网络进一步拓展，服务工作得到了社会和政府的广泛认可，许多图书馆在志愿者管理、服务活动策划、服务品牌运营等方面的成功探索为公共图书馆志愿服务发展提供了有益借鉴。在发展趋势上，我国公共图书馆文化志愿服务将呈现管理更趋制度化与规范化，内容更趋常态化与专业化，以及服务模式从线下模式向"互联网＋"模式的发展转型的特点。

---

　* 王筱雯，辽宁省图书馆馆长，研究馆员，辽宁省图书馆学会理事长；王天泥，辽宁省图书馆馆员。

关键词: 公共图书馆 文化志愿服务 发展趋势

一 我国公共图书馆文化志愿服务的建设意义

公共图书馆文化志愿服务的深入开展,有利于促进图书馆事业乃至文化事业的繁荣,也是构建现代公共文化服务体系、满足其内在发展要求的必然选择。公共图书馆是群众参与现代公共文化服务体系建设的重要平台。公共图书馆开展文化志愿服务活动,有利于形成共享互助的和谐关系格局,促进现代公共文化服务体系加快构建和深入发展。同时,公共图书馆开展文化志愿服务能够利用其形式多样、方式灵活等特点,提供阅读推广、专业教育等服务,弥补政府和市场文化服务供给的短板,优化现代公共文化服务体系的供给方式,提升现代公共文化服务整体效能。

二 我国公共图书馆文化志愿服务的发展进程与成就

(一)公共图书馆文化志愿服务的制度建设

2016 年以来,以文化部《文化志愿服务管理办法》为代表的一批文化志愿服务、公共图书馆文化志愿服务管理制度的印发和实施,推动着我国文化志愿服务及公共图书馆文化志愿服务工作的制度化和规范化发展。

2016 年文化部颁布的《文化志愿服务管理办法》,重点就文化志愿者的权利和义务及其组织单位的职责、文化志愿服务的范围与激励和保障等内容做出了明确的管理办法说明,为公共图书馆文化志愿服务的规范化、制度化建设提供了遵循。地方性的文化志愿服务管理办法的相继制定也对各地公共图书馆文化志愿服务的开展提出了要求。为贯彻落实文化部、中央文明办《关于广泛开展基层文化志愿服务活动的意见》、文化部《文化志愿服务管理办法》政策要求,浙江省杭州市拱墅区文广新局于 2015 年制定了全国首个地方性文化志愿服务标准——《文化志愿服务管理规范》，在此经验基础上，全国各省市文化厅（局）也制定了本级文化志愿服务管理办法。值得一提的是，在地方性文化志愿服务管理办法中，公共图书馆均是文化志愿服务的主要范围和场所，一些管理办法甚至将区内省级公共图书馆列为管理机构，如山东省文化厅于2016年12月5日制定的《山东省文化志愿服务实施办法》明确提出山东省图书馆是山东省文化志愿服务中心的成员单位。说明公共图书馆不仅是各地文化志愿服务的主要组织者、实践中心，也是各地文化志愿服务的管理者，承担着一定的政府职能。

一些图书馆也根据服务需要制定了图书馆文化志愿者管理办法，如辽宁省图书馆制定了《辽宁省图书馆文化志愿者服务管理办法》《辽宁省图书馆志愿服务规范》。根据笔者对全国16家省（市）级公共图书馆的问卷调研，所调查的16家省（市）级公共图书馆中有15家图书馆成立了文化志愿服务组织，且均制定了文化志愿服务管理章程（办法），10家图书馆给予文化志愿服务组织以经费支持。说明公共图书馆文化志愿服务不断规范化、专业化，但同时对于经费的投入有待加强。

公共图书馆第六次评估定级也提出了图书馆文化志愿评估标准。在2017年1月5日文化部公共文化司正式下发的《文化部办公厅关于开展第六次全国县级以上公共图书馆评估定级工作的通知》（文公共函〔2017〕5号）中，"志愿者管理"作为评估标准"业务建设"一级指标"社会化和管理创新"唯一的基本分值二级指标，被列为省级（副省级）、地市级、县级图书馆的等级必备条件和评估标准之一，分值分别为0~5分、0~5分和1~10分；"志愿者服务"作为评估标准"业务建设"一级指标"图书馆行业协作与社会合作"的二级指标，被列为省级（副省级）、地市级、县级少儿图书馆的等级必备条件和评估标准之一，基本分值均为1~10分。

除上述办法、标准均涉及公共图书馆文化志愿服务的条例外，《公共文化服务保障法》《公共图书馆法》和地方性的"十三五"现代公共文化服务体系建设发展规划等政策、文件中也均提及了文化志愿服务建设。

（二）公共图书馆文化志愿服务的活动开展

在现代公共文化服务体系建设意见的指导以及文化部、各地文化厅（局）、图书馆的政策印发与工作驱动下，全国各地的公共图书馆志愿服务组织建设也迎来了一个快速发展期。一方面，各地的公共图书馆文化志愿服务队（中心）相继成立，如2017年10月3日，甘肃省图书馆举行甘肃省图书馆文化志愿者服务队成立仪式；另一方面，各个公共图书馆的文化志愿服务队（中心）长期招募志愿者，如辽宁省图书馆文化志愿者服务团、浙江图书馆文化志愿者服务团等服务组织长期在官方网站、机构微信公众号上发布招募令，不断壮大志愿者队伍。

从活动开展现状来看，公共图书馆的文化志愿服务内容除参与文化部重点推动的"春雨工程""大地情深""阳光工程"等示范活动外，还承担了诸如阳光助残、讲座展览、教育宣讲等任务，打造出一批有影响力的活动品牌。如辽宁省图书馆的"童阅乌托邦"、金陵图书馆的"朗读者"盲人剧场、苏州图书馆的"我是你的眼"残障主题活动等品牌。

（三）公共图书馆文化志愿服务队伍的建设

在志愿服务事业的感召和公共图书馆文化志愿服务组织的规范化、制度化发展趋势下，越来越多的社会各界人士加入公共图书馆文化志愿者队伍之中。从志愿者队伍的年龄结构来看，年龄呈向两端延伸的趋势，即从以往的大学生群体向中小学生和中青年、老年两个方向发展，如无锡新区文化中心图书馆开展小小志愿者服务活动、东阳市图书馆老年志愿者团队；从志愿者队伍的知识结构来看，高学历人才、专业化人才逐渐增多，如金陵图书馆的"朗读者"艺术团是由专业演员组成的志愿者团队；志愿者队伍的人员数量和服务时长也都快速增加，如重庆图书馆注册志愿者500多名，年均志愿服务2000余人次，累计总服务时长70000多小时；上海图书馆每年有超过6000人次的志愿者参与读者咨询、图书整理、文明巡视、助残服务等各项公益文化志愿活动，累计开展志愿服务超过530000小时。

（四）公共图书馆文化志愿服务网络的拓展

随着公共图书馆文化志愿者队伍的壮大和开展的活动日益丰富，我国公共图书馆文化志愿服务的网络得到了有效扩展。从横向的发展角度来看，公共图书馆文化志愿者组织和其他志愿组织合作日益紧密，如2017年世界阅读日期间，京津冀三地的四家公共图书馆及图书馆文化志愿者开展了"共沐书香，悦享好书"青少年经典导读活动；廊坊、哈尔滨等地的公共图书馆文化志愿者服务组织，与其他志愿者服务组织一起开展学雷锋志愿服务活动，助力文明城市、志愿者之城等荣誉的创建与申报；从纵向的发展角度来看，全国上下公共图书馆开展的"春雨工程"——全国文化志愿者边疆行等品牌活动，联结了国家图书馆、省级图书馆、县市级图书馆、乡镇（社区）文化站的文化志愿活动，使全国公共图书馆文化志愿活动更具立体感。

（五）公共图书馆职能得到进一步的发挥

2016年以来，公共图书馆充分发挥自身肩负的社会教育、文化传播等职能，一方面为文化志愿者开展了专业的教育培训，如辽宁省图书馆于2017年6月承办了辽宁省文化助盲志愿者骨干培训班，来自全省各市、区、县的41家公共图书馆的61名文化助盲志愿服务管理人员参加了培训；另一方面，借助文化志愿者的专业技能，在开展专业化助残、口语朗读等活动基础上开展用户培训、服务体验活动，如首都图书馆文化志愿者为盲人读者讲电影、为读者提供法律知识讲堂服务；上海图书馆文化志愿者提供盲文文献查阅与导读、阳光听书郎外借、有声电子图书下载、关爱自闭症患者等服务。

（六）公共图书馆文化志愿服务工作屡获嘉奖

2016年以来，我国公共图书馆开展了丰富多彩的文化志愿服务活动，得到了文化部、财政部、中国残联等多个政府机构与组织的认可，获得了许多荣誉，主要包括：①学雷锋志愿服务四个 100 服务典型奖。在由中央宣传部、中央文明办等 13 个部门组织开展的 2016 年宣传推选学雷锋志愿服务"四个 100"先进典型活动评选中，辽宁省图书馆的对面朗读获"最佳服务"项目，首都图书馆法律专家志愿者咨询志愿服务项目获最佳志愿服务项目称号。②文化志愿服务示范活动典型案例。在文化部组织开展的 2016 年文化志愿服务示范活动典型案例评选中，国家图书馆的文津图书奖评选与推广活动等 33 个公共图书馆文化志愿服务案例被成功评为典型案例。③公共文化设施学雷锋志愿服务首批示范单位。在 2017 年民政部推出的公共文化设施开展学雷锋志愿服务首批示范单位名单中，国家图书馆、上海图书馆、重庆图书馆三家公共图书馆顺利入选。④五星级文化助盲志愿服务团队奖。2016 年国际残疾人日和国际志愿者日前夕，在由中国助残志愿者协会、中国盲文出版社和中国盲文图书馆联合评选的星级文化助盲服务志愿团队或个人称号评选中，云南省图书馆、安徽省图书馆、金陵图书馆、营口市图书馆、秦皇岛图书馆获五星级文化助盲服务志愿团队称号，云南省图书馆李聪、安徽省图书馆李蔚蔚同志被评为"五星级文化助盲志愿者"和"三星级文化助盲志愿者"。⑤第三届中国青年志愿服务项目大赛奖。"法韵书香——首都图书馆文化志愿服务法律文化宣传项目"、重庆图书馆的"红绿熊心阅读视障儿童阅读关爱行动"获共青团中央、中央文明办、民政部、水利部、中国残疾人联合会、中国志愿服务联合会等单位共同主办的第三届（2016）中国青年志愿服务项目大赛银奖项目。

（七）公共图书馆文化志愿服务研究成果丰硕

2016 年以来，学者们对公共图书馆文化志愿服务展开了学术研究，产生了较为丰富的学术研究成果，成果主要以学术期刊论文、会议论文为主，主题涉及中美公共图书馆志愿服务对比、公共图书馆文化志愿服务模式构建等领域和方向。具体来看，学术成果主要分布于下列主题方向。①公共图书馆文化志愿服务的中外对比研究。对比研究一直是人文社科的主要研究方法之一，对中外公共图书馆文化志愿服务的对比研究主要有：马谊对中美公共图书馆志愿服务的人数、年龄结构、服务内容、服务保障进行了对比研究①；王方园对国内外图书馆文化志愿服务研究文献的基本情况、年代分布、主要类型、内容主题进行了对比与分析②。②公共图书馆文化志愿服务的模式构建研究。在不同的服务需求和服务环境下，公共图书馆的文化志愿服务管理模式也存在差异。马灵、王晴探讨了公共图书馆文化志愿服务的模式③；罗元鸿分析了"互联网＋"时代图书馆阅读推广与网络志愿服务的融合模式④；曾婧探讨了公共图书馆志愿服务引入项目化管理模式的可行性⑤。③公共图书馆文化志愿服务的实践提升研究。实践是一切研究的落脚点与归宿，因此，有关公共图书馆文化志愿服务实践的研究是学界的主要关注方向，也是成果较为集中的一大领域。如丁若虹结合河北省图书馆开展的志愿服务活动，对公共图书馆打造特色志愿服务品牌进行了探讨⑥；吴可嘉以山西省图书馆的文化志愿服务项目实践为背景，就公共文化服务体系背景下的文化志愿服务体系构建提出了自己的建议⑦。

　　除上述三大主要研究方向外，一些学者还对公共图书馆文化志愿服务的内涵、可行性、资源建设、发展思考等进行了理论研究。如程大帅从信息弱势群体的视角，对公共图书馆开展文化志愿服务的可行性和举措进行了探究⑧。

---

① 马谊：《中美公共图书馆志愿服务比较研究》，《图书馆研究》2017 年第 4 期。
② 王方园：《国内外图书馆文化志愿服务研究述评》，《图书馆学刊》2016 年第 12 期。
③ 马灵、王晴：《关于公共图书馆文化志愿服务模式的探讨》，《图书馆研究》2016 年第 4 期。
④ 罗元鸿：《"互联网＋"时代图书馆阅读推广与网络志愿服务的融合模式研究》，《河南图书馆学刊》2017 年第 6 期。
⑤ 曾婧：《公共图书馆志愿服务项目化管理模式探析》，《图书馆界》2016 年第 3 期。
⑥ 丁若虹：《搭建文化志愿服务平台 打造公共图书馆特色志愿服务品牌——以河北省图书馆开展志愿服务活动为例》，《图书馆理论与实践》2017 年第 4 期。
⑦ 吴可嘉：《公共文化服务体系背景下文化志愿服务体系的构建——以山西省公共图书馆为例》，《晋图学刊》2017 年第 2 期。
⑧ 程大帅：《公共图书馆开展文化志愿服务可行性及实践探究——基于信息弱势群体的视角》，《图书馆工作与研究》2017 年第 1 期。

三 我国公共图书馆文化志愿服务的发展经验

在公共图书馆文化志愿服务蓬勃发展中，涌现出一批典型案例，在志愿者管理、服务活动策划、服务品牌运营等方面的成功探索也为我国未来的公共图书馆志愿服务发展积累了经验，提供了有益借鉴。

（一）合作用人：重庆图书馆的志愿者管理之路

招募难、管理难是志愿者事业发展的瓶颈，如何招募人、留住人，也就成了图书馆的难题。重庆图书馆确立的"合作用人"思路，走专业化、社会化道路留人心，为公共图书馆文化志愿事业积累了宝贵经验。重庆图书馆是全国公共文化设施开展学雷锋志愿服务首批示范单位，重庆图书馆志愿者团队成立于2010年，在长期"招人难，留人更难"的发展探索中，该馆确立了"基地招人、项目留人、合作用人"的思路：开拓服务阵地，创新项目平台，以此吸引社会力量，扩充文化志愿服务队伍。重庆图书馆与重庆大学、重庆邮电大学等5所高校达成合作关系，并定期召开大学生志愿者的招募活动，为文化志愿服务队伍保证了稳定的人才来源。此外，重庆图书馆还激活基地作用，注重志愿者的培养与成长，使志愿者与重庆图书馆服务品牌共同进步。重庆图书馆还不断提升服务的专业化水平，注重阅读推广与特殊群体关怀项目，成立了助盲、读者服务、外语、专家、心理辅导5支服务队，打造了"周末故事会""蒲公英梦想书屋""行走的图书"等多个服务品牌。帮扶视障读者的两个项目在中国青年志愿服务项目大赛中分别摘得了第一届金奖和第二届银奖①。

（二）真人图书馆：苏州图书馆的志愿服务形式创新结晶

"真人图书馆"是苏州图书馆为视障读者服务的一项文化志愿服务品牌

---

① 张贺：《重庆图书馆致力于文化志愿服务（文化进行时)》，《人民日报》2017年2月16日。

活动,是苏州图书馆"我是你的眼"残障主题活动7大主题品牌活动①之一,主要以讲述、交流的方式展现故事人身上所发生过的不平凡的故事,集合成一本立体而饱满的"真人图书",提供给盲人读者"阅读"。截至2017年10月,"真人图书馆"已推出14本真人图书,所邀请的故事主讲人有苏州非物质文化遗产传承人、百花奖得主、滑稽小品名家、青年作家、少年宫民乐培训教师、苏州古城拍摄记录志愿者协会创始人、社区老年志愿者、苏州博物馆策展人、"成长之树"理事长、苏州武协少林武术专业委员会副会长等。②

(三)品牌体系化:金陵图书馆的志愿服务品牌运营之道

金陵图书馆自2012年发起"朗读者"活动以来,来自社会的志愿者将图书馆的优秀书籍朗读录制成有声读物,为视障群体及其他有需要的人的"阅读"提供可能。目前该活动已经连续举办了6年,志愿者人数累计达到9000人,服务江苏省及全国部分地区全年龄段盲人读者3万余人。录制现当代文学书籍64种,录制总时长超过200小时,出版有声读物作品5套,举办活动120余场。在服务作品利用上,录制的作品除了服务本地盲人读者外,还邮寄赠送至全国20余家省市盲校;注重线上与线下齐发展:线上开通了"朗读者"微电台活动,同步金图微信、喜马拉雅FM、荔枝FM三个分享平台,提供全网共享服务;线下发展了"朗读者"公益朗诵会,与万科声音图书馆、晓庄学院、梅山艺术团、金陵科技学院、小银星艺术团等单位合作建立了多个"朗读者"基地;在服务内容上不断丰富创新,现已连续举办六季朗读者活动,发展有"朗读者"盲人剧场、"朗读者"读书会、"朗读者"朗诵会等多个品牌系列。③

---

① 包括盲人读书会、盲人爱心电影、苏州大讲坛——阳光讲坛、"一帮一 手牵手"、"走出户外 触摸世界"、视障读者系到培训、"真人图书馆"7大主题品牌活动。

② 姜锋:《苏图全城招募"真人图书馆"故事人》,《苏州日报》2017年10月21日。

③ 金陵图书馆:《"朗读者"活动持续升温,创新发展永远在路上》,金陵图书馆网,http://www.jllib.cn/dtzx/hdzx/201711/t20171110_18884.html。

四 我国公共图书馆文化志愿服务的发展趋势

（一）志愿服务管理更趋制度化与规范化

从公共图书馆文化志愿者服务的政策、制度建设来看，2013年以来，国家层面的办法、规范、政策、意见等一系列文件密集出台，使志愿服务法制体系得到进一步完善。但对公共图书馆志愿服务来说，有国家先后通过的《中华人民共和国慈善法》《志愿服务条例（草案）》以及文化部印发的《文化志愿服务管理办法》等政策、意见，也有各地政府、文化厅（局）相继制定的当地的"十三五"现代公共文化发展规划和文化志愿服务管理办法，每个开展志愿服务的公共图书馆也制定了志愿服务管理办法，但总体来看，我国公共图书馆的文化志愿者管理还不够制度化和规范化，主要表现在公共图书馆的文化志愿服务在培训管理、建立在线记录等方面还存在制度、规范落实不够等不足。如在中国志愿服务网注册并进行及时、完整、准确记录的服务团体和项目非常有限。截至2017年11月10日，中国志愿服务网注册登记的公共图书馆志愿服务团体仅为328家，与民政部印发的《志愿服务信息系统基本规范》、中央文明委发布的《关于深入开展志愿服务活动的意见》《关于推进志愿服务制度化的意见》、团中央颁布的《中国注册志愿者管理办法》以及多部委联合印发的《关于规范志愿服务记录证明的指导意见》等所提出的"注册管理""互联互通、信息共享""实行服务记录的异地转移和接续"等要求①有差距。因此，可以预见随着志愿服务政策法规的不断完善和社会参与志愿服务的新驱动，我国公共图书馆的文化志愿服务管理将趋于制度化和规范化。

（二）志愿服务内容更趋常态化与专业化

20世纪80年代以来，我国的志愿服务事业经历了一个从自发行为，到

---

① 魏娜：《专家谈我国志愿服务的机遇、成就与发展》，沈阳市志愿服务网，http：//www.syszyz.org/2901/content_71769.html。

政府推动项目，进而发展为国家战略的过程。2016年，中央深改组24次、27次会议连续审议志愿服务议题，在一年内先后通过《关于支持和发展志愿服务组织的意见》《关于公共文化设施开展学雷锋志愿服务的实施意见》，连续、密集地颁布志愿服务领域深化改革文件，也显示了党和国家对志愿服务工作的重视与发展决心。于公共图书馆而言，文化志愿服务作为一种公共文化及公共图书馆服务的优化供给内容，能够为图书馆事业和文化事业的发展创造社会价值，对促进公共图书馆的专业化服务、社会合作、品牌塑造、社会责任担当、文化教育职能发挥等方面可以发挥无法替代的作用，开展文化志愿服务也成了公共图书馆事业发展中的优化公共图书馆服务供给、深化公共图书馆供给侧改革的有力抓手。随着国家、政府和民众对志愿服务意识的深入认识，志愿服务政策的完善等外部驱动力量的发展，以及图书馆评估定级中对志愿服务工作的评估，读者用户的志愿服务付出及利用需求的日益增长等内部驱动力量的发展，公共图书馆的文化志愿服务将呈现常态化的发展趋势。而在常态化的志愿服务中，专业化志愿者的加入和专业化读者的需求表达，也将促使公共图书馆的服务不仅仅停留在目前主要开展的阅读推广、读书交流等领域，今后开展诸如残障群体教育、专业技能培训、艺术表演乃至基于线上"云""网""端"的资源整合、精准分析等专业化志愿服务将成为最大的需求表现，开展专业化服务也将成为公共图书馆文化志愿服务内容的一大发展趋势。

（三）志愿服务模式从线下模式向"互联网＋"模式转型

随着"互联网＋"技术的应用和普及，"互联网＋"志愿服务应运而生。2016年7月，中共中央宣传部、中央文明办、民政部、教育部、财政部、全国总工会、共青团中央、全国妇联联合印发《关于支持和发展志愿服务组织的意见》明确提出，要创新志愿服务方式方法，积极探索"互联网＋志愿服务"，支持志愿服务组织安全合规利用互联网优化服务，创新服务方式，提高服务效能。公共图书馆目前主要采取线下志愿服务模式，导致注册志愿者人数较少、志愿服务活动宣传效果不明显、志愿服务效能相对较低。通过引入"互联网+"思维，实现线下、线上齐头并进的运营模式，随着互联网的传播，服务覆盖面拓宽，其潜在的志愿者基数和接收到的帮扶资源总量也将成倍增加，不管是服务能力，还是服务效率，都将得到极大提升。首都图书馆等多家图书馆联合开展的京津冀三地"共沐书香，悦享好书"青少年经典导读公益活动和金陵图书馆的"朗读者"系列品牌活动在"互联网+"领域的成功探索，也都为公共图书馆文化志愿服务的"互联网+"应用提供了借鉴。因此，我们可以预计，通过"云""网""端"与志愿服务事业的深度融合，"互联网+"志愿服务模式应用于公共图书馆，将发挥互联网在的志愿资源配置中的集成和优化作用，挖掘潜在的志愿服务资源，实现各地志愿服务信息系统互通互联、信息共享，提升志愿服务资源的使用效能，推动志愿服务多元化发展。

参考文献

马谊：《中美公共图书馆志愿服务比较研究》，《图书馆研究》2017 年第 4 期。

王方园：《国内外图书馆文化志愿服务研究述评》，《图书馆学刊》2016 年第 12 期。

马灵、王晴：《关于公共图书馆文化志愿服务模式的探讨》，《图书馆研究》2016 年第 4 期。

罗元鸿：《"互联网+"时代图书馆阅读推广与网络志愿服务的融合模式研究》，《河南图书馆学刊》2017 年第 6 期。

曾婧：《公共图书馆志愿服务项目化管理模式探析》，《图书馆界》2016 年第 3 期。

丁若虹：《搭建文化志愿服务平台 打造公共图书馆特色志愿服务品牌——以河北省图书馆开展志愿服务活动为例》，《图书馆理论与实践》2017 年第 4 期。

吴可嘉：《公共文化服务体系背景下文化志愿服务体系的构建——以山西省公共图书馆为例》，《晋图学刊》2017 年第 2 期。

程大帅：《公共图书馆开展文化志愿服务可行性及实践探究——基于信息弱势群体的视角》，《图书馆工作与研究》2017 年第 1 期。

张贺：《重庆图书馆致力于文化志愿服务（文化进行时）》，《人民日报》2017 年 2 月 16 日。

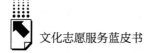
姜锋：《苏图全城招募"真人图书馆"故事人》，《苏州日报》2017年10月21日。

金陵图书馆：《"朗读者"活动持续升温，创新发展永远在路上》，金陵图书馆网，http：//www.jllib.cn/dtzx/hdzx/201711/t20171110_18884.html。

魏娜：《专家谈我国志愿服务的机遇、成就与发展》，沈阳市志愿服务网，http：//www.syszyz.org/2901/content_71769.html。

B.3
我国文化馆（群艺馆）志愿服务发展报告

王惠君　邓芸芸　杨伟庆*

摘　要:　文化馆（群艺馆）① 志愿服务是文化志愿服务的重要组成部分。近两年来，文化馆志愿服务队伍得到壮大，规范管理继续加强，推进了文化馆招募注册制度规范化，探索建立了创新文化志愿服务组织管理模式，成立了中国文化馆协会文化志愿服务委员会；文化志愿服务项目品牌不断擦亮，服务内容扩展，培训力度加大，理论研究开始得到重视。但面对发展中存在的管理机制不完善、地区水平不均衡、社会参与不够多等问题，未来仍需要通过完善顶层设计、加强网络建设、发挥示范作用、健全激励机制等方式推动我国文化馆志愿服务的全面发展。

关键词:　文化馆（群艺馆）　文化志愿服务　发展趋势

国家高度重视志愿服务工作，党的十八大报告提出要"深化群众性精神文明创建活动，广泛开展志愿服务"，为包括文化志愿服务在内的各项志愿服务事业长远发展指明了正确方向、提供了基本规范。在党和政府的主导

---

*　王惠君，广东省文化馆馆长、研究馆员，广东省非物质文化遗产保护中心主任、中国文化馆协会文化志愿服务委员会主任；邓芸芸，广东省文化馆团队部副主任、馆员，中国文化馆协会文化志愿服务委员会委员兼秘书长；杨伟庆，广东省文化馆团队部主任、馆员，中国文化馆协会文化志愿服务委员会委员。

①　为行文方便，本文多处将"文化馆（群艺馆）"简称为"文化馆"。

和推动下，2016 年以来我国文化馆志愿服务工作的发展呈现良好态势，在队伍建设、规范管理、品牌打造和服务领域拓展等方面都取得了显著成效。2016 年 12 月，中宣部、中央文明办等 7 部门印发《关于公共文化设施开展学雷锋志愿服务的实施意见》（文明办〔2016〕22 号），明确提出到 2020 年基本建成公共文化设施志愿服务组织体系、志愿服务项目体系和志愿服务管理制度体系，并对深入推进包括文化馆在内的公共文化机构开展学雷锋志愿服务进行了详细的阐述，公布了公共文化设施开展学雷锋志愿服务首批 61 个示范单位。[①] 天津市群众艺术馆、福建省艺术馆、山东省文化馆、广东省文化馆、四川省文化馆被纳入公共文化设施开展学雷锋志愿服务首批示范单位，推动了文化馆志愿服务组织体系、项目体系和管理制度体系的进一步发展。

一 我国文化馆文化志愿服务发展状况

（一）文化志愿服务队伍不断壮大

根据文化部的工作部署，文化馆系统大力推进文化志愿服务活动，积极构建并完善组织架构，初步形成了覆盖全国的文化志愿服务队伍和组织网络，文化志愿者队伍人员结构不断优化。例如，上海市群众艺术馆为加强本市全民艺术普及志愿服务力量，通过资源整合、社会招募，联合上海文广培训中心、上海师范大学、上海大学、上海社区文化服务中心，围绕重点文化场馆、文化节庆、文化培训活动等逐步建立文化志愿者服务队伍。截至 2017 年，总队人数逾 1200 人，87% 为本科以上学历。其中以大学生为主，占总人数的 60%；以高校选派、社会招募为主，中青年文化志愿者为辅，占总人数的 37%；其他占 3%。

（二）文化志愿服务规范管理不断加强

2016 年 7 月，文化部印发了《文化志愿服务管理办法》，规定了文化志

---

① 中宣部、中央文明办、教育部、民政部、文化部、国家文物局和中国科协印发《关于公共文化设施开展学雷锋志愿服务的实施意见》（文明办〔2016〕10 号）。

愿服务的范围，明确了文化志愿者应享有的权利和履行的义务以及文化志愿服务组织单位应履行的职责，推进了文化志愿服务规范化、制度化发展。在此制度框架下，许多省、市、县各级文化馆都出台了文化志愿服务规章制度、工作手册等。

在推进文化馆招募注册制度规范化方面，文化馆通过多种渠道及时发布招募信息，根据标准和条件吸纳广大群众参与文化志愿服务活动。按照项目类别、专业特长、服务岗位等内容对文化志愿者实行分类管理。其中，2016年6月，为推进行业志愿服务制度化建设，广东省文化厅联合省文明办制定印发了《广东省文化志愿服务规范指引》，以文化行业为样板，明确文化志愿者注册登记、培训管理、服务规范、考核评估和表彰激励等内容。同年年底，广东省发布了《广东省文化志愿服务工作"十三五"规划》，精心谋划"十三五"期间工作。

在探索建立创新文化志愿服务组织管理模式方面，2016年11月29日，中国文化馆协会文化志愿服务委员会在广东省文化馆正式成立。[1] 文化志愿服务委员会将在中国文化馆协会的指导下，从文化志愿服务工作领域探索文化馆职能的突破，向社会化扩展的发展路径，强化理论研究，推动文化志愿服务长效发展，搭建交流平台，打造文化志愿服务资源共建共享机制。此外，河北省推动省级文化馆、公共图书馆、博物馆、美术馆、艺术职业学校和演艺集团联合组建了全国首个在民政部门注册的省级文化志愿者协会；山东、云南、广东深圳、茂名等地的文化志愿者协会也纷纷成立，反映了文化志愿服务社会化发展的趋势。

（三）文化志愿服务项目品牌不断擦亮

各级文化馆（站）围绕文化部、中央文明办组织开展的"春雨工程"——全国文化志愿者边疆行和"大地情深"——国家艺术院团志愿

---

[1] 《中国文化馆协会文化志愿服务委员会在广东省文化馆成立》，http://www.gdsqyg.com/ agdzyfw/newsinfo? id = 2017041400000088，2016年12月5日。

服务走基层两项示范活动以及 9 个主题广泛开展的基层文化志愿服务活动，实施了一大批服务项目。为缓解村级公共文化人才队伍不足、服务效能不高的问题，进一步增强村级公共文化内生发展动力，2016 年和 2017 年，文化部、中央文明办组织实施了"阳光工程"——中西部农村文化志愿服务行动计划，在中西部 22 个省（区、市）和新疆生产建设兵团集中招募农村文化志愿者，配备到行政村和乡村学校少年宫，开展为期一年的文化志愿服务。中西部地区各级文化馆（站）积极配合与参与到相关的服务和培训工作中，许多省级文化馆承担了对文化志愿者的管理和培训工作。

为发挥典型的示范带动作用，文化部表彰了一批文化志愿服务示范项目和典型案例。其中，2016 年文化馆、群艺馆和艺术馆系统 6 个项目获评"春雨工程"——全国文化志愿者边疆行典型案例；40 个项目获评基层文化志愿服务活动典型案例；12 个团队获评优秀文化志愿服务团队，14 位获评优秀文化志愿服务工作者。2017 年文化馆、群艺馆和艺术馆系统 16 个项目获评示范活动典型案例；32 个项目获评基层文化志愿服务活动典型案例；12 个团队获评优秀文化志愿服务团队，8 人获评优秀文化志愿服务工作者。许多文化馆志愿者深入城乡基层，开展各类文艺演出、辅导讲座和文化展览，发动广大文化志愿者为群众提供大量身边的、日常性的文化志愿服务，受到群众的热烈欢迎。在由中央宣传部、中央文明办等 11 个部门组织开展 2016 年、2017 年宣传推选学雷锋志愿服务"四个 100"先进典型活动①中，广东省文化志愿者总队（2016）、湖南省文化志愿服务总队（2017）被评为最佳志愿服务组织，北京市西城区第一文化馆"温馨影院"志愿服务项目（2017）等被评为最佳志愿服务项目。

各地也积极组织开展品牌项目评比工作，重点推进示范项目建设，逐步形成多样化文化志愿服务品牌。如北京市文化志愿者服务中心开展品牌

---

① 《2016 年宣传推选学雷锋志愿服务"四个 100"先进典型活动》，http：//www. wenming. cn/specials/zyfw/4g100_ 39622/gongshimingdan/。

示范项目评审，从包括演出、展示、辅导、服务类品牌性项目中，评出不同等级的扶持项目，对这些项目予以不同程度的支持，并在各大媒体上进行统一宣传。

（四）文化志愿服务得到拓展

各级文化部门不断拓展文化志愿服务地域、服务领域和服务范围。服务地域推进到全国的老少边穷地区、广大的基层社区，促进了优质文化资源在城乡之间、地区之间的均衡配置。依托文化馆（站）不断扩展服务领域，为群众提供艺术指导、知识普及和文化宣传等形式多样、内容丰富的阵地服务、流动服务，并积极探索将文化馆志愿服务引入文化产业、文化市场和非遗保护等领域。服务范围不断拓宽，依托重点文化惠民工程、重要节日纪念日、对边疆民族地区对口支援工作，组成文化志愿服务小分队，深入社区、农村，为孤寡老人、留守儿童、农民工和残疾人朋友提供针对性服务，保障了特殊群体的文化权益，促进公共文化服务均等化。

（五）文化志愿服务形式不断创新

各级文化部门结合地方实际，立足群众需求，着眼文化民生，积极探索具有地方和行业特色的文化志愿服务工作模式和工作方式。积极探索"互联网＋文化志愿服务"，推动智能移动终端建设和数据库建设，有效利用手机客户端、微信公众号等手段，及时有效地保证文化志愿服务供需匹配，创新"菜单式""订单式"的服务模式，实现由"送文化"到"种文化"转变，借助电子信息平台，把文化信息送下去，把文化需求兜上来，建立起文化志愿服务供求"大数据"，盘活资源，从而精准制定文化志愿服务项目，开展各类文化志愿服务，打造特色品牌活动。例如广东省文化志愿者总队在建立了"广东文化志愿者信息管理服务平台"、微信公众服务号、手机 APP 等数字化渠道之外，结合打造"广东公共文化云"项目，提前规划、设置"文化志愿服务"板块，融入全省各地文化志愿服务数字化资源和需求，利用数字化手段进行资源整合、需求分类、优化服务，将线下一系列烦琐的登记、核实、记录、存档工作转接到文化志愿者信息管理服务平台，实现网上实名制注册、在线活动报名、云服务记录等，有效解决了文化志愿者注册报名及服务记录清单、服务供需对接等问题，实现资源共享、服务共建。

区域交流合作方兴未艾，跨区域文化志愿服务活动蓬勃发展。2016年福建省艺术馆成立了福建省文化馆志愿者联盟，同年重庆市正式成立主城区文化馆联盟、渝东北片区文化馆联盟、渝西片区文化馆联盟、泛渝东南地区文化馆联盟。各联盟举办了"艺术普及　全民共享"区域交流演出、展览，以及以全民艺术普及成果为主题巡演活动等各具特色的文化志愿服务活动，在文化物联网跨区县配送、打造具有区域性特色文化志愿服务方面已经取得初步成效。

（六）文化志愿服务培训力度得到加大

在基层公共文化工作中，文化志愿者是文化部门开展文化工作的重要助手，如何提升文化志愿者队伍整体素质，在推动现代公共文化服务建设中起着至关重要的作用。各级文化部门利用文化系统的资源优势，建立专业型文化志愿服务队伍，引导志愿者提供专业且高质量的文化志愿服务，切实提高针对性、实效性。建立有效的培训体系，按年度做好培训计划，按照实际情况定时开展针对文化志愿者的分层次、分步骤的培训学习，以适应新形势、满足新要求。2016年6月12日至16日，中国志愿服务联合会在中国志愿服务培训基地——全国宣传干部学院（怀柔）校区举办公共文化设施学雷锋志愿服务培训班。[①] 全国31个省（自治区、直辖市）及新疆生产建设兵团的公共文化设施、旅游文化设施、体育文化设施相关志愿服务工作负责同志共计180人参加培训。公共文化设施志愿服务工作是志愿服务事业的重要组成部分，本次培训是跨部门、跨系统、跨领域的培训，发挥好公共文化设施的平台作用，不断提升志愿服务工作水平，因地制宜，推动各自行业、各自

---

① 《公共文化设施学雷锋志愿服务培训班在京举办》，http://www.gyzx.org/news/gynews/2017-06-23/12925.html。

领域的志愿服务事业的健康可持续发展。

2016 年 7 月，广东省深圳市承办文化部主办的"全国文化志愿服务工作现场经验交流会"，与全国各省汇聚一起，共同交流过去五年文化志愿服务工作进展情况，分享经验，谋划"十三五"时期文化志愿服务工作等。8月在东莞市举办了"2016 年全国文化志愿服务机制建设培训班"，由全国文化志愿服务领域的著名专家现场授课，全国各省 120 名文化志愿服务管理者一起学习交流。9 月 6 日，全国县级文化志愿服务管理人员培训班在株洲开班。① 来自全国 31 个省、自治区、直辖市以及新疆生产建设兵团的 126 名县级文化志愿服务管理人员参加了为期 5 天的培训。此次培训班是在文化部刚刚出台的《文化志愿服务管理办法》、中央全面深化改革领导小组专题研究《关于公共文化设施开展学雷锋志愿服务的实施意见》的大背景下举办的，着重提高县级文化志愿服务管理人员的综合素质和业务能力。9 月 20日至 23 日，2016 年全国文化志愿服务管理人员培训班在成都举办。此次培训共吸引了来自全国各地的 79 名文化志愿者。

同年 9 月 26 日至 28 日，中央文明办在江苏省南京市举办学雷锋志愿服务工作培训班②，总结交流经验，研究部署任务，持续推进学雷锋志愿服务制度化常态化。教育部、文化部、国家文物局、中国科协有关司局负责同志，各省（区、市）文明办负责同志和负责志愿服务工作的处长、各计划单列市和省会城市文明办负责人、公共文化设施开展学雷锋志愿服务首批示范单位有关负责人，共 160 余人参加培训。

2017 年 5 月，文化部公共文化司在北京举办了四期全国文化志愿服务管理人员培训班，对各省（区、市）文化厅（局）和新疆生产建设兵团文广局公共文化处、国家公共文化服务体系示范区（创建）城市文化局、公共图书馆和文化馆文化志愿服务管理人员共计 128 人进行了培训。

---

① 《全国县级文化志愿服务管理人员培训班在株洲举办》，http：//www.zhuzhou.gov.cn/ articles/628/2016 - 9/109236. html。
② 《2016 年精神文明建设工作简报第 34 期》，http：//www.wenming.cn/ziliao/jianbao/ jingshenwenming/201610/t20161014_ 3818767. shtml。

10月23~26日，2017年全国文化志愿服务工作培训班在广东省中山市举办。本次培训班是为贯彻落实国家关于文化志愿服务重大决策部署，积极发挥文化志愿服务在文化馆全民艺术普及方面的重要作用。来自全国副省级以上文化（群艺）馆文化志愿服务工作业务骨干、广东省各地级以上市文广新局（文体旅游局）等单位负责文化志愿服务工作的分管领导和相关人员共150余人参加了此次培训学习。

各地将精准文化扶贫与文化志愿服务相结合，积极开展相关培训辅导。河南省陆续举办了"全省阳光工程文化志愿者培训班""全省文化志愿队伍规范化建设培训班""部分县市文化志愿队伍建设培训班"，对28个省辖市、省直管县文化馆负责文化志愿队伍建设人员、60个贫困村阳光工程文化志愿者、42支文化志愿队伍负责人展开培训。湖南省文化馆组织开展"播撒艺术的种子"精准文化扶贫计划，对贫困地区进行文化帮扶，做到文化艺术的"精准滴灌"。活动周期为两年，拟为6个国家级贫困县的山区留守儿童开办各类艺术课堂、搭建阳光舞台，为山区文化干部开办群星讲座与培训。辽宁省群众艺术馆秉承"深入生活，扎根人民"的服务宗旨，面向基层、面向农村、面向农民，旨在关注、扶持生活在农村，有固定的群体、长期坚持开展文化活动的民间艺术团体，将其打造成"农民品牌团队"，并进行培训辅导及组织展演。

（七）文化志愿服务理论研究不断深化

2017年2月，文化部启动了《中国全民艺术普及发展报告（2015~2016年）》的编制工作。《中国全民艺术普及发展报告（2015~2016年）》是文化部全国公共文化发展中心、中国文化馆协会、文化部公共文化研究基地（北京大学）联合主编，反映各地文化馆全民艺术普及发展情况的行业蓝皮书，展现了我国各省、自治区、直辖市在加强公共文化服务体系建设，积极推动全民艺术普及工作方面的成就。该书内容涵盖2015~2016年我国全民艺术普及发展的总体情况、我国全民艺术普及重点项目、全民艺术普及理论研究、群众文化艺术创作和培训、数字文化馆及全民艺术普及志愿者活动等内容。其中"全民艺术普及志愿者活动"的组稿工作由中国文化馆协会文化志愿服务委员会（广东省文化馆）负责。

为贯彻落实中宣部、中央文明办等7部门印发的《关于公共文化设施开展学雷锋志愿服务的实施意见》的要求，统筹推动全国文化志愿服务工作常态化、规范化、制度化，促进文化志愿服务事业健康有序地发展，文化部公共文化司将制定出台《文化部关于推进文化志愿服务工作的意见（草拟稿)》列入2017年度重点工作，并明确由中国文化馆协会文化志愿服务委员会（广东省文化馆）牵头组织起草工作，以及组织协调国家博物馆、中国美术馆、辽宁省图书馆、浙江省文化馆编制博物馆、美术馆、公共图书馆、文化馆文化志愿服务工作规范。《文化部关于推进文化志愿服务工作的意见（草拟稿)》是文化部公共文化司组织制定并即将出台的全国文化志愿服务领域的指导性文件。

2017年中国文化馆年会于11月29日至12月1日在安徽省马鞍山市隆重举行。11月30日下午，由广东省文化馆和中国文化馆协会文化志愿服务委员会共同主办、珠三角和长三角7个乡镇文化站承办"创新服务，提升效能——乡镇（街道）综合文化站在构建现代公共文化服务体系的作用"主题论坛。来自7个优秀乡镇（街道）文化站负责人，结合自身的实践经验，进行了现场案例的分享和交流。本次论坛主题鲜明，接地气，为今后进一步拓宽乡镇（街道）文化站发展思路、创新乡镇（街道）文化站服务提供了有益的借鉴。

年会期间，由文化部公共文化司主办、广东省深圳市文化馆承办了2017年全国文化馆文化志愿服务项目展示活动。经过各地推荐和遴选，来自北京、辽宁、上海等地的10个优秀文化志愿服务项目做了精彩的现场展示，例如"四川成都'文化连锁店'打破行政体制界限，突破阵地服务局限，以公益艺术培训为主打，以文化志愿者为服务载体，充分调动社会资源，面向基层群众按需提供综合性文化志愿服务。山东省高青县布局'微书苑'、扶持'微剧团'、打造'微课程'、实施'微订单'、培育'微循环'、鼓励'微节庆'，用'小微文化'理念搞活基层文化建设。项目展示完毕后，专家对项目进行点评和总结。此次全国文化馆文化志愿服务项目展示活动，以榜样的力量推动文化志愿服务朝着制度化、常态化、社会化方向迈进，促使文化志愿服务在构建现代公共文化服务体系建设中发挥积极作用"。①

二　我国文化馆文化志愿服务发展中存在的问题

全国文化志愿服务活动蓬勃开展，为群众共享公共文化发展成果贡献了力量，有效弥补了政府和市场文化服务的不足。然而各地文化志愿服务发展不平衡、不充分的现象还客观存在，人民群众对于美好生活的新期待，对文化志愿服务提出了更高的要求。一是管理机制还不完善。部分地区尚未制定系统规范的绩效考评制度和培训制度，不能保证文化志愿者队伍良好的人才结构。激励机制不完善，导致志愿者组织无法吸引和留住高素质的优秀人才，影响文化志愿者参与志愿服务活动的热情和积极性。二是地区之间发展不均衡。文化志愿服务发展在地区之间、城乡之间还不均衡，东部省份发展迅速，建立了较为完善的网络组织体系，而欠发达的偏远农村、贫困地区和边疆地区发展较为缓慢，文化志愿服务队伍的组建也才刚刚起步或还未起步。三是社会参与还不多。文化志愿服务经费筹措渠道有限，在一定程度上制约了文化志愿者组织的发展及文化志愿服务活动的开展。社会力量参与文化志愿服务的准入机制还不健全，亟须整合社会力量和社会资源。

三　我国文化馆文化志愿服务发展面临的机遇与发展任务

为认真贯彻党的十九大报告提出的"推进诚信建设和志愿服务制度化，强化社会责任意识、规则意识、奉献意识"，"十三五"期间，按照中央提

---

① 《年会论坛和交流活动掠影》，http：//www.cpcca.org.cn/dongtai/201712/t20171218_1367390.html。

出的"认识新常态、适应新常态、引领新常态"要求，文化志愿服务工作继续围绕现代公共文化服务体系建设的任务，按照"新理念、新思路、新举措"推动经济社会转型发展的要求，为全面推动文化志愿服务事业繁荣发展，着重抓好以下工作。

（一）完善顶层设计，建立健全文化志愿服务制度体系

近期，国家层面相继出台了《文化部关于印发〈文化志愿服务管理办法〉的通知》（文公共发〔2016〕15号）、《中共中央宣传部 中央文明办等7部委关于印发〈关于公共文化设施开展学雷锋志愿服务的实施意见〉的通知》（文明办〔2016〕22号），颁布了《中华人民共和国公共文化服务保障法》（中华人民共和国主席令第六十号）、国务院《志愿服务条例》（中华人民共和国国务院令第685号）等一系列政策法规，将文化志愿服务工作纳入现代公共文化服务体系建设，融入国家文化发展总体战略。实现制度化是文化志愿服务持续健康发展的长远之策、根本之策。各级文化部门应进一步加强文化志愿服务制度化建设，促进文化志愿服务规范化发展。

（二）加强网络建设，不断提升文化志愿服务科学化管理水平

在大数据时代，文化馆文化志愿者传统管理状态与当前文化志愿服务工作快速发展形势不相适应，各级文化部门要加强服务网络建设，利用信息化管理手段，打造网上招募、注册、发布活动信息、宣传展示等功能于一体的门户网站志愿服务管理平台，建立文化志愿者数据库，实现文化志愿者信息注册、服务跟踪评价的数据化管理，并在县级以上文化场馆设立文化志愿服务站点，以方便有文化志愿服务意向者随时随地了解有关文化志愿服务相关信息。

（三）发挥示范引领，建立基层文化志愿服务活动长效机制

围绕现代公共文化服务体系建设重点任务，依托各级文化馆、重点文化惠民工程，向贫困地区和特殊群体倾斜，充分发挥文化志愿服务在整合资

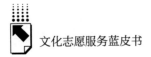

源、弥补政府服务和市场服务不足等方面的优势，进一步提高公共文化设施服务效能。各地要以示范活动为引领，结合地方实际，立足群众需求，着眼文化民生，通过创新载体、培育品牌、扩展领域，进一步推动基层文化志愿服务活动广泛开展。

（四）健全激励机制，推动文化志愿服务与个人发展相统一

首先，建立健全文化志愿服务绩效评估体系，将文化志愿服务考核标准量化、细化，完善文化志愿服务考核制度。其次，积极探索以精神激励为主的多元化激励机制，设立文化志愿者星级认定等文化志愿服务激励制度。鼓励机关、学校和企事业单位，在同等条件下优先录取和聘用有文化志愿服务经历且表现突出者，并且把积极参与文化志愿活动的行为作为评优创先的重要依据。对其中业绩突出、贡献较大、社会反响良好或者累计服务时间较长的优秀文化志愿者，在各级文化馆门户网站设立"文化志愿者"专栏，并给予宣传表彰。同时，积极贯彻落实国务院《社会信用体系建设规划纲要（2014~2020年）》，推动把文化志愿者的表现和贡献纳入各省社会信用体系，并作为加分信息，应用到入学、就业、创业、融资等方面，营造志愿奉献的良好氛围，切实践行社会主义核心价值观。

B.4
我国博物馆志愿服务与激励
机制发展报告

陈雯骛*

摘　要： 基于对五家博物馆志愿者团队的调研，本文对当前博物馆志愿者群体的特征，激励志愿者的手段和方法，以及志愿者的服务动机、需求和内外满意度进行了分析。研究发现，志愿者对博物馆的环境、培训、交流机会等内容满意度较高，对自身能力的提高和公益目标的达成也持肯定态度。当前博物馆的激励方式主要以"硬性激励方式"为主，这种方式帮助博物馆打造了一支专业、稳定、高效的志愿者队伍，与博物馆现今处于重视制度化、程序化的"强管理阶段"相适应，但仍存在一定的局限性，需要从建立顺畅的沟通渠道和情感表达机制上进一步加强激励机制的建设。

关键词： 博物馆　志愿服务　激励机制

一　我国博物馆志愿服务发展总体状况和面临的问题

作为公共文化服务体系建设的重要组成部分，近年来我国各级各类博物馆数量不断增长，截至 2017 年末全国共有博物馆 4721 个。[1] 伴随着博物馆

---

* 陈雯骛，中国国家博物馆社会教育宣传部馆员，公共教育工作室志愿者管理工作负责人。
[1] 文化和旅游部：《中华人民共和国文化和旅游部 2017 年文化发展统计公报》。

事业的发展，参与志愿服务（博物馆）的意识在公众层面也在不断增强，约一半以上的博物馆开展了博物馆志愿服务工作，志愿者的数量增长迅速，注册志愿者已经超过25万人。志愿者在为观众提供服务、传递科学文化知识、传播志愿服务精神的同时，也缓解了博物馆在缺少资金和人力的情况下履行面向观众广泛开展教育服务职能所面临的困境。博物馆以志愿服务为平台，拓展了博物馆的服务内涵和空间，将志愿精神和文明之火播种到社会的各个角落。

随着制度化的推进，各博物馆志愿者管理章程也逐步建立与完善，志愿者招募流程更为规范，激励机制更为合理。但是由于志愿者群体的性质与特点，志愿者队伍的管理也遇到了一些问题。其中突出的问题之一就是在志愿者管理转型的过程中，志愿者与博物馆的对话方式发生了变化，志愿者群体中存在多种组织机构人员流失问题。如何健全对话机制，了解志愿者群体的心理期望与需求，不断提升志愿者队伍的组织满意度，切实完善志愿服务激励机制，成为解决问题的关键。

中国国家博物馆课题组于2017年开始选取中国国家博物馆、首都博物馆、河南博物院、金沙遗址博物馆、渡江战役纪念馆志愿服务队作为调查对象，运用包括访谈法、问卷法等在内的多种收集资料的方法对志愿者的服务状况、动机和满意度评价等进行调查。本文希望基于调查研究，有针对性地对博物馆制定出适合自己的激励方案提出建议，推动志愿服务管理向科学化、常态化模式发展。

二 研究设计与调查过程

本次问卷调查内容是在前期对志愿者进行访谈调查的基础上进行汇总形成，主要包括四部分内容：①志愿者基本资料，包括成为志愿者的性别、年龄、时间、职业、收入、学历、志愿者服务时长。②志愿者服务动机，包括公益、锻炼、学习、爱好、结交朋友、消磨时间。③激励需求，包括获得服务证明、教育和培训、优先得到志愿服务帮助、享受招生招工优待、享受人身保险、签订服务协议的优待、获得补助和其他等内容；④满意度，分内在满意度和外在满意度两部分，具体包括后勤保障、组织环境、培训学习的机会、交流合作等八个方面共十个选项。

本次调查所选取的研究对象，是 2017 年仍在中国国家博物馆、首都博物馆等上述五家博物馆服务的志愿者，他们属于严格意义上的博物馆志愿者，他们自愿奉献时间、知识和精力，相对稳定地与博物馆签约合作进行场馆志愿服务。在这里需要强调的是，以社会实践或者以党团培训为目的的志愿团体，与前者在活动方式、频次、服务对象和内容以及主动性上存在明显差别，因此不包含在此次调研范围内。2017 年 9 月至 10 月，笔者在上述 5 个机构进行问卷调查，共发放问卷 500 份。

由于接受问卷调查的是各馆参加志愿服务最稳定、最有规律的群体，从这一样本群体的基本情况，也可以管窥我国博物馆志愿者群体的特征及其服务情况。

三　博物馆文化志愿者的特征及其服务情况

（一）年龄分布

从参加此次问卷调查的 500 人中可看出志愿者年龄层整体偏高的情况。其中 31～40 岁比例最高，共有 167 人，约占总人数 33.4%；其次为 61 岁以上者，约占总人数 25%，可见，志愿者中中老年人比例最大。31～40 岁以进入社会时间较长的在职人员和少量自由职业者为主，他们相对稳定，已经不再为生计打拼，更多地转为追求人生理想，实现自我价值，提升生活品质，而博物馆恰好可以满足这一类人群提升自身修养的需要。超过 61 岁的老人，赋闲在家，同时又希望参与社会服务，博物馆便成为他们实现人生价值的平台；与之相反，20～30 岁的青年人所占比例较低，是因为他们初入社会，尚处于事业发展的初级阶段，事业上升带来的职场压力使得这一部分

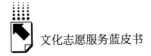

人群很难拿出更多的时间和精力从事志愿服务工作；20 岁以下的学生因为还在校上学，他们无法自由支配时间，伴随着升学考试等因素，无法在一地提供长期持续的志愿服务，存在很多不稳定因素，因此这一类人群在志愿者队伍中所占比例最低。

（二）性别分布

在此次问卷调查中，女性共有 380 人，约占总人数的 76%，男性为 24%，这说明博物馆志愿者中女性数量占绝对优势。志愿者中女多男少性别失衡的情况在全世界各大博物馆中是普遍现象。

（三）职业分布

在此次调查问卷中，比例最高的为退休人员，共有 186 人，比例为 37.2%；企业单位员工次之，共有 132 人，占总人数的 26.4%；机关事业单位人员为 87 人，约占 17.4%；无固定职业者 43 人，占 8.6%，没有个体经营者和学生。从职业分布可以看出，退休和在职人员是志愿者中的主力军，他们的社会阶层稳固，有着稳定的收入来源，参加志愿服务工作不会降低其生活品质，反而会提升他们的社会认同感和幸福感。在这一部分人群中，从事教师职业者比例在 2/3 以上，说明教师和博物馆的志愿者具有很强的共性，他们表达力强，知识丰富，且耐心细致，具有奉献精神，是志愿者群体中的中坚力量。

（四）学历分布

志愿者中拥有本科学历的数量最多，约占总人数的一半；其次为专科学历，共有 153 人，约占 30%；硕士有 97 人，占 19.4%；博士及以上学历者仅为两人，没有专科及以下学历者（见图 1）。值得注意的是，年龄越低学历越高，在此次调查的 40 岁以下志愿者中除一人外，其余志愿者均为本科及以上学历，这说明志愿者的整体文化层次较高，且伴随着时间的推移，志愿者学历也呈现越来越高的趋势，这与博物馆志愿者知识性特征相吻合，也符合社会发展的趋势。近些年，硕士及以上学历的人员开始大规模进入志愿者队伍，这是由于我国博物馆志愿者大多从事讲解导览工作，这个岗位对志愿者的知识储备、社会阅历以及文学修养有很高的要求，因此各大博物馆在招募志愿者之初就会对应聘者学历做出具体要求，且对学历的要求在逐年提高。

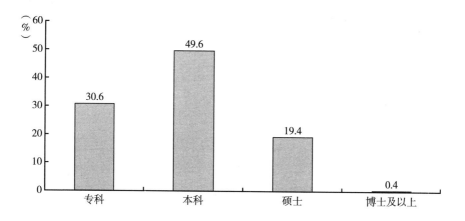

图1　志愿者学历分布情况

资料来源：本次问卷调查统计数据。

（五）收入分布

在样本群体中，月收入 4000～8000 元的人数为 208 人，占总人数的 42.2%；4000 元以下所占比例为 15.4%；月收入 12001 元以上者有 125 人，占 25.4%；8001～12000 元有 84 人，占 17.0%（见图2）。由此可见，所占比重最大的是月收入在 4000～8000 元的人群，与职业分布情况对比来看，这部分群体以退休人员为主。低收入人群和高收入人群在志愿者群体中所占比例大致与其在总人口中的比例趋同，中等收入群体在志愿者群体中占大多数。

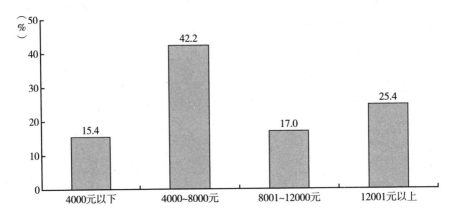

图2 志愿者月收入分布情况

资料来源：本次问卷调查统计数据。

（六）志愿者服务时间

以月为统计单位，志愿者的服务时间分布较为集中，每月服务 1~2 天的最多，共 292 人，约占 60.1%（见图 3），志愿者在服务时间上呈现两极化趋势，这与志愿者主力人群是在职人员以及退休人员有很大关系。

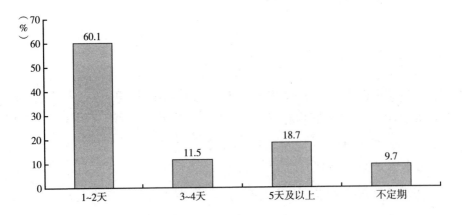

图3 志愿者月服务时间

资料来源：本次问卷调查统计数据。

总而言之，我国志愿者队伍人员分布特点是：以中老年志愿者为主，大部分为女性，以退休人员和在职员工为主体，拥有较高文化层次和中等收入，且在服务时间上呈现两极化趋势。

四 志愿者服务动机分析

志愿者参与志愿服务的动机多种多样，相对复杂，因此调查问卷中涉及志愿者服务动机的题目设计为多选题。在回收到的有效调查问卷中，志愿者最主要的动机是学习，474人选择了该选项，占总人数的比例为94.8%；其次为公益，共有396人，比例为79.2%；将志愿服务视为兴趣爱好的人数也比较多，共有69.6%的人选择了此项目，以上三项是志愿者到馆服务的主要动机，选择人数均在一半以上。此外，选择扩大社交圈和消磨时间的人员比例也不小（见图4），说明志愿者除服务社会回馈社会的主要诉求以外，也关注自身的提升以及自我价值的实现，这些具有较强利己性的动机并不与向社会提供公益服务的动机相悖。

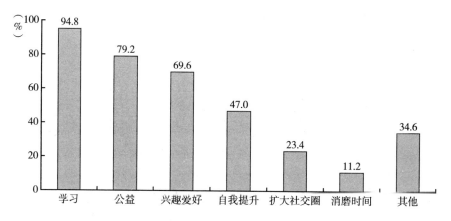

图4 志愿者服务动机

资料来源：本次问卷调查统计数据。

总体而言，获取知识、实现和超越自我是博物馆志愿者最主要的服务动机，这与社会层面对志愿者以及志愿精神的认知相符，但人的需求是十分复

杂的，当外部环境（如组织环境、物质条件等）发生变化时，志愿者的需求和动机也会相应发生变化。

五　志愿者服务需求分析

调查显示，志愿者最主要的需求为从博物馆获得教育和培训的机会，500人中共有468人选择了该选项；要求提供志愿服务经历证明的诉求排在第二位，选择人数占到总人数的57.4%；要求提供人身意外伤害险（安全诉求）者为132人，占总人数的26.4%；其他选项比例均不足22%，这与服务动机分析结果是相吻合的（见图5）。通过研究志愿者对组织的诉求和期望，再与激励机制研究交叉比对，我们就可以从中找出志愿者最期盼获得的服务项目和福利，从而最大限度地激发其服务热情。

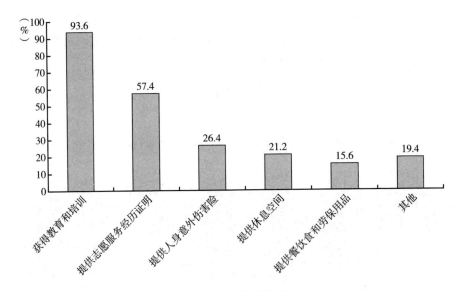

图5　志愿者服务需求

资料来源：本次问卷调查统计数据。

求知的需求：志愿者对于获取培训课程的渴望得分很高，这与其服务动机中学习第一的结果是相吻合的。博物馆是历史文化艺术的殿堂，知识涵盖面广也十分精深，志愿者要想掌握其中一部分内容都需要长期系统的培训，才可以满足其上岗讲解应具备的知识储备。然而，上岗讲解对志愿者的要求更加多元化，除知识外，志愿者还需具有较强的讲解实践能力，包括讲解技巧、语言生动、互动能力，等等，这些综合素质都需要长期的有针对性的培训课程才可以使志愿者掌握以上技能。因此，不论是出于自身爱好，还是工作要求，志愿者都渴望获取培训。

尊重的需求："要求提供志愿服务证明"和"签订服务协议"两项需求是志愿者希望得到组织机构认可的需求，它源自于内心对尊重的渴望。志愿者不同于博物馆职工，他们与博物馆之间并没有严格的雇佣与被雇佣关系，他们之间的关系更多地依靠对组织的信赖尊重和社会认同等心理契约的形式维系，这类关系更加隐蔽和复杂，更容易遭到外部环境、管理机制等因素的破坏，增加博物馆与志愿者双方的不信任感。因此，要求提供志愿服务证明以及签订服务协议就成为两者之间维护关系，加深彼此认同的重要手段，受到志愿者和博物馆志愿工作管理者的重视。

承认需求："享受招工、招生部门的优先录取、录用""遇到困难优先得到志愿服务帮助"可以看作一种寻求社会认同的表现。志愿者为社会提供服务，也渴望自己的奉献被社会承认，但由于中国的志愿服务工作还在起步阶段，所以这种福利措施并未形成制度。但实际上，这些志愿服务补偿机制在发达国家已经发展成熟。

安全需求："要求提供人身保险"项目是志愿者对个人权利的主要追求方式。与博物馆在职员工不同的是，志愿者与博物馆并不存在雇佣和被雇佣关系，一旦产生纠纷，很难进行责任认定，也会伤害彼此之间的信任，影响组织的稳定。如果通过给志愿者群体或个人上人身意外保险等形式保证在馆人员安全可最大限度地避免双方纠纷，从而保障双方权益。现阶段，我国大多数博物馆还未给志愿者购买保险，也未签订正式的志愿服务合同，只有一小部分博物馆给志愿者以群体为单位购买了人身意外保险，将降低志愿者的安全感。

生理需求：志愿者在进行志愿服务活动的同时会产生一定程度的生理需要，包括午餐、休息、饮水、更衣等，"活动补助"是实现志愿者生理需求的重要途径。活动补助，大多指来馆服务期间提供的免费餐食，将大大提升志愿者的满足感，使其轻装前行没有负担。志愿服务中的补助与寻常意义上的补助定义不同，志愿活动本身仍然是不以营利为目的的，但志愿者提供志愿服务过程中产生的饮食、交通等额外经济代价并不应由志愿者承担，因此提供补助并不意味着违背志愿精神。

六　志愿者满意度分析

当博物馆已经达到或超出志愿者心理预期时，满意度调查研究将有效提高博物馆的志愿服务水平，此项调查研究的核心在于将志愿者的主观感受作为心理指标加以量化。通过对志愿者外在满意度以及内在满意度两方面的调查研究，不断建立健全博物馆智能评价体系，对提高志愿者自我认知的水平、提升志愿服务社会效应、以及有效降低志愿者流失率等都起到了关键作用。总之，满意度分析可以使博物馆在志愿服务单项的管理工作上更具有针对性。

（一）外在满意度

外在满意度各项指标中，"活动经费"及"工作环境"被看作志愿者寻求生理安全的需求，可衡量志愿者对外部环境的满意度；"培训内容"及"学习培训频率"则反映志愿者汲取和传递知识，以期提高志愿服务能力的需求，体现出志愿者在寻求知识方面的满意度；"意见被采纳程度"及"获得奖励"可以使志愿者对博物馆更容易产生归属感和被尊重感，这两种感受可以有效提高外在满意度（以博物馆善于接纳志愿者意见以及对此给予充分奖励为前提）；"对外合作交流机会"及"内部人际关系"是志愿者得以保持积极心态的需求，体现出其对社交的满意度；"工作趣味性与挑战性"及"工作内容与形式"这两项指标也十分重要，枯燥且不具备挑战性的工作将很快使人厌烦，相对于复读机似的讲解工作，志愿者更愿意去尝试不同的服务项目和服务内容，这对志愿者能否长期坚持向观众提供高品质的志愿服务工作至关重要。趣味性缺失和工作内容的单调是导致志愿者流失的重要原因之一，在志愿组织发展过程中不断丰富工作内容，增加趣味性和挑战性可以有效降低人员流失率（见图6）。

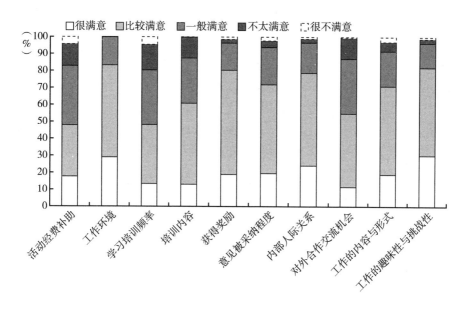

图6 志愿者外在满意度对比

资料来源：本次问卷调查统计数据。

除"活动经费补助"这一指标外，其余项目的满意率均超过一半以上，说明志愿者对博物馆志愿服务组织的满意度很高。

在所有外在满意度中，"工作环境"满意度位居第一，其主要原因有二：第一，我国十分重视博物馆的硬件设施建设，志愿者休息室以及展室内大多环境优良、设施齐全，再加上志愿者大多为博物馆爱好者或文物爱好者，优良的工作环境极易引发其好的体验；第二，根据赫兹伯格双因素理论可知，环境是影响人类行为的保健因素之一，极易造成组织人员的不满。但环境的提升与满意度提升并不相符，一旦环境达到一定水平，志愿者对其的敏感度会大大降低。

与"工作环境"满意度高相反的是，志愿者对与培训相关的满意度评价均低于平均值，这与志愿者强烈的求知需求不无关系，而培训恰恰是实现求知需求最重要的方式方法。因此，志愿者管理工作中要尤其重视志愿者培训课程的设计和提供。

（二）内在满意度调查

内在满意度各项指标中，满意程度都很高，这充分说明志愿者在自我认同和社会认同上相较组织认同满意度更高。其中，"增加自信"是满意度最高的，这说明志愿工作对志愿者自身发展和提升有着巨大的推动作用（见图7）。

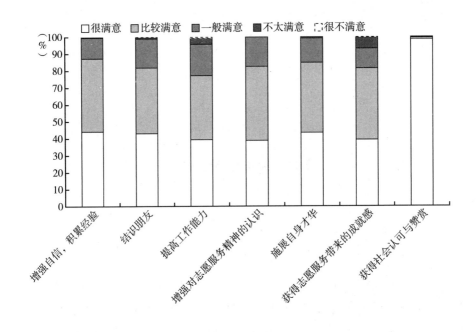

图7　志愿者内在满意度对比

资料来源：本次问卷调查统计数据。

通过对满意度评价两个表的对比分析，可以看出：①无论外在满意度还是内在满意度，志愿者的评价整体水平较高，这说明志愿者对博物馆现有的各种激励机制接受度高，满意度高。②在各项激励机制中，改善现有外部环境对提升志愿者评价的影响要远低于对社交、奖励、培训等方面提升的影响，尤其是培训，如加大培训力度，将会极大提升志愿者的满意度，这与志愿者各项需求中求知需求占主导是符合的。③博物馆的激励机制已经可以极大地满足志愿者自我发展、社交以及求知等方面的需求。

七　我国博物馆志愿者激励方式的特点与问题

（一）当前博物馆志愿者激励方式的特点

志愿者管理工作离不开激励机制的制定和建立，作为专为志愿者设计的激励机制是多种手段并用的综合系统，该系统十分重视硬性激励机制在组织中发挥的作用，如给予志愿者优渥的基础物质条件和负责部分志愿者组织管理工作等管理手段，将会在很大程度上激发志愿者的服务热情。"硬性激励机制"由六种激励组成，下面将着重讨论正向激励中的文化激励、授权激励、榜样激励以及激励机制中的负激励。其中，文化、物质和榜样激励是基础，是保持组织环境基本稳定的重要因素；授权激励、心智激励是动力因素，通过提高该激励可显著提高志愿者满意度；负激励则为控制因素，通过负激励可有效控制组织的发展方向。六大激励三大要素是构成志愿者激励机制的基础，它们可激发志愿者工作热情，将志愿者的个人行为与组织目标相统一。以下将以国家博物馆（简称"国博"）为例探讨博物馆的激励机制。

文化激励：国博的志愿者口号为"学习、分享、奉献"，这种组织文化很好地保持了国博志愿组织的生命力。学习，不论新老志愿者，国博都会针对当年的大型临时展览和志愿者意愿设计不同的培训课程，通过提升组织群体整体的知识水平和技巧技术，从而达到保持组织活力的目的。分享，可以有效地维系组织，增强凝聚力，保持良好的氛围。除国博官方的志愿者信息平台、微信群外，志愿者也有自发组织建立的 QQ 群和微信群，这些线上互动平台是志愿者交流经验，分享信息，发表个人心得体会及感悟的平台，志愿者还可以及时分享获得文博动态以及全国范围内最新的展陈信息等。通过这些渠道，可以加深志愿者个体间的联系，为组织机构的亲密和和谐奠定坚实基础。奉献，是志愿讲解的基本属性，也是志愿服务的核心价值所在。多数志愿者收入处于中等水平，并非有钱有闲的人，但是他们仍然选择牺牲自己宝贵的休息时间向公众提供免费的公益服务，因此强调"奉献"将极大提升他们的能动性和积极性。

授权激励：国博授权激励主要通过建立中国国家博物馆志愿者管理委员会（简称管委会）方式得以实现。管委会工作分培训考核、综合管理、监察以及宣传四部分，志愿者管理者在尊重志愿者个人意志的基础上，针对个体差异化需求和性格特点定员定岗，会增加志愿者的满意度。同时，管委会将更多的自主权赋予志愿者，给予部分志愿者自我管理的权利，既表达了博物馆对志愿者的信任和尊重，也可以提高志愿者对组织的信赖和忠诚。

榜样激励：榜样的力量可以极大激发志愿者的能动性。在国家博物馆志愿者队伍中，曾有一位优秀志愿者，他是国博首批志愿者，讲解内容扎实，讲解技巧成熟，并将志愿讲解工作当作事业。作为一名下岗工人，他拿着每月 800 多元的微薄收入，利用所有休息时间进行志愿讲解服务，一干就是九年时间。虽然他已经离世，但志愿者们对他的奉献记忆犹新，其安贫乐道、甘于奉献的志愿精神时时激励着国博志愿者们，成为团队永远的骄傲。

除正向激励外，博物馆也会使用负激励的方式管理团队。国博志愿者队伍在建立之初就制定了有关岗位规范，自颁行之日起严格执行各项条例和细则，配有专人负责条例的执行、监督和审查。值得注意的是，负激励的执行必须讲求时效性，一旦发生违规违纪要在合规的基础上及时公布，及时处理。如 2017 年末，共有六位志愿者在上一年度未达标的情况下仍未达到工作量要求，在年末公示时，管委会将其工作量进行公示，并取消其下一年度志愿者的注册资格。

总而言之，对志愿者的硬性激励机制符合志愿者的服务动机，可以有效满足志愿者的各类需求，提升其满意度，组织的长期发展离不开各项硬性激励机制的作用。

（二）目前志愿者激励方式中存在的问题

现有的激励机制可以很好地适应博物馆当前的发展需要，但志愿服务活动是不断发展的，我们应该以发展的眼光看待其自身存在的局限性。

1. 沟通渠道匮乏

沟通是解决分歧弥合创伤的重要手段。博物馆志愿服务经过十几年的发展，志愿者管理者对于管理工作的认识在不断深化，从而使多数志愿服务组织的管理模式由原先以情感维系为主、松散式的家族管理转化为制度化、模式化的现代管理。但由于多数志愿者习惯于原来的管理风格，对制度化的新型管理模式十分排斥，容易造成管理者与志愿者之间的矛盾。尤其是志愿者在拥有一定自我管理的权力之后，馆内职工、志愿者自管组织和志愿者个体间产生出新的矛盾，对于志愿者自我管理的理解、服务对象的阐释、志愿精神如何体现以及自我管理的行为解释都产生了不小的分歧。馆方认为志愿者是利用博物馆平台和资源进行服务的，因此志愿者必须以博物馆的名义向公众提供无偿服务，而志愿者则认为馆方无法将他们像对待正式员工一样对待，致使双方沟通不畅。由此可以看出，馆方往往把矛盾归于管理，忽视了志愿者自身被尊重被关怀的情感诉求；而志愿者则往往把矛盾归咎为尊重，误解馆方制定规则的良苦用心。因此，建立畅通有效的沟通机制，对于缓解矛盾解决问题将起到很大作用。

2. 公平感知引导空缺

公平感可以成为影响志愿者对博物馆满意度评价的重要因素，因此调节个人对博物馆是否公平的评价是建立公平激励的主要方式方法。根据亚当斯公平理论，员工的工作积极性和工作动机与其所获得的绝对收入有关，此外还在一定程度上与相对收入有关。人总会将自己得到的收入、待遇和所做的贡献与相同条件的个体进行比较，如果基本相当则公平感强，积极性高；反之，则极易发生抱怨，消极怠工。志愿者虽具有公益属性，但比较的行为却是普遍存在的，因此各大博物馆之间激励机制的多寡将直接影响志愿者的满意度。

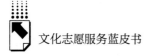

志愿者大多热爱博物馆及文博事业，因此存在部分志愿者同时在多馆提供志愿服务工作的情况。在这种情况下，志愿者会下意识地将各馆的激励机制进行比对，如免费工作餐的供给、是否提供免费展览画册、交通补助的提供、规章制度、培训课程的多寡、外出学习考察是否免费、年终奖励、馆方领导是否出席年终总结会等，一旦出现对比就容易产生心理落差，引发志愿者的退出，甚至损害博物馆的社会舆论评价和形象。由于各馆情况千差万别，受到性质、服务对象、定位、志愿者支持力度等差异的影响，将激励机制进行全盘统筹管理并不现实。作为博物馆一方应该积极树立为志愿者服务的意识，重视志愿者被尊重的情感诉求，引导志愿者逐步建立正确的对比方法、正确的公平感知以及有利于实现组织目标的比较行为。比如，管理者可以更多地从博物馆实际情况出发，引导志愿者降低对物质激励机制的关注度，树立志愿精神和奉献意识。

八　总结

基于对中国国家博物馆、首都博物馆等五家博物馆志愿者团队的调研，通过对志愿者服务动机、需求以及满意度等内容的分析可以看出，总体而言，志愿者重视自身能力的提升以及其自身公益属性的赋予，对博物馆基础环境、学习培训课程设置、互动交流等方面有着较高的满意度，这说明博物馆现行的激励机制能够有效激发志愿者的服务热情，基本达到组织要求。

志愿者激励机制更加重视硬性激励机制在组织中发挥的作用，如给予志愿者优渥的基础物质条件和负责部分志愿者组织管理工作等管理手段可以很大程度上激发志愿者的服务热情。硬激励占主导地位与我国博物馆处于重视建立制度化、组织化、科学化的强管理阶段相匹配。硬激励和强管理可以有效避免依靠人情管理引发的志愿者纠纷，由"人治"走向"法治"，志愿者管理者的角色也由原先的"朋友""倾听者"逐步转变为"培训师""管理员"，角色的转变、工作方式和内容的转变源自当今博物馆对社会志愿者定位和认知的变化，同时也源自松散管理模式与日益增长的观众文化服务需求的不适配，如果不及时转变管理思路和管理方式，博物馆品牌形象的树立和社会影响力都将打折扣。因此，对志愿者进行规范化、制度化、科学化的管理，帮助其在结合了志愿者自我管理的基础上打造一支稳定、高效、专业的志愿讲解队伍就成为必然。

但硬性激励机制仍存在一定局限性：首先，馆方管理者、志愿者管理员以及志愿者个体三者间应建立良好的沟通渠道，避免任意两方曲解对方意图，进而产生误解；其次，应当积极建立志愿者公平感的情感表达系统，重视志愿者的情感诉求，必要时应及时对志愿者进行心理疏导和心理介入，避免双方出现互相不信任的情况，向着不利于组织机构的方向发展。

总之，本文梳理和研究了我国博物馆界现阶段普遍存在的激励机制特点，以及志愿者中普遍存在的各类需求，并希望通过对所所在的问题和发展方向的分析，促进志愿服务激励机制建设，促进博物馆志愿服务工作健康发展。

参考文献

中国国家博物馆社会教育宣传部编《关于历史时空的解码与代言－中国国家博物馆志愿者讲解工作五周年纪念文集》，知识出版社，2007 年。

中国国家博物馆志愿者协会编写：《学习、分享、奉献：中国国家博物馆志愿服务工作 10 周年纪念文集》，安徽人民出版社，2012 年。

楼锡祜：《博物馆志愿者中的义工和志工》，《中国文物报》2010 年 1 月 13 日第 6 版。

帕特丽夏普雷斯特维奇：《博物馆与博物馆之友和志愿服务者的微妙关系》，《博物馆研究》1985 年第 4 期。

托马斯·尼克尔：《美国自然历史博物馆内的志愿服务》，《中国博物馆》1988 年第 2 期。

王建华：《中国博物馆志愿者培训和激励机制的探索》，《博物馆研究》2012 年第 1 期。

B.5
我国美术馆志愿服务发展报告

杨应时　庞桂馨　张帆　杨兰亭　文航*

摘　要： 基于对北京、重庆、上海和四川省的美术馆文化志愿服务现状的调查，本文对当前美术馆志愿服务发展状况和存在的问题进行了分析，针对现阶段我国美术馆的特点，提出需要不断深化认识，提升美术馆文化志愿服务的水平，完善保障体系，健全法律规章，推进专业化、人性化和现代化的管理，提升理论研究水平，健全激励机制，优化文化志愿服务大环境，开创面向未来的、创新性的文化志愿服务新局面以及推进数字化、信息化和智能化平台建设。

关键词： 美术馆　文化志愿服务　组织建设

　　免费开放之后，中国的美术馆事业经历了建设高潮，规模不断扩大。截至2017年末，全国有美术馆499个，从业人员4576人，全年共举办展览6757次，参观人次3724万，比2016年增长15.0%。[①] 美术馆事业不断发展的同时也暴露出一些问题，如资金匮乏、人员编制紧张等。作为缓解瓶颈的途径，社会资源被不断引入。开展美术馆文化志愿服务不仅能补充美术馆人力资源，也是培养志愿精神的重要举措。当前，文化志愿服务已引起美术馆

* 杨应时，中国美术馆公共教育部副主任；庞桂馨，中国美术馆公共教育部副主任；张帆，中国美术馆公共教育部项目负责人；杨兰亭，中国美术馆公共教育部项目负责人；文航，中国美术馆公共教育部项目负责人。

① 资料来源于《中华人民共和国文化和旅游部2017年文化发展统计公报》。

界重视，省级以上的美术馆基本都建立了文化志愿服务队伍，并开展了多种志愿服务活动。但我们也注意到，文化志愿服务在大多数美术馆刚刚起步，与国外发达地区存在差距，国内美术馆之间也存在着很大的差异，如东部沿海地区和重点城市文化志愿服务发展迅猛，能够得到政策和资金层面的支持，西部地区则普遍发展较为滞后，人员及资金问题难以解决。公立重点美术馆的组织管理较为健全，中小型和部分私立美术馆不太理想，有些甚至没有建立起志愿服务队伍或没有开展文化志愿服务。

文化志愿服务精神是社会主义核心价值观的集中体现，是公共意识建设的有效途径，在弘扬民族精神和时代精神，提高人民思想觉悟、道德水准、文明素养上起着不可替代的作用。这就要求我们充分发挥我国社会主义制度优越性，积极构建系统完备、科学规范、运行有效的文化志愿服务制度体系。而建立健全美术馆文化志愿服务体系需要依靠强大的人力资源、资金保障、管理体系和激励奖励等支撑。这些不只是美术馆单个部门所能承担的，还需要全社会的努力，共同打造文化志愿服务环境，树立文化志愿服务观念。同时这也要求我们美术馆文化志愿服务的管理者砥砺奋进，在深入调研了解全国美术馆文化志愿服务的具体情况后，分析总结出现的问题和现象，给出切实可行的意见和建议，科学地展望文化志愿服务的发展愿景。

2017 年下半年，中国美术馆课题组对北京、重庆、上海和四川省美术馆文化志愿服务现状开展研究，本文在此结合典型地区的美术馆文化志愿服务情况，着重分析美术馆文化志愿服务组织建设、志愿活动开展、志愿者管理等方面的现状，查找存在的问题和困难，归纳美术馆文化志愿服务的发展趋势，提出促进美术馆文化志愿服务发展的对策和建议。

一 美术馆文化志愿服务发展状况的个案分析

本文主要基于对中国美术馆以及重庆、上海和四川省部分美术馆文化志愿服务开展现状的实地研究，展示美术馆文化志愿服务发展现状，分析存在的问题和困难。其中对重庆美术馆的调研覆盖 15 家美术馆，在四川省调研了 3 家公立美术馆，分别是遂宁市美术馆、内江张大千美术馆和成都市美术馆。在上海调研了 3 家美术馆，分别是中华艺术宫、喜马拉雅美术馆和刘海粟美术馆。不同地区的美术馆发展状况不同，面临的问题也不尽相同，现分述如下。

（一）中国美术馆文化志愿服务现状与面临的问题①

中国美术馆是一所国家级视觉艺术博物馆。自 2006 年 3 月组建志愿者团队以来，中国美术馆的志愿者工作不断加强，发挥着日益重要的作用。为加强对志愿者的专业化和规范化管理，中国美术馆制定并推出了《中国美术馆志愿者章程》《中国美术馆志愿者管理办法》等规章制度，在实践中总结出很多宝贵经验，主要体现在以下几方面。

1. 树立先进理念，建立完善的管理

自中国美术馆志愿者队伍组建以来，中国美术馆始终坚持"共享艺术的快乐"的组建初衷，关心志愿者的成长，注重快乐与分享，并给予志愿者弹性工作时间和工作项目的选择。其次，明确责任与权利，从所有人应获得的普通权利出发，强调权利和义务的社会价值，强调机会平等，兼顾不同个体的权利。此外，中国美术馆依托"价值评估"确立了"考核与激励"机制，运用这一方法选出队伍中的"核心人员"，形成了团队的良性循环，发挥了引领作用。

2. 具备完整的文化志愿服务计划，保障了服务的延续性、系统化

中国美术馆有一套完整的文化志愿服务计划，包括（短期）年度和（长期）策略计划。（短期）年度计划有明确实际的短程具体目标，以及本阶段可实现的工作目标，计划明确，操作性强。策略计划（长期）则在评估团队可完成哪些工作能力后计划各项工作，并注意留有一定努力可实现的空间。管理人员发现，组织内部成员一起参与到整个计划当中后，他们在实

---

① 杨应时：《共享艺术的快乐：中国美术馆志愿者工作十年回顾》，《中国美术馆》2016 年第 6 期；杨兰亭：《关于中国美术馆志愿服务和管理的思考》，《中国美术馆》2015 年第 5 期。

施计划时，会更得心应手。其中志愿者培训计划是设定工作目标后的一项重要内容，目的是提高志愿者专业技能、素质、观念，进而影响志愿者工作态度，并最终完成工作目标。在明确志愿者工作任务时，还要让志愿者们有归属感，让他们能够实现自我的价值。

3. 多样化、人性化的嘉许和保障制度巩固了文化志愿服务的基础

中国美术馆各级领导一直很重视志愿者的嘉许和保障，现任吴为山馆长就提出"志愿者是中国美术馆一道美丽的风景线"。为保证这道风景线永远美丽，中国美术馆从几方面进行了努力。首先是开展丰富多彩的培训，每年开展展厅培训、讲座、参观交流等各种形式培训60场左右，用志愿者迫切需要的知识和教育作为嘉许。其次是馆内给参与服务的志愿者提供免费午餐，所有书店、商品部和咖啡馆给予志愿者八折优惠等。再次，每年志愿者大会上会向志愿者赠送各类精美画册以资奖励，每年都为志愿者提供多次外出免费参观学习的机会。除此之外，还创立了志愿者自己的刊物《志愿者园地》，刊登志愿者的艺术作品、文章、诗歌和先进事迹，同时宣传国家的文化志愿服务的相关政策，介绍国内外文化志愿服务的突出经验，这些都极大地增强了文化志愿服务队伍的凝聚力，减少了人员流失，确保该馆志愿服务长期稳定地进行。

目前中国美术馆面临的主要问题首先是没有专项经费，制约了志愿活动的发展；再有就是没有统一的文化志愿服务平台和保险等志愿服务保障；志愿者老龄化严重，在安全、体能等方面制约了文化志愿服务活动方式的拓展等。

（二）重庆市美术馆文化志愿服务现状与面临的问题

课题组对重庆美术馆的调研覆盖重庆地区15家主要美术馆，各馆发展志愿服务主要情况如下。

1. 地区较大的美术馆发挥着领头羊的作用，文化志愿服务开展得有声有色

重庆美术馆作为当地美术馆界的"领头羊"，2013年开馆之后，逐步建立了较为完善的文化志愿服务体系，拥有常态化的志愿服务工作项目，做到

了专人专管，志愿服务有专门的年度预算等。区级的綦江美术馆发挥当地农民版画特色，与当地侨办合作开展志愿服务，培训推广当地农民版画艺术传播至海外。

2. 各级美术馆开始意识到文化志愿服务的重要性，并积极筹划组建志愿者队伍，完善志愿服务管理和规章

如合川美术馆虽然组建时间不长，人员匮乏，场馆面积小，但是他们努力发展美术爱好者、美术教师和美协书协的艺术家来馆开展文化志愿服务，组织艺术家志愿者用艺术扶贫，组织美术教师志愿者开展儿童画的培训，把合川打造成了全国知名的儿童画之乡。

3. 在文化志愿服务方面积极思考，把握自身优势创造出富有地方特色的志愿服务

如作为文化部试点地区的江津美术馆，依靠美协组织，大量吸收艺术家作为志愿者，利用文化江津云平台的大数据统计管理志愿者项目，区级政府还出台了专门的志愿者管理办法，涵盖了考核激励机制。

目前面临的主要问题包括以下几方面。

①志愿服务刚起步，志愿服务理念不强，多数区县级美术馆没有常设志愿服务。重庆地区除少数公立大型美术馆志愿服务成规模成体系外，其余区县级和私人美术馆都是近些年刚刚建立，部门设置不健全，没有成立固定的志愿服务队伍。而另外一些美术馆有些只是有馆舍无服务。究其原因主要包括：一是缺少志愿服务相关培训指导，新馆无从下手；二是馆舍条件和文化环境所致，由于地县级小馆面积小、设备差、展览少、水平低，有的馆所在区域文化环境不佳，造成观众稀少，文化志愿服务就没有了需求。三是有些馆有顾虑，由于是公立馆，审计严格，给志愿者的嘉许和补贴没法实现，吸引不住志愿者。

②专项经费不足，在编人员匮乏。几乎所有美术馆都面临这项困难，公立各馆资金来源主要是免费开放获得的政府补助20万~50万元不等，勉强维持运营，没有足够的资金去维持文化志愿服务项目；缺少人员编制，有些馆只有2~3名正式编制人员，一人负责多项工作。有些甚至是文化馆的人

员兼任美术馆工作，文化馆和美术馆职能重叠，一套人马两个机构，如合川美术馆全馆只有 3 个编制，馆长编制在文化馆。

③美术馆归属复杂，文化志愿服务没有统一管理，一部分是借助地方志愿者平台，但大多具有临时性特征，志愿服务无保障。

（三）四川省的美术馆文化志愿服务现状与面临问题

课题组在四川调研 3 家公立美术馆，分别是遂宁市美术馆、内江张大千美术馆和成都市美术馆。各馆志愿服务发展主要情况如下。

1. 对美术馆的文化志愿服务很重视，主动采取有效的方法

四川各馆在经费和人员不足的现实情况下，没有故步不前，而是对文化志愿服务积极采取各种补充方式，其中"整合"是主旋律，用各种方式把各类相关机构文化志愿服务资源整合到一起，提高服务的效率。例如内江的张大千美术馆是 2012 年刚刚建立，他们依托张大千文化园区这个国家 4A 级景区和张大千纪念馆整体谋划文化志愿服务，有效解决了志愿者组织重复建设、管理各自为政、经验欠缺、经费和人员严重不足等问题。成都市美术馆 2010 年借助成都画院人员和机构组建而成，一套班子运行两个机构。在成都市文广新局成立的文化志愿者总队下，建立了成都画院和成都市美术馆的支队，实现对志愿者培训、招募、管理、考核、服装等统一规范。

2. 文化志愿服务起步较晚，在工作中摸索出不少经验，积极应对各种问题，形成了亮点

四川各馆的文化志愿服务起步都比较晚，但是各馆在工作中根据自身的特点，抓住机遇，形成了不少亮点。例如，内江张大千美术馆在培养志愿者导赏服务上下功夫，打造明星志愿者。他们的志愿者张旭是白马镇中心小学的一名小学老师，长期坚持志愿导赏服务，2016 年被内江市评为"优秀文化志愿者"，2017 年获得四川省志愿者"十佳讲解员"称号。

3. 各馆对文化志愿服务有很大需求，部分美术馆在这方面已有具体规划

一些年轻的美术馆对志愿者队伍的建设也有了长短期的规划，如张大千美术馆的规划是积极开展馆校合作，把本馆作为当地大学的实习基地，启动

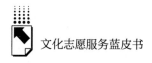

实习生志愿者项目，这样既满足了本馆志愿服务的需求，也为高校生解决了实习难的问题。

各馆志愿服务发展目前面临的主要问题是：资金短缺、人员不足。各馆志愿服务几乎没有专项经费，几乎所有美术馆都面临这项困难。公立各馆资金来源主要是免费开放获得的政府补助，勉强维持运营，几乎不可能用在文化志愿服务项目上。此外，由于是公立，审核严格，专款专用，由此导致志愿者流失大，志愿服务临时化，志愿服务培训缺乏等问题。再有就是在编人员不足，有些馆只有2～3名正式编制人员，一人负责多项工作，文化志愿服务几乎没有专人管理。由此导致志愿者队伍管理松散，自发性强，没有形成有效的制度化的标准。这些都形成了是开展文化志愿服务的瓶颈。

（四）上海市的美术馆文化志愿服务现状与面临问题

上海作为中国经济最发达的地区，美术馆建设和管理都走在全国的前列。上海的文化志愿服务起步早，是本次调研重点地区。课题组在上海调研了三家美术馆：中华艺术宫、喜马拉雅美术馆和刘海粟美术馆，其文化志愿服务发展的状况如下。

1. 文化志愿服务体系相对完善，志愿服务管理先进，配套规章和设施健全

中华艺术宫是在2012年世博会中国馆基础上建立的新馆，但它的前身是上海美术馆，它的志愿服务可以追溯到1998年，特别是在2000年的上海国际双年展上，文化志愿服务得到长足发展，形成了稳定的团队和一整套的管理办法。到2017年，志愿者在册总数达到2471人，有专职管理人员，有志愿者自管体系、有设施完善的志愿者休息场所，培训系统化，制度章程健全，有完善的嘉许机制。刘海粟美术馆虽是新馆，但及时组建了文化志愿服务队伍，建立了从招募、培训、见习，一直到考核、上岗的管理制度，他们建立的自管体系把文化志愿服务管理水平提升到新的高度。

2. 志愿者来源多样化，人员素质不断优化，但人员流动性大，性别比例失衡，老龄化问题严重

美术馆志愿者来源多样，有社会公开招募志愿者、学生志愿者、社区街

道推荐和自荐志愿者、志愿团体等多种来源。社区街道推荐和自荐志愿者是中坚力量，因为这部分志愿者经过社区街道筛选，背景可靠，时间能够保证。大学生志愿者学习能力强，精力充沛，但是在校生时间不能保证，大多是周末或寒暑假的时间开展服务，且毕业后的去向复杂，造成了流动性强，流失率高的问题。团体志愿者的加入极大补充了志愿服务的力量，与企事业单位、学校等合作发展的志愿团体有素质高、机动性强的特点。另外，小小志愿者的招募和培训把志愿服务理念传到下一代，让孩子们从小树立志愿服务的理念，养成志愿服务的习惯。

此外，上海的志愿者队伍里有一个特殊的群体——"全职妈妈志愿者"，这与该地区经济发展水平领先，文化素养高有着密切的关系。在浦东和长宁等世界知名跨国公司和五百强企业集中区域，许多女性辞职照顾家庭，还有家庭办公形式的出现，由此产生很多"全职妈妈"，她们大多学历高，有很高的文化素养，年轻有亲和力，在照顾好家庭的同时有大量的时间可以加入美术馆文化志愿服务队伍中来。

文化志愿者性别比例失衡不仅是上海地区的问题，全国各地也普遍存在。这个问题比较复杂，需要从文化背景、人均寿命、社会关系等方面整体综合研究。一些美术馆在开展文化志愿服务之初，大多吸纳大学生志愿者，他们体力充沛，知识面广，积极主动，但是随着毕业，大学生志愿者流失严重。与此相对照，退休的老年志愿者所占比例不断提升，因为他们有充足的时间，有丰富的知识储备和经验，组织纪律性强，服务主动热情，也由此成为文化志愿服务的中坚力量，但这也造成志愿者队伍的老龄化问题，破解这个难题需要做更细致的研究和实践摸索。

3.人员培训不足是一个普遍现象

美术馆的展览周期短，展品不固定，造成培训任务量大，培训内容复杂多样，培训成本高。再加上资金管控严格，没有志愿服务专项资金，造成各馆的培训时间不足，影响了文化志愿服务的质量。如中华艺术宫部分优秀志愿者培训后形成的流失现象，从主观上削弱了馆方组织开展培训的积极性。他们也采取了一些措施，试图出台馆内文化志愿服务规范或标准，比如开展

业务能力和服务时间相结合的考评办法，根据表现开展相关培训。另外各馆期望培训项目能共享，希望志愿者之间由此可以互相学习，同时这样也弥补了培训内容和时间上的不足。

4. 文化志愿服务馆际的交流不够，缺乏统一有效的文化志愿服务管理平台

各馆都普遍反映馆际交流不够，需要加强馆际交流。不仅地区内的各家美术馆要辐射到周边，还要有跨地区的志愿服务交流。但是本地区没有统一的文化志愿服务组织和平台，文化志愿服务的交流和资源管理等得不到有效的开展，因此业内人士提出期望建立文化志愿者统一平台来全面管理协调文化志愿服务。这个平台应该是管理平台、共享平台、交流平台，更是保障平台。

二 我国美术馆文化志愿服务发展的特征与问题

随着我国经济社会发展，参与文化志愿服务的人数日益增多，专业化程度不断提高，文化志愿服务工作呈现从感性向理性、从物质向精神、从临时向常态、从个体向团队、从业余向专业化科学化、从自发向规范化法制化等转变。在此大趋势下，调研资料显示一些美术馆文化志愿服务发展的特征和问题，主要体现在以下方面。

（一）差异性大是我国美术馆文化志愿服务的特点

中国是个大国，幅员辽阔，社会结构复杂，经济发展水平不平均，文化差异大，由此产生美术馆文化志愿服务差异性大的特点。其中包括地区的差异、同一地区馆与馆的差异、不同归属的馆的差异、不同类型馆的差异都是很大的。造成这些差异的原因各异，包括地区差异，究其原因主要是地区经济发展不平衡和对文化志愿服务认识不同所造成的；馆与馆之间的差异则与地域文化特征和文化环境好坏有关；大馆与小馆差异的原因存在于专业人员多少和资金投入大小问题上；私立和公立馆差异原因在于管理的现代化程度和资金有效运作；综合馆和名人馆的差异主要体现在服务内容和规模上，等等。

我们认为要正视差异，有了差异才会有多样化的文化志愿服务。同时我们要具体问题具体分析，积极弥补阻碍文化志愿服务良性发展的差异。在现阶段我们首先要树立文化志愿服务意识，这是开展工作的基础。不仅在美术馆人中强化它，还要在各级政府职能部门，企事业单位和社会公众中，使得自上而下对文化志愿服务产生认同和支持。其次要在各方支持下在各级各类美术馆中建立文化志愿服务队伍并定期开展项目和活动，与此同时要加强管理，不断摸索，规范文化志愿服务标准和法规政策，做到有法可依，有规可循，如可以规范的文化志愿服务标准是志愿者休息场所、服务年龄、志愿服务场次和人次等方面。还有就是对文化志愿服务的交流和培训也需多样化常态化，有由政府主管部门牵头的培训，也应有馆际的交流。应发挥地区大馆的"领头羊"作用，带动本地区各馆的文化志愿服务"补短板，上台阶"。最后要健全文化志愿服务保障系统，促进文化志愿服务健康发展。

（二）美术馆文化志愿服务工作的资金和政策支持力度不够，有待进一步加大

1. 在编志愿服务专业管理人员缺乏

本次调研相对集中反映的问题是在编志愿服务专业管理人员缺乏，很多馆没有专人负责，普遍是其他部门和岗位人员兼任，造成管理专业化水平低，文化志愿服务工作落后；有些大馆虽然有专人负责和管理，但是由于队伍庞大、人员复杂、事务庞杂、任务繁重，人手不足的问题依然突出。

2. 资金短缺

文化志愿服务虽然是公益性的，志愿者无偿奉献自己的知识和才能，但是在组建队伍、管理队伍、嘉许表彰和安全保障等方面仍需要必要的资金投入，这样才能提高文化志愿服务的质量。目前全国美术馆文化志愿服务在资金方面存在一些问题。一是没有专项资金，只能从其他项目里挤出资金；二是资金不足，有些馆资金投入不足，在培训、管理、嘉许和保障方面难以为继；三是资金审核严格，条件要求过多，资金运用不到位。由于这些问题的掣肘，各馆普遍存在文化志愿服务培训经费不足、队伍专业化建设滞后、文

化志愿服务缺乏创新、文化志愿者保障不够等现实情况。目前全国大多数美术馆文化志愿服务的资金来源于国家为"美术馆免费开放"的专项拨款。但是这部分资金有限，大多勉强维持美术馆运营，用于文化志愿服务的资金微乎其微。再加上这有限的资金里，政策并没有明确规定用于文化志愿服务的比例，各馆不能有效使用这部分资金于文化志愿服务上。

国家除了应加大对文化志愿服务的投入，增设专项资金外，还应有其他举措来丰富该项目的资金来源。国际上志愿服务有多种形式，其中近些年兴起的一种企业志愿服务值得借鉴，企业的参与在一定程度上可以解决资金的瓶颈。

（三）志愿服务标准不一，管理水平参差不齐，志愿者流失率大、结构单一

志愿者人力资源有效利用与否是国内美术馆文化志愿服务遇到的重要问题之一。国内的美术馆需要参照海内外的成功经验，结合各自的实际情况，建立一套有效的制度，实现志愿者人力资源的潜在价值和可持续性发展。

1. 美术馆文化志愿服务的标准、管理制度不健全，亟待规范统一

美术馆文化志愿服务的规范、健全的管理制度是文化志愿服务走向专业化现代化的标志之一。调研中我们发现大多数美术馆这方面做得不够：超过50%的美术馆没有与志愿者签订志愿服务协议；只有少数美术馆有自己的服务标准和管理制度；各馆的文化志愿服务范畴、内容、方式、要求各不相同，制定统一的美术馆文化志愿服务规范刻不容缓。

全国性的美术馆文化志愿服务规范的制定应当围绕社会主义核心价值体系，坚持中华文化自信，充分体现文化志愿服务精神。同时全面照顾各馆文化志愿服务的现实情况，保护各馆文化志愿服务特色，吸收外来、面向未来，以创新和发展性思维为导向，为全国美术馆界提供文化志愿服务的指引。规范的内容应该体现现代化、国际化、大众化和科学化，鼓励多元化的文化志愿服务方式，严格规范文化志愿服务范畴，另外规范制定应该适应大

多数美术馆现有条件，并且考虑到未来不断发展的情况。应当指导督促各馆建立适合本馆的文化志愿服务管理制度，有效地推动各馆文化志愿服务深入开展。

2. 流失率大，需要具体问题具体分析

调查发现很多大馆的志愿者数量不少，最缺乏的是具有艺术素养和专业能力的服务人员。对于急需提升专业化服务水平的各级美术馆而言，需要克服志愿者队伍来源渠道与人员构成单一的困难，也是对美术馆不小的挑战。文化志愿者的流失也是一个突出问题，此次调研资料显示，高的流失率会对服务时间、服务内容、服务质量等带来连锁的负面影响。以大学生为主的志愿者团队，虽然具有年轻、热情高的群体优势，但日常服务时间不确定，流失率高。相关统计调查发现，有52%的美术馆都表示面临志愿者流失率高的严重问题，50%以上的美术馆流失率接近或超过40%。志愿者流失严重，势必增加美术馆的管理成本和时间成本。[1]

文化志愿服务开展持久的美术馆，能不断积累经验，使优秀志愿者不断沉淀下来，成为中坚力量。这一部分人员中，55岁以上的退休人员（中老年志愿者）占据很大比例。他们具有服务时间充裕，家庭状况和经济条件稳定，知识和经验丰富，认真负责，组织纪律性强等显著特点。如何培训和管理这样一批志愿者骨干是摆在我们面前的紧要问题。

3. 提高自管能力

美术馆建立志愿者自管会可以极大地增强志愿者的自主性。例如中华艺术宫就建立了在公教部门统一管理下比较完善的志愿者自管体系；刘海粟美术馆把志愿者分成若干小组，设立组长，形成组长会议管理机制，也探索出一个适合本馆的自管体系。形成自管体系后的美术馆，很好地控制了志愿者流失现象，提高了志愿者主观能动性。志愿者作为文化志愿服务的主体，给予志愿者以足够的信任和管理自身的权限，可以激发他们的责任感，增强团队凝聚力，减少志愿者的流失。

---

[1] 杨应时：《国内美术馆志愿者工作调研报告》，《中国美术馆》2015年第1期。

4. 嘉许机制不健全，保障不完善也是美术馆文化志愿者流失的主要原因之一

调研显示，由于各种原因，特别是资金短缺，造成对志愿者的奖励和保障不够，有些馆只能依托地方志愿者协会，有些索性没有相应的保障和保险。这就造成了志愿者的顾虑，流失率高也不难理解了。

5. 我们在调研中还发现美术馆文化志愿者队伍结构单一，大多数美术馆的文化志愿者仅限于学生和退休人员，人员组成过于集中

有些馆也做了一些有益的尝试，比如喜马拉雅美术馆和刘海粟美术馆把"全职妈妈"这个中青年团体作为发展对象；成都美术馆则以成都画院艺术家群体为核心，建立了一支画家志愿者队伍；中国美术馆的教师志愿者队伍也很有特色。团体志愿者也得到很多馆的重视，这部分力量组织力强，人员充实，服务时间集中，没有管理和保障的后顾之忧，对重大活动的文化志愿服务可以起到良好的支持作用。

（四）统一的美术馆文化志愿服务平台亟待建立

在全国范围内，文化馆有文化馆协会统筹文化馆系统的交流培训合作事项；中国博物馆协会统筹文物系统的博物馆交流培训合作事项；图书馆系统也有相应组织；目前美术馆系统还没有相应的组织统筹。只有中国美术馆作为国家馆组织开展了一些活动，诸如举办了 2015 年和 2016 年的两届"全国美术馆公共教育年会"、2013 年的一届"志愿者与美术馆公共文化服务"年会和 2016 年的一届"美术馆文化志愿服务与管理研讨会"等。

虽然有些美术馆建立了一些对文化志愿服务的保障，但是整体还是不够的，美术馆志愿者保险等保障只能依托地方志愿者服务平台来解决，比如中华艺术宫和刘海粟美术馆等是依托上海志愿者协会，合川美术馆是依托团委和文明办等。此外，建立一个政府指导的全国性的统一的文化志愿服务平台，促进志愿者组织之间的合作关系势在必行。

文化志愿服务并不是在为某一机构服务，而是在为社会服务，是志愿者自身奉献社会的精神追求。美术馆的角色应逐渐从"文化志愿服务的主导者、组织者"转变为相对纯粹的文化志愿服务的工作平台，这个平台是树状的，从中央到地方辐射到每一家美术馆，它的根系遍布社会的每个机构和个人，不断为文化志愿服务这棵参天大树输送着不竭的养分。因此我们统一规划的文化志愿服务平台，应在专业方面发挥指导作用，逐步增强队伍的稳定性，加强与社会志愿者团队的合作，实现最佳社会效应。

（五）美术馆文化志愿服务的法律保障有待健全，美术馆文化志愿服务的理论研究严重匮乏

调研显示，许多美术馆的文化志愿服务法律保障不健全。许多馆没有和志愿者签订服务约定以及给予相应的保险保障，这是亟待解决的重要问题。把文化志愿服务纳入法制轨道，不仅保障了文化志愿者的权益，也分担了美术馆的风险压力，出现问题有法可依，有章可循。各级美术馆根据自身情况，或是协调地方志愿者组织，或是自己馆内协调解决，应刻不容缓地弥补上文化志愿服务上的这一短板，为文化志愿者解除后顾之忧，助推文化志愿服务事业发展。

美术馆文化志愿服务在各级各类美术馆的努力下，开展了丰富多彩且各具特色的项目和活动，积累了宝贵的实践经验。但是如何上升到理论高度，并进行深入研究依旧是个空白。目前没有专门的机构和学者针对美术馆的文化志愿服务，结合各馆的实践，展开深入理论研究。加强这方面的理论研究不仅是总结实践经验，也有利于对今后工作进行指导，在制定服务标准，提高管理水平等方面，辅助政府机关规划好我国的美术馆文化志愿服务，同时对各级各类美术馆文化志愿服务提供强有力的理论支持。

三 共筑我国美术馆文化志愿服务的美好未来

基于研究分析，结合实际，放眼未来，我们就如何改进我国美术馆文化志愿服务工作提出以下七点建议。

文化志愿服务蓝皮书

（一）全社会共同努力，不断提高和深化对美术馆文化志愿服务工作的认识

面向全社会大力宣传"我参与，我奉献，我快乐"的志愿精神，使全社会形成对文化志愿服务的认同和支持，形成更加符合各馆实际、具有各馆特色的文化志愿服务宗旨理念。要探索文化志愿服务新的发展理念，在中华民族深厚的文化积淀下，增强文化自信；同时也要学习借鉴国外优秀的文化志愿服务理念，本着创新、协调、开放、共享的发展观，兼容并蓄，科学地发展我国美术馆的文化志愿服务。要更好发挥政府各级机关主导作用，对尚在起步期的美术馆文化志愿服务给予政策上的倾斜和资金上的支持，从而不断推动美术馆的文化志愿服务在规模上、管理上、数字化信息化上、保障和嘉许上同步发展，不断壮大我国美术馆的文化志愿服务队伍，提高文化志愿服务水平。

此外，不仅要重视发展公立美术馆的文化志愿服务，也要大力发展私立美术馆的文化志愿服务。私立美术馆也是中国文化建设基地中重要的组成部分，也是文化志愿精神的宣传阵地，不能忽视。近年来私立美术馆如雨后春笋一般发展起来，它们大多资金雄厚，有着国际化管理理念，人员素质高，如何把它们纳入全国统一的文化志愿服务体系中来，成为一股新兴的充满活力的力量是我们要思考的。

文化志愿服务是促进社会和谐的重要基础，有助于化解社会基层矛盾、夯实社会稳定基础。文化志愿服务是美术馆和社会公众间的桥梁纽带，要把握机遇汇集社会各方力量，提高对美术馆文化志愿服务认识，努力把美术馆建设成广大人民群众的"精神文化家园"。

（二）创新带动，资金护航，提升美术馆文化志愿服务的水准

美术馆的文化志愿服务工作除了继续拓展创新传统的服务领域之外，可参考国内外美术馆成熟方式，将文化志愿服务延伸到美术馆工作的更多方面，如研究策展、教学、资料整理、资金筹集等，以丰富的文化志愿服务内

容，吸引更多专业水平较高的志愿者参与美术馆工作。要积极发展团体志愿者、会员志愿者和专家志愿者，以更多方式加强文化志愿服务保障。团体志愿者可在志愿人员组织和人员规模上对美术馆的文化志愿服务给予补充；会员志愿者多数是企业负责人和社会知名人士，他们在资金、社会影响力等方面补足美术馆文化志愿工作的短板；专家志愿者用他们的知识和经验，对美术馆的文化志愿服务的学术和管理方面给予强有力的支持。拓宽文化志愿服务团队的人员组成，也就丰富了文化志愿服务的内容和形式，有助于进一步提升文化志愿服务的水平。

培训是提升志愿服务水平的有效手段。在礼仪、专业、相关技能以至素质修养方面的培训成体系、高密度、高质量、延续性强等是提升美术馆文化志愿服务的必要途径。可以委托几家重点美术馆，研究出文化志愿服务培训课程化体系，在全国推广，以便对全国美术馆文化志愿服务的培训进行指导和示范。

开拓文化志愿服务交流途径也会有效地提升服务水准。馆与馆之间没有有效地交流，阻碍了先进的服务理念、优秀的管理制度、出色的服务项目的传播。建立有效的交流机制无疑会使得美术馆的文化服务上一个新的台阶。加大文化志愿服务经费保障，有助于美术馆文化志愿服务水平提升。调查显示大部分美术馆经费主要来源于免费开放的经费，建议将文化志愿服务经费纳入各级政府一般财政预算，在税务方面对捐赠的企业和个人采取优惠激励，构建财政经费、捐赠资金和经营利润共同组成的经费保障体系，鼓励民间组织和社会机构参与服务，明确政府购买服务的方式，以强有力的资金保障，推动文化志愿服务可持续发展。

（三）积极推进文化志愿服务管理专业化、人性化和现代化

全国许多美术馆根据各馆现有条件积极开展具有地域特色丰富多彩的文化志愿服务，但是管理当中普遍存在体系不健全、现代化管理能力不足的现状。很多馆只是建立了志愿者队伍，但管理松散，造成文化志愿服务不能长期固定开展。有些虽有了管理体系，但是实践操作中存在很多问题，管理运

行不畅。应此应优化美术馆文化志愿服务的管理体系,提高美术馆文化志愿服务管理水平,有计划分步骤地推进专业化、规范化、系统化、常态化。

1. 制定志愿者章程和管理办法

健全志愿者管理制度和机制,在制度中明确责任与权利。要把美术馆的文化志愿服务工作标准化、书面化、透明化、简单化。人员分工要清晰明确,了解自己所负责的工作内容。

2. 广泛招募,严格准入,细分服务内容,使文化志愿者各尽其才

要吸引不同性别、年龄、学历、职业背景的人士参与文化志愿服务中来。录取考核要严格,毕竟文化志愿服务不同于其他形式的志愿服务,不仅对志愿动机和思想道德有严格的要求,对文化素养也需兼顾。由于文化志愿服务岗位不同,招募要求要随之微调。细化服务内容有助于招募时择优取长,发挥各自优势。

3. 不断加强认识,建立人性化管理环境

文化志愿服务管理应体现在共同分享、体恤关爱、重情重义的基础之上。首先,要提高文化志愿服务管理人员对文化志愿服务的认识,端正态度。要将文化志愿服务纳入美术馆工作的整个系统中,这样才能有效地管理志愿者,开展更有效的文化志愿服务活动。要增强志愿者的自主性和积极性,提升他们的归属感。要在内部形成共识,建构互相尊重、互相支持的内部互助机制和良好环境。

4. 开展丰富的高质量的志愿者培训

美术馆文化志愿者培训是提高志愿者服务水平和服务质量的重要手段。要通过培训,推动志愿者适应工作环境,提高服务水平,确保志愿者向社会提供最优质的文化志愿服务。美术馆文化志愿者培训是提高志愿者知识素养和专业技能,提升文化志愿服务工作整体水平的重要环节,美术馆管理者应高度重视,精心组织,制定年度的文化志愿服务培训方案,创新培训形式,多方协作组织实施好相关培训内容。

5. 依托文化志愿者,创新美术馆文化志愿服务的内容和形式

在文化志愿者中不乏各个行业的佼佼者,为依托文化志愿者队伍开展服

务内容和形式的创新提供了条件。国际上的美术馆文化志愿服务内容和形式很丰富，我们也可借鉴。创新文化志愿服务一定要发挥文化志愿者的能动作用，挖掘"志愿者的人才宝库"，管理者要搭建好完善的服务平台。

6. 建立依托"价值评估"上的"考核与激励"机制

美术馆的文化志愿服务价值评估体系是诸多指标综合考量形成的，要在实际管理中发挥积极作用。这个体系要根据各馆的实际情况而定，基本框架要囊括志愿服务时间、培训时间、观众反馈等内容。志愿服务时间和效果是价值评估的核心，在此基础上综合测算得出的评估结果，是志愿者考核和激励的主要标准。

7. 建立有效通畅的文化志愿服务沟通渠道

要征求文化志愿者的需求，倾听他们提出的问题，并及时反馈，根据具体情况及时调整工作内容，合理安排落实文化志愿者具体工作。沟通方式应多样化，面谈、电话、微信都是有效的沟通渠道。在有文化志愿服务自管组织的美术馆，可以先通过自管委员会或是各个小组长汇总解决，需要协调解决的及时反映馆方。

（四）完善保障体系，健全法律规章，开展理论研究

中国社会正步入老龄化，文化志愿者的老龄化也相当突出。老龄化社会决定我们美术馆的文化志愿服务需要尽快建立完善的保障体系，来维护老年文化志愿者的权益，为文化志愿服务保驾护航。建议建立全国性的文化志愿服务保险制度，有效保障文化志愿者、美术馆和文化志愿服务对象三方的利益，保障文化志愿者的人身安全和健康。建议在部分条件较为成熟的美术馆先行先试，或依托地方，或自主完善，保障美术馆文化志愿者的合法权益。

文化志愿服务的相关法律规章的建立，应进一步促进各地美术馆对基本概念、基本法律关系的认识，提升对权利义务、责任承担和分配的认知，并进一步规范涉外文化志愿服务，健全法律规章。

要加强美术馆志愿者工作的理论支撑，推动开展相关理论研究，深入研

究组织管理、项目开展等实践方式，推进资金保障、法规制定等方面的研究，形成符合我国文化志愿服务的理论体系。应鼓励全社会行动起来完善保障体系，健全法律规章，开展理论研究，努力创造人性化的、符合法律法规、制度机制健全的文化志愿服务社会环境和氛围。

（五）建立健全文化志愿服务嘉许机制

文化志愿者的嘉许机制的建立健全，不仅是对文化志愿者的肯定和褒奖，也能有效激励文化志愿者的主观能动性，要大力弘扬"我志愿，我奉献，我光荣"的精神，并将文化志愿服务纳入国家诚信体系和个人信用评估体系建设，形成回报志愿者奉献精神的社会环境，使全社会共同关注文化志愿服务事业，尊重和学习文化志愿者。

应积极收集文化志愿服务的先进事迹，树立一批先进的文化志愿服务标杆，表彰优秀的文化志愿者和志愿团体，并向全国大力宣传。近年来文化部表彰了一批优秀志愿者个人和志愿团体，建议继续加大力度，表彰和宣传文化志愿服务的先进个人和团体，打造一大批文化志愿服务的楷模。

（六）增进交流，开展合作，优化文化志愿服务大环境

文化志愿者是迈向终身学习的时代先锋，文化志愿服务是终身学习的课程，我们要把美术馆打造成为文化志愿服务学习和交流的大课堂和"咖啡馆"，成为弘扬正能量、创新社会管理的重要平台和载体。

目前各馆文化志愿服务比较封闭，馆与馆之间没有有效地交流，阻碍了先进的服务理念、优秀的管理制度、出色的服务项目的传播，同时各馆在文化志愿服务中出现的问题和疑惑没有途径反映，上层的政策也贯彻传达不畅，美术馆界的文化志愿服务迫切需要一个交流平台。自2015年以来，全国美术馆公共教育领域每年一次的年会，已经成为公共教育方面有效的沟通交流的平台。可在美术馆文化志愿服务方面还没有专门的交流渠道，只能作为一个话题在全国美术馆公共教育年会上交流讨论，涉及面很有限。如果能建立全国统一的文化志愿服务组织，整合全国文化志愿服务资源，组织协调

全国文化志愿服务工作，增进馆际交流和合作，对改善全国文化志愿服务的大环境会起到不可估量的作用。

（七）开创面向未来的、创新的、数字化、信息化和智能化的文化志愿服务新局面

中国未来的文化志愿服务值得期待，目前中国经济社会都处在转型期，从粗放到绿色可持续的发展，从制造到创造，这些变化无疑也影响到美术馆事业。站在历史的新高度上，美术馆工作者应抓住机遇，引领时代，把文化志愿服务推到更高的水平上。

正如习近平同志指出的那样，文化艺术是靠创新才有了它的生命力的。美术馆文化志愿服务的创新需要有很大的魄力，要在志愿精神的宗旨下开拓思路和改进服务。要建设多样化的文化志愿者组织，丰富文化志愿服务内容和形式，深化文化志愿服务的理论研究，把新的科技成果及时地应用到文化志愿服务当中。

在当今数字化、信息化和智能化的时代里，美术馆的文化志愿服务也应立于潮头。本次调查显示，我们很多美术馆已经在这方面有所作为。有的开设了文化志愿服务的微信公众号、网上的服务平台、智能的活动报名通道、展厅扫码导赏等，但这只是文化志愿服务现代化走出的第一步。美术馆文化志愿服务今后要更紧密依托科技创新开展服务，如建立统一的文化志愿服务云平台、活动项目云上管理、信息和知识云上分享、开展云上培训等。

四　总结

通过研究，我们发现各级政府和美术馆都对文化志愿服务开始重视，并尽其所能大力支持。各级各类美术馆同人积极克服困难，发挥自身现有条件，不等不靠开展了大量带有地方特色的文化志愿服务项目。有些地区大馆发挥了"领头羊"的作用，率先建立了比较完善的文化服务队伍、管理机制和服务规范，起到表率作用。这些都使我们对美术馆文化志愿服务的发展

充满信心。

同时，我们也发现，美术馆的文化志愿服务工作还存在许多不足，面临不少困难和挑战。主要是文化志愿服务发展不平衡不充分的一些突出问题尚未解决，比如服务意识和服务效果还不高，服务创新能力不够强，志愿服务管理水平有待提高，文化志愿服务"生态环境"急需改善，文化志愿服务体系还有不少短板，法规制度建设存在空白，整体性的文化志愿服务规范还没有形成，统一的文化志愿服务平台还未建立，文化志愿服务存在一定无序和自发的发展特点，导致文化志愿服务在招募、管理、考评、培训、保障和嘉许等方面面临不少难题，公众对文化志愿服务的认识和意识的培养尚需提高，一些文化志愿服务的部署和政策措施需要进一步落实。

美术馆文化志愿服务吸吮着中华文化五千年的文化养分，体现着中国人民的文化自信，代表着中国特色社会主义文化精髓，洋溢着多元向上的时代精神。美术馆工作者和志愿者应在党的领导下，锐意进取，完善创新我国文化志愿服务，为创建充满奉献的志愿者精神的和谐幸福社会，为实现中华民族伟大复兴的中国梦而不懈努力。

参考文献

林冠男：《从我国博物馆中的志愿者谈起》，《中国博物馆》2003年第1期。

诸迪：《在2013"志愿者与美术馆公共文化服务"年会上的致词》，2013年9月12日，中国美术馆2013年"志愿者与美术馆公共文化服务"年会专题网站：http://www.namoc.org/xwzx/zt/ggfwnh/。

余良峰：《深化美术馆公共文化服务的内涵——浙江美术馆积极创新志愿服务体系建设》，《中国文化报》2017年7月16日第3版。

朱永安：《美术馆志愿者：招得来还要留得住》，《中国文化报·美术文化周刊》2013年9月22日第1版。

文化部财务司：《中华人民共和国文化部2016年文化发展统计公报》，《中国文化报》2017年5月15日。

《习近平代表第十八届中央委员会向党的十九大作报告》，2017年10月18日，新华网。

《志愿服务，亟待法律"护航"》，《人民政协报》2015 年 7 月 3 日。

並目诚士等编《日本现代美术馆学》，五观出版社，2002 年。

《大英博物馆志愿服务政策/The British Museum's Policy on Volunteering》，大英博物馆网站。

杨应时：《国内美术馆志愿者工作调研报告》，《中国美术馆》2015 年第 1 期。

杨应时：《共享艺术的快乐：中国美术馆志愿者工作十年回顾》，《中国美术馆》2016 年第 6 期。

杨兰亭：《关于中国美术馆志愿服务和管理的思考》，《中国美术馆》2015 年第 5 期。

马克·A. 缪其克、约翰·威尔逊：《志愿者》，中国人民大学出版社，2013。

刘鹏、陈娅：《大都会艺术博物馆志愿者运作模式对国内美术馆的借鉴》，《美育学刊》2016 年第 7 期。

克里丝蒂·范·霍芬：《招募与管理志愿者——博物馆志愿者管理手册》，上海科技教育出版社，2016 年。

B.6
我国古籍保护文化志愿服务
发展报告

刘惠平　梁爱民　吕婷婷*

摘　要：　近年来，中华古籍保护工作向"公众参与时代"持续迈进，
　　　　　中国古籍保护协会组织开展的"中华古籍普查文化志愿服务
　　　　　行动"从 2015 年 1 省试点向 2016 年 4 省试点迈进，再到
　　　　　2017 年 10 省参与，有力地推进了全国古籍普查进程，也使古
　　　　　籍保护和社会参与的理念深入人心，并激发了青年学生奉献
　　　　　社会的责任意识，培育了古籍保护后备力量，取得了良好的
　　　　　社会效益。在中国古籍保护协会的推动下，中国古籍保护文
　　　　　化志愿服务探索和总结了以协会为组织平台，加强组织领导
　　　　　和统筹协调、完善管理机制、创新实施方法、深化宣传推广
　　　　　等有益经验，并将在继续发挥好新疆、山东、江苏、安徽、
　　　　　山西五大典型地区的示范效应的基础上，促进古籍保护文化
　　　　　志愿服务工作的发展。

关键词：　中华古籍保护　文化志愿服务　协会组织

　　近年来，中华古籍保护工作向"公众参与时代"持续迈进，政府主导、
社会参与的理念深入人心。为实现"十三五"期间基本完成全国古籍普查

---

* 刘惠平，中国古籍保护协会会长，研究馆员；梁爱民，中国古籍保护协会秘书长，副研究馆员；吕婷婷，国家图书馆中国古籍保护协会秘书处，馆员。

的目标，推进全国古籍普查工作，中国古籍保护协会自 2015 年成立以来，在社会各界支持下，组织开展了以中华古籍普查为主题的文化志愿服务。"中华古籍普查文化志愿服务行动"从 2015 年 1 省试点向 2016 年 4 省试点迈进，再到 2017 年 10 省参与，3 年三大步，得到广泛认可。据统计，活动开展以来，来自全国及海外 89 所高校的 539 名大学生志愿者，深入全国 12 个省 114 个基层受援单位，完成古籍普查近百万册。古籍保护文化志愿服务活动不仅有力地推进了全国古籍普查进程，也使古籍保护、社会参与理念深入人心，更激发了青年学生参与古籍保护的积极性，为古籍保护培育了后备力量，取得了良好的社会效益。

一 中国古籍保护协会文化志愿服务历程

（一）协会成立及其工作定位

2007 年，国务院办公厅发布《关于进一步加强古籍保护工作的意见》，提出"在'十一五'期间大力实施'中华古籍保护计划'。"[1] 这是新中国历史上首个由国家主持开展的全国性古籍保护工程。国务院批准建立了由文化部牵头，国家发展和改革委员会等十部委共同组成的全国古籍保护工作部级联席会议制度；设立古籍保护专项经费，全面开展全国古籍普查登记工作。同年，中央机构编制委员会办公室批准国家图书馆挂牌成立"国家古籍保护中心"[2]，负责组织推动全国古籍保护工作。10 年来，国务院累计公布 180 家"全国古籍重点保护单位"，文化部确定首批 12 家"国家级古籍修复中心"，国家古籍保护中心按照"保护为主、抢救第一、合理利用、加强管理"的方针，在全国建立 23 家国家级古籍修复技艺传习所和一系列培训基地及学科建设基地，使中华古籍保护工作取得一系列重要成果。

---

[1] 国务院办公厅发布《关于进一步加强古籍保护工作的意见》（国办发〔2007〕6 号）。

[2] 中央机构编制委员会办公室批准国家图书馆挂牌成立"国家古籍保护中心"（中央编办复字〔2007〕53 号）。

2013 年党的十八届三中全会审议通过了《中共中央关于全面深化改革若干重大问题的决定》，提出了转变政府职能，调动社会力量参与公共文化服务体系建设的重要举措。为了深入贯彻党的路线方针政策和习近平总书记系列讲话精神，动员社会力量参与国家公共文化建设，推动国家古籍保护事业持续发展，2013 年末，一批国内古籍保护专家学者和古籍保护单位联合发起、筹划建立中国古籍保护协会。在国家民政部、文化部以及国家古籍保护中心的高度重视、大力支持和积极筹备下，中国古籍保护协会于 2015 年 1 月正式成立。

中国古籍保护协会的成立，响应了全面深化文化体制改革的方向指引。国家古籍保护中心执行国家项目"中华古籍保护计划"，是政府主导古籍保护工作的组织实施单位。中国古籍保护协会在政府与行业之间发挥桥梁纽带作用，引导社会力量参与公共文化服务建设，有利于凝聚发展共识，提升中华古籍保护工作社会影响力，有利于协调行业关系，强化行业自律，提升古籍保护工作科学化、规范化水平，更有利于突破一些体制上的束缚，通过业内交流和业界合作，激发创造活力，提升发展实力。因此，中国古籍保护协会是国家古籍保护中心职能的有效补充，两者按照各自职能定位，相互支撑、优势互补，形成上下共建的工作格局，建成较为完整的工作体系。

（二）开展古籍保护文化志愿服务的缘起

2017 年是国家重大文化项目"中华古籍保护计划"实施 10 周年。中华人民共和国成立以来在全国范围首次内开展的古籍普查是该项目的重要组成部分。在国家古籍保护中心组织领导下，经过 10 年努力，全国古籍普查量已过多半，但尚有部分地区因专业人员不足、经费缺乏等原因，工作效率较低。截至 2015 年，古籍保护的基础性工作完成了近 2/3。但要完成国家要在"十三五"时期基本完成古籍普查工作的总目标，任务相当艰巨。以下两部分公藏单位未完成古籍普查的比例较大：一是是图书馆系统规模较小的基层古籍存藏单位；二是非图书馆系统跨界公藏单位，如研究单位、高校等。这些单位，有的存在未将古籍普查纳入工作日程问题；有的确实存在既无专业人员、又缺乏经费的问题。

为了实现"十三五"期间基本完成全国古籍普查的目标，自 2015 年起，古籍保护协会联合国家古籍保护中心和各地古籍保护中心，连续三年在暑期组织开展"中华古籍普查文化志愿服务行动"，发动高校学生参加文化志愿服务，帮助有需求的单位开展古籍普查。此举一方面体现了协会作为社会组织投身中华古籍保护、积极引导社会参与的工作定位；另一方面恰好成为协会成立伊始展开各项工作的重要抓手。主要工作内容包括：以协会为发起单位、以各省（自治区、直辖市）古籍保护中心为主要实施单位，从高校招募具有古典文献学、历史学专业背景的学生，实施考试选拔和培训等环节，组成志愿者团队，在专业老师的带领下，深入基层公藏单位开展普查。

从实施效果看，高校学生（以研究生为主）具有一定的专业知识，学习能力强，能够较好地完成工作任务。2015 年，古籍普查文化志愿服务试点工作在河北成功实施，2016 年，山西、安徽、广东、四川参与，2017 年，协会再次发起活动，扩展至山西、吉林、上海、江苏、安徽、山东、湖北、四川、云南、新疆等 10 省（区市）。在文化部公共文化司支持下，2017 年，吉林、云南、新疆三省区的古籍普查文化志愿服务，被列入文化部"春雨工程—全国文化志愿者边疆行"重点需求项目。经过推选公示，"中华古籍普查文化志愿服务行动"项目获得了中宣部等发起的 2017 年全国学雷锋志愿服务"四个100"先进典型"最佳志愿服务项目"。

（三）古籍普查文化志愿服务的实施

1. 试点河北，摸索经验

协会发起的古籍普查文化志愿服务从河北省起步。2015 年，在认真学习民政部、文化部关于社团管理运行系列文件基础上，协会秘书处开展了深入细致的前期调研，走访拟开展志愿者招募工作的高校，同国家古籍保护中心、河北省古籍保护中心研究制定工作方案，确定了河北大学、河北师范大学、河北博物院、定州市博物馆、保定市图书馆 5 个受援单位，并对所需志愿者数量、志愿服务时长做了预估。

古籍普查文化志愿者招募消息在北京大学、中国人民大学、首都师范大学、天津师范大学、河北大学、河北师范大学 6 所高校一经发布，反响热烈，短短几天，报名参加志愿服务的学生达 115 人。在校团委、学生会、学工部等支持下，经过遴选，确定 76 名具有古典文献学、历史学专业背景的大学生参加了首批古籍普查志愿服务工作，其中本科生 26 名，硕士生 43 名，博士生 7 名。7 月 19~22 日，志愿者在国家图书馆接受了为期 4 天的专业培训，协会对授课教师选派、课程内容、培训教材做了精心安排。与此同时，国家古籍保护中心在石家庄举办了师资培训。各个受援单位对普查工作场所、设备设施以及志愿者的生活保障也作了充分准备。

7 月 23 日，"中华古籍普查文化志愿服务行动"进入实施阶段。活动正值一年中最炎热的季节，各普查单位条件参差不齐，河北大学图书馆建筑老旧，没有空调；定州市博物馆设在文庙，不但没有空调，而且潮湿闷热。但志愿者们克服了重重困难，在指导老师帮助下，从除尘整理到清点著录，认真工作，一丝不苟，圆满完成了普查任务。其间，受协会的委托，国家图书馆古籍馆选派专家到各普查点进行指导，专家们不辞辛苦，为普查工作提供专业帮助，解决了许多疑难问题。《中国文化报》对活动给予强有力地支持，派出公共文化部副主任李静同志全程参与志愿者服务的宣传报道，她认真策划宣传计划，跟踪采访活动进展，持续写出了数篇很有影响力的报道。8 月 25 日，"2015 年中华古籍普查文化志愿服务行动"圆满结束，9 月 12 日，协会在国家图书馆召开了总结表彰会。据不完全统计，本次活动共清点登记古籍约 1.5 万种，19 万册（件），有力地推进了河北省古籍普查工作进程，得到业界一致好评。在当年文化部组织的"全国文化志愿服务评选表彰活动"中，该项目被评为"文化志愿服务活动典型案例"受到表彰和奖励。试点工作使协会摸索了组织志愿服务活动基本经验，了解了受援单位的实际需求，不断完善工作机制，为翌年开展文化志愿服务做出准备。

2. 四省并进，完善机制

2016 年，协会选取了山西、安徽、广东、四川 4 个省份，继续组织实施中华古籍普查文化志愿服务行动。在总结上一年工作经验基础上，注重工作秩序的建立，梳理了志愿普查工作流程，在志愿者招募遴选、志愿服务管理、经费筹集使用等方面完善了工作机制。2016 年古籍普查文化志愿服务成绩斐然。来自全国 39 所高校 192 名大学生志愿者，分赴晋皖粤川 46 个受援单位，帮助整理、编目古籍（含部分民国线装书）60885 种，共计 431785册，另编目雕版 7 种，共 1854 版。较之 2015 年无论体量、数量都有较大的增幅。活动推进了所在省份古籍普查进程，过程中发现了一些未曾著录过的古籍，其中不乏好的版本，带动了当地的古籍保护工作。

3. 覆盖10省，规范管理

2017 年，"中华古籍普查文化志愿服务行动"参与地区扩大至山西、吉林、上海、江苏、安徽、山东、湖北、四川、云南、新疆等 10 个省（区市）。在文化部公共文化司支持下，吉林、云南、新疆 3 个边疆省份的古籍普查志愿服务列入了文化部 2017 年"春雨工程"重点需求项目。协会成立了"中国古籍保护协会古籍保护志愿服务专业委员会"和"中国古籍保护协会文化志愿者联合会"两个分支机构，努力推进对古籍普查文化志愿服务的规范管理。从这年起，凡申请参加"中华古籍普查文化志愿服务行动"，并通过考试录用的志愿者即注册登记为协会"文化志愿者联合会"会员，并获得由文化部印制的中国文化志愿者注册服务证。古籍保护志愿服务汇入了全国公共文化服务领域文化志愿服务的洪流。

2017 年的古籍普查文化志愿服务有以下特点：一是报名组织开展的省份已多达 10 地。二是参加该年古籍普查文化志愿者是 3 年以来人数最多的，且来源广泛，有高校学生、大学教授、中学教师、企业退休员工。高校学生中有来自北大、北师大、民大、复旦、武大、吉大、山大等国内名牌大学的，也有正在悉尼大学、北卡罗来纳州立大学等国外大学学习的中国留学生。在这次志愿服务中，还有一批图书馆系统业务骨干的参与，他们有的是指导老师，有的则是普查人员，使这项活动更接地气。三是较之以往，2017 年古籍普查文化志愿服务的触角深，覆盖面更广。62 家受援单位，公共图书馆 53 家，约占总数的 85.5%，其中，地市级图书馆 21 家，县市级图书馆 31 家，受援点绝大多数都在基层，凸显了基层对文化志愿服务的需求。高校、研究所、文博单位、党校等其他古籍收藏单位虽然只有 9 家，约占总数的 14.5%，但这类跨界单位，是以往古籍普查中的难点，通过这次活动有了突破。四是在本次古籍普查文化志愿服务中，多个省份发现了珍贵善本文献，如山西屯留一中藏有未编明万历七年至清康熙四十六年刻印的《径山藏》；吉林社会科学院藏有清乾隆十六年武英殿刻四色套印本《御选唐宋诗醇四十六卷》；湖北省安陆市图书馆藏有明末刻本《增定南九宫曲谱》；四川省井研县图书馆藏有明嘉靖内府刻本《文献通考》；山东省图书馆藏有 6 部永乐南藏，4 部永乐北藏，1 部龙藏，1 部元刻本《碛砂藏》，上万册（件）古籍，这些古籍被陆续整理出来重见天日，堪称 3 年来古籍普查文化志愿服务中的最大发现。

据统计，2017 年来自全国 44 所高校的 271 名大学生文化志愿者，与近百名公共图书馆业务骨干一起，深入基层受援单位，帮助整理、编目古籍51079 种，共 363111 册，其中含少数民族语文古籍 2684 部，2701 册，另编目雕版 60 种，1004 版。

二 中华古籍普查文化志愿服务典型案例

自 2007 年"中华古籍保护计划"实施以来，在国家古籍保护中心指导下，各地陆续成立了省级古籍保护中心，挂靠在省（自治区、直辖市）级图书馆，有的地区还建立了由省委、省政府相关部、厅、局组成的古籍保护工作厅际联席会议制度。省古籍保护中心工作覆盖面为全省（自治区、直辖市）古籍公藏单位。其主要职责是：组织并指导本地区古籍普查和古籍分级保护，建立古籍综合数据库，完成古籍联合目录编制；组织国家级重点古籍保护单位和《国家珍贵古籍名录》申报；组织本地重点古籍保护单位和珍贵古籍名录评审；承担本地区古籍保护培训、古籍修复和人才培养相关工作。各省（区市）古籍保护中心是协会发起开展"中华古籍普查文化志愿服务行动"主要依靠单位，下面从中选取 5 个开展活动的典型案例予以总结。①

———————

① 数据统计截至 2017 年 11 月。

（一）新疆：民族语言古籍普查实现新的突破

新疆维吾尔自治区图书馆（新疆维吾尔自治区古籍保护中心）组织参加了 2017 年度"中华古籍普查文化志愿服务行动"，是截至目前唯一开展本项活动的少数民族地区。新疆拥有丰富的古籍遗存，其中包括以各种民族文字书写的古籍，开展民族语言古籍普查对于维护中华民族传统文化的完整性意义重大。基于该地区特殊的政治地理环境，活动启动前，《新疆维吾尔自治区古籍保护中心开展"中华古籍普查文化志愿服务边疆行"地州古籍保护调研与普查实施方案》在自治区图书馆党委会议上通过。针对民族语言古籍文献存藏分散，区域跨度大，缺乏既懂少数民族文字又熟悉古籍著录人员现状，在协会和中央民族大学维吾尔语言文学系、新疆大学的支持下，招募了 6 名具备良好少数民族语言文字能力的文化志愿者（均为少数民族学生）与省中心抽调的业务骨干组成小分队，由自治区图书馆领导和古籍保护工作业务主管带队，辗转和田、喀什、英吉沙、莎车、伊犁、伊宁 6 地，历时一个月，行程上万公里，把散存在各基层点的 2684 部民族语言古籍文献一一普查完毕。在普查中，各古籍收藏单位对本次志愿服务十分重视，组织协调力量配合此次工作任务，并与志愿者们同吃、同住、同工作，鼓舞了志愿者的工作热情，也使普查工作得以顺利展开。本次志愿服务完成普查数据总量 2500 余条，活动覆盖南北疆 3 个地州 7 家单位。在普查同时，这些单位少数民族古籍、汉文古籍、民国文献得以区分，霉变、虫蛀书籍得到初步处理（见表 1）。

表 1　新疆维吾尔自治区古籍保护中心基本信息*

项目	内容
古籍预估藏量	50 余万册
普查完成进度	公共图书馆已全部完成普查
列入全国古籍重点保护单位	2 家
列入五批国家珍贵古籍名录的古籍	106 部

＊：成立时间为 2008 年 9 月。

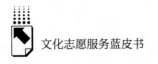

（二）山东：重大古籍普查新发现鼓舞人心

山东省图书馆（山东省古籍保护中心）组织参加了 2017 年度"中华古籍普查文化志愿服务行动"。年初，省古籍保护中心通过前期调研摸底，制订了志愿者招募计划。经笔试及面试遴选，招募志愿者 54 名，通过专家授课、古籍著录实践等专业培训后，志愿者分别前往山东省图书馆、山东师范大学图书馆、青岛市图书馆、平度市图书馆 4 家古籍收藏单位开展志愿服务。活动于 7 月 12 日开始，为期 33 天，其间共普查古籍 50825 册（件）。普查中，在山东省图书馆新发现一批珍贵古籍，经专家鉴定，其中包括 6 部永乐南藏，4 部永乐北藏，1 部龙藏，1 部元刻本《碛砂藏》，当属协会组织古籍普查文化志愿服务 3 年来最大的发现。该地区古籍普查文化志愿服务的特点有：活动伊始引入专家制度，在座谈论证基础上制定实施方案，适时邀请古籍专家、学者对馆藏新发现进行鉴定，志愿者全程参与、现场学习，形成良好的学术氛围；志愿者队伍中除高校学生，还投入中学教师、业界同行、企业人员，实现了社会力量的广泛参与；省古籍保护中心办公室、历史文献部全体人员（包括修复人员）全程跟进，指导志愿者们开展普查工作（见表 2）。

表 2　山东省古籍保护中心基本信息*

项目	内容
古籍预估藏量	153676 种
完成普查量	116509 种
全国古籍重点保护单位	14 家
列入第五批国家珍贵古籍名录的古籍	960 部
国家级古籍修复中心	1 家（山东省图书馆）

*：成立时间为 2008 年 6 月。

（三）江苏：跨界实施古籍普查志愿服务做出示范

江苏省是现今国内古籍存藏量最大的省区之一，古籍在省内分布广泛，古籍普查任务艰巨。多年来，省古籍保护中心在"省古籍保护联席会议"领导下，加强与省内高校、文博单位、研究单位、医药和宗教系统工作协调，较好地实现了古籍普查的跨界推进。近两年，省中心积极引入文化志愿服务参与古籍普查。中心与南京艺术学院、金陵科技学院以及莫愁中等专业学校保持着良好的合作办学关系，依托"三方联动模式"，建立起专业性较强兼具稳定性的古籍保护志愿服务队伍。2017年，中心开展的文化志愿服务与协会发起的"中华古籍普查文化志愿服务行动"顺利接轨。该省利用文化志愿服务积极推进古籍普查的跨界实施，形成了自己的工作特点。2015年底，40余名南京艺术学院大学生志愿者在著名古刹栖霞寺开展古籍普查整理工作，一年间整理出龙藏10432册，散本32664册，续藏经1398册，频伽藏714册，民国影印宋碛砂藏556册，共计46296册；2017年通过文化志愿服务实现对江苏省委党校图书馆和江苏省社科院图书馆古籍存藏量的普查摸底，共完成2608种15884册古籍的整理著录，普查中发现了元刻明修本、名家手稿等，大大地激发了基层公藏单位古籍保护的工作热情。截至目前，江苏省古籍普查工作已基本完成，其中文化志愿服务功不可没（见表3）。

表3　江苏省古籍保护中心基本信息 *

项目	内容
古籍预估藏量	22万部,450余万册
完成普查量	21万部,430余万册
全国古籍重点保护单位	21家
列入第五批国家珍贵古籍名录的古籍	1295部
国家级古籍修复中心	1家(南京图书馆)

*：成立时间为2009年。

（四）安徽：以良好的机制设计引领志愿服务

安徽省古籍保护中心于2016～2017年连续两年参加了协会发起的"中华古籍普查文化志愿服务行动"。该省在开展活动中注重机制设计，取得了事半功倍的良好效果。活动启动之前，省中心制定了周详的实施方案，对有受援意向的图书馆进行实地调研，根据普查量确定参加人员数量，与之签订古籍普查合作协议书，要求各站点认真执行活动计划，做好志愿服务接待准备工作，并实行"一把手负责制"。进入招募阶段，中心将需求信息公布在高校志愿者QQ群，通过招募考试后，精心为志愿者选择培训教材，制作《志愿服务手册》，配发14种普查文具物品及资料。正式实施过程中，省中心密切关注受援单位普查进程，通过建立志愿者微信群，邀请省厅、各受援单位领导加入，将实地指导和网上数据实时监控相结合，全程在线查看各站点工作进度，及时解决普查中出现的问题。在省中心指导下，各站点在志愿者进入的第一周帮助志愿者从文献著录着手，以此加深对普查登记项目的理解。第二周进入提速期，各站点专业人员实时跟进，对于共性问题及时纠正、集中讲解，个性问题一对一指导解决。截至2017年底，全省四级公共图书馆、32家单位收藏的4.2万部古籍全部完成普查登记。在志愿服务中，坚持13项数据的录入，由省中心把控古籍著录数据质量，为下阶段编纂《中华古籍总目·安徽卷》打下了坚实的基础（见表4）。

表4　安徽省古籍保护中心基本信息*

项目	内容
古籍预估藏量	120余万册
完成普查量	117余万册
全国古籍重点保护单位	9家
列入第五批国家珍贵古籍名录的古籍	274部

*：成立时间为2008年3月。

（五）山西：文物大省因地制宜组织志愿普查

山西是著名的文物大省，存藏古籍量大质优，分布面广触角深。中华古籍保护计划实施后，该省省会和较大城市较快完成了普查任务，然其县级古籍存藏单位到2015年底，普查工作始终未能有效开展。这些单位存藏总量不大，但分散且存藏条件差，既缺乏专业人员又缺乏资金，急需帮扶。省古籍中心于 2016～2017 年连续两年参加了协会发起的"中华古籍普查文化志愿服务行动"，通过开展志愿服务，解决了困扰全省古籍保护工作的瓶颈问题。在开展文化志愿服务活动中，省中心重心向下，把古籍存藏量在 3000 册以上、未完成普查任务的 18 家基层单位定为志愿服务重点帮扶对象，从省中心选派得力的业务骨干作为领队和指导教师，率领大学生志愿者小分队下到基层开展普查。基于普查点分散、交通不便、专业指导老师紧缺的现状，山西省是第一个建立并利用志愿者微信群和服务单位管理人员微信群开展志愿服务业务指导、业务交流的地区，为其他省中心有效开展志愿服务作出了示范。为了克服经费困难，省中心积极争取协会的支持，因地制宜调动各方积极性。例如，该省把志愿者培训安排在省职工医学院，既解决培训教室、住宿地，还"以做代培"，完成了该院 3000 册古籍的普查。两年间，山西省通过文化志愿服务，为 18 家单位整理登记普查古籍 14159 种 109529 册，雕版 7 种 1854 块，推动山西省古籍普查工作基本完成（见表 5）。

表 5　山西省古籍保护中心基本信息 *

项目	内容
古籍预估藏量	100 万册(含民国线装书)
完成普查量	95 万册
全国古籍重点保护单位	6 家
列入第五批国家珍贵古籍名录的古籍	274 种
国家级古籍修复中心	1 家，山西省图书馆

＊：成立时间为 2007 年 9 月。

三　中华古籍普查文化志愿服务主要收获

（一）推进古籍普查按期完成

《中华人民共和国国民经济和社会发展第十三个五年规划纲要》专栏 25

"文化重大工程"提出实施"中华古籍保护计划","要基本完成古籍普查工作"。文化部部长雒树刚在各种场合多次强调,"十三五"期间完成此项任务,是当前实施中华古籍保护计划的首要目标。因此,推动全国古籍普查工作的完成,也成为协会"十三五"时期的首要任务之一。

古籍普查作为实施"中华古籍保护计划"的基础性工作,是古籍抢救、保护与利用工作的首要环节。古籍普查工作包括两个内容:一是查未编书,即整理、登记、入藏未经编目之书。二是查已编书,即对已有信息进行重新校核,完善鉴定著录,准确揭示原书面貌,促进对古籍资源的研究利用。

据国家古籍保护中心的调研数据,截至"十二五"末,全国2300余家公藏单位尚有约1300家未完成普查,这些单位的古籍存量约占全部存量的43%。时至今日,一些行动滞后的地区也仅完成工作总量的1/3。固然缺经费、缺专业人才是其中的重要原因,但重视程度和责任心不够也是不容忽视的问题。协会组织古籍普查文化志愿服务,一方面通过志愿者活动搭建高校学生与古籍收藏单位的合作渠道,以补充专业人员队伍;另一方面通过积极发动社会力量给予经费和物资等资助,堵死一些工作滞后地区的后路,形成倒逼机制。最后,在多地方之间联动合作,使之在合作中形成良好的竞争氛围。这些助力使按期完成全国古籍普查任务成为可能。

(二)践行社会主义核心价值观

党和国家倡导的"富强、民主、文明、和谐,自由、平等、公正、法治、爱国、敬业、诚信、友善"的社会主义核心价值观,把涉及国家、社会、个人的价值要求融为一体。开展古籍普查志愿服务活动,潜移默化地影响当代大学生思想方式和行为方式,既有利于弘扬和传承中华优秀传统文化,更有利于倡导和践行社会主义核心价值观。

从国内外高校招募而来的大学生文化志愿者是数量众多的社会团体。学生们积极响应志愿服务的号召,放弃暑期休息,无偿投入古籍普查工作,其参与动力源于社会主义核心价值观所提倡的个人道德感和社会责任心。德行是树立核心价值观的重要保证。崇德修身,既要立意高远,又要立足平实。

学生们奉献出时间和精力，从做好小事开始起步，深入基层受援点开展志愿服务，凭借专业知识帮助群众解决实际困难，向社会大众展现了当代大学生文明的时代风貌和"奉献、友爱、互助、进步"的志愿服务精神。与此同时，知识是树立核心价值观的重要基础，只有下得苦功夫，方能求得真学问。大学生投入古籍普查工作中，有老师指点，有同好切磋，以书本理论指导工作实际，将所学知识内化于心、形成见解，提升了专业水平和业务能力，与践行社会主义核心价值观相辅相成。

2017 年，参加古籍普查文化志愿服务不仅有高校学生，还有其他社会团体、企事业单位和退休员工等，从更广泛的层面展现了新时代公众对核心价值观的认可。京东方科技集团、财通证券股份有限公司等公益资助的投入，表达了企业对践行社会主义核心价值观的支持。整个志愿服务行动科学规范、顺利实施的背后，还有着各省文化管理部门、各古籍保护中心的无私奉献和热情支持。他们使得核心价值观的影响像空气一样无所不在、无时不有，在提高自己的同时，也影响着他人投入其中。

（三）培育古籍保护后备人才

"中华古籍保护计划"这一全国性保护工程的开展离不开稳固的专业化人才队伍。自保护计划实施以来，培训基地、高等院校、传习所"三位一体"，形成了人才创新培养的模式。10 年来，国家古籍保护中心在全国建设23 家古籍修复技艺传习所，12 家国家古籍保护人才培训基地，举办古籍保护各类培训班 165 期，培训学员 8000 余人次，涵盖全国 1800 余家古籍收藏单位，与多所高等院校合作，建立古籍保护研究院和专业硕士点，形成一个多层次、高素质的古籍保护人才梯队。但至目前为止，从事古籍保护专业队伍与全国古籍存藏现状还表现出一定的不适应性。

将大学生的社会实践活动与古籍存藏单位的普查登记相结合，是一项双赢的工作。一方面，我国高校重视学生参加社会实践活动，社会实践在高校人才培养过程中有着重要作用，不但可以促进知识的转化和拓展，而且有利于增强大学生的社会意识和社会技能，有利于发展大学生的创新意识和组织才能；另一方面，古籍普查文化志愿服务使一批具备古典文献学、历史学专业背景的高校学生，获得了专业实践的机会。他们将书本上所学的文献学知识运用到古籍普查整理编目中，强化了对古典文献学特别是版本学和目录学知识的认识和把握，也领略了我国传统文化的博大精深和源远流长。志愿者们认为，这是课堂上和教材中无法提供的宝贵实践经验。北京师范大学朱光鑫同学在湖北省志愿服务活动中迅速成长，凭借扎实的专业知识和较强的适应能力，很快成为该组其他志愿者解决工作疑难问题的"小老师"，甚至基层图书馆工作人员有时也请教于他。专业知识的学以致用，使志愿者们收获了成就感和自信心，不少同学表示，希望日后能有机会从事古籍整理研究工作。难忘的文化志愿服务对他们今后的学习和生活产生了重要影响，也为中华传统文化薪火相传播下了火种和希望。各省古籍保护中心的图书馆工作人员通过参与志愿服务也收获颇丰。作为指导教师，他们需要在短时间内将自己多年的经验心得融会贯通，手把手地传授给学生们，以保证古籍普查工作顺利开展；作为普查人员，在时间紧、任务重、你追我赶的工作节奏下，这种"压担子"伴以教学相长，使他们的工作能力和专业水平得到进一步锻炼和提升。有人说，古籍普查文化志愿服务是培育古籍保护后备人才的又一维度。

（四）引入社会力量参与公共文化建设

引入社会力量参与公共文化建设，是十八大以来党和政府积极主导的，也是未来国家公共文化建设的发展趋势。协会自成立以来，积极探索引领社会力量参与中华古籍保护工作，开展古籍普查文化志愿服务成为实现这一工作目标和体现社会组织工作职责的有力抓手。

古籍普查需要环境安全、工作连续，这是一项相对封闭、时间密集的工作。参加服务的志愿者虽然不取回报，但必要的食、宿、行、保险、工作辅助品都是组织方应该提供的，这些都需要经费的支持。2015 年，协会从国家图书馆出版社募集到公益资助活动经费；2016 年，国家古籍保护中心为活动开展提供了 50 万元资助经费；2017 年，由于参加古籍普查志愿服务的省份多，受援基层点多，边疆地区多，活动经费筹集成为项目实施的难点。协会多条腿走路，一方面利用新闻媒体、流媒体和各类活动展会等开展古籍保护宣传推广活动；另一方面积极"走出去"，引入社会力量参与古籍保护工作。2017年，在中国志愿服务基金会支持下，大型国企京东方科技集团向协会提供专项公益资助；浙江国企财通证券公司也在与协会达成古籍保护战略合作的第一年，从专项公益资金中拨出专款支持文化志愿服务。这些国企彰显了强烈的文化情怀和社会责任感，为古籍普查文化志愿服务活动的落地，发挥了至关重要的作用。

各省古籍保护中心、普查受援单位也设法募集经费，不少当地企业陆续加入志愿服务的行列，建立了齐力助推古籍普查工作，使参与地区的古籍普查工作得到极大的发展。如山东佳泽睿安信息技术有限公司中标为山东省古籍保护中心提供古籍普查文化志愿服务活动的管理服务，该公司了解到志愿服务经费不足的情况，不但不盈利而且主动制作统一工服、胸牌等活动必需品并自发地为活动补足了管理经费。该公司负责人坦言，其本身热爱中国传统文化，在与图书馆工作人员朝夕相处下，受到志愿服务精神的感召，自愿成为古籍保护的企业志愿者。

此外，本年度的志愿服务活动经费筹措还获得文化部"春雨工程"项目经费的支持。2017年，协会向文化部申请了"中华古籍普查文化志愿服务行动吉林、云南、新疆行"项目，经评审被列入文化部"春雨工程"重点需求项目，获得文化部"春雨工程"文化志愿服务项目补助经费。这些都显现了中国古籍保护协会2017年在引领和调动社会力量推动古籍保护工作中实现的新突破和取得的新成果。

四 开展文化志愿服务的经验和启示

（一）加强领导、统筹协调是活动得以展开的关键

中华古籍普查文化志愿服务行动是一项有新意、有诚意、有实效的工

作，体现众筹理念。三年来，该项活动由协会主办、各地承办，大学生志愿者、国有企业等社会力量参与。协会做的是机制设计、过程指导和经费筹集，各个中心负责本地招募、培训和实施推进。各省古籍保护中心在具体实施过程中，将志愿服务纳入重要工作日程，加强组织领导和统筹协调。针对本省实际情况制订实施计划，安排专人负责组织协调，对接基层馆，真正做到工作落地。湖北省文化厅专门下发了《关于选派古籍保护工作者参加2017年中华古籍普查文化志愿服务行动的通知》，要求全省公共图书馆系统的古籍收藏单位选派古籍保护工作者参与古籍普查志愿服务。新疆维吾尔自治区图书馆针对全疆古籍保护现状和特殊政治环境，在馆党委会上讨论通过开展中华古籍普查文化志愿服务新疆行实施方案，并由该馆党委书记艾尔肯同志亲自率领小分队奔赴各普查点开展古籍普查志愿服务。吉林、江苏、四川等省古籍保护中心通过省际联席会议、古籍保护培训班等多种途径同跨界单位建立联系，为古籍普查在图书馆系统以外单位的顺利实施打下基础。整个活动充分调动各方积极性，达到"众人拾柴火焰高"的效果，取得了良好的社会效益和工作成绩。

（二）完善机制、规范管理是活动顺利实施的保证

协会在组织开展文化志愿服务3年中，重视信息收集和经验总结，逐渐形成较为完善的工作机制，实现对活动的规范管理。2016年，协会在总结第一年试点工作经验的基础上，形成了招募、培训、启动、实施、督导、宣传、总结等环环相扣的工作流程。2017年，古籍普查文化志愿服务的显著特点是受援单位多且分散，待普查古籍多为难度较大的未编书，边疆地区民族语言文献普查更是困难重重。从统计数据看，2016年，4省投入志愿者192人，分赴46个受援单位，普查古籍43万余册（件）；2017年，各地投入志愿者271人，专业骨干100人，分赴62个受援单位，普查古籍36.3万册（件）。单从数字看，普查量减少了，但实际上普查的单位增加、难度增加。面对很多难啃的"硬骨头"，要靠建立良好的工作机制、科学的工作流程、规范的管理才能保证普查任务的完成。协会和各个省级古籍保护中心在

开展活动时，都经历了精心准备和科学调研，在总结借鉴以往工作经验基础上，设计建立管理规范的工作机制和模式。诸如志愿者招募遴选机制、志愿服务管理机制，经费筹集使用机制，普查工作流程和规范等。2017年，协会成立了"中国古籍保护协会古籍保护志愿服务专业委员会"和"中国古籍保护协会文化志愿者联合会"，推动协会的文化志愿服务进一步走向科学化和规范化。

（三）调查研究、方法创新是活动持续推进的动力

"中华古籍普查文化志愿服务行动"实施3年来，每年都有新的省份进入，都会出现新的情况。因地制宜，不断总结创新，是活动持续推进、长抓常新的动力。2016年，四川省古籍保护中心率先运用初试复试方式招募高校学生文化志愿者，笔试要考古汉语和文史知识，这个做法很快被其他省级古籍保护中心借鉴和复制。2017年，安徽省古籍保护中心针对本省受援单位的实际需求，调整暑假开展志愿服务的惯例，于早春三月便启动招募和志愿服务工作。云南省古籍保护中心2017年在组织大理州7个基层点开展古籍普查志愿服务时独辟蹊径，派出本省古籍修复专家同步进入普查点开展调研，摸清各基层馆古籍存藏和损毁情况，为日后的修复保护作出规划。每年开展志愿服务中，协会都会召开数次志愿服务座谈推进会，介绍经验、传授方法、研究问题；实施过程中，组织专家开展中期巡察，慰问志愿者，一方面现场答疑，解决普查中遇到的专业问题；另一方面，了解各基层点的存藏环境、保护条件、古籍管理等存在的困难，收集意见和建议；同时通过了解志愿者，关注优秀古籍专业人才，为古籍保护工作后继有人发掘潜在力量。

（四）宣传推广、营造氛围与活动成功举办相辅相成

发挥新闻媒体的传播优势，积极利用社交平台对志愿服务进行宣传推广，营造良好的舆论氛围，是协会历年开展古籍普查志愿服务的必要工作。三年来，据不完全统计，《人民日报》《光明日报》《中国文化报》《中国教

育报》等中央媒体为古籍普查志愿服务提供宣传报道，以专版、通讯、述评等形式陆续发表 16 篇有重要影响力的稿件。各省主流媒体密切关注古籍普查志愿服务，积极宣传报道本省活动进程。协会和各省古籍保护中心还充分发挥互联网和新媒体传播优势，利用网站、微信群、QQ 群、微信公众号等将志愿服务进展情况、典型经验、个人事迹实时通报出来。3 年来，新华网、凤凰网、央广网（中央人民广播电台）、中国青年网、中国社会科学网、各省官方网站等对古籍普查志愿服务活动均有报道，协会门户网站和微信公众号以专题的形式编发动态数十条。从协会到各省古籍保护中心，再到分赴各点的志愿服务小组，均各自建立了 QQ 群或微信群，有效地实现了古籍普查工作信息传递、疑难问题即时解答，志愿者们互相了解工作情况，分享普查心得体会，彼此间形成你追我赶、互相激励的良好氛围。这些宣传活动有力地推动了志愿服务的开展，扩大了活动影响力，让志愿服务走入了公众视野。2017 年是中华古籍保护计划实施 10 周年，为了留下更多鲜活生动的影像资料，在国家图书馆社会教育部的支持下，协会组织了 4 个摄制组，分批前往 6 个省份、17 个拍摄地对古籍普查志愿服务活动进行拍摄和采访，累计采访人次近 100 人，及时留存现场工作场景和参与活动者的当下感受，为日后积累了大量志愿服务的素材和珍贵的原始影像资料。

"中华古籍保护计划"已经走过 10 年，全国古籍普查工作也进入了最后冲刺阶段。今后，如何改善古籍保护的存藏环境，如何推动古籍整理修复和开发利用，如何建设古籍保护专业人才队伍，如何建设古籍保护研究的学科体系，按期完成全国古籍普查工作是其重要前提。历经 3 年实践，"中华古籍普查文化志愿服务行动"已经成为中国古籍保护协会重要工作内容，作为古籍保护行业组织，协会要将这项古籍保护的公益活动坚持下去，拓展开来，以努力实现十三五期间"基本完成全国古籍普查工作"的目标任务。

"惟殷先人，有册有典。"典籍承载着中华民族五千年辉煌灿烂的文明，是中国人民的宝贵精神财富。在党的十九大报告中，习近平总书记指出，"中国特色社会主义文化，源自于中华民族五千多年文明历史所孕育的中华优秀传统文化""要加强文物保护利用和文化遗产保护传承"。2017 年 10 月 31 日,《公共图书馆法》正式公布,将关于古籍保护、行业组织、志愿服务和社会力量参与等条款写入其中。这将进一步推动古籍保护理念为社会各界和广大公众所接受,将引导更多有识之士加入中华古籍保护的行列中来,形成传承发展中华优秀传统文化人人有责的局面。未来要继续发挥行业引领作用,团结更多的社会力量投入文化志愿服务,以古籍保护志愿服务专业委员会、文化志愿者联合会两个分支机构为平台,选择更多优质项目开展活动,打造品牌,使古籍保护文化志愿服务成为协会助推古籍保护、跟随时代进步的一项常抓常新的工作。

地 方 篇

Reports on Local Development

B.7
内蒙古自治区文化志愿服务发展报告

摘　要：　内蒙古自治区结合自身文化志愿服务的工作实际，以加强队
伍建设为基点，塑造优质的服务团队，2016年成立了由自治
区文化志愿服务队和全区12个盟市分队组成的内蒙古文化志
愿者总队，以示范性活动为工作抓手，开展了形式多样的文
化志愿服务活动，不断弘扬文化志愿服务精神，建立健全文
化志愿服务长效工作机制和活动机制，促进了全区文化事业
的繁荣发展。自治区将继续着力加强队伍建设，培育和打造
文化志愿服务品牌，完善文化志愿者网上注册和管理平台，
创新工作方式，进一步促进内蒙古文化志愿服务的规范化、
制度化和常态化发展。

关键词：　内蒙古自治区　文化志愿服务　发展经验

内蒙古自治区结合自身文化志愿服务的工作实际，坚持面向基层、贴近生活、服务群众，以加强队伍建设为基点，塑造了优质的服务团队；以示范性活动为工作抓手，开展了形式多样的文化志愿服务活动，不断弘扬文化志愿服务精神，建立健全文化志愿服务长效工作机制和活动机制，促进了全区文化事业的繁荣发展。

一 以加强队伍建设为基点，塑造优质服务团队

（一）强化组织领导，建立文化志愿者队伍

为保证文化志愿服务工作规范长效运行，2016 年内蒙古自治区建立了由自治区文化志愿服务队和全区 12 个盟市分队组成的内蒙古文化志愿者总队。总队成立后，招募了 5000 多名来自全区各地的文化志愿者，为全区公共文化服务建设发挥了积极的作用，缓解了基层公共文化人才队伍不足，服务效能不高的问题。为切实履行总队组织、协调、管理和指导的职能，制定了《内蒙古自治区文化志愿者队伍管理办法》，使志愿者明确有关权利和义务，充分调动志愿者参与活动的积极性、主动性和创造性，建立了志愿者服务活动登记制度，完善了志愿服务时间统计和奖励机制，不断完善文化志愿者信息库。为全面推进文化志愿服务工作，繁荣发展城乡基层文化，2017年内蒙古文化厅发布了关于印发《内蒙古自治区文化志愿服务工作管理办法（试行）》的通知，该管理办法于 2017 年 10 月 1 日施行，明确了文化志愿者的服务范围、享受的权利和履行的义务，对推进全区文化志愿服务队伍规范化制度化有重要的作用。

在文化志愿服务队伍建设中，不同地区不同部门结合自身工作的实际，完善健全文化志愿服务组织机构。如内蒙古文化厅坚持以区直文化系统各级基层党组织为主体，按照网络化推进、区域化组建、多元化参与、组团化服务、体系化管理的文化志愿服务模式，积极构建具有管理、指导、运作和服务功能的组织机制。自治区文化厅以团体会员身份加入了内蒙古自治区直属

机关志愿者联合会，成立了文化厅志愿者分会。2017年9月，文化厅志愿者分会已建立志愿服务队8支，志愿者362人，其中共产党员占70%以上。全区各地也先后出台了文化志愿服务工作实施方案，结合"三区"文化工作者计划，开展培训、服务、招募工作，不断扩大基层文化志愿者队伍，并稳步建设文化志愿者体系。2016年重点进行了志愿者招募、志愿服务、教育培训、供需对接等工作。各旗县区、苏木乡镇（街道）二、三级文化志愿者服务队纷纷建立，以此为基础的文化志愿者队伍和相应的管理体系，吸纳人才，壮大队伍，进一步完善了自治区文化志愿者人员的组织建设。

（二）强化学习培训，提升文化志愿者综合素质

第一，结合全国示范活动开展的要求，培训文化志愿者。如2016年8月，由自治区文化厅主办，内蒙古群众艺术馆承办的2016年"阳光工程"中西部农村文化志愿者培训班在呼和浩特举行。培训班围绕着如何提高基层文化志愿者队伍的素质，如何发挥他们在基层文化建设方面的积极作用，提升服务效能等专题展开了深入的探讨。培训结束后，学员们积极地在阳光工程中西部农村文化志愿服务行动计划网站上发布服务信息，在短短的几个月中发布了三百多条信息，信息数量为全国第二。2018年1月，内蒙古自治区"阳光工程"中西部农村文化志愿服务培训班在呼和浩特举办，全区各盟市文化志愿者等60余人参加了本期培训班。

第二，为增强文化志愿者服务使命感，提高文化志愿者综合素质，各级志愿者组织机构也建立了志愿者培训机制，统一规划、合理安排，通过自主学习，结合定期培训，围绕服务理念、服务技巧等内容展开讨论学习，并结合"三区"文化工作者的培养、培训服务的要求，组织各级文化单位业务骨干深入基层开展培训指导，对文化志愿者开展涵盖了文艺、传统文化、群众文化组织等多项内容专题培训工作，鼓励志愿者积极参与。此外，还通过加强公益性教育宣传活动，提升文化志愿者服务意识。如2017年，内蒙古博物院开展"共享历史，感受快乐"博物院志愿服务活动，组织文化志愿者担任讲解员、举办"小讲解员"培训班，并通过开展"欢乐大课堂"活

动，利用"博苑讲坛"开展文物知识普及活动。2017 年，内蒙古文化厅志愿服务队利用"草原讲坛"开展文化专题讲座 6 次，利用"博苑讲坛"举行文博知识普及 7 次，利用"机关干部大讲堂"举办专题报告会 4 次，发放各类文化宣传材料 2 万余份。

第三，把志愿服务活动作为提升文化服务能力和质量的重要抓手，通过把志愿服务活动与创建文明单位工作相结合，与培育和践行社会主义核心价值观相结合，与学雷锋活动常态化相结合，与弘扬中华美德相结合，与实际业务工作相结合，激励广大文化工作者牢记使命、爱岗敬业，全心全意以文化人、以文育人。例如，利用传统节日和纪念日，组织文化志愿者举办文艺演出、演讲、诗歌朗诵等活动，大力弘扬中华优秀传统文化等。

二 开展基层文化志愿服务主题活动，丰富农牧民群众文化生活

为了向社会提供全面、细致、高效的文化志愿服务，内蒙古自治区对文化志愿服务工作进行了统筹布局，围绕人民群众的文化需求，开展了一系列文化志愿服务活动。

一是深化社会志愿服务促和谐。自治区自推动文化志愿服务活动开展以来，始终以满足人民群众日益增长的精神文化需求为目标，以公益性免费服务为主导，以"百姓大舞台""文化大展台""知识大讲堂""三区"文化工作者计划为载体，以基层群众为服务对象，通过开展多种文化艺术形式，动员社会各方力量，广泛组织开展群众乐于参与、便于参与的文化志愿服务活动，使人们能充分利用文化设施丰富精神文化生活，提高生活质量和幸福指数，促进和谐社会关系和民族团结。如内蒙古群众艺术馆文化志愿服务队举办的"爱的奉献"公益演出，所得演出费、拍卖费全部捐献先天心脏病病友。巴彦淖尔市文化志愿者深入基层农牧区、部队、军营开展送演出、图书、展览等活动 400 多项次，开展业务培训辅导 100 余次，深入农村牧区放映电影 6383 场次。组织文化志愿者服务队参与了中国·河套文化艺术节、

全市社区文化节、华莱士节、全市广场舞大赛、魅力乌拉特西部民歌会暨西部民歌大赛、全市大合唱比赛等示范性节庆文化活动及大型文艺演出35场次。通过志愿者们的无私奉献，为提升社会文明风尚起到了积极的示范带动作用。

二是不断创新志愿服务活动形式、不断强化志愿服务效能。自治区按照文化行业特点、工作性质和志愿者个体的专业、特长，积极开展文化志愿服务，充分发挥文化行业系统业务性强、涉及面广、工作链长的优势，结合自治区成立70周年开展庆祝活动，按照"职责＋志愿"的活动方式，统筹整合艺术、文博、群文等文化资源，根据服务对象、服务内容、服务方式的变化和需求，合理设计志愿服务项目载体，采取单独服务和联合服务、小分队服务和集中服务、定期服务和重大节日服务相结合的方法，促使文化系统各支志愿者服务队开展形式多样的各项服务活动。积极开展"六进"服务活动，先后组织文化志愿者进校园、进机关、进社区、进军营、进敬老院、进农村牧区等服务活动26次。为空巢老人、留守儿童、残疾人和贫困学生等特殊群体，开展"送温暖，献爱心"扶危助困服务行动，把文化志愿服务领域不断向基层延伸，把优质的文化志愿服务送到基层群众的"家门口"。如2017年内蒙古民族艺术剧院青年志愿者开展了"青春辉映夕阳红"主题活动，通过深入呼和浩特敬老院、老干部慰问演出，慰问孤寡老人、老党员、老干部。

三是依托重要节日纪念日开展基层文化志愿服务活动。通过组织文化志愿者利用春节、端午、"六一"、"八一"等传统节日，开展优秀传统文化及非物质文化遗产传习与宣传活动、节日民俗活动、送文化进军营等文化娱乐活动，增强了人们的文化自信心与自豪感。如赤峰市文化志愿者举办了"献给亲人的歌"2016年庆"八一"军民一家亲走进空军一师慰问演出活动。乌海市每年组织志愿者在春节期间开展送福写春联活动，2016年共计为各社区写福送春联10000余副。2017年春节期间，文化厅志愿者分会积极协调和参与在全区开展的"百团千场"下基层惠民演出活动，全区100多个文艺团体历时1个月，深入全区12个盟市80余个贫困旗县市及乡镇苏木，行程达 6 万余公里，为 260 余万基层群众送上了节日文化盛宴。

四是依托重点文化惠民工程开展基层文化志愿服务活动。自治区结合全区"十个全覆盖"嘎查村文化室设备配套工程、农村电影放映工程、全国文化信息资源共享工程、公共电子阅览室建设工程、数字图书馆推广工程、农家书屋工程和文化器材配送工程，在全市各级文化部门招募文化志愿者协助进行基层文化阵地摸底调研、政策宣传、数字文化资源整理、群众上网辅导、观众组织等工作，推动了社区文化、村镇文化广泛开展，活跃了城乡基层文化生活。鄂尔多斯市由农村文化志愿服务者带领的文化志愿服务队组织送文化下乡活动 40 余场，小戏、小品、二人台、歌舞、非物质文化遗产道情戏等形式多样的演出，深受百姓喜爱，这些活动不但转变了村民们对文化的态度，激发了他们对文化的热情，也丰富了人们的文化生活，满足了群众对文化精神的需要。2017 年，内蒙古图书馆志愿服务队以"彩云服务"和"数字化图书馆走进蒙古包"工程为载体，为边远贫困地区捐赠书目 6 万余册，丰富了农牧民群众的精神食粮。文博、群文单位志愿服务队还组织开展了"流动博物馆""流动展览馆"下基层活动十余次，开阔了基层群众的文化视野。

五是文化志愿服务活动取得显著成效。2016～2017 年内蒙古自治区多项基层文化志愿服务活动项目和多个团队获得文化部的通报表彰。其中内蒙古自治区包头市文化新闻出版广电局与内蒙古自治区包头市群众艺术馆开展的"示范性群众文艺团队星级创建"项目、鄂尔多斯市达拉特旗文化馆开展的"精彩生活 幸福使者"文化馆志愿服务活动，以及内蒙古自治区赤峰市群众艺术馆实施的"唱赤峰的歌，跳自己的舞"原创广场舞品牌活动入选 2016 年基层文化志愿服务活动典型案例；内蒙古自治区赤峰市群众艺术馆"赤峰群众文化志愿者"团队入选 2016 年文化志愿服务团队名单。内蒙古自治区包头市九原区文化馆实施的"星火燎原"文化志愿服务项目、内蒙古自治区牙克石市文化馆实施的"精彩生活 幸福使者"文艺慰问演出项目入选 2017 年基层文化志愿服务活动典型案例；内蒙古自治区博物院志愿者团队和内蒙古自治区图书馆小小志愿者团队入选 2017 年基层文化志愿服务典型团队名单。

三 积极开展"春雨工程"——全国文化志愿者边疆 行示范活动，推动区域文化互动

根据文化部、中央文明办的部署，以及公共文化示范区要积极开展区域文化互动的要求，内蒙古自治区在呼和浩特市、包头市、鄂尔多斯市积极开展"春雨工程"——全国文化志愿者边疆行活动，丰富全区群众文化业余生活，同时通过"走出去"的形式，积极开展交流活动，进一步扩大自治区优秀民族文化和创建公共文化示范区成果的对外宣传，提升内蒙古在全国的知名度、美誉度与影响力，推动"春雨工程"——全国文化志愿者边疆行工作深入持久有效开展。其中2016年9月，江西新余市文化志愿者走进呼和浩特，开展"大展台"活动，举办了江西新余市版画展；7月，包头市文化志愿者走进新疆克拉玛依市，举行"春雨工程"——包头市、克拉玛依市、渭南市西部三城市文化联动活动；鄂尔多斯市在深圳市举办"2016深圳—鄂尔多斯文化周"活动，以"大讲堂""大舞台""大展台"为基本载体，融合文化、志愿、少数民族、边疆四个元素，进行双向互动形式，促进内地与边疆民族地区的交流；2017年11月，"春雨工程"厦门·内蒙古两地文化志愿服务系列活动拉开序幕，以"大舞台"和"大展台"的形式，厦门·内蒙古两地的优秀文艺作品分别在厦门市美术馆和厦门市文化艺术中心展出，携手面向公众，展示了两地不同风格的文艺风情。

四 积极开展农村文化志愿服务活动

自治区积极落实"阳光工程"——中西部农村文化志愿服务行动计划，各盟市按照相关要求，积极落实，采取公开招募、自愿报名、组织选拔、集中派遣的方式，将符合条件的、具有文艺专长、热心社会公益、乐于组织基层群众文化活动的群众文艺骨干和文化能人纳入文化志愿者申报范围。通过招募、选拔最终选定50名文化管理员、群众文艺骨干为2016年"阳光工程"文化志愿者。2017 年，自治区又继续招募村级文化志愿者 29 名，乡村学校少年宫志愿者 30 名，结合村级综合性文化服务中心和乡村学校少年宫建设开展文化志愿服务。

"阳光工程"农村文化志愿者队伍组建以来，志愿者们从群众的实际需要出发，以送文艺演出、培训为基本形式，广泛开展各类活动。科左中旗"阳光工程"文化志愿者韩吉日木吐，在当地村党支部的批准下，在村中创建了科尔沁之声广播站，定期为群众开展广播节目，同时自费建立安达书屋，为村民提供免费借阅服务。奈曼旗"阳光工程"文化志愿者梁双宝为6 个嘎查村提供志愿服务，2016 年共为周边嘎查村演出 30 场，受益农牧民 1800 人。截至 2017 年，内蒙古包头市沙尔沁镇邓家营子村张瑞芬文化大院策划组织了大小 400 余次志愿者公益活动，其中公益性演出 300 多次。积极开展辅导和培训。依托文化站、文化室阵地，文化志愿者积极开展公益性艺术培训。同时，通过开展教、传、授等方式，辅导农村开展文化节目创作、编排，实现文化站、文化室、文化户联合资源的配置，给他们提供了一个交流的平台。农村文化志愿者积极开展服务活动，深受群众欢迎。其中服务于内蒙古自治区包头市东河区沙尔沁镇邓家营子村的农村文化志愿者张瑞芬和服务于内蒙古自治区乌兰察布市商都县西坊子乡二号行政村的王喜梅因服务工作突出，被确定为 2016 年文化部"阳光工程"——中西部农村文化志愿服务行动计划文化志愿者典型，并连任了 2017 年"阳光工程"文化志愿者。

五　问题与对策

内蒙古自治区文化志愿者以丰富多彩的活动为载体，依托多样化服务平台，充分展现了良好的精神风貌，得到了越来越多的群众认可和支持。尽管取得了一些成绩，但文化志愿者服务过程中也存在一些问题。主要体现在：一是由于经费不足，目前文化志愿服务还无法实现定点定时的规律性服务。二是虽然已经逐步成立文化志愿者队伍，但是还需要建立起规范的运行机

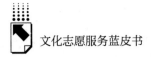

制。因此需要以下几方面工作。

一是继续加强队伍建设，完善文化志愿者网上注册工作，抓好培训、管理等各项工作。2016年自治区建立了文化志愿者总队，但由于技术条件等原因，网上注册和管理的工作还没有全面开展。2017年依托于"全国志愿服务信息系统"，内蒙古自治区基本形成了志愿者数据库，但对于文化志愿者的网络化注册与管理还有待普及，要通过细化"全国志愿服务信息系统"的数据管理手段，真正建立内蒙古文化志愿者数据库，促进内蒙古文化志愿服务工作的进一步规范化、科学化。同时还应对全区文化志愿者进行集中培训，进一步推进文化志愿服务的规范化、制度化和常态化。

二是加强制度建设，做好评估和激励工作。文化志愿者作为向社会和他人提供公益性帮助和服务的人，需要受到来自全社会的鼓励。内蒙古文化志愿者以切实的行动为社会提供了很多公益性的文化服务，取得了良好的社会效果。2017年，《内蒙古自治区文化志愿者管理办法（试行）》发布实施，其中对于文化志愿者的保障与激励制度做了明确的规定，并出具了"星级文化志愿者认证制度"，以此鼓励更多的人加入文化志愿者的队伍，使志愿服务工作得到来自社会的鼓励和肯定。

三是全面开展各项文化志愿服务活动。自治区将继续依托12个盟市文化志愿服务分队广泛开展活动，将继续根据当地习俗和重要节日或纪念日，培育和打造一批文化志愿服务的品牌活动，创新文化志愿服务工作。

B.8
宁夏回族自治区文化志愿服务发展报告

摘　要：　宁夏回族自治区将文化志愿服务工作纳入公共文化服务体系建设，以规范管理、健全组织、壮大队伍，夯实文化志愿服务工作基础；以"走基层、种文化"为主要内容，深入实施3项示范性文化志愿服务活动；以"扎根基层、服务群众"为主要内容，广泛开展9个主题基层文化志愿服务活动。通过不断创新服务形式、丰富服务内容以及外引内联，提升志愿服务的水平和效益；通过服务基层群众和特殊群体，助力公共文化服务均等化。针对宁夏当前面临的区域发展不均衡、部分市县文化志愿服务组织机构不健全、保障激励机制不完善、管理和策划等人才队伍薄弱的问题，宁夏未来将突出抓好组织队伍建设、示范项目引领、主题志愿服务、完善保障激励机制等四项重点工作，促进文化志愿服务常态化、规范化、社会化发展。

关键词：　宁夏回族自治区　文化志愿服务　发展

宁夏回族自治区以规范管理、健全组织、壮大队伍，夯实文化志愿服务工作基础；以"走基层、种文化"为主要内容，深入实施3项示范性文化志愿服务活动；以"扎根基层、服务群众"为主要内容，广泛开展9个主题基层文化志愿服务活动。通过不断创新服务形式，丰富服务内容，外引内联，来提升志愿服务水平和效益；通过服务基层群众和特殊群体，助力公共文化服务均等化，推进文化成果惠及宁夏的基层百姓。宁夏发展文化志愿服务的主要做法和经验总结如下。

一 规范管理、健全组织、壮大队伍，夯实
文化志愿服务工作基础

在总结既有文化志愿服务工作经验的基础上，宁夏回族自治区通过不断规范管理、健全组织、壮大队伍，以夯实文化志愿服务工作基础。"十二五"期间，宁夏在全区各级文化馆、图书馆设立文化志愿者服务工作机构，建立了区市县三级文化志愿者服务管理体系，初步形成了有组织、有制度、有队伍、有内容、有活动，上下联动、层级互动的服务格局，有效推动了志愿服务队伍由青年为主向社会成员共同参与转变、志愿服务活动由阶段性向经常性转变、志愿服务管理由松散型向集约规范化转变。近两年，宁夏以"规范管理、健全组织、壮大队伍"为主要内容，不断巩固文化志愿服务工作成果。宁夏依托全区各级图书馆和文化馆，进一步健全完善了区市县三级文化志愿服务组织，来协调指导文化志愿服务活动。市、县（区）文化局还根据各自实际，研究制定了文化志愿服务管理办法，积极引导有能力、有意愿的人士加入文化志愿者队伍，进一步完善了志愿者招募与注册、服务供给与需求对接、志愿者管理、服务时长记录和激励保障等工作机制。此外，还对各单位主题志愿服务的开展情况进行绩效评估和监督检查，并将其列入年终业务考核的重要内容，从而提升了志愿服务效果。

在鼓励全区图书馆、文化馆、博物馆等公益性文化单位成立志愿服务组织机构的同时，宁夏还将文化单位管理人员、业务骨干、团员青年等全部纳入志愿者行列，借助自治区团委"西部志愿者计划"和"宁夏志愿者计划"，招聘选派文化服务志愿者到偏远市、县和回族聚居区开展文化志愿服务活动。同时，宁夏还激励全区民间文艺团队、农民文化大院等，发挥联系基层优势，自我组织、自觉服务，开展丰富多彩的文化志愿服务活动。此外，还通过加强对文化志愿管理人员、志愿者的培训，进一步提高其管理服务、项目策划和组织实施水平。2017年7月16日，"中国文艺志愿者服务基地"落户银川韩美林艺术馆，成为宁夏首个文联志愿者服务基地，成为团结凝聚宁夏本地文艺家、文艺工作者和文艺爱好者和展开宁夏文化艺术推广的阵地。

二 以"走基层、种文化"为主要内容，深入实施 3项示范性文化志愿服务活动

宁夏以"走基层、种文化"为主要内容，深入实施3项示范性文化志愿服务活动。通过创新形式，丰富内容，外引内联，不断提升志愿服务水平和效益，推进文化成果惠及宁夏的基层百姓。

（一）积极开展"春雨工程"全国文化志愿者宁夏行活动

宁夏积极组织实施"春雨工程"全国文化志愿者宁夏行，与全国各省、区、市文化部门加强对接联系，扎实开展"大舞台""大讲堂""大展台"等志愿服务活动，深化各省、区、市与宁夏的文化交流。

2016年宁夏积极与天津市、安徽省文化厅（局）等省市对接，通过开展"大舞台""大展台""大讲堂"系列活动，为全区基层群众送去精彩的文艺演出、艺术展览和业务培训。7月17日至23日，天津市文化广播影视局组织河西区34名文化志愿者与宁夏区50名文化志愿者组成文艺演出队，先后赴银川市、石嘴山市惠农区、中宁县三地演出交流，行程上千公里，观众达6000多人次，为促进两地文化交流、共享优秀文化资源发挥了积极作用。7月18日至23日，安徽省组织群文系统优秀书画名家12人，精选80幅优秀美术作品，在宁夏文化馆举办了2016年"春雨工程"大展台——安徽省群文系统中国画走进宁夏作品展，活动还安排国家级非遗项目——文房四宝"徽墨"制作技艺传承人进行现场展示，安徽、宁夏两地书画艺术家进行了创作笔会、座谈会等交流互动活动，促进了两地书画艺术的交流共享。宁夏中卫市与陕西省西安市、西安市高陵区文化部门则联合举办了为期5天的"塞上江南写丹青"陕宁两省书画展，通过双向互动形式，展出了西安市高陵区与中卫市近百名知名书画家代表作品近200幅。此外，宁夏还紧

扣"文化精准扶贫"主题,举办了为期3天的全区文化精准扶贫、国家公共文化巡讲暨"春雨工程大讲堂"贫困地区文化业务骨干培训班,邀请文化部公共巡讲专家、区内专家,为全区贫困地区的文化馆长、乡镇文化站长、"百县万村"综合文化服务中心示范工程负责人及农民文化大院民间文化能人代表226人进行了授课,为做好贫困地区公共文化服务体系建设、推进"文化精准扶贫"培训人才。同年,宁夏还协调文化部公共文化巡讲专家举办了吴忠市2016年创建国家公共文化服务体系示范区工作专题培训班,培训市、县、乡、村四级文化业务人员300多人,为扎实推进第三批示范区创建工作、提升创建工作水平发挥了积极作用。《中国文化报》与天津市、安徽省及自治区电视、广播、报纸、网络等新闻媒体对此相继进行了宣传报道,产生了广泛的影响和良好的社会效应。2017年的"文化志愿者宁夏行活动"得到了上海、海南两地文化部门的积极响应,9月26日,2017年"春雨工程"——全国文化志愿者宁夏行活动在银川光明广场正式启动,上海市文化部门编排了具有地方特色的优秀文艺节目,在银川市、盐池县、平罗县进行了巡演;海南省则在宁夏文化馆举办了海南优秀美术书法摄影作品展。2017年9月,由文化部公共文化司、中央文化管理干部学院和宁夏回族自治区文化厅主办、银川市文化新闻出版广电局承办的"全国公共文化巡讲西北五省区文化人才暨春雨工程大讲堂宁夏基层文化骨干培训班"开班,宁夏五个地级市的文化局局长、图书馆长、文化馆长、乡镇文化站长、综合文化服务中心专管员、示范性农民文化大院文化能人、民间文艺团队的代表等200余名学员参加了培训。

(二)积极联系"大地情深"国家艺术院团开展走基层活动

宁夏积极联系"大地情深"专业文艺院团走基层活动,邀请国家艺术院团(馆)来宁,组织开展文艺演出、培训宣传和艺术知识普及等多种志愿服务活动,实现国家艺术院团(馆)优质文化资源向基层群众供给。银川市把"大地情深"国家艺术院团志愿服务走基层活动作为深化示范区创建后续工作重要内容,持续打造文化志愿服务品牌,形成年年有演出的常态化机制。2016 年银川市积极与中国儿童艺术剧院协调对接来宁演出了儿童音乐剧《岳云》。2017 年银川市联系中国煤矿歌舞团赴宁夏演出了歌舞晚会《欢歌笑语》,受到群众的欢迎。

(三)组织实施"阳光工程"农村文化志愿者行动计划

宁夏按照文化部的安排部署,制定工作方案,指导贫困地区各县(区)实施"阳光工程"农村文化志愿者行动计划。2016 年在宁夏回族自治区中南部 9 县(区)招募热心公益、具有一定特长的农村文化能人、带头人和民间非遗传承人等 50 名,结合 2016 年贫困地区"百县万村"综合文化服务中心示范工程,选派到 50 个贫困村开展志愿服务工作。这些农村文化志愿者在各自服务的村上开展服务工作,发挥自己的优势特长,成立农民文艺团队、戏曲自乐班、民间手工艺协会(合作社)等,指导群众排练节目、传授手工技艺,带头开展和参与各级举办的文化体育活动,为丰富当地群众文化生活、传承优秀文化遗产起到了带动作用。2017 年宁夏实施"阳光工程"农村文化志愿者行动计划、"三区"人才支持计划,招募 29 名农村文化志愿者、15 名乡村学校少年宫辅导教师、选派186 名优秀文化工作者,安排到贫困地区村综合文化服务中心等地开展文化志愿服务。

三　以"扎根基层、服务群众"为主要内容,广泛
开展9个主题基层文化志愿服务活动

宁夏以"扎根基层、服务群众"为主要内容,广泛开展 9 个主题基层文化志愿服务活动。宁夏充分发挥各级公共文化单位行业、阵地、资源、队伍优势,结合"欢乐宁夏"系列群众文化活动,组织厅直属文化单位、专业文艺院团以及各市县(区)文化单位、文艺团队,根据各自地域特色和行业特点开展各具特色的文化志愿服务活动。其中,各级公共图书馆开展了"全民阅读·书香宁夏"志愿服务,举办读者沙龙、业务咨询、好书推荐、

送书下乡、青少年阅读朗诵比赛、少儿绘本和各类书展活动。各级文化馆（站）开展了"精彩生活·幸福使者"志愿服务，组织专业人员协助各乡镇文化站、村（社区）文化室、文艺团队及机关、学校、企事业单位等搞好各类群众性活动辅导、排练、演出、比赛以及文化"三下乡"活动。各级博物馆通过开展"共享历史·感受快乐"文化志愿服务，组织志愿者担任讲解员、展开布展、文物档案整理和《文物保护法》及文物知识普及宣传、专题讲座等活动。各级文艺团队开展以"文化惠民·为您服务"为主题的志愿服务，2016年开展广场文化演出1752场，送戏下乡演出1876场，为全区人民群众提供了丰富、便捷、优质的文化志愿服务。

四　丰富文化志愿服务形式和载体

宁夏各市、县（区）积极探索创新文化志愿服务的新途径，2016年银川市面向社会组织招募了100名热心公益事业的文化专家、100名具有文化特长的文化志愿辅导员成立了"银川市百名文化专家志愿服务团"和"银川市百名文化志愿辅导团"，深入社区、农村、军营、校园等开展文艺辅导、讲座、培训、演出等志愿服务，先后赴全市22个中小学校演出民族器乐、戏曲、"花儿"经典节目25场，近3万名中小学生观看了演出，直接参与服务的文化专家志愿者达308人次，服务总时长150小时。吴忠市以创建国家公共文化服务体系示范区为契机，大力推进"滨河回乡大舞台"广场文化活动志愿服务工作，全年完成文化志愿者广场文化活动演出400余场，连续举办17年的"滨河回乡大舞台"成为百姓的"贴心舞台"；吴忠市互善联盟爱心公益社团常年坚持"演艺惠民、送戏下乡"活动，组织民间艺术传承人、文艺队、爱心小天使等组成志愿服务队，每年开展文艺"三下乡"帮扶活动及慰问演出100余场次，帮助利通区、红寺堡区各乡镇辅导文艺节目，培养文艺人才200人次，举办"黄河善谷、文化助残"活动，对乡镇农村妇女及残疾人进行民族手工艺培训，带动群众增收致富。中卫市文化馆成立文化志愿者服务队以来的4年中，持续举办群众文艺骨干培训班50期,"周末文化大讲堂"舞蹈、音乐、摄影、书法培训班等120期,为基层进行文艺辅导400多次,参加各类公益惠民演出500余场。

五 服务基层群众和特殊群体,助力公共文化服务供给均等化

为保障基层群众和特殊群体权益,助力公共文化服务供给均等化,宁夏通过开展"文化服务阳光行动""邻里守望""文化助残扶贫""爱心家园"等活动。如宁夏文化馆认真开展以"文化走亲 欢乐有约"为主题的志愿服务活动,组织了15名专业技术人员深入6个社区和1所学校,开展了多种艺术门类的辅导工作。近年来,宁夏文化馆还组建了2000余人的志愿服务队伍,开展"美丽乡村文化先行—宁夏贫困地区农村文化志愿服务活动"。其针对农村留守儿童、残障儿童等特殊群体和涉及移民工程与文化扶贫工程的乡村,开展了丰富多彩的文化志愿服务活动,弘扬志愿服务精神,丰富乡村群众文化生活。截止到2017年,年平均走基层演出60余场、举办各类公益培训100余班次,培训农村文艺团队200余支,参与文化志愿服务者达2000多人,文化志愿活动直接受益群众达100多万人次,涉及音乐、舞蹈、戏剧、小品、秦腔、广场舞等农民群众所喜闻乐见的艺术门类和传统手工艺培训。[1] 宁夏图书馆则结合公共文化设施网络建设,以志愿服务促进文化服务共享均等化,通过设置24小时自助图书馆、图书室和流动服务点,在全区范围内建成各类固定服务网点48个,其中社区服务网点23个,安排志愿者定期更换图书,上门办理借书证,极大地方便了基层读者。

---

[1] 中国文明网:《美丽乡村文化先行—宁夏贫困地区农村文化志愿服务活动》,http://www. wenming. cn/specials/zyfw/zhiyuanfuwu_ 2017sige100/2017xjdxmd/2017sige100_ zuimeizhiyuanfuwuxiangmu/201804/t20180410_ 4650576. shtml。

六 存在的问题与发展的重点任务

当前宁夏文化志愿服务发展面临的问题主要包括：一是志愿服务区域发展不均衡，部分市、县文化志愿服务组织机构不健全，队伍松散，活动单一；二是文化志愿者队伍保障激励机制不完善，一些地方社会志愿者流动性大，流失比较严重；三是文化志愿服务管理、策划等人才队伍薄弱，缺乏必要的业务培训，志愿服务效果不佳等。在今后的发展中，宁夏将突出抓好组织队伍建设、示范项目引领、主题志愿服务、完善保障激励机制等四项重点工作，促进宁夏文化志愿服务的常态化、规范化和社会化发展。

B.9
广西壮族自治区文化志愿服务发展报告

摘　要：　广西壮族自治区以国家示范性文化志愿活动为引领，助推广
西民族文化强区和中国文化强国发展战略；以健全文化志愿
者网络机构和完善文化志愿服务制度为抓手，助推文化惠民
全面普及；以强化文化志愿品牌活动，提升特色亮点；通过
整合文化资源，服务基层大众；以示范区创建城市为依托，
推动发展农村文化志愿服务，取得了良好成效。广西下一步
将继续着力于抓好全国示范性文化志愿服务活动的开展，推动
创新文化志愿服务内容形式，提升文化志愿者服务项目品质，
强化社会宣传和提升影响，健全和完善文化志愿服务机制，壮
大文化志愿者队伍，拓展服务领域以及提升服务质量与效能。

关键词：　广西壮族自治区　文化志愿服务　发展

广西壮族自治区以国家示范性文化志愿活动为引领，助推广西民族文化
强区和中国文化强国发展战略；以健全文化志愿者网络机构和完善文化志愿
服务制度为抓手，助推文化惠民全面普及；以强化文化志愿品牌活动，提升
特色亮点；通过整合文化资源，服务基层大众；以示范区创建城市为依托，
推动发展农村文化志愿服务，取得了良好成效。

一　以国家示范性文化志愿活动为引领，助推广西
民族文化强区和中国文化强国发展战略

结合中国—东盟区域经济发展和"一带一路"海上丝绸之路国家战略

部署，广西以"春雨工程"——全国文化志愿者边疆行、"大地情深"——国家艺术院团（馆）志愿服务走基层以及"阳光工程"——中西部农村文化志愿服务行动计划等全国示范性文化志愿服务活动为引领，以示范区文化志愿服务为试点，与山东、江西、陕西、福建、新疆、青海、浙江等省（自治区、直辖市）开展了文化志愿服务的双向交流互动活动，并扎实推进"阳光工程"——中西部农村文化志愿服务行动，极大地助推了广西民族文化大发展大繁荣战略和中国文化强国发展战略。

（一）助推广西乃至中国公共文化品牌与国际公共文化的交流与合作

2016 年，借助"春雨工程"——全国文化志愿者广西行与"魅力北部湾"——广西系列群众性文化品牌活动在沿海城市防城港的举行，结合中国—东盟区域经济发展和"一带一路"海上丝绸之路国家战略部署，广西通过经常性邀请东盟国家文化志愿者前来与广西文化志愿者开展互动学习，积极开展与国际的深度对话，体现了广西作为中国面向东盟的门户所具有的文化包容性和开拓精神，助推了广西及各地群众文化走向世界，促进了广西北部湾经济区与海上丝绸之路沿线国家文化的互动、互融，提升了广西及中华文化的对外影响力。

2017 年全国文化志愿者广西行暨第九届"魅力北部湾"（北海）系列群众文化活动于 6 月在北海隆重举办。来自浙江、陕西及广西 14 个地市和区直单位的 500 多名文化志愿者、群文工作者一起开展文化志愿服务和文化交流，活动主要通过"互联网＋公共文化服务"的服务模式，创新了文化服务资源供给方式，丰富了文化服务内容，畅通了文化服务渠道，提升了文化服务效能，促进了全民艺术普及。

（二）助推内地与广西边疆地区文化交流的合作共赢

在"春雨工程"——全国文化志愿者边疆行活动推动下，内地及兄弟各省市文化志愿者不断加深与广西各少数民族及边疆地区文化的互动交流，推动广西各边疆少数民族文化在交流学习中提升和融入中华文化的大家庭。

一方面，来自青海的歌舞、山东的曲艺、江西的红色文化与广西的海洋文化、边疆少数民族文化相互交融，极大地促进了区域文化的合作。2016年山西省群众艺术馆组织的"山西网络摄影大赛获奖作品展广西北海行"，福建省文化厅组织的"福建国画作品展广西桂林行"，山东省文化厅组织的"齐风鲁韵大舞台广西巡演"以及2017年陕西省西安市群众艺术馆实施的"西安文化志愿者广西行项目"都获得了文化部的通报表彰。各省优秀节目展演与广西壮族自治区南宁、北海、钦州、防城港、崇左等市优秀节目同台绽放。各地书法、美术摄影作品及剪纸和国画艺术将广西广大群众置身艺术的殿堂，使他们饱享艺术盛宴。志愿者们还通过培训辅导的形式，有效地促进了内地与广西的文化交流互动，有针对性地开展基层文化骨干培训，形成了内地与边疆文化优势互补、资源共享的长效机制。

另一方面，广西文化志愿者也大胆"走出去"，到青海、新疆、内蒙古等民族地区开展文化志愿活动，为兄弟省市了解广西和宣传广西拓展了思路。如2017年9月，广西壮族自治区文化厅、南宁市群众艺术馆组织的广西文化志愿者走进内蒙古，与呼伦贝尔市群众艺术馆共同开展服务活动，广西文化志愿者为内蒙古群众带来了反映广西好山好水、好歌好舞的民俗演出，体现了祖国南疆异于北疆民族的独特风情，展现了中华文化的多样性，促进了民族之间的认识和沟通。

（三）助推群众文化品质的提升和文化队伍素质的提升

广西通过示范活动的开展，实现了优质文化资源与广西基层群众文化需求的直接对接，如将"春雨工程"全国文化志愿者边疆行与广西区域性群众文化品牌"魅力北部湾"、南宁市水上大舞台、崇左市边疆文化长廊、桂林市漓江书法艺术展览文化相结合，通过普及优秀中华传统文化艺术，提升了广西基层群众文化的品质。广西以文化志愿服务助推示范区创建，通过防城港市、来宾市等公共文化示范区的典型引路，推动了从文化志愿到文化引领，以及提高文化队伍素质的良好效果。

二 以健全文化志愿者网络机构和完善文化志愿服务 制度为抓手，助推文化惠民全面普及

（一）建立区市县乡四级网络

在自治区文化厅的统一指导与协调下，建立了以地级市文化局、各省级事业单位和区直文化单位为文化志愿者分中心，以各县级文化局及各市级馆为支中心，以各县级馆及文化厅主管的社会团体为服务站，以各乡镇文化站作为服务点的文化志愿服务网络，通过不断壮大文化志愿者队伍，规范文化志愿活动开展，确保了文化志愿者活动更加扎实深入开展。截至"十二五"末期，广西公共文化系统已经成立文化志愿者分中心15个，支中心129个，服务站221个，服务点748个，文化志愿者达到31622人。区市县乡四级网络的建立，完善了文化志愿服务的组织架构，推动了文化惠民全面普及。

（二）完善文化志愿服务制度，提升志愿服务效能

广西以增强文化志愿者服务使命感，提高文化志愿者综合素质为着眼点，不断完善文化志愿者培训制度，建立了要求各市、县（市、区）每半年应组织本级文化志愿者进行一次技能培训的制度，并通过坚持抓好文化志愿者和文化志愿服务工作管理者的培训工作，不断提升志愿服务效能。在培训形式上，广西在做好与文化志愿服务相关的通用知识培训、专业技能培训和岗位培训的同时，还运用包括面授讲解、电化教学、公益实践在内的多种形式做好志愿者培训，提高文化志愿者服务技能，提升文化志愿服务水平。同时，广西还积极推动各地建立志愿者服务激励机制和回馈制度，对于有良好文化志愿服务记录的志愿者，除图书馆、博物馆等公共文化场馆全部免费对其开放外，还要求文化志愿服务组织单位定期对志愿服务工作表现优异者给予表彰和鼓励。

（三）大力弘扬文化志愿服务精神，推动志愿活动开展

广西各级文化部门大力弘扬和倡导文化志愿服务，组织全区广大文化志愿者深入基层，深入群众，积极开展文化志愿服务活动，通过志愿者们的无私奉献，为提升社会文明风尚起到了积极的示范带动作用。广西为充分满足社会文化需求，实行"菜单式"文化志愿服务供给模式，在开展多样文化门类辅导培训的同时，还着力打造"村村种文化"等文化志愿服务品牌，吸引更多具有文化、文艺专长的社会人士参与文化志愿服务，充实了文化志愿服务中的社会力量。

三 强化文化志愿品牌活动，提升特色亮点

广西不断强化文化志愿品牌活动，提升特色亮点。如依托全区村级公共服务中心项目建设，广西着力提升了"千团万场——群众文化活动"文化志愿品牌质量；依托广西书法教育家协会，广泛开展了全区中小学生书法普及教育活动等文化志愿服务品牌活动。除了"群文走基层""进企业服务外来工文化惠民活动""广西盲人读书沙龙活动""感动在身边""快乐暑期—图书馆相伴""悦读 1＋1 残障儿童阅读活动""谷雨诗会""中华传统文化讲座""光影榭周末电影沙龙"等一批文化志愿品牌活动成为广西文化志愿服务的亮点之外，"八桂讲坛系列讲座活动""桂林英语角—崛起中的民间阅读推广力量""读者协会—以志愿行动传递书香""百姓迎春文化志愿者系列展演""文化列车文化志愿者服务项目""关爱农民工子女历史文化志愿服务项目""百姓大舞台 想秀你就来""南宁民歌湖周周演群众文化活动"等一批文化志愿项目和品牌活动还获得了文化部表彰。其中，桂林市群众艺术馆文化志愿者的"文化列车"项目，整合汇聚了全市各类文化志愿者资源，纵向架起了文化志愿者之间沟通的畅通渠道，横向搭建了全市文化志愿者和有需求的单位和个人的有效对接平台。该项目在执行中，通过做好充分的调研来准确掌握群众需要，根据群众需要的内容和时间，精准投放

服务，充分提高文化志愿者服务的便捷性、实效性，从而把公共文化服务由传统的端菜模式改变为群众需要的点菜模式，有效对接了群众文化需求。

四　通过文化资源整合，服务基层大众

广西着力通过文化资源整合，服务基层大众。如广西群众艺术馆在 2017 年"百姓迎春"系列活动的成功举办，离不开基层群众的热情参与，让广大群众在表现自身才艺的同时，也充实了广西精神文明建设的意蕴。在具体实施中，"百姓迎春"活动包括了文化服务展演和文化惠民演出两大板块，涌现出许多具有时代性和民族特色的群众自创节目，通过比较与筛选，推送优秀节目参加春节期间举行的文化惠民演出，充分整合了优秀团队和优秀节目资源。如 2017 年参加演出的艺术团包括了凤凰艺术团、广西群众艺术馆合唱团、华艺艺术团、红棉艺术团、红棉女子合唱团、贝雪拉丁少儿艺术团、玉玲珑古等各团体展演的 109 个节目，参加演出的文化志愿者约 600 名，观众近 1 万人次，从而推动了面向基层、面向社会的文化志愿服务活动的开展。

五　依托示范区创建城市，推动发展农村文化志愿服务

广西结合自身实际情况，在国家公共文化示范区创建城市——防城港市和来宾市推动开展农村文化志愿者招募工作。2016 年首批 50 个名额指标全部安排在第三批国家公共文化服务体系创建城市防城港市范围内选拔，来宾市及全区其他城市则根据自身实际，探索性地组织相关选拔。通过层层选拔，上思县、东兴市、港口区和防城区的 50 名志愿者最终确定为"阳光工程"文化志愿者。完成首批文化志愿者招募工作之后，防城港市及广西相关各县（市、区）文化行政管理部门对本辖区"阳光工程"文化志愿者进行了集中培训，农村文化志愿者充分配合当地政府、村委开展各项文化活动，为农村文化发展发挥了很好的组织引导作用。2017 年"阳光工程"继续在广西安排了 29 名农村文化志愿者和 35 名乡村学校少年宫辅导教师志愿

者的招募计划。防城港市为更好推进文化志愿服务活动工作的开展，结合开展 2017 年"阳光工程"——中西部农村文化志愿服务行动工作实际，制定了《防城港市"阳光工程"—中西部农村文化志愿服务考核办法》。来宾市作为广西唯一承接乡村学校少年宫辅导教师志愿者服务项目的城市，通过结构化面试＋才艺展示，遴选出 35 名乡村学校少年宫教师志愿者，通过岗前培训后全面上岗，定点为乡村学校少年宫及周边村（社区）公共服务中心开展文化、艺术等方面的辅导工作，缓解了农村文化队伍和乡村学校少年宫辅导教师不足的问题。为规范管理，来宾市文化新闻出版广电局与市文明办、教育局等单位联合下发《来宾市 2017 年"阳光工程"中西部农村文化志愿服务行动（乡村学校少年宫辅导教师志愿者）实施方案》，对乡村学校少年宫辅导教师的志愿服务活动提出了一定的工作要求与细则指导，促进了农村文化志愿服务制度化、规范化和常态化发展。

六　下一步的工作重点

为充分发挥文化志愿平台效应，推动文化志愿服务向更深层次发展，不断满足广大基层群众的精神文化需求，广西将不断总结文化志愿服务的实践经验，着力加强以下文化志愿服务重点工作。

一是继续抓好全国示范性文化志愿服务活动的开展，持续推动内地与边疆民族地区、国家院团与地方品牌的文化帮扶与交流的制度化、常态化和品牌化，使高端文化艺术资源与基层群众文化需求更好对接；着力加强"阳光工程"——中西部农村文化志愿服务行动建设，不断提升农村文化志愿服务效果。

二是培养创新意识，完善内容形式，提升文化志愿者服务项目品质。广西将着力突出内容创新，广泛吸纳多个地区、多个艺术团体、多种节目类别共同参与，彰显广西开放包容、五彩斑斓的多元魅力；将力求不断创新形式，强化参与互动，不断满足大众求新求变的审美需求，全面推动广西文化志愿者服务的品质升级。

　　三是强化宣传意识，拓宽辐射渠道，彰显广西及全国文化志愿者活动的影响力，提升广西及中华文化在东盟国家的战略地位。一方面将充分利用政府的宣传渠道支持，通过内宣、外宣的有效结合提高活动的覆盖影响；另一方面将发挥宣传创意推广作用，通过卓有成效的新媒体推广、网站建设、微博和微信平台，及时传递最新的资讯信息，形成立体多维的推广模式，以持续吸引社会大众的关注，提升中华文化的国际影响力和竞争力。

　　四是进一步健全和完善文化志愿服务机制，扩大文化志愿者队伍，扎实做好队伍培训，拓展服务领域，提升服务质量与效能。

B.10
黑龙江省文化志愿服务发展报告

摘　要： 黑龙江省将文化志愿服务工作视为推动公共文化服务体系建设的重要力量和繁荣发展城乡基层文化的有效途径，积极探索推动文化志愿服务的创新机制，通过加强顶层设计，抓好组织领导，重点推动队伍建设；依托总体部署，抓好活动设计，积极推动文化志愿服务活动的开展；利用数字平台，抓好规范管理，促进志愿者队伍高效运作，形成了文化志愿服务比较完备的组织运行、保障激励和服务管理体系，充分发挥了文化志愿者在群众文体活动中的积极作用，弘扬了志愿服务精神，丰富了基层群众文化生活。

关键词： 黑龙江省　文化志愿服务　发展

黑龙江省将文化志愿服务工作视为推动公共文化服务体系建设的重要力量和繁荣发展城乡基层文化的有效途径，积极探索推动文化志愿服务的创新机制，通过加强顶层设计，抓好组织领导，重点推动队伍建设；依托总体部署，抓好活动设计，积极推动文化志愿服务活动的开展；利用数字平台，抓好规范管理，促进志愿者队伍高效运作，形成了文化志愿服务比较完备的组织运行、保障激励和服务管理体系，充分发挥了文化志愿者在群众文体活动中的积极作用，弘扬了志愿服务精神，丰富了基层群众文化生活。

一　加强顶层设计，抓好组织领导，重点推动
文化志愿队伍建设

根据文化部、中央文明办的部署，黑龙江省准确定位开展文化志愿服务

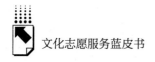

文化志愿服务蓝皮书

活动意义、指导思想和基本原则，大力开展文化志愿服务，其主要的实施经验如下。

一是加强顶层设计。省委省政府出台的《黑龙江省关于加快构建现代公共文化服务体系的实施意见》中，明确提出规范和推进文化志愿服务工作，构建参与广泛、内容丰富、形式多样、机制健全的文化志愿服务体系。

二是加强队伍建设。黑龙江省成立了自上而下的文化志愿服务队伍体系，包括省、市（地）、县（市、区）文化行政部门成立了总队、支队、分队；文化系统各级直属单位、街道、乡（镇）成立文化志愿服务队，开展文化志愿服务活动，夯实志愿服务工作的组织基础。通过建立文化志愿服务队，深入基层一线开展服务，带动更多的群众参与到文化活动中来，激发群众开展文化活动的自觉性，从而为各类文化志愿服务活动的开展提供了充足的人力资源保障。

三是加强机制建设。黑龙江省在秉承"自愿参与、各尽所能、无偿奉献"的原则下，制定了《黑龙江省文化志愿者管理办法》，明确了文化志愿者的招募方向，形成了来自文化系统内外的专业化文化骨干、文化工作者以及文艺爱好者的志愿服务队伍，打造了一支支实力雄厚、人员精干、专业齐全、具有影响力和感召力的文化志愿者团队，成为培育文化骨干的摇篮。截至2018年初，全省文化志愿者发展到近20万人，较2015年增加了16万多人，年服务时长达100多万小时，参加活动33万多人次，服务对象达400多万人次。文化志愿服务活动丰富多彩，充分发挥了文化志愿者在群众文体活动中的积极作用。

二 依托总体部署，抓好活动组织，积极推动文化志愿服务开展

文化志愿服务主要包括志愿者培训、实施文化活动、开展文化演出等环节，而最有效的志愿者激励和动员方式就是在丰富的文体活动中加强专业知识培训，让志愿者在奉献自我的过程中获得自我提高和成长。为此，黑龙江

省积极打造品牌文化活动，组织引导各县（市、区）、乡镇（街道）开展文化志愿服务活动，搭建服务平台，鼓励更多人参与文化志愿服务活动。

一是依托文化部总体要求开展文化志愿服务活动。"春雨工程"——全国文化志愿者边疆行活动，"大地情深"——国家艺术院团走基层，"阳光工程"——中西部农村文化志愿者服务活动以及9个主题全国基层文化志愿服务活动是文化志愿工作横向交流的平台。黑龙江省积极邀请湖南、辽宁等地的文化志愿者到黑龙江省开展志愿服务活动，同时也积极地组织文化志愿者"走出去"，组织他们到青海、新疆等地展示黑龙江文化志愿者的风采。这些以"大舞台""大讲堂""大展台"为载体的活动，有效地搭建了文化帮扶与交流的平台，提高了黑龙江省文化志愿者的服务能力，丰富了基层群众精神文化生活，取得良好了的社会反响。

二是依托黑龙江省文明委部署开展文化志愿服务活动。结合省文明办的工作部署，结合黑龙江省自身文化工作的实际，创新性开展志愿服务工作，打造了"暖心龙江"志愿服务活动品牌。通过在公共图书馆组织文化志愿者做好图书导读、借阅服务、读者咨询和报刊管理等工作，为读者学习知识创造良好环境；通过在文化馆（站）招募文化志愿者参与群众文化活动组织、文化培训和文艺演出等服务，丰富了群众精神文化生活；通过在公园、广场等公共场所，支持文化志愿者组织开展群众喜闻乐见的文化活动，注重便利性、灵活性和互动性，使人们在参与中愉悦了身心、体验了快乐。

三是依托重点文化惠民工程开展文化志愿服务活动。黑龙江省依托于文化惠民工程，组织开展了"结对子，种文化"活动，在文艺创作、歌舞、戏剧、器乐、美术书法摄影、活动组织策划、图书分类管理、数字文化资源采集使用等14个方面开展集中培训，采取"一对一""一对多""多对多"等方式，进行面对面、手把手辅导培训。通过辅导培训，极大加强了基层文化志愿者队伍的力量，迅速提高了基层文化志愿者组织开展文化活动的水平。通过品牌文化活动的广泛开展，组织文化志愿者参加送文化进农村、进社区、进学校、进军营、进企业活动，吸引了更多的文化志愿服务团队参加志愿服务工作。2016年全省已结成帮扶对子5000多支，遍及128个市县区，培训基层文化志愿者 17000 多人次，仅村级文化志愿者就达到 6300 多人。全省各地群众自发组织的广场舞演出、合唱比赛、器乐演奏、美术书法摄影、诵读比赛、曲艺表演、棋艺比赛等各类文化活动达 40000 多场。

通过广泛开展文化志愿服务活动，结出了累累硕果。其中，"春雨工程"——全国文化志愿者边疆行服务活动中，黑龙江群众版画和东北民间舞文化志愿服务活动走进甘肃；齐齐哈尔市"鹤翔津门·墨韵保定"美术书法交流展项目，被文化部、中央文明办评为示范活动典型案例。五大连池市群众艺术馆组织的"心系革命老区，打造精彩生活"文化志愿服务，绥化市青冈县图书馆的"书香满青冈，百日诵读活动"被评选为全国基层志愿服务活动的典型。绥化市兰西县红光镇的黄海玲文化大院艺术团被评为全国优秀文化志愿团队，鹤岗市萝北县的单志军、哈尔滨市通河县的王丽君被评选为全国优秀文化志愿者。2016 年，密山市文化志愿者王萍被文化部评为全国十佳榜样人物，并获 2017 年度第四届"CSR 中国文化奖"优秀公益奖。大庆市图书馆被文化部评为基层文化志愿服务典型。绥芬河市群众艺术馆、富裕县文化馆、林甸县龙江剧艺术中心、桦南县驼腰子镇愚公村小剧团等被中宣部、文化部、国家新闻出版广电总局评为第七届全国服务农民、服务基层文化建设先进集体。[1]

四是实施"阳光工程"计划，将农村作为开展文化志愿服务的重要阵地。黑龙江省把基层特别是农村作为开展文化志愿服务的重要阵地，经过两年多的运作，依安县的文化大院、佳木斯市群艺馆以馆带团的方式招募的116 支文艺团队、通河县的 50 多个文艺协会等文化志愿服务团队成为叫响全省的文化志愿服务品牌。[2] 继 2016 年根据部署招募 60 名农村文化志愿者服务农村文化建设之后，2017 年，全省又招募了 59 名"阳光工程"志愿者及乡村少年宫辅导教师深入城乡基层，丰富农村群众精神文化生活。2017

① 董云平："2017 黑龙江省文化志愿服务硕果累累"，《黑龙江日报》，http://news.eastday.com/eastday/13news/auto/news/china/20180408/u7ai7592321.html。
② 张士："打造黑龙江省文化志愿服务品牌"，《光明日报》，http://s.cloud.gmw.cn/2016/c/2018-05-29/1137170.html。

年兰西县文化志愿者黄海玲、勃利县文化志愿者赵秀娟、逊克县文化志愿者王连生，被文化部、中央文明办授予"阳光工程—中西部农村文化志愿服务行动计划典型"。

三 打造数字平台，加强管理与宣传，坚持培训与服务并重

一是打造文化志愿服务数字平台。黑龙江省开发建设了黑龙江省文化志愿服务数字平台，为文化志愿服务活动提供了有力保障，推动了文化志愿服务工作的开展，为全省文化志愿服务工作的信息化、规范化、制度化奠定了坚实的基础。文化志愿平台建设就是要更好地规范文化志愿者招募注册及引导管理过程，规范文化志愿者日常工作制度。依托文化志愿者注册系统、电子档案和文化志愿服务数据库，黑龙江省为有意愿、能胜任的团体或个人进行登记注册，实现了文化志愿者、服务对象、活动项目有效对接。通过平台还进行文化志愿者的教育培训和日常管理，提高文化志愿者素质和服务水平。

二是宣传文化志愿服务理念。黑龙江省积极宣传文化志愿服务理念，联系省内、省外多家媒体，对黑龙江文化志愿工作进行宣传报道。文化报、人民网、东北网、黑龙江电视台等都大力宣传黑龙江文化志愿精神和内涵，组织引导人们参加文化志愿服务。黑龙江省还根据群众的实际需要，由各级文化志愿者管理项目办公室及时发布文化志愿者宣传招募信息，根据标准和条件吸纳有志于为基层群众文化发展繁荣志愿服务的专业文化工作者、呼吁社会各界人士以及各级各类文化事业、企业、院校和社会团体参加文化志愿服务活动。

三是开展服务技能培训。坚持培训与服务并重的原则，由各级项目办通过平台授课、案例分析、座谈交流等灵活多样的方式，开展关于文化志愿常识、专业技能与岗位培训，使他们成为文化志愿服务的中坚力量。把文化志愿服务深入工地、学校、社会福利院、老年之家、残疾人服务中心等场所，

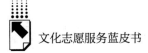

为农民工朋友、留守儿童、残疾人、空巢老人开展不同形式的文化志愿服务，让文化活动在基层处处开花结果。

黑龙江省文化志愿服务工作虽然得到了很大的发展，但在文化志愿者服务工作机制、文化志愿服务队伍储备、活动引导、经费保障、信息库建设等方面有待加强。下一步，黑龙江省将在构建现代公共文化服务体系的整体框架下，在文化志愿服务精神的指引下，着力完善志愿服务管理机制，提升数字化管理水平；广泛开展文化志愿服务活动，提升数字化服务能力；及时发现典型，总结经验，推介榜样，推动全省文化志愿服务工作发展前进，促进现代公共文化服务体系建设，促进黑龙江省文化事业大发展大繁荣。

B.11
贵州省文化志愿服务发展报告

摘　要：　贵州省大力弘扬文化志愿服务理念，积极组建文化志愿者队伍，"十二五"期间，结合创建国家公共文化服务体系示范区（项目）工作，在第一批和第二批示范区创建城市遵义市和贵阳市、第二批示范项目创建城市六盘水市和黔南州开展文化志愿服务工作，通过舆论引导、文化传播、组织推广等途径，积极探索文化志愿服务机制，依托各级公共文化机构，建立了省、市（州）级、县（市、区）级文化志愿服务队，围绕当地民族文化特色，充实了服务内容，打造了服务品牌，组织开展了一系列基层文化志愿服务活动，培育形成了一批扎根基层、服务基层的服务队伍，丰富了公共文化服务的供给量。

关键词：　贵州省　文化志愿服务　发展

在国家政策指导下，贵州省大力弘扬文化志愿服务理念，积极组建文化志愿者队伍，"十二五"期间，结合创建国家公共文化服务体系示范区（项目）工作，在第一批和第二批示范区创建城市遵义市和贵阳市、第二批示范项目创建城市六盘水市和黔南州开展文化志愿服务工作，通过舆论引导、文化传播、组织推广等途径，积极探索文化志愿服务机制，依托各级公共文化机构，建立了省、市（州）级、县（市、区）级文化志愿服务队，围绕当地民族文化特色，充实了服务内容，打造了服务品牌，组织开展了一系列基层文化志愿服务活动，培育形成了一批扎根基层、服务基层的服务队伍，丰富了公共文化服务的供给量。

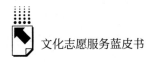

一　制定政策，探索文化志愿服务保障机制

"十二五"期间，贵州省根据国家对文化志愿服务的整体部署，结合创建国家公共文化服务体系示范区（项目）工作，加大力度在第一批和第二批示范区创建城市遵义市和贵阳市、第二批示范项目创建城市六盘水市和黔南州开展文化志愿服务工作，通过舆论引导、文化传播、组织推广等途径，积极探索文化志愿服务机制，先后制定了《贵州省文化厅关于开展文化志愿服务工作的意见》《贵州省文化志愿者管理暂行办法》等。2016 年以来，为深入贯彻落实中办、国办《关于加快构建现代公共文化服务体系的意见》和贵州省委、省政府两办《关于加快构建现代公共文化服务体系的实施意见》精神，大力推进文化志愿服务，促进文化志愿服务制度化、规范化、常态化。贵州省按照文化部、中央文明办关于开展文化志愿服务工作的要求，制定了《贵州省文化志愿服务工作方案》，起草和出台了《贵州省文化志愿者考评办法》《贵州省"阳光工程"资金管理办法》等规章制度，积极建立保障文化志愿服务发展的长效机制。

二　完善管理与协调机制，构建文化志愿服务网络体系

为贯彻落实好文化志愿服务工作相关制度，贵州省成立了以分管副厅长任组长、社文处长任副组长、各地文化局局长、省图书馆长、省文化馆长、省博物馆副馆长为成员的"贵州省文化志愿服务工作领导小组"，负责做好全省协调、指导、督促和检查等工作。省图书馆、省文化馆、省博物馆等省级公共文化服务机构分别组建"贵州省文化志愿服务队"，负责省级文化志愿服务活动的组织及文化志愿者管理等工作；市（州）级、县（市、区）级也组建了相应的"文化志愿服务队"。同时，根据文化部从 2016 年起实施的"阳光工程"——中西部农村文化志愿服务行动计划要求，贵州省成立了以分管副厅长任组长、社文处长任副组长、各地文化局局长、省图书馆

长、省文化馆长、省博物馆副馆长为成员的"贵州省'阳光工程'项目执行办公室"（简称省级项目办）。省级项目办负责制定本省年度工作方案，遴选项目实施的县、村，制定本省项目考评办法。地市级文化行政部门设立项目执行办公室（简称地市级项目办），负责制定本市（州）年度工作方案，遴选项目实施的县、村，组织招募乡村学校少年宫辅导教师志愿者，制定本市（州）项目考核办法，指导县级项目办做好志愿者招募和管理相关工作。县级文化行政部门成立项目执行办公室（简称县级项目办），负责农村文化志愿者的招募、培训、管理和考核等各项工作。贵州省还积极创新志愿者管理模式、完善志愿服务机制。贵阳市、六盘水市等地区通过志愿者管理平台，对全市文化志愿者进行网络注册管理，并及时发布志愿服务项目，招募文化志愿者，组织志愿者进行培训，推进开展文化志愿服务工作。

三 建立文化志愿服务组织，壮大文化志愿者队伍

贵州省加强文化志愿者招募，大力宣传文化志愿服务工作，吸引越来越多的群众自愿加入文化志愿者队伍，建立了"贵州省文化志愿服务队"，并将"中国文化志愿者"标识用于文化志愿服务活动当中。贵州省还注重打破以往文化志愿者仅限于文艺工作者或文艺从业人员的陈规，着眼大文化，广泛吸收文艺骨干、广播影视骨干、社会体育指导员等具有一技之长的人员，充实文化志愿者队伍；抓住"三区"人才支持计划机遇，从返乡大学生、文联、音乐家协会、舞蹈家协会、戏剧家协会等单位招募"三区"人才服务志愿者，进一步统筹推进文化志愿服务工作，进一步拓展文化志愿服务范围。目前贵州省建立县级以上文化志愿服务组织机构80余个、注册文化志愿者2万余人，并为所有注册文化志愿者发放了"文化志愿者注册服务证"。

四 重视教育培训，提升文化志愿者服务水平

为增强文化志愿者的服务意识，提高其服务能力，贵州省统一规划，合

理安排了定期培训，围绕服务理念、服务技巧等内容，开展了红色文化、传统文化、历史知识等多项专题培训，通过鼓励志愿者积极参与学习培训，促使志愿者更加注重提升自身的综合素质和服务能力。2017年10月，由贵州省文化厅主办、瓮安县文化和旅游局承办的"2017年贵州省文化志愿服务管理人员培训班"在瓮安举办。来自全省的170余名文化志愿服务管理人员参加此次培训。培训中，2016年被文化部评为"阳光工程"全国典型的普安县、道真县项目办分别做了经验交流发言。培训班还邀请了省文明办相关负责人及省内有关专家分别就"乡村少年宫文化志愿服务工作""文化志愿服务信息管理平台""阳光工程"管理平台操作、《中华人民共和国公共文化服务保障法》解读以及"文化志愿服务的组织与管理"等课程进行了现场教学和经验交流，以提高各地文化志愿者管理人员的业务水平，以及对文化志愿服务工作重要性和必要性的认识，促使志愿者把理论知识和其他地区的先进经验转化到实际工作中。各地还积极拓展组建文化志愿者队伍，黔南州通过各级文化部门的宣传、组织、发动和招募，组建成立了"道德讲堂"志愿服务队、"文化助残"志愿服务队、"六点钟学校"志愿者服务队、"美丽乡村"文体演出志愿服务队、"正能量"绿色网吧志愿服务队、"及时雨"电视、广播维修服务队等志愿者服务队伍，初步形成了以文化系统内专业文化工作者为基础，以各级基层文化带头人为骨干，以社会志愿者为补充的文化志愿者队伍，为文化志愿服务活动的开展提供了有力的保障。

五　围绕当地民族文化特色，广泛开展文化志愿服务活动

贵州省各市、州围绕当地民族文化特色，组织文化志愿者以"种下快乐收获文明"为主题开展"种文化"活动。各地除了开展"送戏下乡""送电影下乡""送书下乡"外，还积极开展文化志愿服务进机关、进社区、进军营、进学校的"四进"活动和关爱特殊群体文化活动，并利用当地民族传统节日举办形式多样的文化活动，打造了"乌蒙文化节·艺术系列大赛""盘州春韵文化巡演活动""心连心文化服务进军营双拥活动"等活动品牌。

在强化活动组织引导、丰富群众精神文化生活方面，黔南州充分利用社区流动书屋图书资源，做到了送书入户、取书入家，使文化服务入户到人，满足了居民的阅读需求。铜仁市以玉屏县为全市文化志愿服务工作试点，将文化志愿服务与第三批国家公共文化服务体系示范项目农村文化"种子工程"建设内容有机结合，在全市率先成立县级文化志愿者服务总队，各乡镇（街道）、社区则依托乡镇综合文化站成立文化志愿者分队，成员由该县文化馆、艺术团、图书馆的专业老师以及热心公益文化事业、具有相应技能和艺术专长的文化志愿者组成，志愿者下到农村，在"乡村大舞台""文化广场""欢乐院坝"为老百姓进行面对面服务，打通了公共文化服务的"最后一公里"。六盘水市充分利用流动图书车、流动舞台车以及各级公共文化机构免费开放场所，把文化志愿服务与流动文化服务、公共文化机构免费开放活动等结合起来，丰富志愿服务载体、提升公共服务效能。普定县文化馆、普定县马官文化公司和马堡农民艺术团启动了"花灯演艺传承"文产扶贫千村计划基层服务项目，通过对贵州"西路花灯"非物质文化遗产资源的挖掘整理、保护传承，以创新民族民间演艺，拓展文化市场，延伸花灯文化产业链，通过组织文化志愿者对地方文艺人才和文化经营管理人才的培养，带动群众（贫困户）脱贫致富。项目采取"公司＋合作社（演出团队）＋农户（演员）"订单式扶贫模式，助推文化产业脱贫攻坚，扶助文艺团队 19 支，开展免费艺术培训 130 余次，帮助排练文艺节目 50 余个，培养了 500 多人的民间文化艺术队伍，签约演出队伍 9 支，演员 142 名，其中贫困人员 81 人。仅 2017 年春节期间，项目带动村级文艺团队演出 44 场，人均纯收入突破 5000 元。项目帮扶 11 个村，支持成立乡村文化演艺团队和民间手工作坊 28 家，带动周边村落 76 户贫困户脱贫。该项目开创了"三联行动、四大平台、五个载体、六类人群"的"3456"模式，通过一年多的实践，取得了"助推经济发展、引领乡风文明、创新社会管理密切党群关系、构建社会和谐"的社会效应。

为促进交流，2017 年贵州省举办了"贵州省志愿服务文化周暨首届志愿服务项目大赛"。此次活动以"多彩贵州 志愿花开"为主题，在全省范

围内启动"关爱他人、关爱社会、关爱自然"三关爱优秀志愿服务项目征集工作,通过不断推动贵州省志愿服务项目化运作、社会化动员和制度化发展,打造了项目展示、信息交流、资源协调的多功能平台,全面提高了志愿服务的知名度和影响力。

六 以优秀典型引领文化志愿服务风尚

2016 年以来,贵州市文化志愿服务活动成果斐然,优秀典型突出,其中贵阳市乌当区图书馆组织开展的"老年人计算机"免费培训项目、黔西南州册亨县文体广电旅游局开展的"民族文化进万家"文化志愿服务、铜仁市玉屏县文广局开展的"送文化下乡"文化志愿服务、安顺市普定县双花艺术团和马堡农民艺术团的"乡间文艺大课堂"文化志愿者下基层培训服务获得了文化部 2016 年基层文化志愿服务活动典型案例通报表彰。同时乌当区文化志愿服务队、玉屏侗族自治县文化志愿者服务总队获得文化部 2016 年文化志愿服务典型团队表彰;贵州省平坝区省级非物质文化遗产传承人陈先松和白云区老龄委、老年大学退休干部徐文学获得文化志愿服务典型通报表彰。

2017 年安顺市普定县文化馆、马官文化艺术发展有限责任公司和马官镇马堡农民艺术团的花灯演艺传承文产扶贫"千村计划"服务项目,贵州省图书馆儿童阅读推广文化志愿服务项目获得了文化部 2017 年基层文化志愿服务活动典型案例通报表彰。贵州省布客儿童阅读推广志愿服务队和贵州省道真仡佬族苗族自治县非物质文化遗产传承人黄贤梅、贵州师范学院学生常开燕分别获得了文化志愿服务典型团队和文化志愿者典型的通报表彰。

七 实施"阳光工程",推动农村文化志愿服务活动开展

贵州省按照文化部、中央文明办的部署,2016~2017 年相继组织实施了"阳光工程"——中西部农村文化志愿服务行动计划。2016 年在全省集中招募 50 名文艺骨干和文化能人作为农村文化志愿者深入全省 40 多个县

（区、市），开展文化志愿服务活动 1000 余次，促进了农村文化活动开展，丰富了农村群众文化生活。2017 年贵州继续在全省集中招募 79 名文化志愿者，配备到 29 个行政村和 50 个乡村学校少年宫，开展为期一年的文化志愿服务，缓解农村文化队伍和乡村学校少年宫辅导教师不足的问题。2017 年，在文化部公布的 2016 年度"阳光工程"——中西部农村文化志愿服务行动计划典型名单中，贵州省省级项目办以及贵州省普定县和道真自治县两个县级项目办入选典型名单，两名农村文化志愿者入选志愿者典型名单。

八 存在的问题及未来工作重点

贵州省推进文化志愿服务工作取得了一些成绩，但也存在一些问题，主要包括以下几方面。

①文化志愿者队伍稳定性不强。志愿者注册是志愿者队伍稳定的前提，但在现实情况中，大部分志愿者未实施注册环节，造成服务随意性大，质量不高的问题。

②志愿者管理不规范。完善的志愿者管理体系包括绩效评估和激励保障环节。但贵州文化志愿服务的管理主体局限于文化行政部门，志愿者管理工作缺少人力和经费的投入保障，造成了志愿服务管理环节的部分缺失，在一定程度上限制了文化志愿服务活动的开展。

为推动文化志愿活动进一步健康发展，贵州省应着力推进如下工作。

①完善文化志愿服务工作机制。要以新的观念来贯彻文化大发展、大繁荣的新理念，着力建设文化志愿者队伍，进一步完善文化志愿者信息库，建立健全文化志愿者服务活动登记制度、绩效评价制度和服务保障制度。完善文化部门牵头、群团部门、高等院校、社会组织等相关单位参与的文化志愿服务管理机制，推动社会力量广泛参与文化志愿服务。

②加强文化志愿者规范管理。在加强文化志愿者队伍建设的同时，要着力加强文化志愿者主动注册的意识以及志愿者组织方的注册管理规范，发展骨干文化志愿者队伍，动员各高等院校、中小学和社会各界文化专家、学者

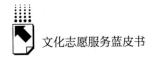
加入文化志愿者队伍，努力建成相对稳定的志愿者队伍。

③做好文化志愿者培训工作。首先要采取多种培训方式，邀请专家、学者在权利义务、服务理念、服务态度、服务技能等方面对文化志愿者进行专业业务和志愿服务技能的培训。同时，要积极组织广大文化志愿者通过志愿服务实践不断总结经验和开展服务示范活动，全面提高自身素质和服务水平。

④加大宣传报道力度。要利用新闻媒体、网络等宣传阵地，加大对文化志愿者工作的宣传力度，及时报道文化志愿服务活动与优秀文化志愿者事迹，营造良好的社会舆论氛围。

⑤努力探索文化志愿服务工作新模式。要发掘文化志愿服务工作的创新模式与典型经验，为文化志愿者参与文化工作搭建平台。要积极探索结对帮扶的文化志愿服务方式，丰富活动内容，以送文化下乡、举办社区及特殊群体文化活动等形式，鼓励、引导文化志愿者服务基层，服务农村，努力提升服务成效。

B.12
四川省文化志愿服务发展报告

摘　要：　四川省将开展文化志愿服务作为构建现代公共文化服务体
　　　　　系的重要组成部分，作为全面建成文化小康的主要内容以
　　　　　及文化精准扶贫的主要手段，通过不断完善文化志愿服务
　　　　　管理机制，建设志愿服务组织网络，加强志愿服务规范管
　　　　　理，推进数字化平台建设，进行文化志愿服务教育培训，对
　　　　　接开展全国示范性文化志愿服务活动，持之以恒开展基层
　　　　　文化志愿服务活动，推动了文化志愿服务的制度化、常态
　　　　　化发展。四川省根据自身实际积极组织开展"汉藏文化交
　　　　　流""文化扶贫帮村行动"等多种形式的文化志愿服务活
　　　　　动，不断整合资源，坚持共建共享，发展壮大文化志愿者队
　　　　　伍，扩大了文化志愿服务的社会影响力，助力了全省公共
　　　　　文化事业的大发展。

关键词：　四川省　文化志愿服务　发展

　　四川省将开展文化志愿服务工作作为构建现代公共文化服务体系的重要
组成部分，作为全面建成文化小康的主要内容以及文化精准扶贫的主要手
段，通过积极对接"春雨工程"——全国文化志愿者边疆行、"大地情
深"——国家艺术院团（馆）志愿服务走基层、"阳光工程"——中西部农
村文化志愿服务行动计划等全国示范性文化志愿服务活动以及9个主题基层
文化志愿服务活动，积极组织开展"汉藏文化交流""文化扶贫帮村行动"
等系列志愿服务活动，不断整合资源，坚持共建共享，发展壮大文化志愿者

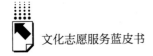

队伍，扩大文化志愿服务的社会影响力，使文化志愿服务理念深入人心，文化志愿服务工作成效显著。

一 完善文化志愿服务管理机制，建设志愿服务组织网络

四川省成立了"四川省文化志愿者工作领导小组"，并在省文化馆设立了全省文化志愿者服务的管理部门，定期召开专题工作会议，全面推进全省文化志愿服务工作开展，四川全省21个市（州）文化局都相应成立了"文化志愿者"工作机构，并在实践中积极探索行政化主导、社会化运作和事业化管理相融合新途径，在引导社会力量承接文化志愿服务项目的同时，鼓励当地文化艺术人才和热心群众投身到文化志愿服务活动中来。从2015年到2017年，全省文化志愿服务协会（团队）机构从220余支发展到270余支，注册文化志愿者人数从5.2万余名发展到10.3万余名。全省文化志愿者服务工作平台日趋完善，有效保障了各类文化志愿服务活动常态化进行。

二 加强文化志愿服务规范管理，推进数字化平台建设

四川省着力加强文化志愿服务规范管理，先后制定了《四川省文化志愿者招募管理办法》《四川省文化志愿者边疆行工作实施方案》，下发了《四川省文化志愿者招募公告》等文件，积极落实文化部《文化志愿服务管理办法》，推动做好志愿者招募、注册和管理的工作，明确文化行政部门、协会与志愿者及志愿团体的工作职责，制定了志愿服务的嘉许办法。各市、州文化志愿者协会还结合当地特色，设计、制作"文化志愿者注册服务证"，并在全省推广使用。四川省通过规范和完善文化志愿者服务保障激励、注册登记、评估管理等制度，推动了文化志愿者服务有序高效进行。四川省还利用数字化平台，推动实现了对志愿者的网络化管理以及服务与需求的有效对接。

三 开展文化志愿服务教育培训，提升
文化志愿者服务水平

四川省为文化志愿者，特别是为基层文化志愿者提供培训，充分依托公共文化阵地、信息网络和专家智库资源，针对文化志愿者服务特点、不同文化志愿者专业技能和群众的文化需求，科学设置辅导课程，提升文化志愿者素质和服务水平。

为广泛提升文化志愿者的服务意识和服务能力，2016 年 6 月 30 日至 7 月 4 日，四川省"阳光工程"首批招募文化志愿者暨成都市文化志愿者管理人员培训在成都举行，培训班学员除了首批 60 位"阳光工程"招募志愿者外，还包括了成都市 2015 年优秀文化志愿者、项目负责人，以及成都市 22 个区（市）县文化志愿者管理人员。8 月 23 日至 26 日，由成都市文化馆、成都市文化志愿者协会共同组织实施了为期 4 天的"成都文化志愿者援建西藏山南市文化站长培训及数字化体验室建设"活动，对山南市进行数字化多媒体体验室的援建，并组织了当地文化志愿服务工作者的培训。9 月 20 日至 23 日受文化部委托，"2016 年全国文化志愿服务管理人员培训班"在成都举办，来自全国第二批、第三批国家公共文化服务体系示范区文广新局（文体旅游局）选派的文化志愿服务工作业务骨干 58 人参加本次培训。为四川省志愿服务工作提供了向全国文化志愿者展示的平台，同时在交流中获取了宝贵经验。

四 对接开展全国示范性文化志愿服务活动，
推动文化志愿服务活动常态化

（一）持之以恒开展"春雨工程"——全国文化志愿者边疆行活动

自 2012 年以来，四川坚持按照文化部、中央文明办的要求，积极组织全省文化系统单位，对接群众文化需求，动员社会各种力量开展文化志愿服

务工作，以增进群众文化福祉。2012 年四川省联合广东文化志愿者在甘孜州进行"春雨工程"——边疆行活动，广东歌舞剧院、四川省川剧院为甘孜藏族同胞表演了《岭南鼓舞》《变脸吐火》等传统节目；四川省文物局、博物院等还组织"大篷车"流动博物馆在藏区寺庙开展文物展、书画展。2013 年四川省联合文化部公共文化司、广西文化厅共同承办"春雨工程"全国文化志愿者广西行系列活动，以演、讲、展的形式，服务当地百姓、撒播巴蜀文化，举办了藏羌民俗风情艺术展、广场演出、文艺晚会、文化讲座、进军营文艺演出等 10 个服务项目。2014 年四川省组织省诗书画院、乐山市嘉州画院画家、四川省社科院专家等多领域文化志愿者一行 19 人参加"春雨工程"四川省文化志愿者内蒙行活动，举办了"四川少数民族美术作品展""巴蜀画派艺术创作交流笔会""神奇神秘神妙的巴蜀文化"讲座，服务群众达 3 万余人（次）。2015 年四川省组织省交响乐团以"行边疆、走基层"为主要内容，赴云南省西双版纳傣族自治州景洪市和丽江市，深入少数民族乡镇、村寨、部队、学校，开展"春雨工程—文化志愿者边疆行活动"；组织省交响乐团参与并牵头协调四川省川剧院、四川省曲艺研究院、南充市歌舞剧院、南充市杂技团等五个省市级专业艺术院团前往宁夏回族自治区银川、石嘴山等五个城市，开展 2015 年"春雨工程—全国文化志愿者边疆行活动"。2016 年 3 月，阿坝州文化馆以"大展台"的形式为海口、琼海两市带去了阿坝藏羌民俗传统文化艺术展，展出藏族手绘唐卡、藏族堆绣唐卡、藏文书法作品以及藏羌民族服饰等。10 月由四川省文化厅带队，40 多位文化志愿者赴西藏开展"春雨工程"四川文化志愿者西藏行系列活动，除了"大展台"和"大讲堂"，志愿者一行还实地考察了藏区多个文化场馆以及先进公共文化示范区，并与西藏自治区文化厅和群艺馆相关负责人员、西藏自治区企业家和文化界人士代表等召开了汉藏文化交流合作座谈会。10 月底，四川省文化馆在阿坝藏族羌族自治州马尔康市开展春雨工程"汉藏文化交流"系列活动，除捐赠图书和数字文化资源外，举办了《非常梦想》四川省首届农民工原创作品展和汉藏文化交流培训班。11 月中旬，四川省文化厅组织文化志愿服务团队四川省曲艺研究院赴海口、琼海市博鳌县、保亭黎族苗族自治县、三亚开展"春雨工程"海南行系列文化活动，集中展示以四川曲艺为主的最具巴蜀特色的曲种剧种以及四川民族民间歌舞、绝活等艺术形式，将四川独具地域特色和魅力的文化融入与边疆民族地区文化艺术交流中，促进四川与海南两省文化繁荣发展。2017 年四川省积极组织省文化馆、省曲艺研究院赴新疆开展文化志愿服务惠民扶贫展演系列活动，搭建了川新文化交流的窗口和平台。四川省邀请湖南文化志愿者代表团，以"大舞台""大讲台"的形式，于 2017 年 5 月深入凉山彝族自治州相关县市共同实施湖南四川文化志愿者彝区行文化扶贫惠民三场专题展演和相关培训活动。此外，成都市还与云南省临沧市开展了双向文化惠民活动，甘孜州邀请国家博物院到甘孜州康定市举办专题讲座传经送宝，全国文化信息资源共享工程四川省分中心与西藏分中心开展汉藏文化交流项目。其中，2016 年四川省阿坝州文化馆组织实施的"四川阿坝藏羌民俗传统文化艺术展海南行"、四川省文化馆组织的"四川文化志愿者汉藏文化交流活动"以及四川省曲艺研究院组织实施的"四川文化志愿者兵团行"分别入选 2016 年和 2017 年文化志愿服务示范活动典型案例。

（二）积极对接"大地情深"——国家艺术院团志愿服务走基层活动

为深入落实文化惠民走基层，让更多基层的观众可以有机会欣赏到优秀的国家精品剧目，2016 年四川省各市州积极对接"大地情深"国家艺术院团志愿服务项目，1 月，中国歌舞剧团民族管弦音乐会《国之瑰宝》在遂宁上演。7 月，现代京剧《红灯记》在成都市崇州文化艺术中心精彩上演，吸引超过 2000 名崇州市民前来观看。10 月，国家京剧院一行在宜宾市南溪区演播大厅演出了京剧《名句名段演唱会》，并分别在内江市沱江剧院和遂宁市国际会展中心演出了现代京剧《红灯记》，受到了近 4000 名观众的热烈欢迎。8 月在巴中市，大型环球经典音乐会《东方之声》三场演出向群众赠票 7000 余张，体现公共文化服务均等化。11 月，"荟萃蓉城"精品剧目演出——民乐"泱泱国风"在成都市特仑苏音乐厅隆重上演。12 月，中国广播艺术团综艺

《越来越好》在绵阳北川演出，惠民票价与送票活动同步进行，让更多市民欣赏到内容丰富的民族文化盛宴。2017 年，四川省的 3 个国家公共文化服务体系示范区创建城市都主动申报了 2017 年"大地情深"——国家艺术院团志愿服务走基层活动项目，成都市经与中国儿童艺术剧院商议申报了儿童剧《马兰花》，泸州市与国家京剧院沟通申报了《红灯记》，乐山市与国家京剧院沟通申报的《党的女儿》等项目都成功地进行了惠民演出。

（三）大力开展农村文化志愿服务活动，实现了村级文化志愿服务全覆盖

四川省积极对接"阳光工程"——中西部农村文化志愿服务行动计划，成立了省级"阳光工程"文化志愿者项目办公室和市（州）、县三级文化志愿者项目办公室。2016 年采取公开招募、自愿报名、组织选拔、集中派遣的方式，首次在 4 大贫困地区广元市利州区、泸州市叙永县、阿坝州茂县、凉山州喜德县各招募"阳光工程"2016 年中西部农村文化志愿者 15 名，分配到 60 个行政村，带动各地广泛组织开展文化志愿服务活动，充分发挥了文化志愿者在村级公共文化建设方面引领示范作用。2016 年全省 60 名"阳光工程"中西部农村文化志愿者 50 名考核结果称职，其中 10 名考核优秀。2017 年 3 月，四川省招募的 30 名 2017 年"阳光工程"——中西部农村文化志愿者以及 70 名四川省 2017 年"阳光工程"乡村少年宫辅导员也正式上岗。

文化志愿者在四川文化精准扶贫、美丽中国建设、乡村文化振兴中发挥了重要作用，文化志愿者帮村被纳入了四川省"千村文化扶贫行动"。2014 年四川省就组织实施了首批文化志愿者下基层计划，共有 400 名高校毕业生赴基层文化站从事专项服务。为助力脱贫攻坚、推进乡村振兴，2017 年，四川省文化厅、新闻出版广电局联合印发《2017 年四川省村公共文化服务公益岗位政府购买奖补方案》，创新性地推出乡村文化志愿者全覆盖，通过财政安排定向转移支付资金 5600 万元，购买村级公共文化服务公益性岗位 4.624 万余个，采取以奖代补方式招募村文化志愿者，配备到全省所有行政村，开展为期一年的文化志愿服务，覆盖全省所有行政村。各地文化志愿者开展非遗展演展示，

深入乡镇和农村文化阵地开展业务辅导，组织参与"欢乐农家大赛"等"文艺演出进乡村"活动，丰富了群众文化生活，激发贫困群众脱贫致富内生动力。①

五 持之以恒开展基层文化志愿服务活动

四川省坚持面向基层、重心下移，从群众实际文化需要出发，开展多样化文化志愿服务活动，打造基层文化志愿服务品牌。四川省围绕文化部文化志愿服务9大主题积极开展基层文化志愿服务活动。2016年，仅成都市各级各类文化志愿服务活动就开展了近千场，近12万人次群众直接受益。此外各市（州）、县（市、区）也积极开展各具特色、种类繁多的文化志愿活动，如绵阳市三台县在2016年4月成功举办"欢跃四季·舞动天府"四川省第二届百姓广场舞大赛，并紧扣惠民主题，围绕百姓广场舞"大赛场"，配套举办"大讲台"——为广场舞培训量身定做的"巴蜀文艺讲堂"和"大展台"——广场舞主题摄影展览，以丰富多样的形式体现赛事、展览、培训的专业性；阿坝州的"传递书香 见证成长"公共图书馆志愿服务活动利用送书下乡、"4·23"世界读书日等为当地村民送去流动图书阅览服务，并在部分中小学建立"溢香阁"读书走廊、"梧桐书吧"，在马尔康市九州广场举办以"共享书香，快乐阅读"为主题的地方文献专题图书展览活动，挑选了馆藏地方文献100余册供读者阅览；泸州市图书馆的"小义工"志愿服务活动利用"优秀小义工"积极向留守儿童推送文化资源、开展人文关怀，以城区娃带动乡镇娃开展丰富多样的阅读活动。之后还加入"优秀小义工"走进军营夏令营活动以及优秀动漫电影展播、手工课、阅读分享等元素，调动更多学生及家长参加小义工上岗培训以及志愿者服务。2016年底，四川省文化馆、四川博物院入选了国家公共文化设施学雷锋志愿服务首批示范单位。2017年四川省文化馆组织实施的"文化暖心 志愿为您"四川省"学雷锋"文化志愿服务系列

---

① 《今年招募4.6万余名村级文化志愿者 我省首次大规模购买公益性文化岗位》，《四川日报》，2017年9月9日第1版要闻。

活动，四川省成都市文化馆、四川省成都市文化志愿者协会组织实施的"文化连锁店"志愿服务项目入选 2017 年基层文化志愿服务活动典型案例。四川省成都市图书馆文化志愿服务队以及四川省泸州市文化馆文化志愿服务队、四川省文化馆党员文化志愿服务队入选 2017 年基层文化志愿服务典型团队。

六 "十三五"时期发展的重点任务

"十三五"时期，四川省将重点抓好以下五个方面的工作：一是完善组织与队伍网络，壮大队伍。要建立省、市、县、乡（镇）、村（社区）五级文化志愿服务组织机构，推动各级公共文化设施和基层综合性文化服务中心设立志愿服务站（队、所），以此带动文化志愿服务组织的成立。二是增强专业能力，提升服务水平。要通过项目化运作方式，增强对服务的科学性投入，注重志愿者培训，提升其服务的专业化水平，以此提高服务效能。加强服务过程的信息化管理，促进文化志愿服务供给与需求相匹配。加强对志愿者的管理，实行分类、分级管理和培训措施，建立健全志愿服务管理机制。三是服务重点，发挥作用。要围绕现代公共文化服务体系建设重点任务，更好服务精准脱贫攻坚战、更好服务美丽中国建设、更好服务乡村振兴，更好走进城乡社区、更好走进广大家庭、更好走进人们视野。四是引领示范，强化机制。以国家"春雨工程""大地情深""阳光工程"等国家示范活动为引领，探索具有四川本省及地方或行业特色的文化志愿服务工作模式和工作方式，打造文化志愿服务品牌项目，拓宽文化志愿者参与文化遗产保护、文化产业发展、文化市场管理等工作的途径。五是加强领导，把握方向。要把文化志愿服务工作纳入总体工作部署和年度考评指标，提到各地文化行政部门和文化单位的重要议事日程中，掌握文化志愿服务的正确导向，将核心价值观贯彻到文化志愿服务全过程。①

---

① 四川省文化志愿服务工作推进会暨国家"阳光工程"文化志愿者培训会在广安武胜县成功召开，四川文化，http://mini.eastday.com/a/180504071434405 - 3.html。

B.13
重庆市文化志愿服务发展报告

摘　要：　重庆市将加快推动文化志愿服务作为加强公共文化服务体系
建设的重要内容和繁荣发展城乡基层文化、推进基层文化队
伍建设的有效抓手，通过内培外引，扩充服务队伍规模，构
建文化志愿服务的长效机制，已初步形成了文化志愿者服务
项目、区县村（社区）志愿者服务站、辖区区（县）级文明
单位协调配合的覆盖广、立体式、多元型的志愿服务格局。
重庆市以政府为主导，以公共财政为支撑，以公益性文化单
位为骨干，在全国率先推行公共文化物联网建设，搭建统一
的公共文化物联网服务平台，促进服务供给与需求对接，较
好地推动了重庆市文化志愿服务事业的新发展。

关键词：　重庆市　文化志愿服务　发展

　　2010 年以来，重庆市加快推动文化志愿服务工作，将其作为繁荣发展
城乡基层文化的有效途径，作为推进基层文化队伍建设的有效手段，通过
出台政策、组建队伍、开展活动等措施推动文化志愿者服务工作广泛开
展，文化志愿服务工作呈现形式多种多样、方式灵活便捷、覆盖面广、层
次深入、创新示范性强等特点。为建设文化强市，打造美丽重庆，重庆市
不断强化舆论宣传，普及志愿理念，大力开展文化品牌服务活动，努力构
建文化志愿服务的长效机制。通过内培外引，不断壮大文化志愿者队伍和
规模，并初步形成了重庆市文化志愿者服务项目、区县村（社区）志愿者
服务站、辖区区（县）级文明单位协调配合的覆盖广、立体式、多元型的

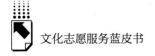

志愿服务格局，使重庆市文化志愿服务工作从以文化系统人员为主体，发展成辖区共同参与的群众性实践活动，较好地推动了重庆市文化志愿服务事业的发展。

一　组建机构，健全网络

自 2010 年重庆市推动文化志愿服务工作以来，就建立了市级层面的文化志愿服务领导机构，并将办公室设在市群众艺术馆，负责市级层面文化志愿者的招募、注册、管理、培训等工作。各区县（自治县）、乡镇（街道）也建立了相应的组织领导机构，办公室分别设在当地文化馆、乡镇（街道）文化站，具体负责当地文化志愿者的招募、注册、管理、培训等工作。市群众艺术馆负责指导城乡基层的文化志愿工作。由此全市形成了市、区（县）、街道（乡镇）、社区（村）四级服务网络。

二　广泛招募，壮大志愿者队伍

重庆市以公共文化物联网为平台，广泛招募志愿者，强化舆论宣传，普及志愿理念，塑造志愿服务品牌，努力构建起文化志愿服务的长效机制。通过内培外引，文化志愿者队伍和规模不断壮大。至 2017 年底志愿者（团队）发展到 5687 个，服务作品 7901 个，共申请活动 55911 次，完成配送服务 48754 次。服务内容以大讲堂、大舞台、大展台为主要形式，面向基层、贴近生活、服务群众，初步形成了重庆市文化志愿者服务项目、区县村（社区）志愿者服务站、辖区区（县）级文明单位协调配合的覆盖广、立体式、多元型的志愿服务格局，使重庆市文化志愿服务工作从以文化系统人员为主体，发展成辖区共同参与的群众性实践活动，较好地推动了重庆市文化志愿服务事业的发展。经过多年培育，目前重庆市已经构建了一支"专业＋业余、专职＋兼职、专干＋志愿"于一体的公共文化人才队伍。

三 出台政策，规范管理

为规范化管理文化志愿者，2012 年，重庆市印发了《关于进一步加强文化志愿者服务的通知》（渝文广发〔2012〕342 号），并制定了《重庆市文化志愿者管理暂行办法》，为文化志愿服务蓬勃开展和规范发展提供了政策保障。重庆市群众艺术馆、各区县（自治县）文化馆相应制定了文化志愿者管理工作方案，通过加强培训、开展讲座、组织交流等形式提升文化志愿者服务水平。"十二五"期间，全市各层级文化志愿者管理机构共组织培训 6000 余次，培训人数达 30 余万人次。

为了强化责任意识，重庆市大力规范志愿服务机构和站点建设：一是对每支志愿服务队伍建立志愿者档案，掌握志愿者基本信息；建立服务对象档案，掌握服务需求；结合区县实际，要求服务对象明确，志愿服务队伍稳定，服务目标明确，责任量化到人。二是注重软硬件的完善。依托区县服务中心，重庆市按"六有一能"（即有场所、有标志、有队伍、有制度、有档案、有管理、能服务）的标准对 40 个区县服务站进行规范化建设，完善文化志愿者工作站、青少年学习站、绿色网吧等服务站点，并配备现代化办公设备。在完善硬件的同时，加强软件建设，实施项目化管理，完善志愿服务项目的计划、实施与效果评估等运作体系，促进文化志愿服务项目的程序化、制度化。

四 搭建平台，创新服务

为进一步发挥文化志愿者服务基层的作用，缩小公共文化产品供给与基层群众文化需求的差距，自 2014 年以来，重庆市创新文化志愿者服务模式，以政府为主导，以公共财政为支撑，以公益性文化单位为骨干，以全体人民群众为服务对象，在全国率先推行公共文化物联网建设，在全市搭建统一的公共文化物联网服务平台，以群众的基本文化需求为导向，以公共文化产品为内容，采取政府购买和文化志愿服务相结合的形式，动员社会力量，实行"百姓'点单'、政府配送"的公共文化服务模式，使群众在网上免费采购所需的"文艺培训、文艺演出、文化讲座、展览展示、阅读指导、政策宣讲"等基本公共文化资源，以此推动文化资源的合理配置。2014年，重庆市已在6个区县开展试点，2015年扩大到15个区县。从2016年起，在前两批试点的基础上，公共文化物联网服务平台参与范围进一步扩展，19个区县（含万盛经开区、双桥经开区）也纳入了建设范畴，由此，全市参与公共文化物联网建设的区县（经开区）达到40个，实现了全覆盖。公共文化物联网服务平台建设以群众文化需求为基础，通过"你点我送"的"菜单式""订单式"文化服务，由过去的"送下乡"转为"群众点"，变"送文化"为"选文化"，并形成了"申请—预约—安排—配送—考评—反馈"6个环节构成的规范化服务流程，通过这一服务流程，畅通了公共文化服务渠道，畅通了群众文化需求反馈机制，实现了需求和供给的有效对接，提高了公共文化服务效能。

五　统筹整合，拓宽志愿服务平台

一是围绕区县重点中心工作聚力。重庆市积极组织发动各级文化志愿者参与到和谐社区创建、日常社区服务等工作当中，突出为发展服务，为群众服务，在各类创建活动中加强了服务中心自身建设。二是内培外引，统筹整合辖区资源。依托重庆市辖区党政机关多、医院学校集中、两新组织活跃等优势，开展共建。例如沙坪坝区覃家岗社区就依托第三军医大学附属医院，常态化开展医务志愿活动，服务辖区群众；渝北区翠萍路社区依托辖区重庆市一中资源，开展"三位一体"社区教育志愿服务。三是因势利导，拓展工作平台。区县服务中心积极借助宣传、精神文明建设、工青妇群团等组织资源，拓展协会工作面，并开通QQ、微信联络群，建立了"信息互通、资源共享、活动联办"的沟通机制，极大地扩展了文化志愿活动的影响力和参与面。

六 广泛活动，培育品牌

活动是志愿服务的实施载体。重庆市各地区坚持面向基层、重心下移，把开展文化志愿服务作为基层群众文化活动常态化的有效手段。组织了上千名文化志愿者赴基层一线、乡镇（街道）、农村（社区）、学校、医院、军队、边疆民族地区等地开展了形式多样、内容丰富的文化志愿服务活动。"十二五"期间，文化志愿者深入基层一线，走进了 38 个区县、827 个乡镇、186 个街道、8000 多个乡村、2000 多个社区以及西藏昌都、拉萨等地，组织文艺志愿服务上万次，为西藏民族地区基层文化干部开展业务培训 2000 多学时，举办文化展览 300 多天，惠及群众数万人次。同时，还邀请西藏 300 多名基层文化工作者赴重庆等地参加"大讲堂"培训活动，提升基层文化专干的公共文化服务水平，促进藏渝文化交流，为推动边疆民族地区公共文化服务体系建设发挥了积极作用。2016 年重庆市开展流动文化活动约 28225 场，其中组织演出服务 13855 场、送图书阅览 3418 场、送展览讲座 4014 场、送辅导培训 3722 场、送法规政策宣讲 3216 场，惠及群众 1376 余万人，资金投入 4696 余万元。2017 年志愿者（团队）发展到 5687 个，服务作品 7901 个，共申请活动 55911 次，完成配送服务 48754 次。

重庆市通过广泛开展活动，形成了特色各异、种类多样的基层文化志愿服务活动品牌。如重庆图书馆开展的"亮点心理之窗 开启美好人生—视障读者关爱行动"、"红绿熊 心阅读—视障儿童阅读成长计划"以及"关爱老人等传递书香"系列服务项目，巴南区的重庆市公共文化物联网巴南区互联互通平台志愿服务、渝中区开展的"幸福社区邻里如亲"、"祖孙乐暨社区广场舞大赛"、"改革路上·我们起航"——学习身边好榜样暑期青少年主题教育、"抵制愚昧迷信 倡导文明科学生活"等宣传服务活动；北碚区的"真情温暖小年夜"——北碚区文化馆对失独家庭的文化志愿服务帮扶行动、大渡口区图书馆常年开展"义务小馆员"志愿服务活动；江津区的重

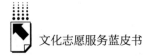
阳节敬老活动；江北区的文化馆文艺志愿者送服务到镇街；石柱县的石柱书香山寨行；云阳县的"文化惠民为您服务—流动文化服务"等都形成了一定的影响力，受到群众的欢迎。

以"三关爱"为工作内容，重庆市通过打造文化志愿服务活动品牌，保证了文化志愿服务的常态长效发展：一是突出了时段特点。围绕"我们的节日"，集中组织开展富有节日文化的志愿服务活动，打造出"两节"扶贫解困送温暖、元宵节—低碳环保过佳节、清明节、端午节—保护生态我先行、学雷锋见行动等活动品牌。二是突出了行业特点。通过常年组织开展富有行业特色的文化志愿服务活动，形成了巾帼志愿者的"春风行动""四方联动"的交通维稳志愿服务以及"和谐文明楼院"的便民志愿服务等活动品牌。三是突出当前工作重点。围绕重庆市经济社会发展大局，组织开展文化志愿服务活动，开展"爱我重庆，美在山城"主题实践活动。

七　示范引路，创新文化志愿服务举措

重庆市文化服务中心主动参与到和谐社区创建等社区重要工作中，积极参与、引导社区发现切合社区实际的发展特色和亮点，在服务社区中不断深化志愿服务体系、服务内容、服务方式。一是开展"大地情深"——国家艺术院团志愿服务中国煤矿文工团走进江津区系列活动。二是参与社区创建活动。50支志愿者服务队常年围绕"爱先锋—美化环境我给力"主题，开展环境改良宣传、文明过马路劝导、植绿护绿、节能环保、青少年维权、心理咨询、留守儿童结对帮扶等十多个项目的摆台服务，在社区民欢大舞台定期设台咨询。对平安路、中兴路等大街小巷的占道经营、门前三包进行常态化劝导。三是注重服务创新。九龙坡区广开言路，集思广益，将好的经验做法吸收进来，将群众智慧与意见吸纳进来，创新文化志愿者服务项目，相继建设"四季如歌·幸福文化进万家"、"喜阅"文化志愿者、"艺术公开课"、"助残天使"、"书香到家"夕阳服务、"爱家联线"等文化志愿服务项目，以满足不同年龄、层次群众的文化需求，提高群众满意度。

八 促进均等，推进农村文化志愿服务开展

重庆市根据文化部、中央文明办关于开展农村文化志愿服务工作的要求，积极组织实施"阳光工程"——农村文化志愿服务行动计划。2016 年在重庆市 14 个国贫区县招募 50 名文化志愿者，开展为期一年的服务。2017 年重庆市继续招募 29 名乡村文化志愿者、30 名乡村学校少年宫辅导教师志愿者，开展了为期一年的服务。

重庆市按照培训要求和经费安排，认真组织农村文化志愿者进行基本理论知识的培训学习，并通过分组讨论、网络软件操作培训，全面提升志愿者的综合素质。在活动开展方面，2016 年重庆市 50 名农村文化志愿者被分配到村负责管理和维护村级公共文化设施，设施实行错时开放，每周不少于 43 小时。文化志愿者还积极配合民生实事（送演出、展览等进村）工作，积极宣传党的路线、方针、政策，组织开展村民喜闻乐见的演出、阅读、讲座等文化活动。50 个村全年共开展演出、阅读、讲座等活动 2102 场，受益人达 52 万余人次，既弘扬了社会主义核心价值观，又丰富了群众文化生活。2017 年新招募的乡村学校少年宫辅导志愿者，分赴乡村学校少年宫开展为期一年的文化志愿服务。根据服务学校需求及自身特长，每个月为定点服务的乡村学校少年宫开展了不少于 4 次的辅导培训，缓解了重庆市乡村学校少年宫辅导教师不足的问题。同时，文化志愿者也积极在所服务村落组织辅导和培训。2016～2017 年的第一批文化志愿者各自组织本村群众文艺骨干和文艺爱好者辅导和培训 120 余次，培训达 30 万余人次。志愿者积极做好文化遗产的宣传和保护、文化市场管理、农村文化产业发展等工作。如黔江区的志愿者协助公共文化中心开展了市、区级非物质文化遗产吴幺姑、向氏花灯、木工福事、高炉号子、土家唱孝歌、梁氏竹编工艺、龙灯锣鼓、马喇糍粑工艺、马喇湖民间运动的培训和传承等工作。

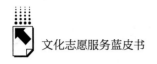

九 未来的重点任务

重庆市文化志愿服务活动将继续以文化志愿者为骨干力量，以公益性免费服务为主导，以基层群众为服务对象，广泛开展文化志愿者服务活动。未来的重点任务主要包括如下：一是进一步调动广大志愿者发扬"奉献、友爱、互助、进步"的志愿精神，深入乡镇、社区及弱势人群集聚的学校、企业等，引导基层群众在文化学习和自我服务的过程中提升。二是结合实际，打造各地区文化志愿服务品牌活动，积极展示区域文化特色，提高文化志愿服务活动的影响力，让更多的基层群众受益。三是继续做好"春雨工程——文化志愿者边疆行"活动，继续实施"阳光工程"——中西部农村文化志愿服务行动计划。四是在现有的基础上进一步完善公共文化物联网，增加公共文化产品供给总量。五是继续壮大基层文化志愿队伍。按照《重庆市基本公共文化服务实施标准（2015～2020年）》将继续做好人员配备工作，在每个社区文化室配备1名以上文化专干从事日常管理运行的工作，打造文化业务知识全面的服务队伍。

B.14
深圳市文化志愿服务发展报告

舒 阳*

摘 要: 伴随着深圳市提出并成功完成"志愿者之城"建设,深圳文化志愿服务事业也迎来了迅速发展。文化志愿服务建设是深圳市调动社会力量加快公共文化服务体系建设的重要方式,文化志愿者参与的公益性文化服务现已成为深圳公共文化服务不可缺少的一部分,推进了深圳"文化强市"的建设。深圳市文化志愿服务的经验主要体现在明确文化志愿服务的内涵定位,理顺文化志愿者、文化管理者和社会受益者三者的需求关系,通过重视文化志愿服务保障措施,不断促进文化志愿服务制度化、规范化、常态化发展。

关键词: 深圳市 文化志愿服务 志愿者之城

深圳是我国较早开展志愿服务的城市之一。国内第一个法人志愿者组织、第一批国际志愿者、第一部地方性志愿服务法规、第一个"义工服务市长奖"、第一本青少年志愿服务教育读本、第一张证卡分设多功能电子义工证都出现在深圳,另外深圳还是全国首个系统性提出建设"志愿者之城"的城市。

深圳"志愿者之城"的建设离不开文化志愿服务,不仅如此,文化志愿服务还加强了深圳公共文化服务体系的建设,推进了基层文化队伍的建设,培

---

* 舒阳,深圳市文化馆事业发展部部长,深圳市文化志愿服务总队秘书长。

育和践行了社会主义核心价值观。近年来,通过调动社会力量参与公共文化服务活动,深圳文化志愿服务的水平不断提高,文化志愿服务事业得到蓬勃发展。

一 建设背景

(一)"志愿者之城"建设

在深圳经济特区成立的背景下,全国各地的有志青年奔向深圳谋求发展,在创业初期遇到了很多困难。1989年9月20日,深圳团市委组织19名热心青年组成义工队伍,开通"关心,从聆听开始"青少年服务热线电话,为背井离乡、孤单无助的受困创业者无偿提供支持,这是深圳志愿服务迈出的第一步。1990年4月23日,深圳义工联合会在市民政局注册成立,成为中国内地第一个义工团体。2005年7月1日,《深圳市义工服务条例》出台,这是中国内地首部指导与规范义工工作的地方性法律,体现了深圳义工发展走在全国前列。2011年,深圳首次在全国系统化提出建设"志愿者之城"的目标,市委市政府出台了《关于建设"志愿者之城"的意见》,从社会参与、志愿组织、社区服务、激励机制、资源保障、文化建设等6个方面提出了20项具体目标,全面深入地将志愿精神和志愿文化作为城市的灵魂进行推广,并成立了由市委书记担任组长的志愿者之城工作领导小组,规划用5年时间建成"志愿者之城"。

根据深圳团市委公布的数据,2015年12月,深圳市有注册志愿者120.9万人,占常住人口比例的11.2%。志愿者人均每年提供志愿服务时间约40小时,与志愿服务相关的社会组织有1880家,文化、教育、旅游、医疗、交通、环保、社区、应急等13个系统成立志愿者总队,深圳城市公共服务充满活力。深圳市委市政府达成了20项"志愿者之城"的建设目标,率先在国内建成"志愿者之城"。同时,深圳还成为全国首批"志愿服务模范城"的试点城市,"送人玫瑰,手有余香"作为"深圳十大观念"之一已经扎根到每个深圳人的灵魂深处。

（二）深圳文化志愿服务总队建设

深圳"志愿者之城"的建设获得了市委市政府和市宣传、文化部门的高度重视和大力支持。2013年召开的全市文化志愿服务工作现场会上，市委常委、宣传部长向10个区（新区）文化志愿服务队授旗。2014年10月，深圳市文化志愿服务总队成立，在市文体旅游局和市义工联的合作下，全市文化志愿服务的资源得到了统筹、协调、指导。目前，经历了多年的发展，全市已有各级、各类文化志愿服务队230多支，登记文化志愿者超过2万人，已完成系统注册12647人①，文化志愿者参与的公益性文化服务现已成为深圳公共文化服务不可缺少的一部分，推进了深圳"文化强市"的建设。

二　主要做法

（一）起步较早

随着深圳市社会经济的全面发展，城市文明程度的不断提高，市民自觉参与公益文化活动的奉献意识不断增强，深圳广泛借鉴了国外和港澳台地区在公益性文化场馆开展文化志愿服务的经验，探索了部分市属文化场馆开展文化志愿服务的实践。1997年开始在市少年儿童图书馆开展了针对学生文化的义工服务，2000年在深圳博物馆试行文化义工服务，2006年在关山月美术馆推出文化义工服务项目等。

2006年，深圳市文化馆（原深圳市群众艺术馆）率先在全国范围内实行免费开放。2007年3月，市文化局出台免费开放通知，市属公益性文化场馆全部实行免费向社会开放，受到广大市民的热烈欢迎。随着进入公益性文化场馆的市民越来越多，有限的工作人员与越来越多的受众群体之间的矛盾日益突出，为此，深圳积极鼓励和引导社会各界组织、人士积极参与公益文化

---

① 统计数据截至2017年9月30日。

建设，文化义工服务得到强力推行，在为市民创造和提供实现自我价值、履行社会责任的平台的同时，还缓解了公共文化服务体系建设中人力资源短缺的矛盾，扩大公共文化服务的参与面和影响力，提高了公共文化服务水平。

（二）组织建设规范

深圳是最早开展文化志愿服务的地区，经过二十年发展，文化志愿服务的组织机制不断健全、管理条例逐渐规范、保障手段效果明显。

1. 注重制度引领

2007 年，深圳市文体旅游局（原深圳市文化局）印发《关于实施和规范文化义工服务工作的指导意见》，首次对市属文化场馆文化义工的招募程序、管理模式、激励措施、退出机制等做出引导。2013 年制定下发《深圳市推进文化志愿服务工作方案》，提出促进深圳市文化志愿服务的发展思路。2014 年 3 月制定出台《深圳市文化志愿服务促进办法》，这是深圳市就文化志愿服务出台的第一个部门规范性文件，明确了全市文化志愿服务的组织架构、工作机制、工作要求、促进措施、激励保障机制等相关内容，对全市文化志愿服务的开展起到了重要的指导促进作用。

2. 注重组织保障

2014 年深圳正式组建深圳市文化志愿服务总队，总队为深圳市义工联团体会员，由市文体旅游局副局长担任总队长，构建了市、区、街道、社区四级文化志愿组织网络。总队建立联席会议制度，适时组织召开联席会议，研究、部署、协调有关事项；所有市属文化馆场馆、市区及街道建立服务队，上一级文化行政部门对社区和其他公益性文化场馆的服务队统一指挥。

3. 注重平台支撑

借助市义工联的技术平台，深圳设立了"深圳文化志愿服务"网站，开设了文化志愿服务平台，包括注册申请、项目发布、志愿者招募、风采展示、活动交流等功能。开通了"深圳文化志愿"微信公众号，负责推送重要文化资讯和各服务队工作信息，丰富了文化志愿服务信息传播的渠道，也加强了全市各志愿服务队与志愿者之间的深入交流。

4. 注重规范引导

政府主管部门在文化志愿工作中发挥了主导作用，促进了志愿服务的规范化。每年年初市总队都会召开全市文化志愿工作会议，部署全年工作，在组织架构、运行机制、服务内容、志愿者权益保障、经费支持等方面对各分队提出具体要求，支持文化志愿服务有序健康发展。每年年底召开总结表彰大会，总结经验，分析存在的问题、提出解决思路和办法，同时表彰先进、树立典型，以榜样的力量带动志愿服务工作开展，弘扬志愿精神、传递文化力量。

5. 注重队伍培育

依照志愿者的不同学历、职业、生活背景，将他们分为三种类型。①专家型志愿者，是文化志愿服务队伍的招牌，由全市范围内在文化、艺术领域取得一定建树，具有一定知名度和影响力的艺术家、专家组成，如著名声乐教育家姚峰、国家一级导演刘兴范等。他们以专业和权威提升志愿服务水平，通过示范的力量带动更多有心人加入志愿服务行列。②专业型志愿者，这类文化志愿者具有文化、艺术等专业特长，是文化志愿服务队伍的骨干力量，也是体现文化志愿服务特点、区别于其他志愿服务团队的重要特征。全市各级志愿服务队充分发挥专业型志愿者的特长开展各类演出、培训、辅导、讲座、展览、慰问等活动。市文体旅游局副局长、市文化志愿服务总队总队长杨永群同时扮演行政领导和文化志愿者的双重角色，积极参与各类文化志愿演出活动，经常亲自登台，并以其良好的舞蹈功底为广大群众送去文化关爱。③辅助型志愿者，是各级文化志愿服务队伍的主要力量，占总人数的绝大多数。他们积极奉献自己的爱心，在各类文化、艺术活动中认真做好检票、导览、礼仪、秩序维护、后勤保障等工作，以实际行动诠释"奉献、友爱、互助、进步"的志愿服务理念。

（三）保障机制完善

为促进志愿服务的有序健康发展，深圳从培训、管理、激励等方面积极强化各级政府、各公益文化场馆对文化志愿服务的保障职责，构建了文化志愿服务的系统保障。

1. 完善培训机制

建立多层级的培训体系，有效提升了文化志愿者的综合素质和服务能力。①组织、邀请市内外专家到各级服务队培训志愿者骨干、增强志愿服务意识以及开拓项目策划思路。如2017年，深圳市总队邀请中国志愿服务培训专家举办《志愿服务项目策划与管理》专题讲座，全市各服务队负责人共约80人参加。②引导各级文化馆（站）服务队安排专业志愿者深入街道、社区培训与服务。作为统筹和指导全市文化志愿服务工作开展的核心组织和平台，专家型和专业型志愿者在市文化志愿服务总队中充分发挥了特长，在全市有需求的基层单位、社区和特殊行业的辅导点都有体现。2016年10月29日，"深圳市文化志愿服务总队深圳市福利院辅导点"挂牌仪式举行，总队选派挂点基层辅导的第一批专业型文化志愿者中包括了市文化馆的两位老师。③组织基层志愿者团队中的文艺骨干对有需求的文艺爱好者进行培训。罗湖区群星志愿者协会在区文化馆的指导下，组织服务队中舞蹈专干，每年举办多期进社区广场舞培训，为辖区广场舞爱好者教授正确的舞蹈技术，提供更加便捷的学习和提升渠道。④各文化场馆根据业务实际，开展多样化的业务培训、考核。深圳市关山月美术馆以馆办"第二课堂""周末赏析团""四方沙龙"等活动品牌为依托，加强对新招募馆服务队志愿者的业务培训，受培训志愿者参与各品牌活动，为活动进一步提供人力保障，丰富活动内涵。

2. 细化管理机制

深圳博物馆组建了一支约1500人的志愿者队伍，成立志愿者自治委员会，建立沟通、交流平台，实现志愿者的自我管理、自我发展。博物馆服务制度和运行机制相当完备，无论是志愿者招募、注册到系统培训，还是宣誓上岗、服务激励与管理等方面，都有清晰且明确的设计安排。每年"六一"前夕，博物馆都会表彰少儿志愿者；在年底也会对其他志愿者一年的服务工作进行总结表彰，促进了志愿者能力的不断展示与发展，激发了志愿者们的自主性与能动性。

3. 建立激励机制

深圳市每年都会对全市示范项目、优秀团队、优秀文化志愿者和先进文化志愿工作者进行表彰,以此激励文化志愿者不断参与文化志愿活动。在团市委和市义工联的统一部署下,深圳市建立了志愿服务积分入户政策,文化志愿者同全市其他各行业志愿者一样,可通过服务时长及效果换取深圳入户积分。通过举办文化志愿服务展示月活动、志愿服务成果巡展以及在媒体开展专版报道、网站设立文化志愿专栏等方式,增强了文化志愿者的荣誉感、归属感和市民的文化认同感。通过每年编辑、印制《深圳市文化志愿服务荟萃》,图文并茂地展示了各服务队年度的工作成果,增进了各服务队之间互相交流和经验借鉴。

(四)注重品牌建设与管理

在文化志愿服务事业发展中,注重服务项目品牌化建设,通过常态化的品牌服务,有效带动、提升文化志愿服务的效率和质量。

1. 项目精细化

根据文化志愿服务多样化、市民文化需求多样化的特点,细分服务人群、服务需求和服务特点,分类设立精细化的服务项目。如深圳少儿图书馆开展项目服务模块化运作,分类开设了文学、声乐、美术、语言、手工技艺等40多项志愿服务项目。在多方共同努力之下,2016年度深圳市开展文化志愿服务活动超4000场次,参与志愿者超10万人次,累计服务时长超27万小时,志愿服务活动场次、人次、时长连续三年呈现快速增长。

2. 服务专业化

为了突出文化志愿者的特长与能力,对志愿者进行了专家型、专业型、辅助型的分类,依类别建立档案、区别指导。根据志愿服务的不同类型,组织对志愿者开展专业培训辅导,让各类志愿者在不同领域发挥独特的作用。宝安区"文化春雨行动"志愿服务建立了文化义工、文化钟点工和文化辅导员三支队伍分别担当文化活动服务、广场文化活动引领辅导及基层文化队伍技术指导和管理等职责,彰显专业服务成效。

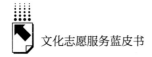
3. 管理科学化

加强项目品牌管理，完善激励机制，对年度评选出的优秀项目给予补贴，并在全市推广，激励和引导各级服务队开展贴近群众需求的文化志愿服务，创建服务品牌。逐步完成由"单向服务"向"双向服务"的转变，由传统的依托公益文化阵地开展服务，向以"阵地为主＋广泛派送"的形式转换。加强开展针对特殊人群（弱势群体、不同职业群体）、基层社区和重大节假日的文化志愿服务，深入基层提供辅导、演出、培训等形式多样的文化志愿服务。

4. 成果作品化

为更好地展示全市志愿者风采，弘扬服务理念、传递志愿精神，2016年，在市文体旅游局、市文明办和团市委等部门的共同指导下，由市文化馆牵头，组织专业力量创作歌曲《这里处处都是爱》，创作成果得到团市委、市义工联的肯定，将歌曲定性为"深圳志愿服务主题歌"，并在全市各志愿服务队中进行推广、传唱。歌曲自创作完成后，作为压轴节目参加了由文化部主办的"2016全国文化志愿工作经验交流现场会"专题汇报演出。在第十三届"鹏城金秋"市民文化节上，该节目获原创作品金奖。2017年初，歌曲又获得市委宣传部"音乐工程2016年度十佳金曲奖"。

三　活动成效

文化志愿服务的开展，使得深圳市公共文化服务人力资源短缺的压力得到了一些缓解，一大批具备专长的文化爱好者和自愿参与公共文化志愿服务的群众应运而生，促进了基层文化活动的发展。

（一）实现社会文化资源有效整合

文化志愿服务将有志于投身基层文化建设的民间文艺爱好者、文化热心人和活动骨干有效地动员起来，使他们在城市的各个角落发挥自身的能力，既丰富了他们的业余生活，同时也使他们在文化志愿服务活动的舞台上发光出彩。如深圳市"五星级义工"王如华，刚来深圳之初是一位在酒吧和夜总会中讨生活的歌手，2003年加入龙岗区梦想义工艺术团彻底改变了他的人生，凭借着"用歌声做义工、用艺术做公益"的全新人生目标和扎实的歌唱功底，使他成为养老院、工厂、社区、军营等各类公益舞台上的明星，还登上过央视《我要上春晚》的舞台，出版了多首个人单曲和专辑，获得了国家、省、市各级多项歌唱比赛的大奖，现在已经成为深圳家喻户晓的明星人物。

（二）有力激发基层文化活动热情

深圳市通过开展文化志愿服务活动，让更多文化人来到基层、来到社区，在与群众"面对面""点对点"的情境下进行文化指导服务，提高了群众文化活动的组织性。深圳市以文化活动队的形式整合文化志愿者资源，实现"供需"双方的平衡，获得广大群众的好评。

（三）落实了"文化民生"任务

深圳市文化志愿服务内容贴近广大市民群众对文化生活的实际需求，落实了"文化民生"的任务有力提升了市民的现代文明素质。深圳的文化志愿服务工作也得到了各级主管部门的认可与肯定，市少儿图书馆"喜阅365亲子共读计划"、宝安区福永街道"爱心课堂"等项目先后被省文化厅授予年度志愿服务示范项目。

四 经验分析与启示

（一）要明确文化志愿服务的内涵定位

文化志愿服务的内涵定位主要体现在以下方面：①文化志愿服务是公共服务，这种服务是面向社会公众的，因而必须考虑社会公众的需求；②文化志愿服务是志愿服务，它和其他志愿服务一样都是出于自愿的非营利的，不能以劳动的付出去衡量并索取回报;③文化志愿服务是专业服务,要注重专家型和专业型志愿者队伍的建设,要注重参与服务的志愿者的文化艺术专业技能和素养的培养和提升;④文化志愿服务是辅助服务,各级政府及其设立的公共文化机构是构建公共文化服务体系、保障群众文化权益的责任主体,也是实现文化民生的责任主体,文化志愿服务是辅助的补充服务。政府不能因为志愿者和志愿服务而放弃或者不愿履行作为公共文化服务体系责任主体的职责,更不能因为广泛开展志愿服务而减少公共文化机构的人员编制和经费投入。

(二)要理顺文化志愿者、文化管理者和社会受益者三者的需求关系

文化志愿服务虽然是自愿的、非营利的,但作为参与服务的志愿者本身还是有自身的目标需求,以精神和价值的追求为主。文化管理者作为公共文化服务的组织者和提供者,其提供志愿服务的项目需要根据其本身的职能定位和实际需要出发。社会受益者是公共文化服务的对象,因而也有自身的需求和愿望。所以在设计志愿项目和选择志愿者的工作中,必须同时满足上述三者的需求,才能达到志愿服务的目的。

(三)要注重开展文化志愿服务的保障

开展文化志愿服务的保障主要包括:一是制度保障,结合城市文化建设目标和公共文化服务体系建设内容,为文化志愿服务提出明确的方向和项目;二是资源保障,特别是经费的支持保障上要有明确的投入,志愿服务不是免费服务,也不是义务劳动;三是人身保障,要保障志愿者从事志愿服务的安全、尊严和精神健康。以上三项都需要通过规范的法律制度和相关规章予以确认。

2015年12月,在"深圳'志愿者之城'建设总结大会"上,时任广东省委副书记、深圳市委书记的马兴瑞指出,要以更高的标准加强深圳"志愿者之城"的建设,在"志愿者之城"的基础上进一步升级。2017年

初文化部印发《"十三五"时期文化发展改革规划》，对文化志愿服务工作开展做出了明确部署。以此为契机，未来在文化志愿服务工作的推进过程中，深圳市将持续更新完善管理机制和制度，重视志愿者招募、培训、服务、激励和退出机制的规范运作，提升志愿服务中各方面的水平，扩宽志愿服务的渠道，增加服务方式，拓展服务领域范围，深圳文化志愿服务将保持先进性，继续致力于现代公共文化服务体系的进一步完善。

参考文献

南方网：《深圳："志愿者之城"》，2015 年 7 月 29 日，http：//sz. southcn. com/content/2015 –07/29/content_ 129475638. htm。

张合运：《2016 年"全国文化志愿服务经验交流现场会"深圳市文体旅游局汇报材料》。

机　构　篇

Reports on Public Cultural Institutions

B.15
故宫博物院文化志愿服务
发展历程与经验

果美侠*

摘　要： 作为提供志愿服务较早的机构之一，故宫博物院对志愿者的
组织与管理水平在全国博物馆领域居领先地位。故宫博物院
长期致力于对志愿者的规范管理，提高人员稳定性和团队结
构的合理性，为社会公众提供了高质量的文化服务。经过十
余年探索与实践，故宫博物院形成了完整的文化志愿服务管
理体系与制度体系。在团队创建上，通过明确自身使命和志
愿者职责，实现了对志愿者进行科学合理地招募、培训及考
核；在组织体系上，建立了管理高效的三级协调的志愿者管
理体系；在制度建设上，形成了证件管理、制度管理、考评

---

* 果美侠，故宫博物院宣传教育部副主任，研究馆员。

管理和激励管理四方面制度体系，保障了文化志愿服务的良好运转，促进了志愿者团队的荣誉感、使命感。

关键词： 故宫博物院　文化志愿服务　管理制度

2016 年以来，《文化志愿服务管理办法》《志愿服务条例》《中华人民共和国公共文化服务保障法》等一系列法律法规和规章政策的出台，为公共文化设施志愿服务工作提供了更高层次的法律保障，成为博物馆公共文化服务领域志愿服务工作飞速发展的支持和保障。中宣部、中央文明办等 7 部门印发的《关于公共文化设施开展学雷锋志愿服务的实施意见》，提出了到 2020 年"基本建成公共文化设施志愿服务组织体系、志愿服务项目体系和志愿服务管理制度体系"的目标，这是对公共文化设施志愿服务工作提出的新要求。故宫博物院经过十余年探索与实践，逐步形成了比较完整的文化志愿服务管理体系与制度体系，为故宫博物院文化志愿服务的规范化和常态化发展奠定了坚实的基础。

一　故宫博物院文化志愿服务发展状况

（一）故宫志愿者组织情况

2004 年 12 月，故宫博物院首次面向社会招募志愿者，到 2017 年已经是第 13 个年头。从 2005 年建立志愿服务数据以来，截至 2017 年底，故宫博物院累计注册志愿者 2383 人次，参与了 15 个专题常设展览或临时展览的文化志愿服务工作，累计为 67 万人次的社会公众提供文化志愿服务逾 13.5 万小时。故宫博物院志愿者不仅为公众提供基本展览的讲解和咨询服务，还参与到专题展览的问卷调查、教育项目的平面设计及文字编译工作中，同时也在故宫之外开展了一系列志愿宣讲、教育服务活动。

为应对初期人数过多、人员规模与岗位数量不匹配、志愿者素质参差不齐、人员流动性大不便于管理等问题，2006～2012年，故宫用了将近七年的时间，主动进行了志愿者的规模控制，意在解决志愿者初期建立过程中因相关经验不足而产生的问题，之后才开始稳步地扩展志愿者规模。2013年之后，结合志愿服务的岗位需求评估，故宫博物院日渐完善管理体系，根据自身工作实际，将志愿者团队规模界定在180～200人（见图1）。经过多年的实践探索，与国内其他博物馆志愿者相比，故宫博物院志愿者以在职人员为主体（见图2），而且大多数人员长期从事服务，人员流失率低，这与志愿者的人员遴选和团队的系统管理密不可分。

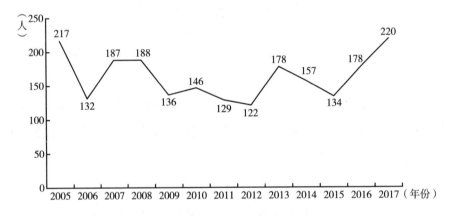

图1　2005～2017年故宫博物院注册志愿者人数

注：2015年使用了部分实习生参与专项讲解工作，因注册时间不满一年，且服务相对零散、人次较多，不同于常规的故宫志愿者，故未计入志愿者总人数。

（二）志愿者服务岗位与服务内容

志愿者服务的内容与博物馆为志愿者设定的岗位息息相关。在故宫博物院多年的志愿者服务与管理实践中，志愿者服务岗位不断增加，也带动了志愿服务内容的愈加丰富，已呈现从讲解向多种类型的公众服务的广度延伸及单一讲解向专项工作的专业化方向延伸的趋势。目前，故宫博物院志愿者常年参与的公共文化志愿者服务岗位和相关服务内容主要包括以下项目。

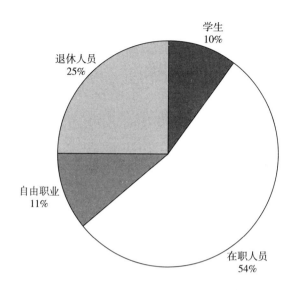

图2　2017年故宫博物院志愿者职业构成

1. 展览讲解

一直以来，故宫博物院志愿者常年活跃在8个常设专题展馆中，为参观的观众提供相关讲解服务。这些常设专题展馆包括珍宝馆、陶瓷馆、钟表馆、书画馆、戏曲馆、雕塑馆、石鼓馆和青铜馆，其中书画馆的展览方式近两年略有调整，从以往通史陈列的"历代书画展"转变为更具专题性的特展，如"石渠宝笈特展"、"赵孟頫书画特展"和"四僧书画特展"等。上述转变对志愿者提出了更高的要求，参与特展的志愿者不仅需要怀着志愿服务热情，还需具备相关专业知识和扎实的讲解基本功，更要拥有强大的学习能力和团队合作能力。只有这样才能够在展览方式调整、展览配套设施升级的过程中始终胜任文化志愿服务工作。也正因为如此，管理的作用便日渐凸显。比如，志愿服务团队的稳定性在面对这种转变时发挥了重要作用。故宫志愿者大多常年在故宫参与某一领域的讲解服务，书画馆的通史陈列三年九个展览为一循环，大部分志愿者三年讲下来，已对故宫常年展出的书画作品了如指掌，因而在举办特展中，准备新的讲解便应对自如，并不吃力。

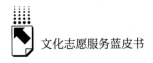
2. 公众咨询

除展览讲解外，另外一项志愿者日常服务工作是公众咨询工作。故宫博物院在太和门常设观众服务中心，为观众提供基础咨询服务。志愿者们不仅向参观者提供常规信息问询服务，也会就每一位参观者的具体情况提供参观路线建议。除此之外，举办特别活动时，如中国文化遗产日、国际博物馆日等特别宣传教育活动，志愿者还会在相关场地搭设临时观众咨询服务台，向公众宣传遗产保护理念。当然，几乎所有在展厅中提供讲解服务的志愿者，随时都在为观众提供任何与故宫相关的参观问询服务。

3. 教育活动辅导

近年来，故宫博物院推出了众多针对中小学生的故宫文化教育活动，往往整个年级几百人集体参加活动，这便产生了新的志愿服务岗位需求，即教育活动辅导员。该岗位工作针对性强，项目内容确定，可经过短期培训快速掌握服务内容，很适合志愿者参与。具体操作过程中，志愿者有两种角色，一是教育项目的手工实践部分的操作辅导，另一角色则是教育活动的课程主讲。这样的志愿服务让志愿者走出展厅、走出咨询台，深入具体的学校教育项目中，为学生群体提供了专业且精准的文化志愿服务。

4. 主题宣讲

博物馆展厅是志愿者服务的重要阵地，而走出这片阵地，到学校、社区、部队甚至到与故宫博物院有着友好合作关系的文化机构开展主题宣讲，也是故宫志愿者的重要服务内容。为此，故宫博物院还于2012年5月18日正式成立了"故宫文化志愿宣讲团"，单霁翔院长莅临现场为宣讲团讲话并颁发聘书。主题宣讲活动不仅为志愿者的文化服务活动增添了新的形式，也使得限于博物馆范围内的公共文化服务有机会走出高墙，走近公众，并通过志愿者的娓娓讲述，以更亲民的姿态真正走入了广大人民群众的生活之中。

5. 活动策划

在故宫宣教部设计开发的成熟教育项目中，志愿者往往承担活动辅导或教育主讲工作，但有时候，学有专长或对博物馆教育有兴趣的志愿者，还可以直接参与到公众教育项目的策划中来，使志愿者的主观能动性在多年文化志愿服务的积累中被充分激发，他们往往能够依托个人爱好、特长，自主策划开发并实施多种主题、多种形式的教育项目。如有志愿者平时喜欢写古体诗，便与同为志愿者的北师大古汉语领域的教授共同设计了教育项目"乾隆诗句我来集"；有志愿者喜欢堆绣手工艺品的制作，便设计了教育项目"布艺堆绣，巧仿瓷瓶"。志愿者从相对被动地接受任务到主动创造开发全新的教育项目，丰富了故宫文化志愿服务的内容，也为故宫的整体志愿服务工作锦上添花。

6. 信息采集

作为博物馆与参观者之间的沟通桥梁，志愿者们还承担着信息采集和信息传递的重要任务。日常志愿服务之中，通过对观众的观察或与观众直接地面对面交流，志愿者可以及时了解参观者的观展体会、意见及建议，并反馈给主管部门，经过进一步与相关部门的沟通，改善工作，满足观众需求。此外，针对专题展览或某方面的公众服务，故宫还开展专门的问卷调查工作，志愿者积极地参与到问卷的发放、回收、整理等工作之中，为改进展览设计、提高博物馆文化服务质量做出了相应贡献。

7. 讲座服务

故宫博物院于2012年9月8日面向社会公众推出了公益性系列讲座活动——"故宫讲坛"，目前该讲坛已累计举办讲座上百场，内容围绕故宫展开，涉及"古代建筑、文物研究与鉴赏、明清历史、文物科技保护、非物质文化遗产保护等诸多领域"[1]，取得了良好的社会反响。论坛举办过程中，往往需要有相应的工作人员，负责专家对接、讲坛签到、观众组织、场地引领等服务工作，这些工作经过一段时间的实践之后，已正式由志愿者承担。志愿者的辛勤组织和服务工作，为故宫讲坛的成功举办贡献了力量。除了上述组织和服务工作，参与该项服务的志愿者有机会全程跟听讲座，这也是很好的学习机会。此外，讲座结束后的资料整理、报告撰写等部分工作，也由志愿者完成。

---

[1] 文化部：《"故宫讲坛"第100讲特别活动在故宫博物院举办》，2017年2月13日，http://www.mcprc.gov.cn/whzx/whyw/201702/t20170213_490725.html。

8. 志愿讲堂

自 2017 年 5 月 18 日国际博物馆日开始，故宫博物院尝试了新的志愿服务讲解形式，即在故宫教育中心开设预定场次的"志愿讲堂"，将原本发生在展厅里的讲解搬进课堂，以课程形式呈现给广大观众。传统的讲解方式是志愿者服务于具体的展厅或展览，随机为观众进行讲解，效率相对较低，志愿者单次服务观众人数较少，且在节假日观众较多的情况下，出于安全和观众疏导的考虑，也不得不取消展厅志愿讲解服务。开设"志愿讲堂"，可将志愿讲解服务提前公布给观众，使观众可以自主选择相应服务。讲堂之后，观众自行参观展览，可做到"心中有数"，增强观展效果。"志愿讲堂"通过微信公众号发布讲解信息，邀请观众提前预约并在参观当天抵达教育中心统一聆听关于展厅或特展的简要讲解，也促使志愿者进行更严谨、认真的准备，并配合讲解制作相应的教学课件，使志愿者不仅是"讲解员"，更是"教育员"。这种课堂讲解的形式可以一次服务更多观众，观众也可以通过讲堂在参观前获得关于展览的宏观认识和某些展品的特有常识，便于随后结合自身兴趣，有的放矢地参观。

（三）志愿服务数据分析

从统计数据来看，虽然在组建文化志愿服务团队之初，志愿者团队服务公众的年度和总时长较长，服务总人次较多（见图 3、图 4），但由于缺乏管理经验及合理的工作组织，实际提供服务质量欠佳。具体表现为服务时间不均、服务形式单一、服务质量参差不齐及志愿者虚报服务时长等现象。经过几年的探索及改进，故宫博物院强调定时定岗进行志愿服务，在志愿者的组织建设与团队管理方面日趋规范，保证了志愿者团队全面和优质的公共文化服务。

自 2013 年以来，故宫志愿者的总人数、职业构成、服务类别及服务质量趋于稳定，故宫博物院志愿者为公众提供的服务时间和服务的总人数也显示出平稳增长趋势。近五年来，故宫博物院保持在 180～200 人的志愿服务规模，在平均每年总计服务时间约 1 万小时的情况下（见图 3），历年服务听众已从 3 万人次逐年增长到突破 6 万人次（见图 4）。这与过去五年中，故宫博物院不断进行的志愿者组织建设与团队管理工作密不可分。

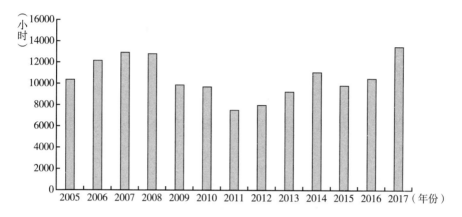

图 3　2005～2017 年历年故宫志愿者服务时间

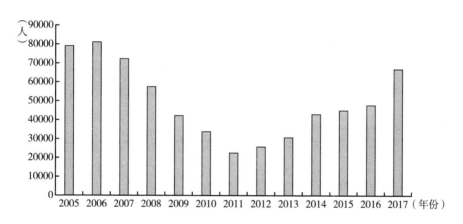

图 4　2005～2017 年历年故宫志愿者服务听众人数

二　故宫志愿者的团队创建与组织建设

作为提供志愿服务较早的机构之一，故宫博物院对志愿者的组织与管理水平在全国博物馆领域居领先地位。过去的十几年中，故宫博物院一直致力于实现志愿者的规范管理，提高人员稳定性，使志愿者团队结构合理，从而为社会公众提供更高质量的文化服务。经过多年的探索积累，故宫博物院志愿者的组织建设与团队管理日趋规范，志愿服务工作也多次荣获全国及省部级荣誉称号及奖项。

（一）团队创建：需求、职责与遴选

博物馆招募和录用志愿者，是博物馆与志愿者之间的双向选择。这一选择过程中，涉及使命、需求及民众参与等相应概念。在招募志愿者之前，博物馆需要明确其对志愿者的需求①，而这种需求，是由博物馆的自身使命决定的。这就要求博物馆必须先分析自身状况，对博物馆的使命、物质条件进行分析，并由此确定需要志愿者协助完成的具体目标。②

概括地来谈博物馆的定义及使命，往往绕不开对"意义"的传播③，具体而言，是对不同博物馆所承载和展示的物质及非物质文化的传播。故宫博物院是建立在明清皇家宫殿建筑遗址之上的大型综合性艺术博物馆，不仅向观众展示明清皇家宫殿建筑及与之相关的历史沿革、建筑功用、宫廷历史事件等，也通过展示收藏的各类文化艺术精品促进观众对中国传统文化的理解，同时提升观众对中国古代艺术的审美意趣，这便构成了故宫博物院希望志愿者协助完成的重要目标之一。

从博物馆的物质条件来看。博物馆的物质条件往往从客观上决定了志愿者人数的上限。因为场地面积和展品条件等对志愿者人数需求有直接影响，且资金预算的安排也会间接影响对志愿者的安排及奖励方式。④与其他博物馆相比，故宫博物院作为国内首屈一指的博物馆代表，有着不可忽视的物质条件优势。然而这样的优势并不意味着要一味扩大志愿者规模。十余年来的

---

① 〔美〕克里斯蒂·范·霍芬等：《招募与管理志愿者：博物馆志愿者管理手册》，庄智一译，上海科技教育出版社，2017，第32页。
② 果美侠：《博物馆志愿者管理方法探寻》，《故宫学刊》2015年第14辑。
③ 〔加拿大〕盖尔·洛德、拜伦·洛德：《博物馆管理手册》，杨康明、郝黎、方道、高小龙译，北京燕山出版社，2007，第2页。
④ 果美侠：《博物馆志愿者管理方法探寻》，《故宫学刊》2015年第14辑，第332~342页。

实践工作中，故宫博物院始终在探寻最为恰当的志愿者规模、建立高效精干的志愿者团队。

此外，伴随着国家各个方面的飞速发展，人民的文化需求持续增长，公众的观展需求大幅提升，这单纯凭借故宫博物院在编人员的努力很难满足。这种情况下，文化志愿者便显得十分重要，可以有效缓解博物馆人力不足的问题。从全球范围的发展趋势来看，人们追求实现个人价值的同时，也承担一定的社会责任，体现个体对社会的贡献。而志愿服务为实现个体的社会责任提供了很好的途径。这种趋势在我国也日益凸显。博物馆招募并组建文化志愿服务团队为民众提供了参与社会服务的机会，从而满足了民众的社会参与需求。

关于志愿者的职责，涉及志愿者的作用和责任。"在博物馆发展的每一个阶段以及任何不同规模的博物馆，都必须对志愿者的作用和责任有着清醒的认识。"① 在我国，志愿者大多在"教育部门"主管下承担"传播工作"②，但相较于更容易量化的、更具有传达意义的"教育"，如展览讲解及教育活动策划与实施等，博物馆对志愿者的"传播"作用似乎还未给予足够的重视。事实上，这里所谓的"传播"，是通过志愿者实现的博物馆与公众之间的"沟通"。这种沟通，便是传播的具体表现，是志愿者履行的"传播"职责。关于传播，博物馆应明确传播的内容、受众以及期望达到的效果。③

故宫博物院在志愿者组织建设中，对上述三个方面有着精准且细致的认识和安排，从而保证每一位志愿者都对自身职责有清晰的认识。传播的内容根据志愿文化服务地点（展厅、学校、社区等）、展览类型（常设或特展等）的不同有所区别；受众也涉及普通成人观众，包括展览观众和游客、

---

① 〔加拿大〕盖尔·洛德、拜伦·洛德：《博物馆管理手册》，杨康明、郝黎、方遒、高小龙译，北京燕山出版社，2007，第 36 页。
② 〔加拿大〕盖尔·洛德、拜伦·洛德：《博物馆管理手册》，杨康明、郝黎、方遒、高小龙译，北京燕山出版社，2007，第 36 页。
③ 果美侠：《博物馆志愿者管理方法探寻》，《故宫学刊》2015 年第 14 辑，第 332～342 页。

中小学生、社区群众等；而达到的效果也因内容和受众的不同由浅至深，既有满足普通游览的情况，也有就某一方面文化内容进行深入阐释的情况。

为了使志愿者更好地尽到责任、发挥作用，对志愿者的遴选十分重要。故宫博物院注册志愿者数量与国内其他博物馆相比不一定更多，但往往不会有过多虚设席位，每一位志愿者都经过了精心遴选、精准匹配，尽力在规定的时间、规定的岗位提供文化志愿服务。在具体的志愿者招募过程中，故宫博物院有如下几方面遴选条件。①时间稳定：志愿者需要有每周固定的，可以长期进行服务（以年为单位）的时间段。②兴趣热爱：志愿者对申请服务的领域有浓厚的个人兴趣和基本知识，热爱从事该方面的志愿服务，能够从中收获知识及自我实现的满足感。③学习能力：伴随展览方式的改变、配套设施的升级和传播形式的丰富，志愿者需要具有很强的学习能力，能够持续满足文化志愿服务的新需求。④团队合作：为实现志愿服务团队的高效运转，每一位志愿者需具备团队合作能力，在互助互利、协调发展的基础上完成高质量的志愿服务。其中前两者是作为故宫博物院的志愿者所必须具备的基本条件，后两者则是决定志愿者是否能够长期服务的必要条件。志愿者招募的笔试和面试环节即着重考察上述四个方面，随后入选的志愿者还要经历入院教育、专业学习、实习锻炼、上岗考核等考察、培训及综合评估环节。

（二）组织建设：统筹、自管与定责

团队创建之后，便是重要的组织建设过程。故宫博物院志愿者的组织建设是在一个完善的组织管理体系下进行的。

故宫博物院宣传教育部下设一个行政办公室和六个平行科组。志愿者管理组是其中之一，专门负责志愿者的日常管理。在这一体系中，故宫志愿者实行宣教部相应科组统筹协调、志愿者委员会自我管理和志愿小组长定责管理的三级组织建设模式。

志愿者管理组设组长、副组长各一名，分别负责拟定章程、制订工作计划等宏观工作和制作刊物、策划及宣传志愿服务活动。志愿者管理组组员承担证件管理、实施志愿服务活动以及统计志愿者考勤（见图5）等。除此之外，志愿服务工作站还特别雇员两名，负责工作站环境维护、日常服务登记及负责月度工作数据汇总、重大活动辅助管理、周末轮流值班等。

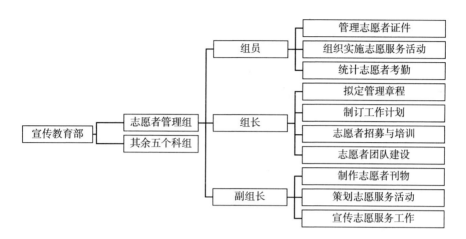

图5 科组统筹协调——志愿者管理组功能结构

在宣传教育部志愿者管理组的协调下，志愿者委员会在自发订立的章程指导下自主独立运行，委员会由民主选举产生的七人组成，每三年换届一次。目前已经产生了五届志愿者委员会，七位委员会成员职责分工十分明确（见表1），运作较为高效灵活。经全体志愿者选举产生的志愿者委员会不仅有每月例会，更会在收集全体志愿者意见的基础上进行定期总结、组织和指导志愿者团队开展文化志愿服务工作。

表1 第五届志愿者委员会——人员、分工及职能

主任委员	组织召开会议、传达部门工作需求、全面协调志愿者工作
秘书长	工作、活动资料收集、整理、工作统筹安排、监督
信息委员	信息平台通知发布、"志愿北京"服务数据管理
宣传委员	网络信息收集、志愿者活动信息管理、志愿者活动宣传
组织委员	志愿者岗位调配、组长管理
文化委员	志愿者图书管理、志愿者活动材料、文案、内刊编撰
活动委员	志愿者活动策划、组织、现场执行

在志愿者委员会的领导下，每日当值的志愿者小组长也在相应固定的职责下，协助完成全体注册志愿者的日常服务工作。每年年初，委员会组织全体志愿者填报本年度定时定岗服务信息，确认每位志愿者在一周中可以进行服务的日期及时间并按相应时间自然分成若干小组，每组大概五人，尽量保证所有时段均至少有一位志愿者在岗服务。这使得志愿者在一年内尽可能按照填报时间进行服务，避免出现扎堆服务、空岗及虚报服务的现象。每组设小组长，负责岗位落实、应对调岗、补岗等，其职责详细描述为：以定时定岗制度为依据，负责管理所在时间岗位内的志愿者出勤、请假情况，并配合组织委员调配岗位。

三 故宫志愿者管理制度的顶层设计

对任何机构来说，志愿者团队的管理都是一项浩大的工程。[1]如管理得当，志愿者们不仅可以成为博物馆与社会联系的桥梁，同时也可以为博物馆的发展提供极大的帮助和支持。[2]因此，"志愿者的管理人员有必要发展出一套针对志愿者的利益激励机制"[3]。由于志愿者的服务不以获得酬金为目的，博物馆有责任保证他们所获得的回报以个人发展和社会认可等形式实现。[4]故宫博物院通过多年实践工作的探索，逐渐发展出一套较为完善全面的志愿服务的高效管理模式。这一管理模式强调志愿者管理制度的顶层设计，实现以制度管理而不是以人来管理。具体说来，主要包括志愿者的证件管理、制度管理、考评管理和激励机制。

---

[1] 〔美〕克里斯蒂·范·霍芬等：《招募与管理志愿者：博物馆志愿者管理手册》，庄智一译，上海科技教育出版社，2017，第42页。

[2] 〔加拿大〕盖尔·洛德、拜伦·洛德：《博物馆管理手册》，杨康明、郝黎、方逎、高小龙译，北京燕山出版社，2007，第36页。

[3] 〔美〕尼尔·科特勒等：《博物馆战略与市场营销》，潘守永等译，北京燕山出版社，2006，第304页。

[4] 〔加拿大〕盖尔·洛德、拜伦·洛德：《博物馆管理手册》，杨康明、郝黎、方逎、高小龙译，北京燕山出版社，2007，第37页。

（一）证件管理：对志愿者身份的双向认同

故宫博物院为志愿者提供如下证件：故宫博物院临时工作证，用于免票进出故宫博物院；故宫讲解证，志愿服务资格的标识，服务时佩戴，服务结束后交回宣教部统一管理；志愿者服务手册，用于记录服务活动及相应工时；车证，为服务稳定、表现良好且有需求的志愿者提供。

为志愿者提供证件是其参与文化服务工作的必要条件，方便其进出故宫及具体服务的展厅，而佩戴证件的志愿者，也会受到大家对其提供志愿服务的高尚行为的尊重和赞许。对志愿者实行规范的证件管理：一方面是博物馆对志愿者个人的身份认同，在实用功能的层面方便志愿者提供文化志愿服务；另一方面也是社会公众对志愿者的身份认同，保证了志愿者接受社会认同与赞誉的权益。

（二）制度管理：为志愿者日常管理建立依据

故宫博物院对志愿者工作的管理在 2011 年至 2014 年逐步实现了有章可循。参照《北京市志愿者管理办法》，为促进故宫博物院志愿者规范化管理，推动故宫文化服务事业持续健康发展，故宫宣传教育部于 2011 年 2 月制定了《故宫博物院志愿者管理办法（试行）》[①]（以下简称"管理办法"）。这一文件详述了故宫志愿者的招募与注册、培训与考核、管理与服务、权利与义务、表彰与激励的相关规定，为志愿者管理工作提供了坚实依据，也为志愿者进行文化服务、获得相应回报提供了明确指导和有力保障。随后，《故宫博物院志愿者委员会章程》也于 2014 年 3 月 20 日在志愿者团队自我管理的热忱中新鲜出炉，是志愿者团队管理的重要制度补充。

（三）考评管理：时间、次数、定时定岗

除了让志愿者管理有章可循，志愿者日常管理的重要内容就是服务时

---

① 故宫博物院编《故宫博物院规章制度汇编》，故宫出版社，2013，第 400~403 页。

间、次数和服务岗位的记录。尤其在专业的团队管理过程中，这些数据是进行管理评估的重要依据。回顾与评估可以反映志愿者的工作情况以及工作体验[1]，也可以用于鉴定其工作价值，方便管理和进行奖惩。

"管理办法"规定："志愿者来院服务应不少于每周一次，每次服务不少于两小时，且提倡定岗定时服务。""志愿者注册服务每满一年（按自然年计），由宣教部统一进行年度工作考核，年度工作考核主要考核年度服务工时和总体服务表现。服务工时不能满足基本要求或服务期间出现违背故宫志愿者形象者，将不再继续下一年度的志愿服务"。[2]

具体到实践工作中，考虑到志愿者们可能面临的特殊情况，考评机制的操作有一定的灵活性，采用时间和次数综合考量的方式，以每年服务 36 次或服务总时长 72 个小时为"达标考核"。此外，年度考评中还以定时定岗服务作为奖励标准，对在固定时间和岗位进行服务的优秀志愿者予以全勤奖表彰，这是"定时定岗的优秀考核"。

（四）激励管理：培养志愿者的荣誉感、使命感

从工作安排到服务工时的记录，再到志愿服务的回顾与考评，志愿者团队的日常管理非常重要，也极具挑战性，而其中最不可或缺的就是对志愿者为博物馆做出的贡献予以承认和鼓励。[3] 故宫博物院在志愿者管理中十分重视通过多种多样的激励机制回馈志愿者的付出，同时培养和保护志愿者从事文化志愿服务的荣誉感和使命感。

"管理办法"中明确提到志愿者享有如下权利[4]。①院内参观的权利：免费参观故宫向社会开放的所有专项展览、临时性展览、公众推广活动；在宣教部统一安排下，参观故宫非开放区。②院内业务学习的权利：免费

---

① 〔美〕克里斯蒂·范·霍芬等：《招募与管理志愿者：博物馆志愿者管理手册》，庄智一译，上海科技教育出版社，2017，第 46 页。
② 故宫博物院编《故宫博物院规章制度汇编》，故宫出版社，2013，第 401 页。
③ 〔美〕克里斯蒂·范·霍芬等：《招募与管理志愿者：博物馆志愿者管理手册》，庄智一译，上海科技教育出版社，2017，第 45~49 页。
④ 故宫博物院编《故宫博物院规章制度汇编》，故宫出版社，2013，第 402 页。

使用宣教部志愿者工作站提供的业务书籍及学习资料；及时获悉院内相关展览及专题讲座的信息资料；参加故宫博物院组织的业务培训；享受与故宫专家面对面交流的机会。③院外交流考察的权利：由宣教部统一安排，每年赴外省市博物馆参观考察；以故宫博物院志愿者身份，参加博物馆间志愿者交流活动。④购书优惠的权利：凭当年注册的志愿者证件，在宣教部报名购买紫禁城出版社书籍，享受购书优惠与便利。⑤获得奖励的权利：遵守《管理办法》相关规定，志愿服务满一年，获得故宫优待券及相应奖品。⑥监督和建议的权利：对志愿者委员会进行监督，对其工作提出意见和建议。在实践操作中，上述志愿者权利得到了很好的落实。志愿者们不仅获得聆听专家讲座并与其面对面交流的机会，还常由故宫杰出研究员带领提前参观新设展览。与此同时，故宫志愿者们还多次在宣传教育部组织下进行省内外博物馆参观，到全国各地的优秀博物馆参观学习，探讨并分享志愿服务经验。

在认真落实志愿者权利的同时，故宫博物院还对志愿者给予了章程规定以外的人文关怀。志愿者团队不仅有一年一度的志愿者总结表彰大会，还会享受到与故宫员工一样的购书福利，并且经常获邀出席展览开幕式等重要活动，获得与院内领导及专家老师们近距离接触的机会。在荣誉感建设方面，故宫博物院为其成效卓著的文化志愿服务工作积极申报各类奖项、积极进行社会宣传。此外，故宫博物院还组织举办了志愿者十周年系列纪念活动，以纪念图片展、纪念图册、交流汇报会、总结表彰会、编纂专刊等形式肯定志愿者们的辛勤劳动和无私奉献，这些无形之中推进了志愿服务团队的使命感建设。

四 结语

总体来看，故宫博物院过去十余年的文化志愿服务发展过程中，取得了较好的成绩。队伍发展方面，2013～2017 年，故宫博物院的文化志愿服务工作稳步发展，志愿者总体数量趋于稳定，服务岗位也趋多样，并逐渐向社会公众提供更为全面、精准、优质的文化志愿服务。团队建设方面，故宫博物院明确自身使命和志愿者职责，依据客观条件和现实工作需要，合理、科学招募志愿者，对报名者进行严格筛选、精心培训及严格考核。三级协调的志愿者管理体系也层次分明，管理高效，志愿者团队在故宫宣传教育部的指导下，在民主选举产生的志愿者委员会带领下，由小组长具体组织实施文化志愿服务工作。制度建设层面，在实践工作和国内外博物馆研究的共同作用下，故宫博物院逐渐探索并确立了相对完善的管理顶层设计，涵盖了证件管理、制度管理、考评管理和激励管理四方面，保障了文化志愿服务的良好运转，也促进了志愿者团队的荣誉感、使命感。

从故宫博物院多年的志愿服务工作经验来看，博物馆志愿服务工作不仅会为博物馆和志愿者带来宝贵成果，更会随着工作的深入发展对社会公众产生长远的良好影响，使得广大群众在馆内馆外都能享受到优质的文化资源，是一项必须广泛推介、协调发展并长久坚持的社会公益事业。博物馆作为公共文化设施志愿服务的重要阵地，通过科学有序的组织和管理为追求美好生活和社会责任实现的民众提供参与志愿服务的平台，无疑在培育和弘扬社会主义核心价值观、传播社会主义先进文化，进而建设社会主义文化强国的过程中发挥着重要作用。故宫博物院作为这一阵地上的排头兵，有义务结合国内国际博物馆领域发展趋势，紧跟政策指导和时代潮流，不断努力为社会公众提供高质量的文化志愿服务。

参考文献

〔加拿大〕盖尔·洛德、拜伦·洛德：《博物馆管理手册》，杨康明、郝黎、方遒、高小龙译，北京燕山出版社，2007年。

果美侠：《博物馆志愿者管理方法探寻》，《故宫学刊》2015年第14辑。

〔美〕克里斯蒂·范·霍芬等：《招募与管理志愿者：博物馆志愿者管理手册》，庄智一译，上海科技教育出版社，2017年。

〔美〕尼尔·科特勒等：《博物馆战略与市场营销》，潘守永等译，北京燕山出版社，2006年。

文化部：《"故宫讲坛"第100讲特别活动在故宫博物院举办》，发布日期2017年2月13日，http：//www.mcprc.gov.cn/whzx/whyw/201702/t20170213_490725.html，最后浏览日期2017年10月23日。

故宫博物院编《故宫博物院规章制度汇编》，故宫出版社，2013年。

B.16
国家图书馆文化志愿服务
发展历程与经验

宣艺瑶*

摘　要： 国家图书馆文化志愿服务立足于自身职能定位，逐步建立起一支以馆内志愿者为核心、馆外志愿者为补充的志愿者队伍。国家图书馆文化志愿服务工作以党团干部为先锋，以制度建设为重点，以业务需求为核心，发挥文献馆藏资源优势，充分依托"春雨工程——全国文化志愿者边疆行"活动，积极探索工作新模式，逐步建立起馆党委领导、多部门科组协作的工作链条。新形势下国家图书馆文化志愿服务工作将进一步夯实管理制度，优化文化志愿服务体系，拓展志愿服务范围，着力打造具有国图特色、专业特长以及图书馆特色的常态化、信息化、多元化志愿服务品牌。

关键词： 国家图书馆　文化志愿服务　发展历程

中国国家图书馆是指导全国图书馆业务工作、指导协调全国文献保护工作、履行国内外图书文献收藏和保护的职责的国家级单位，是国家总书库、国家书目中心、国家古籍保护中心和国家典籍博物馆。截至 2017 年 10 月底，国家图书馆馆藏文献达到 3735.7 万册（件），数字资源存储 1579.1TB。

---

* 宣艺瑶，国家图书馆馆员。

国家图书馆以"奉献、友爱、互助、进步"志愿服务精神为理念，秉承"传承文明、服务社会"的宗旨，以党团组织为依托，不断夯实管理制度基础，稳步实施数字图书馆推广工程、中华古籍保护计划、民国时期文献保护计划等文化工程，在传承和弘扬优秀传统文化和建设现代公共文化服务体系中发挥重要作用，也为志愿者搭建了培养社会责任感、实现自我价值的平台。

一 国家图书馆的文化志愿服务概况

（一）文化志愿者队伍建设

国家图书馆文化志愿者队伍由馆内志愿者和馆外志愿者两部分组成，长期面向馆内员工、社会群众招募，文化志愿者主要参与读者咨询、展览讲解、文献翻译、讲座培训、宣传推广、图书整理等服务工作（见表1）。

表1　国家图书馆文化志愿者队伍建设

志愿队伍	主管部门	整合资源	招募方式	支持保障	队伍建设	运行效果
馆内志愿者	国家图书馆团委牵头协调，各分队日常管理	国家图书馆在编、在岗员工	结合志愿意向、业务背景等，与志愿服务岗位要求匹配，将志愿者分配至各分队	经费、培训、制度等	展览服务、外事服务、敬老服务、综合服务四个分队	根据各服务队特色，组织开展常态化志愿服务
馆外志愿者	国家图书馆党委统一领导，部门齐抓共管，社会共同参与	在校大学生、中小学生、专家、离退休人员、其他	通过社会招募、定向招募、社区组织共建，用人部门与志愿者双向选择	经费、培训、制度等	由部门科组通过项目发育分队	逐步实现志愿管理信息化、志愿活动常态化、志愿文化多元化

目前，国家图书馆文化志愿者队伍人数稳定在600余人，其中63%为馆内志愿者，主要参与"春雨工程"等专项文化志愿服务。馆外志愿者以在校大学生为主，主要参与馆区内志愿服务（见图1）。

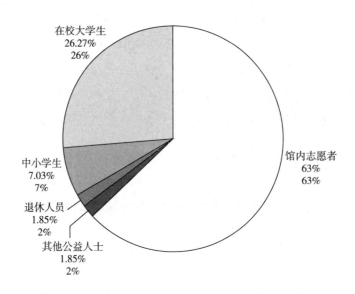

图1 志愿者人员比例及人群构成

（二）文化志愿服务的发展

1. 以党团干部为先锋，持续带动员工群众参与度

国家图书馆早期文化志愿服务工作是在馆团委的指导下开展的以"雷锋精神"为指导的、临时性、集中性的任务型活动。馆团委组织选拔团员干部作为志愿者，在学雷锋月协助相关部门科组下架图书、整理库房或参与落实文化部开展的"送文化到身边""文化爱心行"等志愿服务项目。通过组织参与这些活动，馆团委总结经验，积极扭转"做任务""交作业"模式，在春节、六一、"读者服务周"、"馆庆日"等时间节点和重要节庆，结合业务特色，组织团员青年为社区、学校等提供讲座交流、馆区讲解等服务。2004年，国家图书馆团委组织团员青年开展"带您走近国家图书馆"走高校志愿讲座活动，荣获"文化部文化志愿者活动先进集体"，34名青年员工志愿者被评为"文化志愿者活动先进个人"，馆内志愿者队伍初具雏形。

2007年国家图书馆总馆北区开馆，馆团委发起"以文化服务社会"

倡议，号召党员团员青年争先锋做表率，带动青年员工利用节假日、倒班等时间参与馆区志愿服务活动。在推进西部援助计划、支援灾区图书馆重建、与中国图书馆学会联合举办的"基层图书馆馆长培训"志愿者行动等活动中，选拔表现优秀的员工、专家志愿者代表国家图书馆，将文化资源、专业信息送到基层。此外，通过馆团委推荐，离退休干部处、国际交流处、典藏阅览部等部门陆续在离退休同志春秋游、国际交流会议等活动中引入员工志愿者服务，不仅缓解了人力资源不足，也为馆内员工搭建起发挥特长的平台，馆内志愿者逐步发展为国家图书馆文化志愿服务的稳定力量。

2. 以制度建设为重点，逐步实现志愿服务规范化

国家图书馆最初的馆外志愿者主要是由高校选送图书馆相关专业的实习生和部门科组自行招募的热心公益人士，根据其来馆目的、专业背景、岗位需求等，选派至相应部门科组，由部门科组自主管理，服务内容涉及一线读者服务、社会教育活动引导等常规性、辅助性工作。2005 年，"到公益机构去"志愿者行动图书馆项目作为北京迎奥运系列特色活动之一在国家图书馆举办，首批由国家图书馆统一招募的文化志愿者加入志愿队伍。2006 年，国家图书馆印发《馆外人员来馆实习和志愿服务管理办法》（国图业发〔2006〕38 号），建立志愿服务工作的支持机制，规范管理志愿服务工作。

志愿者所在部门科组积极总结反馈志愿服务开展情况和志愿服务中出现的问题，比如，基础性岗位"瞧不上"，专业性岗位"干不了"，读者咨询岗位志愿者流动性大，招募的无团体组织的、个人参与的志愿者易出现"不辞而别"现象，各层次的志愿者分工排班难、管理融合难等问题，用人部门科组更倾向使用有中长期志愿意向的、有团体组织的在校大学生志愿者。2010 年，国家图书馆修订《馆外人员来馆实习和志愿服务管理办法》（国图业发〔2010〕40 号），在招募人员、选拔流程、培训管理、服务计时、考核鉴定、奖励办法等方面标准化制度化。

3. 以业务需求为核心，大力推进志愿服务专业化

2011 年，文化部开展"春雨工程"——全国文化志愿者边疆行文化惠民活动，相关部门科组选派业务骨干、专家学者，在数字图书馆工程数字阅读推广、文津图书奖阅读推广等项目中组成志愿服务队，在"大讲堂""大展台"活动中承担读者培训、展览讲解、阅读推广等职责，将国家级图书馆服务延伸到基层。2012 年为落实文化部、中央文明办的部署，国家图书馆结合开展文化志愿服务的特色优势和管理经验制定《国家图书馆文化志愿者服务工作管理办法（暂行）》（国图业发〔2014〕26 号），明确国家图书馆馆内、馆外文化志愿者申请条件、组织管理、义务权利，鼓励各部门科组挖掘特色文化志愿服务项目。

2014 年 8 月，以国家典籍博物馆开放服务为契机，国家图书馆文化志愿服务队正式成立。明确了志愿者管理培训、工作激励机制，230 余名馆内志愿者完成登记注册，志愿者在志愿服务中统一佩戴"中国文化志愿者"标识。馆内志愿者团队中有党团干部也有青年群众，有中层干部也有基层员工，有高级职称也有新生力量，人员结构的多层次为志愿服务工作的开展提供了有力保障。

2016 年 10 月，国家图书馆作为我国首批公共文化设施学雷锋志愿服务的示范单位之一，认真学习贯彻中央关于文化志愿工作的各项指示精神，在对此前文化志愿服务工作全面总结的基础上，制定《国家图书馆学雷锋志愿服务工作方案》，对国图文化志愿服务工作体制机制做进一步调整和完善。

2017 年，国家图书馆在之前成立的"国家图书馆文化志愿服务队"的基础上，在"志愿北京"网络平台完成志愿服务组织注册，并在全馆开展志愿者摸底调研工作，进一步整合文化志愿服务资源，提升志愿服务能力。国图与海淀区志愿联合会、海淀区文明办等单位联合开展志愿服务研究座谈会，在少年儿童服务区、中文图书阅览区、中文图书借阅区设立海淀区学雷锋志愿服务站点，做好图书馆文化志愿者与社区志愿者的对接规划，积极协调高校、民间组织等社会资源，探索专业化、特色化的志愿服务工作建设，促进常规读者服务工作开展。

（三）文化志愿服务运行管理流程

在文化志愿服务运行管理上，国家图书馆坚持以项目化运作的方式，细化责任分工，建立起馆党委领导、多部门科组的协作机制，在项目设计、宣传发动、招募培训、评价激励等方面形成了一套各级联动的工作链条，逐步实现招募管理规范化、项目数据信息化、志愿队伍稳定化（见图2）。具体流程包括：①项目报送。部门科组根据工作需要、项目设计、岗位安排，向所属志愿服务总队报送志愿者需求数量、志愿服务岗位职责、招募条件等，由馆党委审核批示。②公开招募。志愿服务项目批准后，国图在志愿北京和馆区等平台上发布招募信息。部门科组都有专门工作人员负责每个志愿服务项目，有意向参与项目的志愿者或团体可通过网络平台报名或直接与工作人员对接。③双选定岗。志愿者根据岗位职责、招募条件等选择志愿项目，项目负责人通过电话沟通、约谈、试岗等方式，了解文化志愿者的专业特长、可提供服务时长等，在充分尊重文化志愿者意向的基础上，筛选具有一定文化背景、适合岗位条件的文化志愿者或志愿团体。④岗前培训。部门科组对志愿者进行岗位分配和培训。国家图书馆部门科组多，涉及的志愿服务岗位职责差别较大，针对不同岗位类型、服务层次，由招募部门科组自主组织志愿者学习培训。一般采取集中学习、以老带新的形式，帮助志愿者了解服务内容、工作流程、岗位职责、安全知识。⑤履约上岗。培训合格后，志愿者可上岗服务。由所在部门科组负责记录志愿者日常出勤、服务情况等。⑥记录考核。志愿服务结束后，用人部门科组通过志愿北京平台对志愿者的服务时长进行记录。对服务累计超过8小时的志愿者，提供《国家图书馆志愿者服务证明》；单次服务超过8小时的则为其提供工作餐。部门科组结合自身特色，对工作中表现突出的志愿者给予肯定与奖励。比如，展览部对表现优秀的志愿者免费开放特色展厅。⑦意见反馈。志愿者可通过工作通气会、志愿北京、官方网站等，向参与志愿的部门科组或志愿服务总队反馈对志愿服务工作的意见建议。

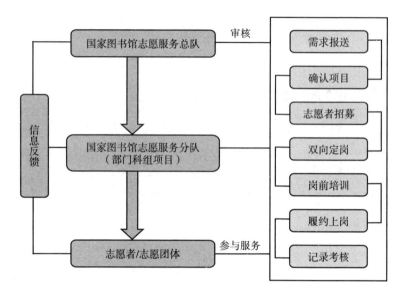

图2　国家图书馆文化志愿服务运行管理流程

二　国家图书馆志愿服务活动开展状况

（一）"春雨工程"专项文化志愿活动

国家图书馆积极落实文化部、中央文明办的要求，依托重点文化工程，积极策划组织文化志愿活动，在"大文化志愿项目"中培育"小文化志愿团队"，充分发挥馆内志愿者队伍专业、稳定等优势，不断完善志愿服务工作管理体制和运行机制，以馆内志愿者为核心、馆外志愿者为补充的志愿者队伍逐步成熟，取得了良好的社会效益。

1. 数字图书馆推广工程数字阅读推广活动

"网络书香边疆行"依托国家图书馆、数字图书馆推广工程，以"大展台""大讲堂"等活动形式，开展读者及图书馆员培训、"印象·数字图书馆"体验区、数字推广工程建设成果展览、赠送实体及数字资源等线上线下活动，与边疆、少数民族人民共享"网络书香"。2013年以来，国家图书馆每年都选取贫困地区图书馆试点开展精准帮扶和服务推广工作，专门遴选数字资源、实体图书，赠予和充实基层图书馆馆藏。选拔派出阅读推广领域、图书馆业务专家志愿者面向基层馆员授课培训，年均培训基层文化干部近500人。除馆内志愿者外，还在活动举办地由对接的公共图书馆公开招募志愿者，针对数字图书馆及数字图书馆推广工程对其进行知识培训，为公众提供体验区展览的讲解服务，不仅培养了数字图书馆服务人员，拉近了数字图书馆与当地群众的距离，也让边疆、少数民族地区群众能够通过亲身体验数字图书馆的最新技术应用，惠及群众达数百万人次。

2. "文津图书奖"阅读推广活动

文津图书奖是国家图书馆阅读推广品牌项目。在国家图书馆的倡导下，2011年起，多家边疆图书馆参与"文津图书奖"的评选和推广工作，每年都在"4·23"世界读书日揭晓奖项。多馆同期同步开展进行展览，多地多平台联动，丰富传播渠道，推广全民阅读。"文津图书奖"阅读推广活动主要以"大展台"巡展、获奖图书颁赠等形式，向全社会推介优秀图书，向基层图书馆推送优质图书资源、捐赠获奖图书。文化志愿者对获奖图书展览进行讲解，分享专家学者为获奖图书撰写的书评，并代表国家图书馆向基层图书馆捐赠获奖图书，引导广大读者树立正确的读书观，进一步扩大文津奖的影响力。巡展地各馆观展人数总数逾万人，得到了广大读者和当地群众的积极参与和大力支持。

3. 中华古籍保护志愿服务行动

在国家图书馆、国家古籍保护中心的支持下，中国古籍保护协会成立了志愿者协会，助力各公藏单位古籍普查和保护。2015年，中国古籍保护协会公开招募京津冀等10所高校76名大学生文化志愿者，以河北省为试点实施"中华古籍普查志愿服务行动"，帮助河北省6家古籍存藏单位开展占籍普查，共清点登记古籍约1.5万种，19万册（件），此项活动在文化部全国文化志愿服务评选表彰活动中，被评为"文化志愿服务活动典型案例"。2017年，"中华古籍普查文化志愿服务行动吉林·云南·新疆行"正式列入文化部"春雨工程——全国文化志愿者边疆行"重点需求项目，文化志愿者与近百名图书馆业务骨干入户 62 家存藏单位，普查古籍 5.1 万种，36.3 万余册。中华古籍保护志愿服务行动不仅丰富了志愿者的古籍知识，传播优秀传统文化，也为全国普查和宣传推广提供了有益探索和良好示范。

4. 国家图书馆流动讲坛

国家图书馆流动讲坛是国家图书馆 2011~2016 年推出的讲座品牌项目。活动以"大讲堂"双向互动的形式，组织文化志愿者与边疆地区图书馆开展合作交流。国家图书馆通过自愿报名、集中招募的形式，组织相关部门员工结合援疆、援藏文化志愿工作，先后与宁夏回族自治区图书馆、新疆维吾尔自治区图书馆联合主办"国图·塞上人文讲坛""国图·昆仑讲坛"等针对地方特色的主题讲座，将国家图书馆社会教育服务引入基层公共文化建设。文化志愿者在参与服务、讲解沟通的过程中，增进了地方群众对中华民族的认同感、归属感，加深了与基层图书馆的相互了解，建立起良好的合作关系，畅通了基层获取国家图书馆文化资源的渠道。2011~2016 年，流动讲坛活动累计举办讲座 21 场，受益群众达 2 万余人。

5. 图书馆边疆巡展

国家图书馆边疆巡展是国家图书馆 2014 年与台湾地区汉学研究中心联合举办"书海之间 遇见幸福"海峡两岸公共图书馆事业发展联展活动。展览在广西壮族自治区图书馆、青海省图书馆、广西桂林市图书馆等 30 多家西部图书馆举办。展览部在馆内组织招募志愿讲解员，为地方公共图书馆同人及公众讲解海峡两岸公共图书馆在服务设施、服务方式、服务手段等方面取得的丰硕成果。此外，还在基层图书馆举办讲座调研，与同人进行业务交流、服务分享，得到业内人士的广泛关注与好评。

6. 新疆农民画展

新疆农民画展是 2015 年由文化部公共文化司、新疆维吾尔自治区文化厅、国家图书馆共同主办的"春雨工程"全国文化志愿者边疆行之"绘新疆新景 展农村新貌——庆祝新疆维吾尔自治区成立 60 周年新疆农民画展"。活动以"请进来、走出去"的形式，把新疆农民画发展成果"请进来"，通过国家典籍博物馆这个展示平台"走出去"，画展期间，展览部通过自愿报名、公开选拔招募的方式，共招募大学生志愿者 30 余人，承担展览讲解、宣传推广、读者咨询等工作。

（二）依托国家图书馆服务阵地开展志愿服务活动

国家图书馆围绕读者服务、文化展览、文献整理等业务需要，采取平台发布、定向招募等方式，与海淀区志愿者联合会、海淀区文明办及部分在京高校建立联络，广泛招募高素质志愿者参与服务工作，馆区年均使用志愿者3000 余人次。

国家典籍博物馆以向到馆观众提供日常服务为中心，招募志愿者承担展览讲解、学术讲座组织等工作。部分志愿讲解员在"中央民族大学第七届讲解员大赛"中取得了好成绩。少年儿童馆等部门创新工作思路，面向少年儿童组织实施"小馆员计划"，开辟小志愿者服务岗，举办"我是小小讲解员"活动，引导未成年人从小树立志愿服务意识，在孩子们的心中种下无私奉献的种子，也带动了小志愿者的家长参与到"亲子故事会"等阅读推广活动中。立法决策服务部依托中国学文献整理项目，招募培养小语种专业志愿者，参与项目整理，推动了业务项目实施，促进了志愿服务专业化的不断深入。

三　国家图书馆开展文化志愿服务的意义与作用

党的十八大以来，文化志愿服务进入了蓬勃发展时期，文化志愿服务工作被纳入公共文化服务体系建设，融入国家文化发展总体战略，《公共文化服务保障法》《公共图书馆法》都提出开展文化志愿服务工作的明确要求，国家图书馆开展文化志愿服务，既是引领社会主义精神文明方面责任使命，也是发挥行业引领作用的自身发展需要。

（一）开展文化志愿服务是基于国家图书馆职能定位和资源优势，发挥服务国家文化战略部署的合理实践

国家图书馆是面向社会公众提供公共文化服务的重要阵地，是公共文化

服务的重要窗口，是开展文化志愿服务活动、组织动员专业志愿者参与基层文化建设、为热心公益文化事业的人士或团队搭建志愿服务平台，是国家图书馆作为国家级公共文化服务设施在进一步发扬志愿服务精神，推动与边疆民族地区文化资源交流，促进落实"重心下移、资源下移、服务下移"方针政策中的任务要求。国家图书馆文化志愿者不仅肩负着促进广大读者共享文化发展成果、传承和弘扬优秀传统文化、推动先进文化传播的重大使命，在协助实施文化惠民工程项目，使更多读者能够享受国家图书馆提供的优质服务的同时，也对全社会传播志愿者精神、图书馆精神、国图精神起到积极的推动作用。

（二）开展文化志愿服务是发挥国家图书馆行业引领作用，打造"共建共享共赢"专业化公益服务的有益探索

国家图书馆作为我国图书馆事业的推动者，要为业界其他图书馆提供业务指导和技术支持。在"中华古籍保护计划""数字图书馆工程"等国家重点项目中引入志愿服务，以搭建业务平台、策划合作项目、组织学术交流、提供业务培训、制定业务标准等多种形式，将国家图书馆打造成图书馆专业文化志愿人才的培训基地，树立和展示国家图书馆文化志愿服务和文化志愿者的品牌形象，有利于形成示范带动效应，为地方图书馆开展文化志愿活动提供遵循和指导，形成资源经验共建共享的共赢局面，推动国家图书馆与基层图书馆、社会力量的良性互动。

（三）开展文化志愿服务是拓展国家图书馆业务思路，促进与边疆民族地区文化交流的有力抓手

国家图书馆承担着国家古籍保护中心和国家典籍博物馆的职能，又是中华古籍保护计划和民国时期文献保护计划的牵头实施单位，在传承和弘扬优秀传统文化方面肩负着重大的历史使命。积极落实"春雨工程"文化志愿者边疆行活动，组织文化志愿者在边疆民族地区开展服务、深入调研，有助于了解边疆民族地区群众文化需求，因地制宜、因需制宜，制定个性化工作思路和工作规划，为今后做好基层文化精准帮扶提供新视角、新思路，同

时，专家志愿者深入基层培训交流，有助于拓展馆藏文献的来源渠道，引导带动地方图书馆利用好、管理好、深入挖掘整合好地方优质文化资源，把握当地民族文化资源的特色和优势，谋划好民族文化资源开发的长远发展。

（四）开展文化志愿服务是推进国家图书馆人才队伍建设，优化人力资源的创新举措

人才队伍建设是国家图书馆各项事业长足发展的根本保证，志愿服务是推进人才队伍建设的有效手段。在文化志愿活动中，志愿者不仅成为图书馆队伍的有益补充，馆内员工通过参与不同部门科组的文化志愿项目，促进了各部门员工间的业务学习交流，加深了对图书馆各项工作的全面了解。在专项文化志愿活动中设立岗位，选拔青年员工志愿者参与项目筹备、策划实施、资源调配等，既能保证志愿者队伍的专业化服务水平，又丰富了青年员工实践锻炼平台，补齐"学历高、经验少"的短板，成为实现志愿服务与个人发展、队伍建设相统一的重要途径。

四 国家图书馆文化志愿服务开展思路与做法

国家图书馆把文化志愿服务工作纳入图书馆发展的整体规划，按照服务内容专业化、服务方式多样化、活动安排常态化、工作运行制度化的要求，在专项志愿服务、流动志愿服务、阵地志愿服务中做出积极尝试，努力打造"网络书香边疆行"、"文津图书奖"阅读推广、中华古籍保护志愿服务行动等国图特色的文化志愿活动品牌。

（一）围绕中心、服务大局，在国家级文化项目实施工作中发挥志愿者作用

国家图书馆结合落实"春雨工程"各专项任务、推进中华古籍保护计划实施等策划志愿者服务项目、开展志愿者服务，让志愿者在国家文化建设大局中贡献智慧和力量，激发了志愿者的服务热情，并切实产生了重要的服

务成效。相关志愿服务有力地促进了重大文化项目实施，数字图书馆推广工程数字阅读推广活动让基层百姓共享数字文化建设成果、文津图书奖阅读推广活动丰富了基层文化阅读资源，中华古籍保护志愿服务工作推动了全国古籍普查工作深入开展，志愿服务切实发挥了重要作用、产生了实效。

（二）充分依托国家图书馆文化资源和专业人才队伍优势开展志愿服务

国家图书馆是国家文献信息资源总库，纸本文献和数字资源文献丰富，在促进全民阅读方面也具有许多引领业界的项目资源，同时具有一支较高水平的专业人才队伍。国图在策划实施志愿者服务项目时注重发挥国图资源优势、服务优势和人才优势，通过定制资源推送、业界资源共建共享、派出业务骨干深入基层开展服务等方式，为基层广大群众提供丰富的文化资源和服务，同时协助指导基层文化机构加强业务建设、挖掘利用好地方资源、帮助培训基层文化队伍，不断提高基层公共文化服务能力和水平。

（三）充分发挥国家图书馆阵地优势，不断提升志愿服务专业化水平

国家图书馆是国家级文化设施，是重要的文化窗口服务单位，国图充分发挥意识形态阵地优势，深入挖掘志愿服务岗位，先后在少儿馆服务、文献查阅服务、文化讲座服务、展览讲解服务、全民阅读推广服务等方面开设志愿服务岗位，明确岗位责任和要求，遴选具有相关专长和热爱相关岗位的志愿者，加强对志愿者培训、管理和服务，不断提升志愿者专业化水平。文化志愿服务让广大读者感受到更加优质高效的图书馆服务，也为志愿者提供了发挥才华、提升本领的舞台，得到志愿者的好评。国家图书馆充分发挥了示范带动作用，为引领、推动全社会弘扬志愿服务精神做出了积极贡献。

（四）紧密结合人才队伍建设和业务建设，在志愿服务项目中锻炼人才、培养人才

国家图书馆在文化志愿项目调研筹备、策划实施、资源调配等方面，注

重依靠专业力量并善用青年人才,通过选拔青年员工志愿者深入边疆民族地区参与基层文化建设和群众文化活动,使青年员工感受基层群众对文化资源的需求,体会基层文化工作者立足岗位无私奉献,加深青年员工对国情、馆情、民情的了解,认识到公共文化服务不均衡的短板。在志愿服务实践中,增强青年员工责任感使命感,提升青年人的组织能力、策划能力。志愿服务不仅为青年馆员探索新领域、寻找新机遇、谋求新思路提供了新平台,也为国家图书馆锻炼人才、培养人才提供了重要途径。

五 国家图书馆文化志愿服务面临的问题

(一)志愿服务与业务工作界限难明确

员工志愿者的加入增强了文化志愿者储备,但是,参与专项文化志愿服务的志愿者大多是承担项目部门科组的员工,他们既是专业图书馆员,也是热心文化志愿者;既具备从事图书馆志愿服务的专业能力,也自愿为图书馆事业的发展贡献才智和时间。他们参与的志愿活动既是工作任务,也是公益行动,"双重身份"衍生的角色尴尬、定义冲突亟待研究。

(二)志愿服务项目与志愿队伍缺乏长效支持难持续

专项文化志愿服务项目需要上级部门的长效支持,与地方合作的项目需要合理长效的沟通。比如"流动讲坛""边疆巡展""新疆画展"等文化志愿项目由于缺少经费支持、缺乏长远谋划等原因没有持续开展。

六 国家图书馆文化志愿服务的发展方向

(一)以党的十九大精神为统领,紧密围绕国家文化建设大局和国家图书馆职能定位谋划文化志愿服务工作

坚持以习近平新时代中国特色社会主义思想为指导,全面贯彻习近平总

书记的文化思想和党的十九大关于文化建设的重要部署，履行好国家图书馆作为国家古籍保护中心、国家典籍博物馆、国家文献信息资源总库（国家总书库）、国家书目中心、全国图书馆信息网络中心和全国图书馆发展研究中心的职能，科学谋划、努力构建文化志愿服务体系，建设好社会主义意识形态重要阵地，不断提高公共文化服务效能，满足人民对图书馆日益增长的服务需求。

（二）结合《国家图书馆"十三五"规划纲要》，继续推进"春雨工程"——全国文化志愿者边疆行活动长期稳定、科学有序开展

围绕《国家图书馆"十三五"规划纲要》各项重点任务，制订文化志愿服务相关工作计划和实施方案，明确责任，统筹实施，扎实落实"春雨工程"各专项任务。充分利用好国家图书馆各项优势，进一步拓展面向图书馆界的业务指导和技术支持，提高边疆民族地区基层图书馆的资源建设和服务能力，加强对边疆民族地区群众提供文化志愿服务。

（三）继续按照《关于公共文化设施开展学雷锋志愿服务的实施意见》，构建典型引领模式，拓展志愿服务领域

以数字资源部、社会教育部、展览部等阵地文化志愿服务项目为引领，丰富文化志愿服务内容，整合文化志愿服务资源，拓展志愿服务范围，探索适宜国图发展、推动业务发展、富有图书馆专业特色的文化志愿服务模式。加强针对老年人、未成年人、残疾人、流动务工人员等特殊群体的志愿服务。在专业化、特色化上下功夫，打造具有国图特色、专业特长、图书馆特有的志愿者队伍。广泛与高校、社区、图书馆专业团队建立联系，稳步推进志愿服务合作，扩大国家图书馆文化志愿服务活动的覆盖面和影响力。

首都博物馆文化志愿服务
发展历程与经验

杨丹丹*

摘　要： 作为国内最早建立志愿者团队的博物馆之一，首都博物馆结合自身定位及社会公众的需求，通过准确定位博物馆志愿者群体的构成与需求，以制度保证志愿者队伍的素质、组织活动和服务质量，着力于搭建好志愿者个人、博物馆本身及社会公众三者紧密联系的互动平台，使参与各方都能从中获得成长、发展和实现自身价值的机会，从而推动了首都博物馆志愿者团队建设的良性运转，实现了首都博物馆志愿者团队的稳定发展，赢得了广泛的社会赞誉。

关键词： 首都博物馆　文化志愿服务　制度建设

首都博物馆志愿者团队创办于 20 世纪 90 年代，是国内最早建立的博物馆志愿者团队之一，多年来不仅形成了一支具有社会影响力的高素质志愿者队伍，更在志愿服务规范化和常态化管理方面取得了一定的成绩，成为博物馆实现社会教育职能中不可或缺的重要力量。

习近平总书记在党的十九大报告中指出，在加强思想道德建设方面，要推进志愿服务制度化，强化社会奉献意识，这也为未来博物馆志愿服务工作

---

* 杨丹丹，首都博物馆馆长助理兼宣教部主任，副研究馆员。

的发展提出了新的要求。多年来，首都博物馆在充分理解和尊重博物馆志愿者群体特点和需求的基础上，在招募选拔、培训考核、表彰激励等组织建设和管理的各环节逐步推动志愿服务制度化工作，取得了较为显著的成效。本文立足于首都博物馆文化志愿服务的发展历程，重点梳理和分析首都博物馆文化志愿服务的发展经验，以期对博物馆领域现代公共文化志愿服务体系建设有所启示。

一 首都博物馆志愿服务发展状况

（一）志愿者状况

首博最初招募志愿者团队为"博物馆之友"，有 20 余人，不提供讲解服务，主要负责组织观众参观和巡展。2000 年起，首都博物馆（孔庙）首创招募中小学生讲解员，为观众讲解孔庙的基本情况。2005 年 10 月，新首博面向社会公开招募志愿者，截至 2017 年分七批招募志愿者，累计报名人数近万人。签约志愿者从开始时的每年 100 人左右到现在每年 200 人左右，经过培训考核上岗的志愿者达千余人，累计总服务时长达 98187.54 小时（见图 1）。其中讲解志愿者占绝大多数，教育推广志愿者 20%，开放服务志愿者占 5%，摄影摄像志愿者 5%；其中，前三批招募志愿者时偏向中老年，他们与年轻人和大学生志愿者相比更能保障服务时间，同时也有很强的责任感和使命感，最重要的是由于学习工作生活在北京，他们对于首都的历史文化有着深厚的情感，在服务过程中他们与观众的交流非常亲切自然。这些志愿者来自各行各业，有大中小院校的教师、有医院的大夫、相关企业的管理者、原驻外文化参赞等。首博志愿者团队整体素质很高，从报名到上岗服务可以说是过五关斩六将，特别是讲解岗位的志愿者，需要更多知识的培训和积累，才能高质量地为观众提供所需的服务。

（二）志愿者服务岗位与服务内容

每年与首博签约上岗的志愿者人数在二百人左右，涉及服务岗位包括讲解、展厅服务、教育活动策划、摄影、图书资料整理、外文翻译等岗位。首博目前主要的志愿服务项目包括：教育活动服务、展厅讲解服务、展厅观众疏导服务、摄影摄像服务等四种。展厅讲解志愿者的主要职责是在常设展览和临时展厅，为参观的观众解读展览内容和藏品故事，他们身体力行地参与到博物馆传播历史文化的行列中，成为博物馆的特殊合作伙伴。教育活动志愿者是与本馆宣传教育专员一起，为不同受众策划并组织实施馆内外教育互动体验活动，以不同的方式对博物馆承载的历史文化进行传播和推广。展厅服务志愿者则是负责在各个展厅疏导和维持正常的参观秩序，为观众营造良好的参观环境，确保观展人员及上展文物的安全。摄影摄像志愿者是首博特别招募的一个志愿服务团队，这个团队分担着博物馆各类展览和活动期间的拍摄任务，同时，这一服务项目为摄影爱好者提供了一个走进博物馆并通过镜头记录博物馆故事的机会，使之对首博展览、文物、教育活动及与馆方对外宣传相关的内容进行拍摄。

以首都博物馆讲解志愿服务为例，该项服务已开展近五年，目前也已经拥有了一支稳定的志愿者队伍。他们以饱满的热情、无私的奉献精神，默默地在各个展厅为来馆参观的各界宾朋讲授古老北京的历史文化。首博举办特展期间，志愿者积极报名参加到临时展览的讲解服务中来，最大限度地满足参观观众的讲解服务。讲解志愿者展厅分为通史、民俗、佛像、瓷器、玉器、书法、绘画、青铜器等。志愿者可以提前预约每周具体服务时间，每位志愿者每周不少于两个半天的服务，全年志愿服务时间不少于 50 小时，未满足全年规定时长的志愿者第二年应自动解除志愿服务协议。

首都博物馆志愿者不仅提供了博物馆的馆内服务，他们还在首博的组织下，走出博物馆，走进学校社区开展历史文化和科普宣传工作。2013 年，首博志愿者参加了"魅力北京·百场讲述"活动，先后在体育馆路街道、月坛街道为居民开办传统文化讲座，并且与北京市博物馆志愿者团队一起到宁波、厦门等地开展魅力中国宣讲活动，取得了非常好的宣传教育效果。

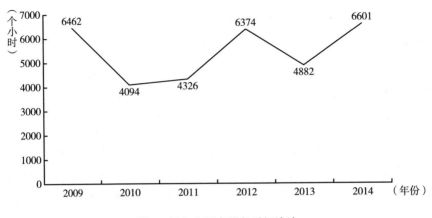

图1　历年志愿者服务时间统计

注：2011年数据为1~9月统计数据；2013年数据为1~10月统计数据，其他年份均为1~12月统计数据。

（三）团队创建与管理架构

首都博物馆志愿者团队成立于2005年，开展志愿服务始于2006年，由首博社教部负责管理，派专职管理人员负责首博志愿团队的管理工作，从招募信息的发布、报名、筛选、面试、岗前培训、岗前考核，到签约上岗，制定了一套规范的招募工作机制，团队内部形成了较为严谨的招募培训考核管理模式。其具体的组织管理架构是：由社教部负责统筹招募、培训全馆的志愿者，各部门可以提出所需志愿岗位及服务要求，经过整体培训后由需求部门负责按照《首博志愿者管理办法》对其实施日常管理，并按要求记录志愿服务用时和具体表现，年底一并汇总到宣教部并留存志愿服务档案。服务在一线的志愿者需要按照服务项目或展厅分组，并选出分组长负责本项目组或展厅人员的管理工作。志愿者团队每年召开一次全体志愿者总结大会，总结表彰优秀志愿者，并与新一年的志愿者签署服务协议。2017年开始，首博志愿者总结签约大会也固定在国际志愿者日——12月5日这一天，每年的总结大会上，书记和馆长都会与志愿者一道共度美好时刻。

二 首博志愿者管理的思路与经验

（一）准确定位博物馆志愿者群体的构成与需求

通过对志愿者管理实践的探索，发现只有在对博物馆志愿者群体的构成和需求有充分认知的基础上，才能提出更加切实可行的制度化措施，并加以有效执行，产生相应价值。博物馆志愿服务制度化建设，要为博物馆志愿者开展服务提供有力保障，要为其在博物馆平台上的自我发展提供空间，同时也要从博物馆作为管理者的角度上，为更好发挥志愿者团队力量，促进博物馆社会教育职能效果，提供常态化和规范化管理的依据。

博物馆志愿者是脱颖于观众群体，投身于博物馆的文化志愿者，有着多元的构成。首博志愿者的构成主要表现在四个方面：一是年龄跨度大，既有在校学生、在职白领，也有退休人员；二是职业领域宽泛，横跨多个领域；三是生活住所分散，来自全市不同地区，不乏远郊区的志愿者；四是个人发展需求不同，尽管他们有着对博物馆共同的爱好，但促使其投身于博物馆志愿服务的个人动机不同，表现出较大的差异。上述特点也是首博在推动博物馆志愿服务制度化建设工作时的重要考量要素。

博物馆讲解志愿者区别于一般岗位的志愿者，他们不能凭一腔热情胜任，他们需要不断积累方能在服务过程中充满自信并能有的放矢。最初博物馆志愿者中不乏有为了满足自我需求加入的，比如，没有免费开放时，为了获得博物馆免票资格，志愿者们愿意牺牲自己的时间来博物馆参与服务，免费享受博物馆推出的一个又一个文化盛宴。而随着2008年3月绝大部分博物馆开始免费开放，首博也成为第一批免费开放的博物馆之一。此后更多的公众继续参与到志愿者服务，没有优惠的待遇、没有任何的报酬，有的只是热爱和奉献，更体现出志愿精神。当然，志愿服务的内在动力不仅表现在利他的方面，同时也表现在利己的方面。在利他的方面，博物馆志愿者的志愿服务行为基于对博物馆的爱好，对外以服务他人的行动表现出来，在这方面不论是认识还是行动都是相同的。但在利己的方面则有所不同。我们认为需要充分理解和尊重博物馆志愿者个人发展诉求的满足。他们的诉求主要体现在三个方面：一是学习成长的需求，希望能够在志愿服务的过程中获得更多知识和技能层面的积累与提升，这集中体现在大学生群体及博物馆爱好者群体中。二是丰富人生的需求，希望能够通过博物馆志愿服务来丰盈人生，集中体现在各行业在职人员群体。三是社会认可的需求，希望能够获得更多来自社会公众的认可，持续不断参与社会建设，实现自我价值的追求，集中体现在退休人员群体。

首博志愿者管理者在对博物馆志愿者群体多元构成和多元需求的认知基础上，从个人、馆方和社会三个不同的维度来定位该群体的身份认同，为博物馆志愿服务制度化建设提供重要依据。一是从个人角度来看，博物馆志愿者是脱颖于观众群体的文化志愿者，重点在博物馆社会教育职能发挥方面扮演着分享者和传递者的角色。他们在以奉献精神服务他人的同时，也有着个人成长和发展的诉求。二是从馆方角度来看，博物馆志愿者是社会公众参与博物馆社会教育职能的重要补充力量，对其在管理方面，不同于馆方的专职工作人员，更应该着眼于搭建起多元包容的发展平台，引导和帮助博物馆志愿者的志愿服务和个人成长。三是从社会角度来看，博物馆志愿者是联系社会公众与博物馆的桥梁纽带，甚至在一定程度上，成为博物馆在公众面前的"代表"，因而需要有个人自觉的约束，以及馆方组织制度的约束，来维护博物馆与社会公众之间良性健康的有序互动。

（二）以制度保证志愿者队伍的素质

首都博物馆荟萃京城历史文化精华，担负着"典藏京城历史，薪传中外文明"的使命。现阶段，社会公众对博物馆的需求日益增加，高品位的展览、高质量的教育，都是社会公众美好生活需求的重要组成部分。这对博物馆的社会教育工作也提出了更高的要求，博物馆志愿者群体同样也是满足社会公众对博物馆需求的重要力量。在保证志愿者队伍整体素质方面，作为管理者应当严把入口关，分别从招募筛检期、岗前培训期和实习考核期三个环节通过制度来进行约束，规范执行操作的流程，确保加入博物馆志愿者队伍中的每个人都能发挥应有的作用。

1. 规范的招募筛检工作机制

为满足社会公众日益增长的需求，首博以两年为单位定期招募志愿者，充实现有志愿者团队力量，挖掘优秀志愿者代表。首博将志愿者招募工作作为推广志愿者团队风采的契机，让更多社会公众能够感受到志愿服务精神的魅力。招募筛检工作主要包括两个重要阶段：一是简历筛选，根据应聘者的教育背景、服务时间保证等多个维度，初步筛选出能够参加面试的应聘者；二是现场面试，由馆方领导、领域专家、资深志愿者等多个方面组成的面试官团队，通过现场的交流进行选拔，最终确定通过面试的人选。通过多年的工作积累，首博在简历筛选标准、现场面试标准等方面，都形成了较为成熟的规范性文件，具有可操作性。

2. 规范的岗前培训工作机制

岗前培训时间一般持续三个月，这与现阶段博物馆志愿者所承担社会教育的功能和职责是分不开的。岗前培训包括基础培训与专题培训两部分。基础培训包括首博历史、北京历史与文化、展览陈列、各项规章制度、服务礼仪规范，等等；专题培训包括瓷器、佛造像、玉器、青铜器等首博专题文物的基础知识、讲解礼仪与语言技巧等。完善的培训方案，同时也形成了一支由馆内外和业内外专家共同参与的培训师队伍。岗前培训后，候选志愿者还需要经过考核才能获得实习志愿者的资格，根据志愿服务岗位的不同，首博逐步形成了针对不同岗位的考核制度，如展厅讲解志愿者的考核由馆领导、专家和资深志愿者组成的考核小组按照规定考核项目；教育推广志愿者以策划教育活动为考核方式，对其在教育活动的选题、策划、组织实施、现场辅导等方面进行评定；展厅服务志愿者以笔试为主要考核方式，笔试内容包括首博的基础知识、展陈概况、服务规范、突发事件的应急处理等，最终按照成绩的排名根据需要进行录取。同时，不论是哪种岗位的志愿者，培训期间的出勤率都会作为其最终考核成绩的参考，出勤率低于80%的人员将被取消参加岗前考核的资格。

3. 规范的实习考核工作机制

通过岗前培训考核后的候选志愿者即具备了实习志愿者的身份，签订实习期协议，开始进行志愿服务。实习期一般为六个月，期满结束后还需要经过实习期考核，综合实习志愿者在实习期内各个方面的表现，以及志愿服务的质量等情况进行综合评定，通过后方可成为首都博物馆正式签约的博物馆志愿者。首博在该阶段制度化建设中，主要突出两个方面的工作：一是通过动态记录将考核做在实习志愿者日常的志愿服务中；二是实习期满后的考核注重综合性，不仅要把具有能够传播博物馆知识能力的优秀志愿者选拔出来，也要把具有不忘初心和强烈奉献精神的优秀志愿者选拔出来。

（三）以制度保证志愿者服务的质量

多年来，首都博物馆把志愿者奉献社会需求、博物馆建设发展需求和社会公众对博物馆的服务需求有机地结合起来，通过逐步丰富和完善的制度建设作为依托，确保首都博物馆志愿者提供给社会公众的服务是高质量和高水准的，同时也有力提升首都博物馆的品牌效应。制度建设包括以下方面。

1. 规范的在岗培训工作机制

首都博物馆志愿者在岗培训包括两种类型，一种是面向所有志愿者，通过培训帮助志愿者不断丰富知识，提高讲解及参与其他志愿服务的能力。培训方式包括专家讲座、展厅小组内部交流分享、馆际参观学习等。在岗培训的另外一种类型主要是面向讲解志愿者。首都博物馆每年会有很多重要的临时展览，讲解志愿者可以报名参加讲解，馆方会组织专家在展览开幕前为他们进行相应的培训，并在开展前进行展厅讲解考核，合格者才能进厅为特色临展开展志愿讲解工作。根据制度，志愿者在岗培训的参与度和效果，与对志愿者进行的年终综合评价紧密联系在一起，成为志愿者服务评定的重要依据，通过这一有效的制度，推动了志愿者主动学习和不断提高志愿服务的水平的意识。

2. 规范的综合考评工作机制

首都博物馆每年都要对志愿者进行综合考评，从出勤、参与培训、日常服务、服务时长等方面进行考核，对无法满足服务要求的志愿者建立退出机制。在《首都博物馆志愿者服务须知》中规定：半年服务时间未满12小时者，自动失去志愿者资格；空岗三次自动失去志愿者资格；在检查过程中发现未带服务标识的志愿者，前两次给予口头劝诫，第三次取消志愿者资格；违反馆内相关规定，并造成不良影响，取消志愿者资格；未按规定完成年度最低服务小时（50小时），下一年度自动失去志愿者资格，等等。通过建立严格的考评淘汰机制，保证了首博志愿者的服务水平，以及与社会公众的需求和首都博物馆建设发展需要的持续匹配。

3. 规范的双轨管理工作机制

在志愿者团队自身建设方面，首都博物馆积极推动规范的双轨管理工作机制：一方面是首都博物馆从馆方对平台的管理，包括统一品牌、服务质量等方面，由博物馆安排专门人员，通过建立规范的管理制度进行统筹管理；另一方面是针对博物馆志愿者群体多元构成和多元需求，重视个人成长和发展的诉求，实现部分自主管理，调动志愿者的参与性，增强团队的内部整合，实现志愿者整体团队的功能最大化。具体如下。

①做好平台的统筹和服务的职能。馆方所承担的角色被定位为平台的统筹和服务职能，从统筹方面看，馆方要对博物馆志愿者团队整体发展规划，常态化和规范化工作机制的建立，以及品牌统一、质量把控等方面要做好工作；从服务方面看，要充分尊重志愿者个人成长和发展的诉求，为志愿者们在场馆内外的服务提供开放、包容、温暖的志愿服务环境。正是在这一定位的指导下，馆方一方面建立《首都博物馆志愿者章程》《首都博物馆志愿者服务须知》《志愿讲解礼仪规范》《大学生志愿者讲解工作管理细则》《首都博物馆高中学生团队社会实践工作须知》等各项规章制度，对志愿者工作实施管理。另一方面通过多种形式的活动，丰富志愿者群体内部交流互动，让制度的执行落地更加便捷，更加广泛地得到志愿者们的赞同。

②做好自我管理方面积极性的调动。首都博物馆充分调动志愿者的积极性，让志愿者参与到管理工作中来。这首先表现在制度制定上，认真听取志愿者的意见和建议，让制度在规划阶段就取得了广泛的认同。其次，鼓励志

愿者团队自发组织公益活动，一方面通过多种形式的活动凝聚内部力量，另一方面也是展示志愿者风采的窗口。最后，以展厅作为组成志愿者服务小组的单位，并民主选举组长，由组长组织本展厅的志愿者一起开展讨论、交流等学习活动。在这里要特别强调的是，首都博物馆志愿者团队的自我管理，是在馆方统筹和服务职能基础上的一定范围内开展的，要积极与馆方的角色定位相互配合。博物馆志愿者的自我管理，不仅有助于团队凝聚和发展，同时也表现出对志愿者群体的充分尊重。

（四）以制度促进志愿者组织的活力

经过多年的积累和发展，首都博物馆志愿者队伍形成了特有的组织文化，成为团结团队成员的重要力量。通过制度化建设，首博以表彰激励的工作机制为抓手，同时发挥平台优势和作用，为志愿者们创造更多展示自我的契机，尤其是在场馆范围之外的展示交流机会，持续不断地促进着志愿者组织的活力。

1. 规范的表彰奖励工作机制

必要的表彰激励机制，可以增强志愿者的荣誉感，树立学习的榜样，提升团队的凝聚力。首都博物馆对于志愿者的表彰举措包括评选年度"十佳志愿者"和"优秀志愿者"。"十佳"和"优秀"志愿者的评选是对志愿者全年工作的综合评定，有一套评选标准和工作流程，包括评选环节和表彰环节。首都博物馆对优秀志愿者的表彰除了精神鼓励外，还会为他们提供更多的学习和交流的机会，比如组织赴上海、南京、河南、山西、河北、天津等省市博物馆学习和交流，组织去重要考古现场和重要遗址地观摩考察等。通过这些激励措施，志愿者团队的学习氛围更加浓厚，服务质量得到了很好的提升，让团队更加富有活力。

2. 规范的荣誉管理工作机制

2006 年首博专门为完成服务时间的高龄志愿者创设终身荣誉志愿者管理机制，荣誉志愿者需要本人根据条件自愿申请，经审核后，符合条件的志愿者将在每年年终总结大会上获得由馆长为其颁发的荣誉证书，荣誉志愿者可以自由来馆参加服务和培训，但不再记录服务时间，终身享受首博志愿者的相关权益，目前，累计荣誉志愿者达 38 人，他们还经常来首博参加志愿者活动。面对超龄的老志愿者，按照相关规定将不具备在志愿服务岗位工作的能力，但他们具有极大的热情，希望能够继续从事博物馆志愿服务，在这样的情况下，首博形成了规范的荣誉管理机制。对这部分志愿者授予"终身荣誉志愿者"的光荣称号，并在相关规定中明确写明，"终身荣誉志愿者"可以根据自己的身体情况自我调整服务时间。在博物馆终身学习、终身奉献，成为志愿者们的选择，首都博物馆志愿者显现出的终身化趋向，成为首都博物馆志愿者团队职业化水准的重要标志，这也是对博物馆志愿者个人成长和发展诉求的充分尊重。

三　经验与启示

规范化的管理促进了专业化的服务，也让首博的志愿者团队赢得了广泛的社会赞誉。2009 年，在北京市文物局举办的"知北京 爱北京—博物馆志愿者讲解比赛"中，首博全部七位参赛志愿者分获大赛的一、二、三等奖，首都博物馆同时也获得了大赛的最佳组织奖。同年，民俗厅吴玲玲女士被中国博物馆协会授予第二届十佳志愿者称号；瓷器厅高同生先生被北京博物馆协会授予北京市十佳志愿者称号。2010 年，首博志愿者团队荣获首都精神文明办颁发的"优秀文明团队"称号。同年，吴玲玲被评为"第二届中国博物馆十佳志愿者之星"。2011 年，张鹏荣获"第三届中国博物馆十佳志愿者之星"称号。2014 年，任丽琴被评为"第六届中国博物馆十佳志愿者之星"。2016 年，首都博物馆被北京市志愿者联合会评选为首都学雷锋志愿服务站。同年，由中共中央宣传部、中共中央组织部、中央文明办等单位组织评选的全国"四个100"志愿服务先进典型评选活动中，被评为"最佳志愿服务组织"。

综上所述，在博物馆事业迅猛发展的时代背景下，首都博物馆结合自身定位及社会公众的需求，积极推动博物馆志愿服务的创新形式，丰富博物馆志愿服务的内涵和外延，通过有效的制度确保其稳定健康的可持续发展。首都博物馆以开放性和开拓性的视角主动尝试，着力于搭建好志愿者个人、博物馆本身及社会公众三者紧密联系的互动平台，并且以完善有效的制度固化下来，并努力使观众的需求、博物馆的需求和志愿者自身的需求在首都博物馆这个平台上同时得到满足，让参与各方都能从中获得成长、发展和实现自身价值的机会，从而推动了首都博物馆志愿者团队建设的良性运转，实现了志愿者团队的稳定发展。

B.18
厦门市文化馆（美术馆）文化志愿服务
发展历程与经验

陈娟 苏华琦 鄢新艳 庄红伟*

摘　要： 厦门市文化馆（美术馆）文化志愿服务工作始于2003年的艺术扶贫工作。通过建立志愿者服务站、加强文化志愿服务的管理和推动开展服务活动，推动了文化志愿服务的快速发展，并形成了厦门市青年民族乐团、非物质文化遗产展演团、美术大篷车等具有影响力的活动团队和品牌项目。市文化馆发挥龙头作用，联合各个区文化馆，成立了厦门市、区文化馆文化志愿服务联盟，并利用新媒体平台，全方位打造了厦门数字文化馆联合网、文化志愿者云服务平台，为文化志愿服务的管理、交流与供需对接提供了技术支撑。

关键词： 厦门　文化馆　文化志愿服务

厦门市文化馆与厦门市美术馆、厦门非物质文化遗产保护中心合为一个公益性文化事业机构，是厦门市政府开展公共文化服务的主阵地和重要窗口。[①] 厦门市文化馆承担了厦门市繁荣群众文化、组织群众文艺创作、开展宣传教育、艺术辅导培训、群众文化理论研究、美术展览与收藏、非物质文

---

* 陈娟，厦门市文化馆馆长；苏华琦，厦门市文化馆副馆长；鄢新艳，厦门市文化馆调研部干部；庄红伟，厦门市文化馆文化志愿者站长。
① 为行文方便，本文行文中多处以文化馆简称文化馆（美术馆）。

化遗产保护与传承以及数字文化惠民服务等职能。厦门市文化馆对文化志愿服务工作高度重视，为提高民众参与公益服务的意识，鼓励民众参与公共文化服务工作，建立了文化志愿服务驿站以加强文化志愿服务的管理和推动开展服务活动，有效缓解了免费开放政策实施以来文化馆服务人员数量不足、服务效能不高的问题，推动了公共文化事业的蓬勃发展。

厦门市文化馆文化志愿服务工作始于 2003 年的艺术扶贫工作。至今，已会聚了一大批不计名利、服务于民的各界优秀人士，其中多数为中学生、大学生及退休人员。为此，厦门市文化馆专门建立志愿者服务驿站，制订完善的志愿者活动计划，定期组织志愿者培训并开展服务活动，帮助群众解决文化方面的实际需求，丰富群众的精神文化生活。

一　文化志愿服务现状与特点

（一）文化志愿服务现状

早在 2009 年，厦门市文化馆（美术馆）就出台了《厦门市文化馆（美术馆）志愿者服务条例》，制定规章制度，建立激励机制，定期对优秀志愿者颁发奖励证书，为各类展览提供优秀的向导、讲解员，注重扩大志愿者的参与面，取得了良好的社会效益。

近年来，厦门市文化馆更是大力吸纳、培养、建设人才队伍，逐步形成有管理、有场所、有活力的常态型组织，培养了一批有责任心、有热情的文化志愿者，使其成为一支群众文化活动的主力军、公共文化服务队伍的重要补充力量。文化馆招募的志愿者，有专项文艺特长的志愿者、有专业文化艺术技能人员、有艺术特长的大专院校学生、有多年从事群众文化工作的文化艺术骨干、有热心文化艺术工作的退休人员以及符合特定志愿服务项目招募条件的人员。根据不同区域以及不同群体的文化需求，结合文化志愿者的专长，市、区文化志愿者管理部门组织开展多层次的文艺展演、展览展示等文化志愿服务活动，志愿者每年参与"民乐进校园""闽南文化进校园""美术大篷车进社区"等各类活动近百场，受到广大市民好评。

目前，厦门市文化馆志愿者服务站设站长1名、副站长3名，学雷锋文化志愿服务小分队7个，在册志愿者600多人。服务站有独立的办公场所，配有现代化办公设备，文化志愿者服装统一，档案管理有条不紊，文化志愿者花名册、文化志愿服务规章制度、服务项目、工作计划、工作总结及活动记录等具体翔实。厦门市文化馆官网还开辟"文化志愿者"专栏，及时宣传各项服务工作。

（二）文化志愿服务特点

为实现志愿服务全覆盖，厦门市文化馆以人为本，以文暖心，志愿服务辐射半径不断拓展，不仅面向中老年人、少年儿童，也针对在厦务工人员、海岛军营、监狱学员等各个不同群体，为更多有文化需求、文化意愿的人们送上文化关怀。文化馆围绕"精彩生活　幸福使者""感受艺术　美丽心灵""文化暖心　点亮生活""文化惠民　为您服务"等主题，组织了一系列文化进企业、进军营、进社区、进乡村、进校园等扎根基层的文化志愿服务活动。

1. 开展"精彩生活　幸福使者""文化惠民　为您服务"文化志愿服务活动，大力推进公共文化服务共建共享，提高群众的生活质量和幸福指数

文化馆积极进行精准帮扶，加大对基层的文化辅导力度，在全市范围内建有文化活动基地（示范点）39个，其中未成年人文化活动基地（示范点）15个，务工人员文化活动基地2个。文化志愿者们不仅在示范点，还走入社区、学校、企事业单位、军队等，更是针对一些交通不便的偏远地区，不定期地开展培训课程和文艺活动，将公共文化服务送到老百姓的家门口，以提升文化传播的普及度和深入度，使文化志愿活动能够在基层发挥作用，将文化的影响力在基层逐渐扩散。这个由文化志愿者帮扶的群体，在长期的文艺学习中成长成熟，厦门翔安区的"三子"文化正是文化志愿者在基层服务模式中成功的案例。

2. 开展"感受艺术 美丽心灵"文化志愿服务活动,吸引更多群众自觉走进文化场馆

文化馆用特色的文化、专业的水平、高效的服务、丰富的资源充实群众的文化生活,吸引更多群众自觉走进文化场馆。"十二五"期间,厦门市文化馆(美术馆)年平均举办阵地全民艺术普及免费培训班、文艺技能培训和沙龙 3 季、40 多个项目、100 多个班级,受益群众达 6 万人次。平均年开展"百姓健康舞"活动 220 余场,参加群众累计 5 万人次。共举办"中国(厦门)漆画展""厦门全国工笔画双年展""首届大漆作漆画联展""厦门与爱沙尼亚摄影作品展""海峡云水—厦门市文化馆(美术馆)馆藏台湾黄云溪艺术作品展"等规格高、影响大的美术展览 215 场,受益群众达 150 万人次。开展艺术传播的新尝试,年均举办"美术大篷车"活动 12 场次,把艺术之美送到群众身边,被群众亲切地称呼为"家门口的美术馆"。

3. 积极打造"数字文化馆""数字美术馆",借助现代化技术手段拓展公共文化服务惠民模式

文化馆现已建有并开放厦门市数字文化联合网、厦门市文化馆官方网站、手机和平板电脑 App、微博、微信等,形成数字化全方位覆盖。通过对市、区两级文化馆平台、资源、管理、服务的整合,打破信息孤岛,打造全市 24 小时免费开放的文化馆。仅 2017 年,平台新增注册用户数 4869 人,新增 171G 视频资源、9 个网上展厅的 8.6G 图片资源,网站点击量接近 300 万人次,微信关注总人数 13044 人。文化馆利用厦门市文化馆和厦门数字文化馆联合网远程辅导平台、数字互动墙、LED 广告投放、触摸屏、iPad 等媒介,以及国家数字文化网、文化共享工程·中国文化网络电视等新媒体平台,结合专栏、专题,开展点赞点评、索票、视频直播等线上线下相结合的活动模式,推进公共文化服务的均等共享。如"草原风·鹭岛情"厦门·内蒙古两地优秀文艺作品展演、2017 年中国(厦门)漆画展开幕式两场活动,就有超过 50 万人次在线同步收看,有 8.1 万人次参与了点评、点赞,在经费不变、场次不变、地点不变等情况下,观看两场活动的人数均比传统模式超出了 400 倍,活动成效显著。

4. 开展"邻里守望 文化暖心"文化志愿服务活动，让更多困难群众得到关爱和温暖

厦门市文化馆文化志愿者们长期参与"三关爱"志愿服务，关爱空巢老人、留守儿童、残疾人，了解他们的特殊文化需求，进而带给他们文化和生活的关怀，用文化的纽带建立起温暖的大家庭，用奉献的精神服务每一位成员。志愿者们不仅组织他们参加各种有益身心健康的活动，定期探访，精心照顾，为他们送关怀、送温暖，还通过文化志愿者展演团，常年走进社会福利院和养老院演出，为孤寡老人献上孝心，送上关怀。在文化志愿者的引导下，他们不仅接受专业辅导，而且感受到社会的关爱和温暖，对推动社会和谐发展有重要的意义。

5. 开展"欢乐节日 爱我中华"文化志愿服务活动，大力弘扬中华优秀特色传统文化

为了弘扬中华优秀传统文化，丰富市民文化生活，文化馆利用元旦、春节、"五一"、国庆等节假日、节庆日，举办"温馨广场"公益性文艺演出、"文化暖心"慰问演出、非遗展演团进社区、美术展览、培训讲座等文化志愿服务活动，每年受益群众达上百万人次。

二 文化志愿服务的优秀品牌案例

厦门市文化馆积极创新服务内容，着力打造品牌团队，形成了一批既有本地特色，又具广泛社会影响力、深受群众喜爱和认同的文化典型品牌。

（一）厦门青年民族乐团：一支有水平、没有铜臭味的乐团

厦门青年民族乐团由厦门市文化馆于 2001 年创建，是一支由 70 多位文化志愿者组成、常年活跃在公共文化服务领域的馆办团队。2013 年 7 月，该乐团被评为全国首批优秀文化志愿者团队；2017 年 2 月，再次被文化部评为 2016 年"文化志愿服务团队"典型案例。16 年来，乐团不断发展壮大，从默默无闻到声誉卓著，虽然是非职业的文化志愿服务乐团，但已成为

福建省民乐团中阵营最为强大的一支队伍。

1. 主要活动

厦门青年民族乐团积极推动中国民族器乐的发展，以弘扬和传承中华优秀传统音乐文化为己任，开展了许多深受群众喜爱的志愿服务活动。①开展民族音乐进校园、进社区、进农村、进厂矿、进军营等公益活动。该乐园在服务中采用边演奏，边介绍乐器、讲解民族音乐知识的方式，从民族的、历史的、地域的角度引导观众了解认识中国音乐，理解中国音乐的内涵，让中华优秀民族文化成为增强、激发爱国主义精神的重要载体。乐团先后走进集美大学、厦门理工学院、厦门大学漳州校区、龙岩学院、厦门南洋学院、厦门双十中学、厦门六中、翔安第一中学、故宫小学、前埔南区小学、北师大海沧附校等各大、中、小学校以及许厝村、禾山街道等农村和社区举办民族器乐专场音乐会近 50 场，观众达数十万人，深受市民和学校师生的欢迎。②举办专场音乐会、讲座。在各大音乐厅、戏院举办"海峡情深"金桥之夜民族音乐会、"拥抱春天 回眸经典——2015 影视金曲民族音乐会"、"中国之夜"民族音乐会（第四届世界合唱比赛期间受邀举行的专场音乐会）等。该乐团还多次在社区举办"厦门青年民族乐团文化志愿者进社区专场音乐会"并邀请民族器乐演奏家主讲"民族器乐的二度创作与舞台艺术"等音乐公益讲座。③承担厦门市重大活动演出。2012 年 10 月，厦门青年民族乐团代表厦门市赴京参加"大地情深"国家公共文化示范区创建城市群众文化进京展演，获得了专家评委及观众评委的高度肯定。2014 年庆祝新中国成立 65 周年"我的祖国"民族音乐会、"海峡月圆"中秋文艺晚会。2016 年 10 月，厦门市庆祝新中国成立六十七周年"华韵颂歌"民族音乐会以及厦门市春节团拜会、国庆招待会、中国国际"9·8"投资洽谈会、台交会及海峡论坛等重要演出。④担当对外、对台文化交流使者。2004 年，乐团受文化部的派遣，赴保加利亚参加中保建交 55 周年"中国文化艺术节"演出活动，受到中国驻保加利亚大使馆工作人员以及保加利亚观众的热烈欢迎和高度评价。2005 年，乐团应邀赴马来西亚参加第八届马来群岛鼓乐节，参加了盛大的开幕式演出和三个专场演出，受到马来西亚观众的热烈欢迎和高度评价。2016

年赴澳门文化中心综合剧院与澳门长虹民族乐团联合演出"厦韵濠情现长虹"民族音乐会。为推动海峡两岸文化交流，乐团与台中市国乐团、金门国乐团及台中青少年国乐团多次举行海峡两岸联合音乐会。如厦门青年民族乐团与台中市国乐团于2010年在台中市、台北县共同举办了"夜宴弦舞两岸情"国乐联合演奏会。2014年，与金门国乐团联合演出等。

2. 社会效益

厦门青年民族乐团作为一个由文化志愿者组成的非职业乐团，没有编制，没有工资，是共同的爱好与梦想将他们团结在一起，是奉献社会、提升自己的志愿服务理念将他们凝聚在一起。厦门青年民族乐团的演员们白天在各自不同的岗位工作，但每周他们都要坚持一次排练，风雨无阻，从不间断。就连2016年莫兰迪台风过后的第三天，他们依然坚持到馆参加排练。坚持不懈的努力，认真刻苦的训练，精益求精的态度，使得他们的演奏水平，达到了专业乐团的演奏水平和演出标准，取得了良好的社会效益。①凝聚社会力量。通过乐团这个平台，将社会民乐爱好者吸纳、会聚在一起，共同切磋、探讨艺术，弘扬优秀民族音乐，营造良好的艺术氛围。②普及民乐知识。通过定期举办音乐会、下基层专场演出等方式，乐团文化志愿者向市民和学生普及民乐知识，增强对中华文化的认同和热爱。③奉献社会。厦门青年民族乐团以践行志愿服务精神、弘扬社会主义核心价值观、助推公共文化服务体系建设为宗旨，在传播、普及中华传统音乐方面发挥积极作用，受到广大群众的欢迎和好评，产生了良好的社会效益。

乐团得到全国许多著名艺术家的关注，著名作曲家、指挥家周煜国、杨春林，青年指挥家孙莹、黄光佑等都曾担任乐团客席指挥。已故中国当代著名作曲家、指挥家刘文金先生更是在多次指导后，赞誉"这是一支有水平的、最没有铜臭味的乐团"。

（二）厦门市非物质文化遗产展演团：传播传承闽南文化的烫金名片

厦门市非物质文化遗产展演团也是由厦门市文化馆于2009年创建的馆

办文化志愿服务团队，现有成员 60 余人。该团以非遗传承人群、非遗工作者、社会文化志愿者为主要骨干，以"服务基层，文化暖心"为宗旨，以保护单位、传习中心及代表性传承人、文化志愿者为依托，以宣传、展示厦门市非物质文化遗产项目及优秀的闽南文化为主要任务，表演项目有南音、歌仔戏、高甲戏、答嘴鼓、拍胸舞、车鼓弄、讲古和闽南歌曲演唱等。2014年，非遗展演团"美丽厦门·文化暖心"文化志愿者慰问演出项目被文化部评为文化志愿服务示范项目；2017 年 6 月，厦门市非物质文化遗产展演团荣获"福建省优秀文化馆志愿者队伍"。

1. 主要活动

（1）传承推广。展演团自建团起就开展"非遗进校园"活动，先后到厦门大学、集美大学、厦门市商业旅游学校、外国语附小等演出并开设非遗讲座、普及非遗知识。2015 年，展演团为实现公共文化成果人人共享，还把优质文化送进千家万户，举办进学校、进社区、进企业展演活动上百场，在展示本土文化魅力的同时，展演团传承人还充当学校的特色课程教师，把本土文化带入课堂，化身教师走进教室言传身教非遗文化。目前，厦门市共有一百多所学校开设特色课程。

（2）传递爱心。展演团大力弘扬中华民族"敬老、爱老、助老"的传统美德，积极开展"立足本土，文化暖心"活动，他们的足迹遍布厦门思明区福利院、集美区养老院、爱心养老院等各区养老院、护理中心，为老人等特殊群体带去文化志愿者诚挚的问候和浓浓的祝福。每年护士节、重阳节，非遗展演团文化志愿者的身影总会出现在护理院、敬老院，在当地引起不小的反响，得到老人们的高度称赞，媒体多次跟踪报道。

（3）文化使者。近年来，厦门非遗展演团多次赴北京、成都、山东、青岛、宁波等地参加展演。出访了马来西亚、印尼等国以及中国台湾、金门地区。接待日本、冰岛等国家和中国台湾、澎湖、金门地区及其他省市文化代表团和非遗团队。2011 年、2012 年连续两年承担"闽南台中特色庙会""闽南特色庙会"的演出任务；2013 年参加海峡民间艺术节厦门、同安等多场演出任务，并赴马来西亚槟城州进行学术交流；2016 年 10 月，展演团赴马来西亚马六甲参加 2016 年世界闽南文化节，在马六甲国家非物质文化遗产传习中心勇全殿演出，受到当地民众舞龙舞狮、鸣炮仪式的热烈欢迎，马六甲的《中国报》《星洲日报》等多家媒体对厦门市非遗展演团做了多方宣传报道。特别是 2017 年 9 月，展演团在第九次金砖国家领导人厦门会晤中表现出色，所承担的非遗展演、展览、展示等活动均获得各国嘉宾的青睐，闽南文化和厦门非物质文化项目与传承人惊艳海内外，向世界展现其独特的魅力与风采。

2. 社会效益

在各类活动中，厦门市非物质文化遗产项目展演团坚持把志愿者服务与非遗文化、公共文化服务相结合，使志愿者活动开展得有声有色。同时通过活动培养了志愿者的公共意识、奉献精神和服务能力，全面提高了志愿者的整体素质。非遗文化志愿者经过努力，使更多的人了解非遗、认识非遗、传承非遗，其良好的文化服务受到社会各界好评。

（三）美术大篷车：家门口的美术馆、无墙的美术馆

厦门市文化馆（美术馆）实施"美术大篷车"工程，是文化馆（美术馆）秉承公益性文化机构的服务职能，对艺术传播的一次创新尝试、志愿服务。该工程的主要目标包括：一是强化功能，贴近服务。主动走出美术馆，把文化服务与文化馆（美术馆）藏品送到基层，方便百姓，满足需求。二是整合资源，全民共享。整合、发挥本馆典藏精品、骨干队伍、品牌活动等美术资源的作用，力求文明成果全民共享。三是扩大影响，增加认同。通过美术大篷车活动，让更多民众认识美术馆，了解美术馆，增强美术馆的亲和力，吸引民众主动走进美术馆参观展览、参加活动。

1. 主要活动

厦门市文化馆（美术馆）"美术大篷车"工程以大篷车的形式，采取以点带面、逐步推进、动静结合、更新循环的形式，进行美术展示、美术辅导和美术服务，服务厦门市社区、农村、部队、校园等。该工程自2011 年 7 月 29 日在厦门市思明区莲西社区启动，受到市民的广泛好评，

入选 2011 年文化部发展扶持计划，列为优秀公共教育和推广项目，被称为"家门口的美术馆""无墙的美术馆"，光明网、《厦门日报》等媒体给予高度肯定。近两年来，厦门市文化馆（美术馆）先后进入社区、农村、学校、部队、医院等，遍布全市六个区，将艺术展览送到百姓身边，除了流动展览，同时开展写春联、书画笔会等配套活动，吸引众多市民驻足观看，特别是笔会现场，书画家以画寓情、以书涵意，饮蘸笔墨，一幅幅山水、花鸟、书法作品，表达了书画家对美好生活的祝福，深受社区民众欢迎。

2017 年，美术大篷车在形式、内涵上较往年进一步提升，充分发挥美术人的专长，积极参与、志愿服务、传播美育，现场安排艺术家讲解、书画笔会、制作研发馆藏衍生品、发放馆办刊物等。如 2017 年厦门市文化馆（美术馆）组织的"美术大篷车"走进外国语附小、育秀社区、长乐社区，以流动展览形式展出馆藏漆画精品，并首创毛笔、水写布等衍生品，开展艺术普及推广，展出的漆画由厦门市文化馆（美术馆）从首届全国漆画展、历届中国（厦门）漆画双年展、十一届全国美展厦门漆画、陶艺展收藏的漆画中精心挑选出来，翻拍制作成轻便精美的 KT 图片，配以文字说明，组成可以移动悬挂的图文并茂的"厦门馆藏漆画作品流动展览"。展览现场，文化志愿者们向长乐社区居民与前来的各地市民介绍漆画的悠久历史、制作工艺及制作过程，传授公众对漆画传统艺术的鉴赏方法，让许多无法到美术馆观看漆画的市民，不论男女老幼、知识层次高低、何种职业，都对漆画有所了解、有所体会、有所收获。

2. 社会效益

厦门市文化馆（美术馆）每年举办 10 场以上"美术大篷车"活动，通过把作品送进社区、基层展览，公众通过观看展览、倾听讲解等形式，零距离接触厦门市文化馆（美术馆）的馆藏精品，既最大限度地发挥美术馆馆藏精品的作用，也充分发挥骨干队伍的作用。充分履行美术馆公益性文化机构的服务职能，对美术传播、志愿服务、艺术共享是一次全新尝试。

（四）全民共享艺术普及成果

近年来，厦门市文化馆不断摸索、创新公共文化服务新模式，将免费培训、品牌打造、团队建设、辅导基地示范点建设相结合，主动下基层，让全民共享艺术普及成果。

1. 主要活动

（1）成立馆办团队厦门市文化馆少儿艺术团，开展文艺辅导下基层活动，由厦门市文化馆文化志愿者下学校编排少儿节目，进行排练演出。如利用"六一"儿童节，联合厦门市梧村小学文化辅导（示范）点、厦门市古埕演奏技艺传习中心编排的少儿舞蹈《新说天黑黑》获第五届全国"小荷风采"比赛一等奖；少儿舞蹈《同学》获"第六届全国小荷风采比赛"福建赛区创作银奖、表演金奖；少儿舞蹈《小枕头·大宝贝》获第八届"小荷风采"全国少儿舞蹈展演小荷新秀奖，等等。

（2）"三子"文化，打造厦门文化新名片。厦门市文化馆文化志愿者下基层到翔安新圩镇帮助组建新圩嫂子合唱团，到金柄村组建汉子拍胸舞表演队，到古宅小学组建孩子竖笛表演队等队伍，使其具有一定的示范性和影响力。如新圩嫂子合唱团的文化志愿者们，大多来自田间地头，平均年龄三十九岁，没有音乐基础，不识乐谱，经过文化馆文化志愿者从台步形体、嗓音声训、视唱练耳和舞台表演等方面的辅导培训，登台便获得众多掌声与荣誉。新圩女子合唱团在第六届世界合唱比赛中一举夺得民谣组银奖，女声小合唱《阮兜闽南》在首届华东六省一市新红歌大赛中获得辅导银奖，辅导节目答嘴鼓说唱《新圩嫂比名牌》入选福建省"第十七届群星奖"。

（3）文化辅导点成为孩子们的乐园。翔安区内厝中心小学为厦门市文化馆文化辅导点之一，常年定时安排文化志愿者前往辅导。"布袋木偶戏"是傀儡戏剧种之一、福建木偶戏的重要组成部分，厦门市文化馆帮助内厝中心小学于2011年组建"木偶剧社"，邀请木偶文化志愿者专家为学生传授、培训木偶表演，先后吸引了不少学生前来参加。文化馆老师辅导排演的儿童木偶剧《小圣斗巨蟒》寓教于乐，在第十届中国艺术节"群星奖"戏剧类比赛中荣获作品类"群星奖";第十一届福建省水仙花戏剧奖·小品小戏奖比赛中获导演奖一等奖;儿童木偶剧《咱们都漂亮》入围 2016 年度中国戏曲小梅花奖;文化志愿者曾颖于 2012 年被福建省文化厅、中共福建省委农村工作领导小组办公室授予"福建艺术扶贫工程先进个人"称号。

2. 社会效益

加强"全民艺术普及"的责任感,做好满足社会艺术辅导需求工作。近年来,厦门市文化馆对农村、边远地区等基层文化工作做深入的调研,掌握现状,明确任务,措施具体、责任到位地部署"全民艺术普及"工作,一批艺术"示范点"和"辅导点"相继挂牌,并安排文化志愿者定时前往辅导。如厦门群星表演工作坊、厦门市群众文化理论研讨会等一批具有影响力的活动品牌,并成立多个文化志愿者服务小分队,成效显著。

(五)厦门市、区文化馆文化志愿服务联盟

厦门市文化馆在文化志愿服务领域探索多年,积累了一定的志愿服务理论与实践经验。近年来,为构筑人人共建共享的现代公共文化生活,全面提升厦门公共文化服务水平,厦门市文化馆联合全市 6 个区文化馆,成立厦门市、区文化馆文化志愿服务联盟,并利用新媒体平台,全方位打造厦门数字文化馆联合网文化志愿者云服务平台,为文化志愿服务提供技术支撑,为志愿者和志愿项目的管理、服务提供便利。

1. 主要做法

①厦门市文化馆为联盟发起单位,全市 6 个区文化馆为联盟成员单位,联盟办公室设在厦门市文化馆。在全市建立文化志愿者枢纽平台,与各联盟成员单位共同打造文化志愿者中心,协调当地的文化志愿者供需对接,推动当地政府、企业、媒体等关注和支持文化志愿服务的发展。②联合联盟成员单位开展文化志愿服务相关培训、沙龙、论坛和资源对接,并在全市横向和纵向开展,实现文化志愿服务的统一发布、管理和调配。③开发一套适合社会组织文化志愿者管理的工具包。工具包包括了文化志愿者评估工具、文化志愿者管理手册、文化志愿者管理数据库、培训课程体系等,免费为社会组

织使用，提升组织文化志愿者的管理水平。④建立电子化信息系统，通过电子化信息系统对接全市文化志愿者资源，实现市区两级文化馆文化志愿者的统一管理和服务。⑤项目推广和传播，如建立文化志愿联盟年会，定期开展相关的交流活动等。

2. 社会效益

通过成立厦门市、区文化馆学雷锋文化志愿服务联盟、厦门数字文化馆联合网文化志愿者云服务平台，建立横向全市平台，以及在环保、助老、助残、教育、传播等领域打造纵向志愿者平台，实现文化志愿者供需对接的民主管理和自主运作的全市学雷锋文化志愿服务联合体。

三 文化志愿服务的发展经验

（一）借助厦门市创建公共文化服务体系示范区的时机，加强管理与扩充

2013 年 8 月，厦门市获全国首批"国家公共文化服务体系示范区"创建城市。在创建过程中，作为厦门市公共文化服务机构之一，厦门市文化馆以此为契机，进一步加强和完善了文化志愿者及其团队的管理。

（二）加强理论研究与队伍培训

通过定期举办厦门市文化馆学雷锋文化志愿者培训，建立完整的文化志愿培训、活动档案，为深入实施示范性文化志愿服务活动、广泛开展基层文化志愿服务活动、夯实文化志愿服务工作方面打下良好的基础。并通过加强理论研究，促进文化志愿服务机制不断完善。

（三）增强创新意识，坚持以群众需求为出发点

在提供公共文化服务中，厦门市文化馆坚持以群众的文化需求为出发点，与时俱进，面向基层，面向特殊群体，以打造品牌团队和服务为突破点，创新服务。

（四）积极采取对策破解文化志愿服务发展过程中出现的问题

针对文化志愿服务发展过程中由于相关法律政策不够完善，机制不够健全，社会机构参与少、缺乏自主筹资能力以及因为专业性较强导致参与人数有限等问题，厦门市文化馆积极采取对策，破解文化志愿服务发展过程中出现的这些问题。如结合实际工作，不断研究，制定适应新时代、新要求的志愿服务管理制度；通过成立厦门市、区文化馆学雷锋文化志愿服务联盟、厦门数字文化馆联合网文化志愿者云服务平台，加大宣传，尽可能地吸纳有志之士；积极争取政策支持和政府指导，提高参与文化志愿服务的感召力、影响力；积极倡导社会、个人自主参与志愿服务，发挥全社会、多层面开展志愿服务的积极性。

未来厦门市文化馆将在创新文化志愿服务内容、完善文化志愿服务机制上进一步努力，与时俱进，开拓进取，完善自我服务水平，更好地履行人民赋予的神圣使命；将通过不断提升文化志愿服务水平，创新艺术辅导、美术展览讲解、非遗宣传普及、讲座培训等内容，让全民艺术普及真正落到实处。

B.19
温州市非物质文化遗产馆志愿服务
发展历程与经验

沈海涵*

摘　要： 随着温州市非遗文化志愿服务的蓬勃发展，以温州市非物质文化遗产馆为依托，非遗保护志愿者参与和承担起了保护、传承、创新非遗文化的服务工作，成为推动非遗传播和繁荣的强大力量。自2012年开馆以来，温州市非物质文化遗产馆经历了从"青少年志愿者"到"社会志愿者"再到"小小志愿者"服务项目的发展历程，并探索了针对不同团队的管理经验。2014年依托非遗馆成立的温州市非遗志愿者社团，推动了温州非遗志愿服务工作向规范化、制度化、社会化的稳步迈进。在新形势下，应进一步推动形成科学系统的管理模式、加强志愿者教育培训、完善服务激励与考核机制，以推动温州非遗保护工作的可持续发展。

关键词： 温州　非物质文化遗产馆　志愿服务

非物质文化遗产是人类珍贵的财富，非物质文化遗产保护是一项来自民众、融入民众的工作。温州历史悠久、人杰地灵，其间形成的丰富非物质文化遗产承载了温州厚重多彩的文化信息和独辟蹊径的发展历程。近年来，作

---

* 沈海涵，温州市文化馆馆员。

为非遗保护的"生力军",温州市非遗文化志愿服务蓬勃发展,温州市非物质文化遗产馆非遗保护志愿者参与和承担起了保护、传承、创新非遗文化的重任,成为推动非遗传播和繁荣的强大力量。

一 非遗志愿者团队培育的发展历程

自 2012 年开馆以来,温州市非物质文化遗产馆经历了从"青少年志愿者"到"成人志愿者"再到"小小志愿者"服务项目和团队建设的发展历程。

(一)青少年志愿者

温州市非物质文化遗产馆于 2012 年 12 月开馆。由此,以温州市非遗馆为依托,温州市逐步形成了以青少年为主体的有志于非遗保护的志愿者团队。该团队成员包括来自温州大学瓯江学院、浙江东方职业技术学院、浙江工贸职业技术学院等大专院校的大学生非遗志愿者 100 余人,以及来自各中小学校的非遗志愿者数十人。温州市非遗馆同时与这些学校共建了青年志愿者服务基地、大学生实践基地,从而推动了温州市非物质文化遗产保护志愿服务活动的开展。

温州市非遗馆作为浙江省内规格较高的综合性非遗展馆,既集中展示了温州非遗最精华的部分,又是非遗活态传承的良好场所,自开馆以后得到了社会的广泛认可与一致好评。开馆后,青少年志愿者相继开展了一系列以"文化汇聚正能量,爱心传递非遗梦"为主题的非遗志愿者活动,在温州市非遗馆运行、开展传习活动、举办传统节庆活动以及传播非遗文化的各项工作中起到了不可或缺的作用。

(二)社会志愿者

2014 年,温州市非遗产保护中心为进一步扩充非遗志愿者队伍,改变当时仅有单一的学生志愿者参与非遗保护的状况,开始在温州市媒体刊登志愿者招募公告，面向社会招募对非遗有兴趣、有文化底蕴、有一定时间的社会志愿者。

通过对报名者的筛选，温州市非遗保护中心录取了50名人员，并在当年5月中旬对他们进行了为期一周的新志愿者培训。非遗馆邀请有经验的教师对志愿者进行了非遗知识、讲解技巧、讲解礼仪的系统培训，引导志愿者掌握非遗保护的知识和技能，以更好地开展非遗保护工作，培训后志愿者们开始参与到"文化遗产日"各项服务活动中。

相比学生志愿者，招募的社会志愿者有更自由的空闲时间，较好地弥补了学生志愿者学业较为繁重、上课时间无法参加非遗保护活动所带来的问题，有效缓解了非遗馆人力不足的状况，扩大了温州市非遗保护力量。同时，社会志愿者自主意识更强，他们对非遗的兴趣浓厚，更能专心地投入工作中，从而更好地推动了非遗保护活动的常态化开展。

2014年6月14日，在温州市"活力非遗，魅力温州"文化遗产日开幕式上，温州市非遗志愿者社团正式成立。该社团的成立，标志着温州市非遗志愿服务工作开始向规范化、制度化和社会化轨道上的迈进。

（三）小小志愿者

近年来，温州市开展的非遗进校园活动，为非遗在校园内奠定了较好的基础。在温州市非遗志愿者活动如火如荼进行之时，2016年，为吸引更多的孩子参与到非遗保护队伍中来，同时作为温州市第11个"文化遗产日"系列活动之一，温州市非遗中心发布了小小志愿者招募公告，向全社会招募50名小小非遗志愿者，以大志愿者带小志愿者的方式，更好地进行非遗的宣传推广。因为报名踊跃，经过筛选，最终65位小朋友入选，正式成为温州市非遗馆的非遗小志愿者。在小志愿者中，年龄最小的8岁，最大的14岁，他们都来自温州市各中小学校，其中，不少小朋友的家长是非遗馆的志愿者。他们以非遗馆讲解、非遗宣传、非遗广播、非遗表演、非遗编辑、非遗活动后勤服务等形式广泛参与到非遗保护活动中来，扩大了社会影响，培养了非遗保护的后备军。

作为非遗保护的"生力军",温州市非物质文化遗产馆通过建设非遗志愿者团队,改变了非遗保护过度依靠政府的单一化格局,弥补了人力不足、经费不足的问题,满足了群众提升自我的需求,志愿者搭建了奉献社会平台。非遗保护作为公益性文化事业,需要全社会共同推进,需要充分调动社会各方面力量参与群众文化事业的建设与发展。随着多形式、开放式、有特色的非遗志愿服务工作的不断推进,越来越多的市民参与其中,并逐渐影响到周围的家人、朋友,为非遗保护增添了更多力量,在全社会营造了浓郁的文化氛围。同时,百姓通过参与非遗保护活动,丰富了自己的业余生活,提高了文化修养,促进了文化活动的多样性。

二 针对不同团队的管理

(一)青少年志愿者团队的管理

温州市青少年非遗保护志愿者主要由对非遗工作怀着极大热情的大学生、中学生组成,他们在周末、节假日及平时没课时参加非遗志愿活动,主要分为非遗馆讲解、非遗馆协助管理、非遗宣传三个团队。

首先,对青少年志愿者开展非遗知识普及及非遗馆讲解培训。培训由非遗馆资深讲解员讲授,采用培训和讲解相结合的形式,详细介绍非物质文化遗产的概念、发展历程、保护方式,并带领学生参观非遗馆。通过对非遗馆展出的150多项近千件非遗展品的详细讲解,使学生既系统地学习非遗知识,又能领略温州市丰富的非遗资源,增长人文知识。

培训后,志愿者进行讲解实践,经过三轮考核,从中挑选出较为优秀的志愿者作为非遗馆志愿讲解员,其他志愿者根据喜好,自主选择协助非遗馆从事辅助管理、非遗宣传工作。

非遗馆推出了各项活态传承项目,如每周六非遗项目现场表演活动,以"零门槛,全免费"形式搭建的"非遗学堂","周周有精彩,月月有主题"非遗主题月活动,活动吸引了众多市民和青少年广泛参与,尤其是周末,非遗馆内更是人流如织、热闹非凡。每到周末，数十位青少年非遗志愿者轮流参加非遗馆讲解和协助管理，为广大市民带来生动的讲解，为孩子和老年人送去贴心的服务，通过协助管理各项传承活动，使非遗馆内秩序井然，各项工作有条不紊，有效补充了温州市非遗工作力量。

青少年非遗宣传志愿者团队还通过在夏日进社区宣传非遗，在非遗馆门口及闹市区发放非遗馆宣传折页，整体宣传温州市非遗工作。通过采访非遗传承人，做好文字、录音记录，激发传承人积极性，完善口述史工作。通过在端午节、中秋节等开展的民俗节庆活动中，进行引导、讲解、服务、采访等工作，融入社区和群众生活当中，对外传播非遗文化。

为更大程度上调动青少年非遗志愿者积极性，温州市非遗中心建立健全了非遗志愿者服务补助制度、活动登记制度、先进评选制度等。如通过报销非遗志愿者参加活动往返车费，提供中餐，为志愿者提供相关福利；通过每两个月召开非遗志愿者工作会议，讨论近期工作情况，安排部署下阶段工作内容，强化非遗志愿者管理；通过在年终评选优秀志愿者，给予一定的物质和精神奖励，鼓励先进，激励志愿者工作。

（二）社会志愿者的管理

2014 年 6 月成立的温州非遗志愿团，以社会上的成人志愿者为主，成立之初共有 80 余名志愿者，涵盖了中小学教师、记者、专家学者、文化工作者等行业，他们各具特长，中坚力量在 30 岁至 40 岁。非遗志愿团在部门设置、组织建设、成员管理上逐步规范，非遗研究初步推进，团队建设具有人文关怀。

1. 组织建设

温州市非遗志愿团的组织建设根据实际情况，进行了三个阶段的调整。

成立之初，非遗志愿团依据报名将第一批 80 多位成员分到讲解、宣传、活动三个组当中，每组选出组长一名、副组长两名，负责组员的日常管理，并由个人自荐，设立了非遗志愿团团长一名，负责团队的整体协调管理。经过两个多月的运作，由于宣传、活动两个小组的负责人对团队发展不够热心，不肯在沟通协调上花足够的时间，没有一定的组织能力，这两个小组的工作始终没能有效开展起来，仅讲解组保持了工作有序推进的态势。在此期间，温州市非遗志愿团尝试将团队成员机械分成三个分队的管理模式也未奏效。

随后，温州市非遗志愿团结合团队实际和个人意愿，陆续对团长、组长及副团长人选做了变动，把原来三个组细分扩设成制度部、考察部、学习部、组织部、培训部、考核部、编辑部、策划部、开发部、宣传部、国际部、后勤部等12个部门，面向全体成员招募并发掘了一批讲求奉献、珍惜荣誉的管理人才，把他们充实到各个部门负责人的岗位上，为其搭设施展的舞台并接受实践检验。

2015年4月底5月初，温州市非遗志愿团进一步明确管委会的管理模式，整合了上述12个部门的工作职责，合并为招募培训部、考察策划部、拓展开发部、统财学习部、宣传部、国际部6个部门，实行集体决策制度。同时对团队管理者颁发聘书，依据各自不同的工作表现情况分别授予团长助理、部长、副部长、部门负责人等职务。

2. 活动开展

非遗志愿团成员来自各行各业，有着不同的工作和生活背景，他们以对非遗的喜爱为纽带走到一起。为使成员掌握非遗知识，充分发挥志愿者的服务作用，温州市非遗志愿团以"对内苦练内功，对外强化服务"为宗旨，先后开展了一系列非遗学习、服务、交流活动。温州市非遗中心每年用于非遗培训、学习、考察的专项经费有2万~3万元。

非遗志愿团成立之初，不少志愿者对非遗保护的概念及理论比较模糊。为此，招募结束后，温州市非遗中心组织了针对新志愿者的非遗知识培训，使志愿者们具备了从事非遗志愿工作的基础知识和技能。

为了拓展知识面，提高业务技能，温州市非遗志愿团建立了季度集中培训制度，温州市非遗中心对非遗志愿团每两个月安排一次主题讲座，先后邀请多名专家、学者举办了温州历史文化、温州非遗等专题讲座。同时，为每位成员分发《非物质文化遗产保护干部必读》等书籍。通过一系列培训，使成员在非遗概念、非遗价值、非遗理念、非遗传承、非遗普查、非遗申报、非遗管理、非遗经营等方面获得了有效的理论武装。

为提高成员对非遗馆的讲解水平与能力，非遗志愿团还形成了非遗讲解实战演练的良好氛围，先后举办了非遗项目分组讲解演练、集中讲解互评、非遗馆"踢馆"等活动，依据"踢馆"得分名次还评选出年度十大讲解新秀。2015年5月，温州市非遗志愿团在温州市非遗馆举办"为非遗代言，别等风来"活动，一边是丰富多样的PPT内容，一边是生动而严密的精彩讲解，是集原来"踢馆"、讲解稿完善、PPT比赛等于一体的升级版实战演练。

除了"请进来"，非遗志愿团还开展了多项"走出去"活动。如2014年温州市非遗中心组织非遗志愿团参加了中国杭州文化创意产业博览会非遗文化传承馆、嘉兴桐乡非遗馆等地考察活动。2015年5月组织了近50人赴苍南矾山博物馆、瑞安文博馆等地考察非遗项目。此外，非遗志愿团还自行组织开展一系列"说走就走"非遗之旅活动。先后组织参观考察了南戏博物馆、东瓯王庙、同仁堂中药博物馆、非遗广场、泰顺百家宴、龙湾永昌堡、温州发绣研究所、中华姓氏第一村（宁村）、汤和庙、张璁祠、瓯剧等场所及非遗项目。

在对外服务方面，非遗志愿团继续强化讲解服务，除了增加值班非遗播讲服务，还提出以"360度无遗漏"的站馆布点方式，做好每年全国文化遗产日讲解服务，还为温州市非遗中心解了燃眉之急。2015年初，温州市非遗中心得知4月将有一批德国学生参观非遗馆，有60多人的团队，仅仅依靠非遗馆仅有的一位英语讲解员是远远不够的。温州市非遗中心在志愿团群里发出公告，仅仅一天时间，非遗志愿团国际部就组织了20多位外语人才，并策划制作德语显示屏及活动整体方案，各项工作及时而有效。

除了温州市非遗馆讲解，几年来，温州市非遗志愿团积极参与了文化遗产日、非遗走进肯恩大学、非遗中心年度颁奖仪式、"年味温州"非遗美食展、温州话吟诵培训班等服务工作，主动承接温州非遗微信订阅号部分资讯推送工作，坚持"开放办团"原则，面向市民举办瓯绣知识讲座、"说走就走"非遗之旅、为非遗代言等活动。2015年的文化遗产日，温州市非遗志愿团首次承办了规模较大的温州市非遗诗歌朗诵吟诵会，吸引了一大批市民参与，起到了宣传、推广非遗的良好效果；非遗志愿团还成立非遗讲师团，推进非遗课程研发，配合了温州市非遗中心开展非遗进校园（社区、企业）系列活动；举办了"非遗小课堂"活动，作为温州市"非遗进校园"活动的有效补充，先后走进温州市12所中小学。

3. 志愿者管理

成立至今，非遗志愿团人员始终具有年龄跨度大、行业涉及广的特点，志愿者年龄从20世纪50年代出生的志愿者到21世纪的"00后"，被戏称为来自"五湖四海"的"六代同堂"，人员来自全市各行各业。为了不断推进志愿团建设，在数量上、质量上和结构上不断推进人员升级。

（1）数量升级。非遗志愿团成员数量呈现为先高后低再高的波浪运动曲线。成立之初，团队拥有第一批成员80多人，由于管理不利等原因造成一半以上的成员陆续脱离，核心成员（参与非遗馆值班）人数在2014年10月左右降至谷底，仅剩40多人。后来经过日常零星的招募，团队成员数量回升至50多人。2015年4月、2016年4月先后招募了两批成员，使团队核心成员增至100多人。

（2）质量升级。成立以来，非遗志愿团集中开展了两次招募活动，第二次招募活动增加了面试环节。温州市非遗志愿团组织人员以互动、提问的形式进行了面试，全面考察志愿者的仪表、语言表达、个人素质等方面内容，从中筛选出30人。由于增加了面试环节，第二批成员都各具特长，如具有绘画、英语、非遗工艺、摄影、朗诵、写作、书法等特长，进一步增强了温州市非遗保护力量。

（3）结构升级。温州市非遗志愿团原来成员结构单一，男性核心成员仅7名，占比14.6%。经过第二次招募工作，团队男性核心成员达到16人，是原来的2倍多。特别是尝试采取了"开放办团，广纳人才"的方针，抛开旧的框框，在核心个人成员的基础上，将目前未参加非遗馆值班的、未参加过统一面试的人员纳入项目制成员的行列，作为核心志愿者的后备军，并且为团队带来更多的人气。同时，志愿团尝试成立了第一个分部——温州市现代集团非遗保护青年团，吸纳东方学院非遗保护组织作为团队的团体成员。

4. 制度建设

一是形成成员个人资料征集制度，初步形成了一套团队成员电子档案，为后续考核工作开展奠定基础；二是形成非遗馆值班工作安排制度，包括服务台管理、广播非遗播讲等服务内容；三是推进社会团体和志愿者"双注册"；四是完善团队管理制度，形成管理人员聘任制度；五是形成荣誉评选制度，每年评出"年度模范之星讲解新秀""非遗妙笔风采奖""志愿服务先进个人"等多项荣誉；六是形成年会制度，每年年底，非遗志愿团都召开年会，表彰先进，交流成员情感。

5. 理论研究

包括非遗志愿团参与《东瓯遗韵　非遗大观（三）》文字校对、文稿修饰、格式编排等编辑工作；依照成员个人兴趣倾向，组建了瓯绣、瓯剧、瓯窑、泥塑、剪纸等研讨小组；依托研讨组积极提出有关非遗研究课题，并按时完成课题报告，志愿者陈承铭创作的解读非遗理念的漫画还被《浙江文化月刊》进行报道。

（三）小小志愿者的管理

儿童是祖国的未来，温州市非遗小小志愿者存在着年龄小，知识结构尚未完善，对非遗充满好奇，特长较多等特点。针对小小志愿者的特点，温州市非遗中心先后开展了以下活动，在小小志愿者心中播下非遗的种子，使他们成为非遗保护发展的新生力量。

1. 开设"非遗学堂"传播传承非遗

在"非遗学堂""萌芽篇"中，由传承人手把手教授，开设小小志愿者喜爱并易学的"剪纸""米塑""瓯窑"等非遗技艺类课程，孩子往往能在短短几节课内学会基本技艺。课程完成后，他们或把作品留在非遗馆展示，或带回家里珍藏，对非遗的喜爱从此萌芽。

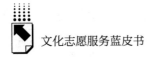
2. 开展主题志愿学习活动

温州市非遗中心开展的各类非遗活动、民俗节庆活动，都有小小志愿者学习的身影。他们参观温州市非遗馆，在"非遗进校园"活动中学习木偶操作，在端午节民俗活动中学习包粽子，参加"中秋雅集"吟诵活动，在"年味温州"非遗迎春展中学习非遗小吃知识，等等。温州市非遗中心为小小志愿者们配备了专门的讲解员，为他们进行专题讲解给予引导，使他们能在短时间内掌握非遗知识。

3. 开展非遗宣传活动

在参加主题志愿学习活动时，不少小小志愿者以"小记者"的身份，采访非遗传承人及活动参加者，并回家撰写心得体会和活动报道。他们的文笔虽然略显稚嫩，却充满童真童趣，表达了对非遗的喜爱之情。温州市非遗中心通过与《温州晚报》合作，在报纸上开辟专栏，刊登小小志愿者的文章，在"温州非遗"微信公众号上定期不定期推出，在一定程度上起到了非遗的宣传、推广作用。

4. 开展非遗广播、讲解、表演

在小小志愿者中，不少都具有主持、广播、表演的特长，对此，温州市非遗中心在非遗馆广播站中设立了"小小播音员"，在讲解服务中设置了"小小讲解员"，使小小志愿者参与到非遗的播音、讲解服务中来，使他们在讲解中进一步掌握非遗知识。同时，在各项非遗活动中，小小志愿者们以演员的身份登上舞台，现场表演非遗朗诵、舞蹈、演唱等节目，进一步丰富了非遗活动的内容。

三 存在的问题与对策

几年来，温州市非遗志愿团活动虽然取得了一些成绩，但是因为受其管理模式、运行机制、培训服务等因素制约，仍存在着不少问题，需要采取积极的对策。

（一）需要进一步加强上级部门系统科学的管理

群众文化志愿者队伍主要由相关文化事业机构进行管理，由各省市文化厅（局）组建的文化志愿者服务中心负责管理，由志愿者服务机构进行管理。[①] 目前，温州市的非遗志愿服务尚处于发展阶段，其管理模式还在摸索中进行，管理上尚未形成科学系统的固定模式，需要上级部门加强对志愿团的协调管理、监督检查。同时还应加大专项保障资金投入，并为志愿团提供活动场所及便利条件。

（二）需要进一步加强对志愿者相应技能的培训

志愿者的培训工作决定了志愿服务的质量。非遗志愿团的相关志愿活动，应与志愿者的年龄、知识技能相适应，虽然目前针对志愿者开展了一系列的培训，但都是基础的辅导以及全员培训，缺乏更高层次的专业技能培训，无法满足志愿服务的需求和需要。因此完善培训机制，对所需的各个门类技能进行培训，加强专业培训及骨干培训，以全面提升志愿者服务水平，是需要进一步加强的工作。

（三）需要进一步完善志愿者活动激励及考核机制

为了进一步调动志愿者的积极性，使愿者服务可持续发展，需进一步完善志愿者活动的激励及考核机制。如通过"志愿汇"等 App，对志愿者的每一次志愿服务情况信息进行记录，对有突出贡献者予以各种形式的表彰奖励或给予优待，定期表彰总结、宣传先进志愿者事迹，树立典型，引领志愿服务。在进一步弘扬"奉献、友爱、进步、互助"的志愿精神的同时，要通过建章立制、宣传发动、招募培训、运行督导、评选表彰等工作机制，建立非遗志愿者有志于参加、乐于参加、便于参加的志愿服务队伍，有效地

---

① 于群、冯守仁：《文化馆（站）业务培训指导纲要》，北京师范大学出版社，2012，第91页。

推动志愿服务工作向社会化、制度化、项目化和规范化管理目标迈进。此外，应加大城市尤其是农村志愿者的建设，为非遗保护增加更多力量，全面推进温州非遗保护工作。

参考文献

于群、冯守仁：《文化馆（站）业务培训指导纲要》，北京师范大学出版社，2012年。

张承清：《浅谈群众文化与文化志愿者》，《神州民俗》2011年第128期。

项 目 篇

Reports on Projects

B.20

"春雨工程"——全国文化志愿者
边疆行活动典型案例

摘　要：　文化部和中央文明办共同组织开展的"春雨工程"——全国
文化志愿者边疆行活动，搭建了内地与边疆地区、民族地区、
革命老区、贫困地区和部分海疆地区横向交流的平台，涌现
出一批优秀典型案例。本文以"雅砻文化节湖南文化志愿者
赴西藏播'春雨'活动""'礼乐学堂'博州行活动""中西
部22个省（区、市）贫困地区业务骨干影视制作培训班活
动""故宫博物院'春雨工程'系列活动""边疆民族地区基
层文化骨干系列大讲堂活动""三明客家文化摄影展活动"
"首都图书馆'互阅书香'图书交换志愿服务活动""有福之
州　文化共享"等示范活动为例，具体展现"春雨工程"文
化志愿服务活动开展情况及其经验与成效。

关键词：　春雨工程　文化志愿者　边疆行　典型案例

2016 年以来，文化部与中央文明办继续共同组织开展了"春雨工程"——全国文化志愿者边疆行活动，各单位围绕自身特色积极开展了形式多样的文化志愿服务活动。为发挥典型项目的示范引导作用，文化部评选出 2016 年度的 59 个"春雨工程"示范活动典型案例，以及 2017 年度的 36 个"春雨工程"示范活动典型案例，展现了"春雨工程"项目的实施成效与可借鉴经验。以下本文将以湖南省的"雅砻文化节湖南文化志愿者赴西藏播'春雨'活动"、"'礼乐学堂'博州行活动"、河北省的"中西部 22 个省（区、市）贫困地区业务骨干影视制作培训班活动"、"故宫博物院'春雨工程'系列活动"、文化部全国公共文化发展中心的"边疆民族地区基层文化骨干系列大讲堂活动"、三明市的"三明客家文化摄影展活动"、首都图书馆的"互阅书香"图书交换志愿服务活动、福州市的"有福之州
文化共享"等 8 个项目为例，具体展现"春雨工程"文化志愿服务活动的开展情况及其经验与成效。

一　雅砻文化节湖南文化志愿者赴西藏播"春雨" ——湖南省文化志愿者边疆行活动

为丰富西藏地区群众的精神文化生活，加强湘藏两地文化交流，2017 年 8 月 14 日至 18 日，由西藏自治区文化厅、湖南省文化厅和山南市委、市政府主办，雅砻文化节组委会、湖南省文化志愿服务总队承办，山南市委宣传部、共青团山南市委、山南市文化局（市文物局）、湖南省文化馆协办的文化部"春雨工程"——湖湘文化志愿者山南行巡演活动拉开序幕。由湖南省文化系统和社会文艺骨干组成的近 30 名湖南文化志愿者，飞越 4000 多公里，来到美丽的世界屋脊。8 月 14 日至 18 日，志愿者们克服高原反应等重重困难，从体育场到剧院再到军营，接连奉上了三场文化大餐。

（一）主要活动

1. "剧""场"相接，梅开二度

在山南市体育场和雅砻剧院演出现场，藏族舞蹈《飘飞彩袖》热情开

场，歌手刘果林将湖湘特色歌曲与藏族民歌串烧组合，演唱了《洞庭鱼米乡》《吉祥》等歌曲，现场互动气氛十分热烈。当《又唱浏阳河》和《唱支山歌给党听》的熟悉旋律响起，台下观众热情持续高涨。苗家姑娘阿苗千千演唱的《苗家恋歌》《洗衣歌》清澈悠扬，带给西藏观众一种清新独特的视听享受。国家级演奏员张音悦的二胡独奏《天路》和《浏阳河颂》，时而委婉低回、时而激越高亢，悠扬又深沉的琴声似天籁之音，让大家听得如醉如痴。演出将川剧的绝活儿融入其中，木偶变脸令人称奇。小品《疯狂大劫案》、相声《想唱就唱》、双簧《开心一刻》的穿插表演，更是让台下爆发阵阵欢笑。剧场、体育场成为祥和、欢乐的海洋，阵阵掌声和喝彩声掀起阵阵波浪，把演出推向一个个高潮，台上台下相互感染，真情互动融为一体，给每一位文化志愿者和观众都留下美好而难忘的回忆。

2. 军营巡演，真情互动

8月17日上午，文化志愿者们结束了在山南市体育场和雅砻剧院的两场演出，前往武警西藏总队山南市支队。在见到用青春和热血为祖国戍边的官兵们时，演员们立刻被他们特有的精气神感染，士气十分高涨。台上演出每到精彩处，官兵们就会为演员们献上一条条洁白的哈达，一场节目下来，演员们的脖子上常常挂着十多条哈达。来自战士们的精彩节目，既饱含军人们的热血情怀，又展现出他们多才多艺的风采，体现了军民同乐。武警山南支队二中队战士罗布次仁的一曲原创歌曲《雅砻卫士》道出了军人们的信念与坚守，四中队战士郭潆缘和一中队战士杨帅与文化志愿者阿苗千千、王曼娟合唱的军旅歌曲《说句心里话》《小白杨》，更是感染了现场官兵，引得大家纷纷跟唱。

（二）经验与成效

1. 认真选拔，精心准备

为了将具有湖南地域特色的文艺节目送给西藏同胞，湖南省文化厅公共文化处经过半年多的策划与筹备，挑选的12个节目既考虑到艺术形式的多样性，满足不同群众的文化需求，又考虑到节目内容的通俗性，让藏族观众

容易接受，同时还要考虑到演员可能出现的身体不适，部分节目还有备选表演形式。

2. 克服困难，品质过硬

来自平均海拔不足50米的长沙的文化志愿者们，首次登上高原便来到了平均海拔3700米的山南，几乎所有人都出现了高原反应。相声演员杨文辉在结束表演的第一时间便冲向临时搭建的化妆间，对着氧气瓶大口吸氧，而此时，下一个登台表演的胡聪俊则刚刚拔下氧气管。尽管演员们都是靠着吸氧才能将每场长达两个小时的演出完整呈现，但这并不影响演员们在舞台上的专注，他们都尽自己最大的努力为西藏同胞奉献最精彩的表演。

3. 全情投入，高度评价

每场表演结束，演员们都被热情的西藏观众簇拥。在看完文化志愿者演出后，西藏山南市文化干部扎琼说："演出很精彩，演员们这种吃苦耐劳的敬业精神值得我们去学习。"武警西藏总队山南市支队湖南籍干部黎枯海激动地说："我来西藏当兵20年，第一次在山南看到来自家乡的文化演出，让我倍感亲切，特别感谢前来慰问演出的演职人员，令战士们备受鼓舞，更加坚定了在这片雪域高原建功立业的决心和信心。"

在宣传上，本次活动被《文化报》、湖南卫视新闻联播、西藏山南电视台等媒体报道，增强了此次活动的实施效果，也有利于带动更多的文化志愿者参与边疆行活动。

二　中西部22个省(区、市)贫困地区业务骨干影视制作培训班——河北省文化志愿者边疆行活动

为加强中西部22个省（区、市）及新疆生产建设兵团地区钢琴调音人才培养，提升钢琴调音人才或相关从业者的整体素质，加强中西部及新疆生产建设兵团和内地钢琴技术人员交流和学习，2017年11月1~7日，由文化部、省文化厅联合主办的"2017年'春雨工程'——全国文化志愿者边

疆行中西部 22 个省（区、市）贫困地区业务骨干影视制作培训班"在河北艺术职业学院举办。

（一）主要活动

1. "破冰"行动

为了加深学员之间及学员与老师之间的了解和熟悉感，造就和谐愉悦的教学氛围，也为增强此次培训班的凝聚力，学院为学员精心安排"破冰"活动，通过有趣的游戏让学员之间敞开心扉，成为好朋友，提升对群体的认同感和融入度，为培训活动的顺利开展提供了良好的基础。

2. 理论教学

为了提供学员与专家、学者面对面学习、交流的机会，增强培训班的理论授课水平，组织者特邀河北广播电视台制作部网络管理组首席网管、高级工程师张晓华，河北师范大学美术与设计学院数字媒体艺术系副教授、硕士生导师刘成锁举办专题讲座。课程内容丰富，课堂氛围热烈，老师与学员之间有良好的互动，理论课堂生动活泼，学员在有限时间内，收获满满。

3. 实践体验

此次培训班为学员挑选河北省图书馆、河北博物院、西柏坡作为外拍项目实践基地，使学员更深入地了解摄像器材应用及基础技巧，理论运用于实践，在外拍实践中查漏补缺，以进一步消化理论教学的内容，这一实践活动受到了学员的一致好评。

（二）经验与成效

1. 领导重视，管理有序

培训班的整体实施过程中，省文化厅和学院领导多次关心工作安排，影视系抽调专业教师积极配合社会教育部工作，工作人员以饱满的精神状态展现在各地学员面前。学院高度重视，做好组织筹备，在学院领导的高度重视和大力支持下，由院长牵头召开协调会，就有关筹备工作、培训事宜进行安排部署，明确工作职责，抽调多人协助，认真做好筹备工作，成立领导组织

机构，分工明细，各司其职，责任到人，将本次培训相关工作内容，印制成完备的工作方案，发放到人、学习到位。

2. 精心准备，周密部署

培训班的顺利开展离不开精心策划与准备，此次活动中，举办方的周密部署体现在：一是扎实推进各项内容，无论是在确立主题、安排师资，还是在学习内容、参与形式等方面，都做了精心的策划准备；二是做好后勤保障，落实到处室及个人。社会教育部工作人员与酒店、实践教学地点进行了大量细致的沟通，力求工作筹备更加细致。精心的组织、体贴的安排为学员提供了良好的生活、学习环境，为培训班的圆满举行奠定了坚实基础。

三 "春雨工程"系列活动——故宫文化边疆行

20世纪30年代，为保护故宫博物院国宝不落入侵华日军之手，故宫人将文物分批转运至我国西南地区进行隐藏和保护。其中80箱共1022件国宝于1939年1月辗转来到贵州，在安顺华严洞秘藏6年，可以说贵州地区对故宫文物在战时的保护功不可没。近80年过去了，故宫人与贵州再续前缘。为响应"春雨工程"——全国文化志愿者边疆行活动，故宫博物院宣传教育部应贵州省文化厅公共文化处、贵州省美术家协会少儿艺术委员会之邀，由王爱东副主任率4名部门员工，将4项精品教育活动送往贵州。

（一）主要活动

1. "上书房"大型公开课

10月15日，活动第一站来到贵阳市金阳中加国际学校，为全省范围的学生、家长和老师举办"上书房"大型公开课。当天上下午各开设一场课程，吸引了400人前来学习。上午的"宫廷里的遂心如意"课程，以故宫里的如意文物为依托，结合纸塑、泥塑的造型艺术形式，将古代如意文化及手工如意制作方式介绍给大家。下午的"甲胄八旗"课程，则带领学生了解了清代特有的八旗制度，并根据老师指导，经过裁剪、粘贴等步骤，最终获得自己亲手制作的八旗娃娃平面人偶。

10月16日，活动第二站来到黔南民族地区。三场故宫教育活动同时在贵定县第二小学进行，除了前一天的两项课程外，还增加了"玩转乾隆印，巧刻橡皮章"课程，并结合故宫经典特展，向学生介绍清代乾隆、嘉庆年间的大型书画著录《石渠宝笈》，并以"乾隆五玺"为例讲述收藏印的相关知识。参与活动的同学还在老师的指导下尝试篆刻技艺，亲自动手雕刻橡皮章，深度体验中国传统的篆刻艺术。

2. "紫禁城里的学堂"专题讲座

10月17日第四个"国家扶贫日"，故宫宣教部教育人员为300名贵州省中小学美术教师提供了专题讲座"紫禁城里的学堂——终生学习的乾隆皇帝"。讲座深入浅出、生动幽默、注重互动，以清代宫廷建筑和教育活动为线索，讲述乾隆皇帝"犹日孜孜""自强不息"的学习生涯，从古代皇家教育中发掘价值，引为当代教育工作的借鉴。这场讲座在教育系统"深化课程改革，聚焦核心素养"的大背景下进行，为当地教师提供了一场有关中国传统文化和建筑艺术的教研，起到了促进贵州本土课程改革深入实施及课堂效益提升的作用。

（二）经验与成效

贵州师生对故宫教育活动表现出极大的热情，不仅积极参与、认真学习，而且将热情延续到活动之后。当地老师与故宫宣教部员工深入探讨了如何针对不同年龄层次开展多样化的教育活动，并向主讲教师们发出了"明年一定要再来"的真挚邀请。学生们带着各自完成的作品纷纷与故宫宣教部员工合影，久久不愿离去。贵州广播电视台、《贵州都市报》等地方媒体也对活动特别关注，并在第一时间发出相关报道。故宫宣教部员工的这次贵州之行，是对边疆民族地区教育工作发展、公共文化服务体系建设的良好促进，也是对故宫教育活动的进一步推广；是内地与边疆民族地区间的文化交流，也是一次文化志愿活动的深入实现。通过这次"春雨工程"

故宫教育活动边疆之行，当地师生沐浴了一场文化甘霖，故宫人也得以与贵州再续前缘。

四　边疆民族地区基层文化骨干系列大讲堂——文化部全国公共文化发展中心边疆行活动

为贯彻落实中央有关加强基层公共文化服务体系，特别是贫困地区乡村综合文化中心建设的指示，文化部全国公共文化发展中心（以下简称"发展中心"）结合边疆万里数字文化长廊、汉藏文化交流等工作，在 2017 年文化志愿服务工作中实施了边疆民族地区系列大讲堂等活动。

（一）主要活动

1. 汉藏文化交流项目培训班

"汉藏文化交流项目"是 2016 年发展中心为贯彻习近平总书记在中央第六次西藏工作座谈会上的重要讲话精神，将边疆万里数字文化长廊建设模式拓展至藏区的重要工作。在发展中心组织下，文化共享工程四川、西藏、云南、青海、甘肃五省藏区分中心联动，以全国文化信息资源共享工程为依托，启动汉藏文化交流项目，将"边疆万里数字文化长廊"建设模式延伸到藏区，以数字化促进汉藏文化交流融合，提高藏区公共数字文化服务能力的公共文化惠民新举措。

2017 年 4～6 月、10～12 月，发展中心分别与西藏文化厅、青海文化厅在四川省成都市和重庆市举办了"汉藏文化交流项目"基层公共文化骨干培训班，每期培训班为期 1～2 个月，西藏的 20 位基层文化骨干和青海的 31 位基层文化骨干参加学习。培训班分为三个阶段，第一阶段的集中培训用一周的时间进行集中授课和座谈交流，内容以习近平总书记文化工作讲话精神解读、《公共文化服务保障法》解读、文化部公共数字文化"十三五"规划、汉藏文化交流工作、公共数字文化建设与服务、国家公共文化云与文化超市等为主。第二阶段的分散实训则让学员前往市文化（群艺）馆、图书馆、主城区县文化馆、图书馆进行跟岗实训交流。最后的第三阶段集中培训让学员们进行学习总结，同时通过集中授课加深印象。学员普遍反映，培训开阔了视野，有助于他们返回西藏后更好地在各自工作岗位上开展公共文化服务。

2. 新疆、兵团部分基层骨干培训班

为贯彻落实党中央、国务院有关加强新疆维吾尔自治区、新疆生产建设兵团公共文化建设的指示精神，进一步提高新疆、兵团基层文化骨干综合素质，推动基层公共数字文化和边疆万里数字文化长廊建设和服务，10月9日至14日，由发展中心主办的"2017年'春雨工程'——新疆维吾尔自治区、新疆生产建设兵团基层骨干培训班"在四川省成都市举办。来自新疆维吾尔自治区及新疆生产建设兵团的图书馆、文化馆基层骨干共计59人参加了此次培训。

此次培训是继中央新疆工作座谈会后文化部全国公共文化发展中心为进一步加强新疆地区公共文化建设、提升新疆基层文化骨干业务素质而举办的第六次援疆培训。学员来自天山南北的克拉玛依市、阿勒泰地区、阿瓦提县等市县及兵团各师团文化基层单位，培训内容包括《公共文化服务保障法》解读、国家公共文化云应用、文化共享工程数字资源建设、基层公共文化服务、文化志愿服务与品牌建设等。

为提高培训工作效率，发展中心结合国家公共文化云的试运行，首次通过国家公共文化云开展远程互动式培训。授课教师在北京的演播室悉心讲授内容，学员们则在成都收看视频直播，视频画面和声音清晰流畅。现场，学员们通过扫描微信二维码，向授课教师提出问题，授课老师现场予以解答。授课结束时，学员们积极抢答授课老师布置的作业答题，现场发送了175条答案。培训班结束后，学员们纷纷表示，通过这种培训形式，既享受了现代信息科技为文化服务带来的便利，又有身临其境的现场感，形式新颖，效果良好，学员们对培训班的综合满意率达95%以上。

3. 边境地区公共数字文化服务培训班

9月4日至10日，发展中心在黑龙江省黑河市举办"边境地区公共数字文化服务培训班"，来自内蒙古、辽宁、吉林、黑龙江、广西、云南、甘肃等7个边境省区的42名文化共享工程基层文化骨干参加了培训。本次培训班是发展中心承接2017年文化部"春雨工程"的项目，旨在进一步提高边境地区基层公共文化骨干的综合素质，开阔视野，增强技能，积极推动"互联网＋公共文化"深入应用在边疆万里数字文化长廊建设，促进边疆万里数字文化长廊与文化睦邻、文化精准扶贫等工作融合发展，提升边境地区基层公共数字文化的服务效能。

发展中心精心策划组织了本次培训班。邀请南开大学教授、北京文化艺术中心专家等就边疆地区公共文化建设、文化志愿服务与品牌建设进行专题讲解。播放了国家公共文化服务体系建设专家委员会主任、北京大学李国新教授和国家公共文化服务体系建设专家委员会副主任、上海市人民政府参事室参事吴建中先生对《公共文化服务保障法》《文化部"十三五"时期公共数字文化建设规划》的解读视频课件。文化部财务司人员介绍了国家对边疆地区公共文化建设的有关政策，并由发展中心有关领导和相关部门负责同志就涉及边疆地区公共数字文化工作的内涵和外延进行讲解。参加培训的7个省区代表交流了本地区开展边疆万里数字文化长廊的经验和做法，并前往黑河市的边疆万里数字文化长廊文化共享超市服务点开展了现场教学。

学员们在分组讨论中普遍反映，此次培训班举办及时、课程新颖、内容充实，有助于全面系统了解和掌握边疆公共数字文化工作的主要工作精神、目标和任务，对下一步如何开展基层公共数字文化工作具有指导意义。

4. "阳光工程"——中西部农村文化志愿服务行动计划

为完成文化部公共文化司组织实施的"阳光工程"——中西部农村文化志愿服务行动计划，发展中心按照有关要求组织研发了运行在国家公共文化云上的文化志愿者管理系统，为公共文化司提供了大量基层开展服务工作的数据和案例。试运行期间，在文化部公共文化司的指导和组织下，共开展集中培训11次。同时，通过建立微信答疑群的方式，解决各地使用问题550条，有效提升了文化之源者系统的使用效能。至11月6日，系统访问量累加达157.227人次。

（二）经验与成效

发展中心认真总结往年实践经验，明确 2017 年的工作定位，认真贯彻落实中央和文化部有关援藏、援疆工作的重要讲话精神，结合文化共享工程新时期的工作重点，坚持服务基层、服务边疆的工作思路，以文化志愿服务为抓手，在工作布局上突出重点，精心研究策划，在以往工作的基础上，2017 年以"边疆民族地区系列大讲堂"为主题实施"春雨工程"，创新探索适宜有效、满足边疆基层群众和文化队伍需求的文化志愿服务内容。活动实施中，发展中心组织有关文化共享工程省分中心与文化馆（群艺馆）充分发挥主体角色，形成合力，优势互补，突出特色，从 4 月持续至 12 月，共组织 4 次培训，时间五天至两个月不等，共培训边疆地区文化骨干 150 余人，促进了边疆地区公共文化服务体系建设。

五　三明客家文化摄影展——三明市
文化志愿者边疆行活动

三明市作为第二批国家公共文化服务体系示范区城市，积极响应，扎实推动工作落实。经过前期的筹备和对接，三明市文广新局局长带领文化志愿者一行赴内蒙古呼和浩特市开展 2017 年"春雨工程"——三明市客家文化摄影展活动。本次摄影展由三明市文化广电新闻出版局、呼和浩特市文化新闻出版广电局主办，三明市艺术馆、呼和浩特民族美术馆承办。2017 年 10 月 17 日上午，"春雨工程"——三明市客家文化摄影展在呼和浩特市民族美术馆开幕。

（一）主要活动

此次展览以三明客家文化为主题，以非物质文化遗产为题材，展出的摄影作品汇聚了三明非物质文化遗产的精粹，是福建三明客家文化的一个侧影，再现了三明客家先人那些逝去的岁月和沧桑的记忆，是三明人民弥足珍贵的精神财富。展览共展出摄影精品 80 余件，这些作品汇聚了三明非物质文化遗产的精粹，如传统戏曲、民间信俗、手工技艺等，具有深厚的文化底蕴和浓郁的客家风情。展览深入贯彻落实《中华人民共和国公共文化服务保障法》精神，大力推进文化志愿服务，以"大展台"的形式走进呼和浩特，展现了福建三明源远流长的客家文化。摄影作品主题丰富，吸引了呼和浩特市广大市民驻足观看。在展览期间，文化志愿者、中国摄影家协会会员洪明升与呼和浩特市摄影爱好者进行了深入交流，在摄影技巧、主题等方面进行了座谈。呼和浩特市是第三批国家公共文化服务体系示范区创建城市，与三明市在公共文化服务建设经验方面也进行了探讨与交流。

（二）经验与成效

此次展览给内蒙古人民提供了一个深入了解福建三明客家文化的窗口，给三明人民提供了一个宣传三明文明之源的良好契机。内蒙古人民在领略三明非遗独特魅力的同时，让三明人民得以在这片风光独特的热土里，再次缅怀三明客家先人的智慧。双向互动的加强和增进了福建与内蒙古的文化交流，搭建起福建三明与内蒙古呼和浩特两地友谊的桥梁，使"春雨工程"真正落到实处，为推动两地文化大发展大繁荣做出贡献。

六 "互阅书香"图书交换志愿服务项目——
首都图书馆文化志愿者边疆行活动

首都图书馆积极承办"春雨工程"重点需求项目——"互阅书香"图书交换志愿服务项目，积极与云南等省对接，开展文化精准扶贫。

（一）主要活动

1. 签约及图书捐赠仪式

2017 年 4 月 26 日，为落实"春雨工程"，首都图书馆与云南开放大学签署了长期合作协议，举办了签约及图书捐赠仪式。北京市文化局副局长庞微、首都图书馆党委书记肖维平、首都图书馆党委副书记李冠南、云南省人民政府党组成员高树勋、云南省人民政府参事崔质涛、昆明市委常委、副市长李志工、云南开放大学校长杜俊军、云南开放大学党委副书记史惠君、云南开放大学副校长蔺延钫及云南省国际博览事务局、云南省教育厅、云南省图书馆、昆明市图书馆、昆明市市政府、开放大学部分院系相关领导出席了签约和捐赠仪式。双方共同表示将在人才培养、特色文化资源创建、文献资源共享等领域展开长期合作与深入交流。首都图书馆在这一天便向云南开放大学捐赠纸质图书 30000 册，受到捐赠的云南开放大学将为这 30000 册图书设立专属捐赠书库，并公开面向全校师生开通借阅服务。

2. "旧京民俗"专题展览

首都图书馆从北京地方文献中心精心挑选出 174 幅珍贵馆藏图片，为云南开放大学全体师生策划了主题为"旧京民俗"的展览。这一展览包括岁时节令、民间信仰、人生礼俗、庙会集市、衣食住行五个方面内容，以老照片、绘画等多种媒介形式全方位展现了清末民初时期的北京民俗，云南开放大学参观展览的人数达到 1.2 万人次。

3. 援建规划

与云南开放大学相比，首都图书馆在志愿服务队伍规模、区位条件、馆藏资源等方面具备优势，在后续的援建工作中，首都图书馆将充分发挥以上优势，为云南开放大学提供更多援助。首先，首都图书馆以北京市公共图书馆志愿服务总队为依托，为云南开放大学的优质阅读推广活动、阅读指导培训、文化讲座及展览等志愿服务项目提供人才保障。其次，首都图书馆将帮助云南开放大学开展图书馆业务培训指导，利用现代化科学技术和传播手段，为云南地区提供数字文化服务，向其开放部分数据库的远程登录服务。最后，在发挥各自的区域特色文化资源优势的背景下，首都图书馆和云南开放大学协同开展文化资源巡展工作，推广全民阅读活动。

4. 援疆活动

首都图书馆为贯彻落实第六次全国对口支援新疆工作会议精神，与新疆维吾尔自治区和田地区图书馆联合举行了"互阅书香文化传递"边疆行活动，进行对口文化援助，为文化精准扶贫工作助力，为和田市民送去丰富的精神食粮。首都图书馆为新疆维吾尔自治区和田地区图书馆捐赠了书籍、期刊等各类图书共计10000册。这些图书来自2017年暑期首都图书馆在全市范围内发起的"我为和田捐本书"活动，通过前期的宣传发动向市民、出版社、社会单位广泛征集图书，为和田市图书馆提供文献建设支撑，有助于丰富和充实和田市图书馆的馆藏，让和田人民充分感受到来自首都图书馆的书香沁润。此外，首都图书馆在本次活动中将20张首都图书馆读者卡赠予和田地区图书馆读者，拥有此卡的读者可以远程访问首都图书馆数字资源，享受海量的首都文化资源。

（二）经验与成效

一是把"春雨工程"工作提上馆内重要议事日程，纳入总体工作部署，认真制订年度工作方案和重点活动实施方案，争取工作取得实效。二是加大宣传力度，同步策划宣传方案，采取多种宣传方式展现"互阅书香"文化志愿服务项目成果。三是加强对文化志愿服务活动的支持和保障，为文化志愿者提供必要的工作条件，保障好文化志愿者权益。

公共图书馆是没有围栏的学校，是社会教育的课堂。首都图书馆作为援疆对口单位，积极推动援建好和田地区图书馆。首都图书馆依据特有的区域优势和丰富的文化资源，联合社会力量，扶智扶志，提升和田地区图书馆的资源建设水平、管理水平和服务水平，使和田地区图书馆成为和田人民学习的大课堂以及传播文明和文化的大平台。

七 "有福之州 文化共享"——福州市文化志愿者边疆文化交流活动

为增进东西部城市之间的友谊，促进边疆民族地区和沿海地区文化交流，根据文化部关于"春雨工程"全国文化志愿者边疆行活动的工作部署，福州市创建第三批国家公共文化服务体系示范区领导小组办公室于 8 月 19 日至 24 日组织文化志愿者赴西藏拉萨市开展"春雨工程"——文化志愿者 边疆行交流活动。活动围绕"遇见福州"这一主题，以"大展台"和"大 讲台"为活动载体，搭建互学互动平台，展示福州 2200 多年的悠久历史积 淀和文化内涵，共享公共文化服务体系建设成果。

（一）主要活动

1. 活动人员

福州市文化志愿服务队伍由福州市文化广电新闻出版局李娟副调研员带 队，福州市创建办、福州市群艺馆、福州画院的文化干部、手工技艺人、青 年画师共 14 人组成。

2. 活动行程

8 月 20 日，福州市与拉萨市召开创建国家公共文化服务体系示范区工 作经验交流座谈会。福州市文广新局、拉萨市文化局、拉萨市城关区文广局 及乡镇文化专干共 30 余人参加了座谈会。双方就各自创建工作的典型经验 和创新亮点做了交流探讨。与会人员一行参观了城关区综合文化服务中心， 会后文化志愿者在拉萨市牦牛博物馆完成文化交流活动"大展台"及"大 讲台"的布展工作。

8 月 21 日，"有福之州文化共享"——2017 年"春雨工程"文化交流 活动启动仪式在拉萨市牦牛博物馆举行。"大展台"安排"遇见福州"摄影 作品展，甄选 60 张彰显海丝古都新貌的摄影作品，展示福州参与海上丝绸 之路的辉煌历史。"大讲台"安排油纸伞展示、剪纸艺术展示与教学、扇面 制作与绘画教学、寿山石雕技艺展示与互动等，展现闽都优秀传统文化及非 物质文化遗产风采。活动吸引了许多藏族同胞的参与互动，促进城市之间的 文化交流。

8 月 22 日，福州市与拉萨市书画家笔会活动在拉萨市文联举行。西藏 自治区书协副主席南杰旺扎，西藏自治区书协理事、拉萨市书协副主席张进 安，西藏自治区书协会员、拉萨市书协副主席王福强，福建省花鸟画协会理

事、福州画院画师裴书鸿，福建省美协、省书协会员、福州画院画师张光卿等两地书画家参加了交流笔会。拉萨市文联主席李铭、拉萨市文化局调研员次拥等人出席了当天活动。活动当天，两地书画家现场合作完成了十余幅作品并交换互赠。书画家纷纷表示汉藏不同文化的碰撞给他们带来了丰富的创作灵感，也增进了两地间的友谊。8月23日，福州市文化志愿者一行受邀参加拉萨市雪顿节文化活动，观摩了非物质文化遗产项目藏戏展演。

（二）经验与成效

通过此次文化志愿交流活动，有效贯彻落实了文化部关于文化志愿服务的文件精神，通过搭建两地互学互动平台，展示和宣传了闽都优秀传统文化及非物质文化遗产，促进了边疆民族地区和沿海地区文化交流，推动了两地创建国家公共文化服务体系示范区工作。

活动期间，福州市与拉萨市两地围绕公共文化服务体系建设工作，深入交流探讨了健全保障机制、打造文化品牌、培育人才队伍、利用特色资源、创新服务方式等工作的做法。拉萨市近年来在保护和发展非物质文化遗产方面的做法和经验值得福州市借鉴。福州市将总结经验，进一步挖掘本地公共文化资源，加强闽都传统文化保护、传承与发展工作，在活跃群众文化生活、提升城市品位、传承优秀文化和凸显示范作用方面下功夫。此外，拉萨市在完善公共文化设施网络建设、加强公共文化服务队伍建设、打造公共文化活动品牌、推进公共文化数字化建设等重点项目方面的做法也提供了借鉴经验。

八 "礼乐学堂"博州行——湖北省文化
志愿者边疆行活动

为积极参与文化部"春雨工程"，根据湖北省文化厅2017年文化援疆的工作要求和湖北省博物馆援疆工作计划，2017年5月22日至27日，湖北省博物馆"礼乐学堂"组建了由馆内专家、社教工作人员及志愿者共7人组成的小分队，在湖北省博物馆副馆长王先福同志带领下，赴新疆博州地区，开展 2017 年"礼乐学堂"博州行文化志愿服务系列活动。

（一）主要活动

1. 临时展览加深友谊

2016 年 12 月开幕的《穆穆曾侯——枣阳郭家庙曾国墓地特展》在博尔塔拉蒙古自治州博物馆进行了为期半年的展出。此次展览共展出文物 214 件，呈现了 2000 多年前曾国的历史与文化，力图将最新的考古成果通过展览的形式呈现给博州地区观众，促进新疆与湖北的文化交流，推动两地文博界的合作，同时更能够通过文物加深两地人民友谊。

2. 讲解培训引人入胜

小分队首站来到武汉职业技术学院博州分院，为这里的同学们带去《讲解艺术》培训课程。培训老师结合自身工作经验，利用精心设计的 PPT 课件围绕讲解礼仪、态势、语言因人施讲，并与大家分享"礼乐学堂"社教工作实践。为了达到理想的培训效果，在活动过程中，"礼乐学堂"社教老师邀请大家分组讨论并现场展示策划的社教活动，大家集思广益，思维活跃，展示的活动内容及形式新颖独特且别具民族特色。培训活动的最后环节是探讨社教工作的方法，让大家受益匪浅，不仅感受到湖北省博物馆社教团队的专业素养，同时也提高了当地社教工作人员的综合素养，有助于他们更好地为博州观众服务。

3. 专家讲座深受欢迎

"礼乐学堂"博州行的第二场活动来到了博州州委党校，湖北省博物馆副馆长王先福先生为"民生和社会事业发展"和"双语"两个学习班的成员带去了《神秘的曾国与辉煌的礼乐文化》专题讲座。在为时 60 分钟的讲座里，王馆长以《穆穆曾侯》展览为依托，以随州曾侯乙墓和枣阳郭家庙曾国墓葬出土的文物为主线，向参加学习的近百名党员详细梳理了先秦时期的礼乐制度及文化。此次专题讲座得到了现场观众的热烈好评，大家认为，通过此次讲座开阔了眼界，对湖北地区的历史及文化有了进一步的认识。

4. 社教活动精彩纷呈

2017 年"礼乐学堂"博州行系列活动，还包括为博州第一小学 60 名五年级小学生送上了丰富多彩的社教活动。首先是精心设计的《流动千年的音符》特别教育活动。通过"知识小课堂"，社教老师结合枣阳郭家庙墓地出土的最早能敲"商"音的编钟及湖北省博物馆镇馆之宝曾侯乙编钟的特点，让小朋友们对先秦礼乐文化有了更加深入的了解，并在体验古代贵族"六艺"中的"射"和"御"的过程中，拉近了与少数民族学生们的距离，将课程推向了高潮。在《巧手绘编钟》中，社教老师引导小朋友们发挥自己的想象力，绘制喜欢的编钟帽饰，许多同学绘制的帽饰上写着"我爱祖国""民族团结"等字眼，抒发了自己的爱国情怀，该活动不仅拉近了他们与文物之间的距离，更加深了各族人民的情谊，整个活动气氛温馨活跃。

5. 馆际交流促发展

5 月 25 日和 26 日，"礼乐学堂"小分队又先后前往博州博物馆、温泉县博物馆和精河县博物馆，与当地博物馆同人座谈，就博物馆馆藏文物清点、鉴定及文物保护专业队伍建设等问题进行了探讨和交流。

湖北省博物馆"礼乐学堂"博州行活动面向博州地区普通观众，用专业培训、惠民讲座、教育活动等形式向当地人民介绍祖国的传统文化，促进馆际交流，推动了各民族间的文化融合。

（二）经验与成效

多样的活动形式是本次活动成效突出的关键。此次活动跳出博物馆传统的展览项目，以最新的考古成果展览为基本活动平台，在展现文物原貌的基础之上，针对不同群体展开了多样的活动形式。首先，为武汉职业技术学院博州分院的同学们开展了讲解员培训活动，围绕讲解礼仪、态势、语言因人施讲，并通过分组讨论等形式，让参训人员充分融入"礼乐课堂"。其次，为"民生和社会事业发展"和"双语"两个学习班的成员开设"馆长专题讲座"，使学习班成员大有收获。最后，为博州第一小学 60 名五年级小学生送上了丰富多彩的社教活动，通过"知识小课堂"和"巧手绘编钟"活动，向小学生们传播了先秦礼乐文化。

　　湖北省博物馆"礼乐学堂"博州行活动面向博州地区普通观众，用专业培训、惠民讲座、教育活动等形式向当地人民介绍祖国的传统文化，促进馆际交流，推动了各民族间的文化融合。

B.21

"大地情深"——国家艺术院团志愿服务走基层活动典型案例

摘　要：　文化部与中央文明办自 2013 年开始组织实施的"大地情
深"——国家艺术院团志愿服务走基层活动，将国家公共文
化服务体系示范区和示范项目（创建）城市作为主要服务地
区，组织国家艺术院团将高雅艺术引入公共文化领域，增加
了基层公共文化产品供给。本文以国家京剧院现代京剧《党
的女儿》江西抚州演出、国家京剧院现代京剧《红灯记》四
川泸州演出、中国交响乐团《打开音乐之门》室内乐音乐会
云南曲靖演出、中国铁路文工团话剧《叩问》江西赣州演出
等 4 个项目为例，具体展现了"大地情深"——国家艺术院
团志愿服务走基层活动的开展情况及其经验与成效。

关键词：　"大地情深"　国家艺术院团　走基层　典型案例

文化部与中央文明办自 2013 年开始组织实施的"大地情深"——国家
艺术院团志愿服务走基层活动，以国家公共文化服务体系示范区和示范项目
（创建）城市作为主要服务地区，将高雅艺术引入公共文化领域，增加了基
层公共文化产品供给。为发挥典型的示范带动作用，2016 年文化部评选出
14 个"大地情深"示范典型活动案例，2017 年评选出 26 个示范典型活动
案例，展现了"大地情深"项目的实施成效与可借鉴经验。本文以国家京
剧院现代京剧《党的女儿》江西抚州演出、国家京剧院现代京剧《红灯记》
四川泸州演出、中国交响乐团《打开音乐之门》室内乐音乐会云南曲靖演

出、中国铁路文工团话剧《叩问》江西赣州演出等4个项目为例，具体展现了"大地情深"——国家艺术院团志愿服务走基层活动的开展情况及其经验与成效。

一 国家京剧院现代京剧《党的女儿》江西抚州演出

在党的十九大胜利召开之际，国家京剧院二团来到了素有"才子之乡，华夏梦都"美誉的江西抚州，2017年10月18日和19日晚，在以明代戏曲家、剧作家汤显祖命名的大剧院暨汤显祖戏剧节中，为抚州观众演出了《名剧名段演唱会》和新编现代京剧《党的女儿》。

（一）主要活动

1. 名剧名段深受欢迎

10月18日晚，汤显祖大剧院近千名观众观看演出，演出开始，国家一级演奏员赵建华一曲《夜深沉》立刻将观众带入了丝弦悠扬的京韵意境，田磊、毕小洋、李博、张译心、郭霄、张浩洋、杨威、李晓威、刘琪、杨超、白洋、肖田、郭明月、宋云飞、王珺、张艳栋等优秀青年演员，为观众演唱了《战太平》《贵妃醉酒》《红灯记》《蝶恋花》等近二十部传统戏和现代戏中的经典唱段，许多观众伴随着这些耳熟能详的唱段，一边欣赏一边哼唱，每位演员、每段曲目都赢得了观众的热烈掌声。演唱会在毕小洋和张译心共同演唱《红灯记》"痛说革命家史"的精彩唱段中结束。

2.《党的女儿》如期上演

10月19日晚，新编现代京剧《党的女儿》在汤显祖大剧院如期上演，这部剧目描写了当年红军长征时发生在江西这片土地上的感人故事，如今在江西演出，得到当地观众的极大关注。优秀青年演员郭霄、田磊、张译心、杨威的倾情表演，一幕幕感人悲壮的场景，悠扬动听的音乐旋律，每每赢得观众共鸣。当剧中人物七叔公发自肺腑地说到"共产党好啊！……"，台下观众报以雷鸣般长久的掌声；当田玉梅被捕后，亲眼见女儿惨遭毒打，心疼

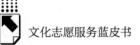

地对女儿说："鹃妹是党的女儿，党的女儿可以怕痛，但要学会忍痛"，在场许多观众流下泪水。随着田玉梅唱到"看天下红红火火，团团圆圆，平平安安"，将全剧剧情推向高潮，全场观众报以热烈的掌声。

（二）活动经验与成效

两场演出圆满结束，在这具有浓郁文化氛围的热土上，艺术与人文，舞台与观众融洽和谐，观众的鼓励激励演职员更加努力把国粹艺术带给广大的人民。抚州市相关领导观看演出后，对演出给予充分的肯定，并希望汤显祖大剧院与梅兰芳大剧院今后建立合作关系，希望国家京剧院能把更多的经典剧目带给抚州人民。《抚州日报》、凤凰网、中国文化传媒网等对该演出进行了报道。

二 国家京剧院现代京剧《红灯记》四川泸州演出

国家京剧院认真落实文化部关于开展"大地情深"——国家艺术院团志愿服务走基层活动的精神，积极开展志愿服务，致力于丰富公共文化和服务供给，让人民群众共享艺术发展成果，推进公共文化服务体系建设。2017年10月25日、26日，现代京剧《红灯记》在泸州酒城大剧院连续演出两天。

（一）主要活动

现代京剧《红灯记》是国家京剧院经典保留剧目，该剧由国家一级演员毕小洋，优秀青年演员张浩洋、张译心担纲主演。张浩洋唱腔、眼神、做派、一招一式继承了原排主演钱浩梁的内涵，成熟地把握了李玉和这个人物的精气神，铿锵有力。毕小洋唱功深厚，韵味回味悠长，她饰演的李奶奶在"痛说革命家史"中长达数十分钟的念白，令人潸然泪下，彰显了其深厚的功底。作为刘长瑜入室弟子的张译心，通过低婉回转、高亢明亮的演唱，把李铁梅的深思与愤恨表现得淋漓尽致。

（二）经验与成效

1. 领导重视，鼓舞士气

剧院领导对此次演出十分重视，国家京剧院副院长刘玉普特意在演出前为大家做动员，动员会上，刘院长告诉大家，有许多其他城市的戏迷观众得知此次演出信息后，也特意买票赶来泸州观看《红灯记》，此次巡演时间长、任务重，希望大家克服各种困难，每一场都呈现最精彩的一面。

2. 战胜疲倦，毫不懈怠

此次巡演，演员们在外奔波二十余天，演出十余场，但是对于每一场的观众来说，都是新的介绍演出。所以，每位演员都时刻需要战胜疲倦，不敢懈怠，打起十二分精神为广大观众奉献精品。

3. 倾情投入，引人入胜

演员们的激情投入的演出带领观众重温了经典之作。一位泸州的观众给剧组来信写道："《红灯记》剧组来泸演出，全家都非常高兴，因为以前在电影银幕上看过艺术家们的表演，但身临其境面对面看经典的京剧演出还从未有过。从李奶奶、李玉和、李铁梅身上他懂得了，哪怕是牺牲生命，也要坚决完成党交办的任务，从杨子荣身上他懂得了面对艰难险阻要机智勇敢，从喜儿身上他懂得了面对地主要坚贞不屈。"

4. 精彩演出，深受欢迎

国家京剧院现代京剧《红灯记》无论在何地演出，均会受到当地观众的热烈欢迎，泸州也不例外。许多观众都随台上演员一同哼唱剧中经典唱段。《红灯记》泸州巡演圆满结束，被点燃革命情怀的观众们久久不忍离去，不断向演员们挥手致意表达对他们的赞美。当晚观看演出的观众中，年龄最大的90多岁，最小的仅有几岁。

三 中国交响乐团《打开音乐之门》室内乐音乐会
云南曲靖演出

在"大地情深"——国家艺术院团志愿服务走基层示范活动中，中央交响乐团艺术家志愿者深入城乡基层，举办多场室内乐音乐会演出。中国国家交响乐团演出"大地情深"系列音乐会数年，从最早只在北京到足迹遍布中国大多数省份，再到现在往老少边穷地区推进，音乐家们每到一个城市，每下到一个基层，观众们总是格外的热情。2017年7月20～21日，中国国家交响乐团两支优秀的室内乐团，连续两晚为曲靖人民演出了两场"大地情深——打开音乐之门"室内乐音乐会。

（一）主要活动

当晚15首曲目，既有乔普林的《拉格泰姆舞曲》、莫扎特和柴可夫斯基的《小夜曲》这样的西方经典作品，也有《瑶族舞曲》《小河淌水》这样耳熟能详的室内乐版云南民歌，更有电影《菊次郎的夏天》、动画《天空之城》主题曲这样的流行曲目，按国家交响乐队副队长周宏的话说："来云南怎能不演云南音乐，难得来怎能不演西方经典作品。所以，我们的曲目是经典又时尚，中西兼顾风格各具特色"，"上半场木管五重奏是色彩乐器的争奇斗艳，而下半场弦乐四重奏就是追求和谐之美"，客串主持人王佳简单的一句话令现场观众一下就抓住了欣赏的方向和要点，获赞无数。同样是《小夜曲》，莫扎特的童心和柴可夫斯基的浪漫在音乐家的手中幻化成音符点亮整个音乐厅。

（二）经验与成效

1. 语言讲述结合独奏示范，促进高雅艺术普及

音乐家们为了让观众更直观地感受木管五重奏中五种乐器的不同，不仅用深入浅出的语言讲述乐器的名字由来、结构特点，更用独奏示范的方式清晰地展现乐器的色彩性格。生动的解说和热烈的互动不仅为音乐会平添欢声笑语，更让观众在不知不觉中对台上的演奏乐器、室内乐演出形式都有了新的了解。而在曲目间隙讲述乐器乐理知识，介绍曲目背景和风格，引导大家更好地欣赏音乐，真正达到"大地情深"下基层普及高雅艺术文化的宗旨。中场时分就听见观众议论不断："国家乐团来的就是不一样，说话都比我们好听"，"这个古典乐也不难懂嘛，还蛮好听的"，"我最喜欢宫崎骏的动画

片了，现场比看电影还好听"。

2. 启用公共文化服务数字化平台，实现民众广泛参与

本次演出活动启用了刚刚建成的曲靖市公共文化服务数字化平台"文化曲靖"进行网络报名，市民通过移动端和 PC 端自主报名，报名成功后免费领取音乐会入场券，首场音乐会直播在线观看 4612 人次。

四　中国铁路文工团话剧《叩问》江西赣州演出

根据文化部、省文化厅关于开展 2017 年"大地情深"——国家艺术院团志愿服务走基层活动的要求，9 月 29 日，江西省赣州市举行了 2017 年"大地情深"——中国铁路文工团话剧《叩问》赣州专场演出，给市民奉上了一份高品位的文化大餐。

（一）主要活动

1. 领导高度重视，事先精心安排

在活动前期，赣州市与多家国家级艺术院团联系，介绍协商演出节目内容、时间安排等事宜。在演出场所条件满足的基础上，反复比较各艺术院团的演出节目、演员阵容、时间安排，确定邀请中国铁路文工团志愿服务走进赣州公益性演出。为组织好赣州市的专场演出，局领导高度重视，将活动列入赣州市喜迎党的十九大庆祝活动内容之一，专门成立了演出活动领导小组，制订了翔实的工作方案，设立了演出、宣传、后勤三个小组，全力以赴满足演出的各项要求，确保演出活动圆满成功。

2. 演出独辟蹊径，紧扣社会问题

话剧《叩问》以反腐斗争为题材，但并非就事论事直接描述贪腐案本身，而是独辟蹊径，在充分展现党和国家反腐决心的同时，集中表现以毛泽东为首的党中央处理此案件的思考与决策，深挖剧中人物的复杂关系与微妙的情感变化，深刻描绘出中国共产党大力正风反腐的态度、勇气和决心，为人民抒情，打造一出极具艺术性的反腐力作。

（二）经验与成效

该剧所塑造的毛泽东形象真实而亲切，艺术家们倾情演出，以精湛的演技奏响了反腐斗争之歌。整个演出过程中，完整的结构和清丽精辟的台词让观众们都印象深刻。不少观众在演出结束后争相与饰演毛泽东的演员合照留念，他们表示，《叩问》既毫不掩饰地反映了社会问题，又切中时代脉搏、强调了信仰的重要性。赣州市主流媒体《赣南日报》专门对演出予以报道。

B.22
全国基层文化志愿服务活动典型案例

摘　要：　文化部与中央文明办自2013年开始组织实施的基层文化志愿服务活动，以"扎根基层，服务群众"为主要内容，通过动员各地各单位，依托公共文化设施、文化惠民工程、节日纪念日等开展基层文化志愿服务活动，形成了一批具有广泛社会影响力的品牌项目，畅通了社会力量参与文化志愿服务的渠道。本文介绍了北京市西城区第一文化馆的"温馨影院"、上海市安亭镇文化体育中心的"大来时间馆"、河南省的"乡村音乐厅"、湖南省岳阳市"巴陵戏进校园"、广东省"快乐早读"国学经典诵读到基层进校园、四川省成都市文化馆"文化连锁店"、贵州省花灯演艺传承文产扶贫"千村计划"、陕西省渭南市临渭区"群众自乐班"展演以及中国交响乐团"金管银弦"文艺志愿服务团队重庆市南岸区基层志愿帮扶活动等文化志愿服务典型案例，具体展现了我国基层文化志愿服务活动的开展情况及其经验与成效。

关键词：　文化志愿服务　基层活动　典型案例

　　文化部与中央文明办自2013年开始组织实施的基层文化志愿服务活动，以"扎根基层，服务群众"为主要内容，通过动员各地各单位，依托公共文化设施、文化惠民工程、节日纪念日等开展基层文化志愿服务活动，形成了一批具有广泛社会影响力的品牌项目，畅通了社会力量参与文化志愿服务的渠道。为发挥典型的示范带动作用，2016～2017年，文化部共评选出162

个基层文化志愿服务活动典型案例,对于促进全国基层文化志愿服务的发展具有重要意义。本文介绍了北京市西城区第一文化馆的"温馨影院"、上海市安亭镇文化体育中心的"大来时间馆"、河南省的"乡村音乐厅"、湖南省岳阳市"巴陵戏进校园"、广东省"快乐早读"国学经典诵读到基层进校园、四川省成都市文化馆"文化连锁店"、贵州省花灯演艺传承文产扶贫"千村计划"、陕西省渭南市临渭区"群众自乐班"展演以及中国交响乐团"金管银弦"文艺志愿服务团队重庆市南岸区基层志愿帮扶活动等文化志愿服务典型案例,具体展现了我国基层文化志愿服务活动的开展情况及其经验与成效。

一 "温馨影院"——北京市西城区第一文化馆
文化志愿服务品牌

"温馨影院"原名"盲人数字影院",是北京市西城区第一文化馆于2011年5月7日启动的服务于视障、盲障人士的特殊公益文化服务项目。八年来,经过多批立志服务于弱势群体的文化志愿者的通力打造,温馨影院已形成影片配音录制、播放、现场解说、配音培训的立体式服务模式。

(一)主要做法

温馨影院主要通过译者的生动描述,尤其是对声音部分的加强与补充,将电影中复杂的剧情结构、交错的人物关系、变换多姿的场景,转化为详尽的语言,让视障、盲障人士"看懂""理解"完整剧情,最大限度地享受电影带给我们的快乐。

该项目创立以来,组建了包括人艺副院长濮存昕,北京电视台著名主持人高燕、李向显等艺术名人在内的电影译制志愿者团队,译制影片12部,播放影片25场。此外,为了使配音志愿者的配音讲解更加规范,西城区第一文化馆多次举办专业培训,邀请业内专业人士和中国传媒大学教授授课,文化志愿者还多次深入基层现场做配音讲解,深受大家的喜爱。

2017年，"盲人数字影院"正式更名为"温馨影院"，并且根据视障、残障人士的需求，从定点放映到流动放映，从配音电影播放到现场讲解电影。除此之外，还专门对视障人士进行问卷调查，根据调查结果，选择制作影片，使温馨影院的影片内容更加丰富。2017年10月13日，温馨影院在展览路街道温馨家园开展电影放映，活动还首次采取了线上线下相结合的方式，以北京市西城区第一文化馆微信服务号作为承载平台，对活动进行全程直播，累计观看量达到9807人次，取得显著效果。

（二）项目成效

为了提高志愿者的服务水平，在展览路街道温馨家园开展了"聆听影像触动心灵"温馨影院文化志愿者培训讲座，特别邀请了文化部、北京电影学院、中央戏剧学院的相关领导和教师，对来自西城区团区委、微软公司、西城区各社区的30余名志愿者进行了文化志愿者基础知识、配音基础知识、朗诵基本知识和社区建设、社区治理等相关方面的培训，进一步规范了文化志愿者行为，提升文化志愿者的服务素养，使文化志愿者更好地发挥作用，为创建文明城市做出更大贡献。温馨影院充分发挥文化志愿者的聪明才干，把"温馨影院"这一惠及广大残疾朋友的公益项目打造成为品牌活动，成为西城区第一文化馆的一张公益名片。

二 "大来时间馆"——上海市安亭镇文化志愿服务品牌

上海市嘉定区积极创建国家公共文化服务体系示范区，作为全区的经济重镇与文化强镇，安亭镇近年来在高起点大投入规划建设公共文化设施的同时，积极探索公共文化服务社会化运作模式，整合汇聚各类资源，使公共文化来源社会化、内容多样化、服务专业化。2016年，安亭镇成功举行公共文化社会化项目签约暨捐赠仪式，"大来时间馆"等3个文化项目成功签约，成为安亭近年来力度最强、影响最大、受益面最广的文化民生工程。

（一）主要做法

84岁的李大来老先生，出生于安亭，幼年出外求学工作，曾担任大型合资企业负责人，是教授级高级工程师。这位"理工男"痴迷于收集全世界的机械古钟——长摆钟、短摆钟、扭摆钟、锥摆钟、绕绳钟、落球钟、天文钟、航海钟、教堂钟、滚筒斜面重力钟……在离开家乡70余载后，2015年底，他主动联系安亭镇文化部门，在考察了家乡的经济文化发展情况之后，决定把100多件收藏品捐赠给安亭镇政府，希望打造一个面向青少年的公益科普基地。

在安亭镇政府的协调下，位于安亭镇中心市民广场的"大来时间馆"建成并免费开放，目前展示近200件古钟收藏品，同时利用多媒体展示钟表发展历程。馆内建有天文钟展区、各大洲展区、机械体验区、修理观摩区、视频区、休闲区等功能区域。这些形形色色的古钟记载着人类探索和利用机械原理的创造历程，承载着大航海等人类探索宇宙、认识地球的历史，同时反映着全球各个时期、各个民族的制作工艺、文化特色和匠人精神。

博物馆设立了面向青少年的公益性科普教育基地，让青少年了解机械钟背后的历史、文化和技术，鼓励青少年开展科学探索、机械实践、课题研究等活动。时间馆常年招募讲解、导览志愿者，为青少年提供社会实践机会。李大来还邀请自己的老朋友、老部下，并招募了一些年轻人，和他一起成为时间馆的志愿者，为参观者解说机械钟表背后的物理知识和历史背景。钟表修理师陈师傅技术精湛，被老先生的精神所感动，追随他成为一名志愿者。他设在时间馆的工作室向参观者开放，观众可以观摩修理过程，也可以体验小型钻床、车床、磨床等加工设备和修理工具。

李大来致力于青少年科技教育普及，发挥教授级工程师的技术优势，带领志愿者团队走进中小学、社区、图书馆，开办展览和讲座十多次，并先后参加了在上海展览中心举办的上海市科博会，在南京举办的江苏省科博会、嘉定西云楼特展等重要活动，并与上海科技馆签订协议，于2018年在科技馆举办临展。李大来先生耄耋之年每天往返于安亭与市区四个多小时，工作期间负责接待、讲解以及进行科技课件设计制作等，每天忘我工作，其志愿精神和高尚人格深受人们敬佩。一年内，时间馆被评为上海市公共文化特色项目、嘉定区科普教育基地、嘉定区青少年爱国主义教育基地。

（二）项目成效

时间馆既是陈列馆，同时也是青少年科技创新探索基地和社会实践基地。在国家大力倡导"大众创业，万众创新"的背景下，时间馆提倡市民尤其是青少年动脑动手，从探索机械的奥秘入手，培养科学精神和工匠精神，通过观展、讲授、体验、观摩机械钟修理等形式，启发青少年科学探索和创造的兴趣。时间馆内藏品资源由个人收藏者共享，由政府设馆陈列，通过"个人捐赠＋政府主导"的模式，吸引社会力量共建共享公共文化资源，为探索公共文化服务新模式，起到引领示范作用。

三 "乡村音乐厅"——河南省基层文化志愿服务品牌

为了打造文化扶贫有效平台，解决广大农村特别是贫困乡村群众对文化生活的渴求，适时开展有序的基层文化志愿服务，有效补齐村级文化建设的短板，河南省文化馆自2014年12月至今，从全省文化志愿者中，陆续征招9360名立志于农村健康文化服务的文化志愿者，组成文化扶贫扶志团队，分赴乡村（社区），共建多维度文化扶贫扶志的"乡村音乐厅"。

（一）主要做法

河南省五级文化馆站、河南合唱协会等文化志愿者在共建过程中，把完善长效机制作为基本措施，每个"乡村音乐厅"都由乡村"两委"、公共文化事业单位、30人以上的文化志愿团队多方共同签署《共建河南省文化志愿服务活动基地协议书》。协议书明文规定，共建期间各方携手重点做好八件事：一是结成对子。省市县乡文化馆组织文化志愿者自愿结合成立文化志愿团队，每个志愿团队（30 人以上）与一个贫困村或者自然村结成帮扶对子。二是搭建机构。帮助、辅导当地运用现有设施、场所、资源，组织开办一个符合群众需求的"乡村音乐厅"。此外，还要完成开展培训、授课、育才、活动、提升、带队伍等实事。

（二）项目成效

截至 2017 年 9 月，已有 103 支文化志愿团队分别奔赴全省脱贫攻坚的主战场，9360 名各条战线的教师、高校学生、专业业余文化人士、社会爱心人士、非物质文化遗产"178"传承人、乡村艺术能人成为这些团队的"注册文化志愿者"。该项目对接河南省的平顶山、驻马店、信阳、三门峡、周口、洛阳、新乡、商丘、焦作、鹤壁、开封、郑州等 28 个省辖市、省管县的 103 个村父老乡亲的精神需求，走进精准扶贫第一线，陆续开展培训、辅导、创作、讲座、活动等各种形式的文化惠民活动达 426 场次，惠及28.6 万名留守儿童、留守老人、弱势群体、基层群众。

在河南省文化厅具体指导、组织指挥下，"乡村音乐厅"在河南省精准扶贫、文化扶贫扶志中发挥了积极有效的作用。该项目不仅有利于基层文化艺术资源整合、有利于不断增强百姓文化民生获得感、发挥文化扶贫扶志的作用，而且有利于调动文化志愿队伍的积极性，有利于形成长效机制、完善推广。

四 "巴陵戏进校园"——湖南省岳阳市基层文化志愿服务品牌

岳阳巴陵戏是岳阳本土的传统曲种，是首批入选国家级非物质文化遗产的代表性项目之一。为了促进巴陵戏的宣传和普及，充分发挥戏曲艺术在传承文化、弘扬道德方面的独特作用，岳阳市推出了"巴陵戏进校园"基层文化志愿服务活动。

（一）主要做法

岳阳市巴陵戏传承研究院从 2014 年起启动"巴陵戏进校园"文化志愿服务活动，以岳阳楼小学为试点，并逐步扩大到市区 5 所大型小学。其做法与经验主要体现在以下方面。

一是志愿服务队伍专业化。巴陵戏是独特的地方大戏，"巴陵戏进校园"文化志愿服务队伍自成立之初就注重了专业性，参加的人员主要是岳阳市巴陵戏传承研究院的巴陵戏传承人、优秀演员和退休的老专家。不仅传授巴陵戏表演中的各种技巧，更传授巴陵戏的欣赏知识。

二是志愿服务方式多样化。一方面是"送进去"。组织专业志愿服务队伍开展"送文化志愿服务进校园"活动，定期为学员上课，指导排练节目。另一方面是"请进来"。邀请学员参观岳阳市巴陵戏传承研究院排练厅、练功房和非遗陈列室等，现场观摩巴陵戏专业演员表演，让他们亲身感受巴陵戏的无穷魅力。

三是志愿服务管理规范化。自 2014 年至今，在岳阳楼小学开设了巴陵戏表演普及班，每周授课 3 次，学员人数每期 160 人左右，共有 640 多人参加培训班。实行"管""教"并重（由学校专门的老师管理学生，由岳阳市巴陵戏传承研究院的专业老师授课）、因材施教（分初级和高级两级，设兴趣班和表演班）。孩子们在精心管理和专业教育下，冬练三九，夏练三伏，技艺突飞猛进。家长们的态度也从过去的不了解巴陵戏，转变为支持孩子主动报名，积极参与巴陵戏学习。

（二）项目成效

"巴陵戏进校园"项目探索了长效发展的机制，产生了很好的社会影响。2015 年，岳阳市巴陵戏传承研究院为岳阳楼小学巴陵戏表演普及班创排的巴陵戏表演唱《梨园代代欣》多次参加省、市各类会演和比赛，荣获多个活动的金奖（一等奖）。2017 年初参加"2017 年湖南省少儿戏曲春晚"获得了金奖。2017 年 7 月，"全国少儿戏曲小梅花展演"中该表演班也获得了"最佳集体节目奖",促进了巴陵戏进一步走入全国人民的视野。由于教学方式新颖,教学效果突出,岳阳市文广新局和岳阳市教育体育局联合发文,要求将"巴陵戏进校园"文化志愿服务方式推广到全市各所学校。

五 "快乐早读"国学经典诵读——广东省文化志愿服务品牌

为贯彻落实习近平总书记关于弘扬中华优秀传统文化,践行社会主义核心价值观的重要讲话精神,进一步推动新形势下中华优秀文化的继承和发扬,在茂名市文化广电新闻出版局指导下,茂名市文化馆、广东省文化志愿者总队茂名分队、时光快乐国学服务队于2014年1月创建了"诵读中学经典、承传中华文化"公益活动"快乐早读"项目,并在全市展开。

"快乐早读"项目旨在为广大人民群众营造良好读书氛围,培养青少年养成良好读书习惯,增进亲子关系;开启智慧,提高人民的自身修养,加强思想道德建设,弘扬中华优秀传统文化,积极践行社会主义核心价值体系,传承中华传统美德,倡导茂名精神,努力营造书香城市。

(一)主要做法

"快乐早读"项目开展简单,管理方便,非常环保,不会浪费社会资源,也不需要太多的资金便可开展。具体做法主要包括:①统一发放材料。每位家长和学生在文化志愿者的手上领取一本书本便可开始阅读,书本可由上级部门统一印刷提供,或由爱心企业和爱心人士赞助统一印刷,也可由家长自筹资金统一印刷。②诵读内容丰富。"快乐早读"诵读内容有《弟子规》《孝亲颂》《尊师颂》《大学》《中庸》《论语》《道德经》等国学经典名篇,通过诵读这些书本,加强青少年思想道德建设,弘扬中华优秀传统文化,积极践行社会主义核心价值体系,传承中华传统美德。③活动常态化。"快乐早读"在2014年开展,四年来的每周星期六和星期日上午分别在市文化广场、人民广场、市区各社区、校园以及各区、县级市基层单位举行,参加诵读的对象踊跃，由文化志愿者带领，参加者有幼儿园孩子、大中专院校学生、中小学学生、教师、家长干部、工人等。活动逐渐常态化，目前已开展"快乐早读"项目共384次，受益人群2200人次。

（二）项目成效

通过四年的"快乐早读"国学经典诵读推广，人们渐渐感到国学的魅力，这一项目所讲的礼、义、孝，集中体现了中华民族的文化和精神，同时也让人们认识到国学教育的重要性。依托名篇佳作的诵读，目的不仅在于让孩子们熟识国学经典，更是为了让"寻根"的文化深入孩子们的心灵。国学经典诵读应作为幼儿园孩子、大中专院校学生、中小学学生教育教学的一项重要内容，让经典真正植入孩子们的生命，成为影响孩子一生的文化血脉，也为构建和谐社会、实现中华民族伟大复兴中国梦奠定基础。

六 "文化连锁店"——四川省成都市文化志愿服务品牌

近年来，成都市文化馆以社会主义核心价值观为引领，以推进公共文化服务社会化为目标，拓展思路、改变观念、创新方式、勇于探索，大力弘扬志愿服务精神，不断创新文化志愿服务内容、工作方式和活动载体，积极促进成都文化志愿服务体系的构建。2014年10月起，成都市创新打造"文化连锁店"志愿服务品牌项目，旨在打破行政体制界限，突破阵地服务局限，以公益艺术培训为主要服务内容，以文化志愿者为服务载体，充分调动社会资源，利用各类社会空间，面向基层群众按需打造的综合性文化志愿服务空间。

（一）主要做法

"文化连锁店"由成都市文化馆进行指导，统筹社会居民自治组织、成都市文化志愿者协会、成都市群众文化学会、成都市市民文化艺术培训学校等公共文化服务机构，作为连锁店的重要执行者，并在市文化馆的统筹下实行统一配置和管理。"文化连锁店"吸引了以上四类社会力量和机构参与，体现了四个社会组织的四种形式，并分别提供不同的服务内容。一是联合最基层的社会组织机构，为当地群众提供各类具有针对性的公益服务。如在府城社区与街道社区居委会合作，打造社区综合性文化服务中心，而在"天府新谷"则与当地企业合作，为楼宇的各类"创客"提供服务。二是联合志愿服务组织——成都市文化志愿者协会，主要提供"文化暖心驿站"文化志愿服务。三是联合专业社会团体——成都市群众文化学会，主要开展市民文化讲座"成都百姓故事会"以及"名师大讲堂"。四是联合专业社会机构——成都市民文化艺术培训学校，以打造"分校"的形式进行公益性文化艺术普及培训。

（二）项目成效

到 2017 年，成都市已经完成建立 2 个项目示范点位，文化志愿服务场馆面积达到 3000 平方米，文化志愿服务参与人次累计达到 2592 人次，受益人群已超过 80 万人次。该项目在统筹全市文化资源的基础上，致力于开展精准有序、长效优质的文化志愿服务，目前已经取得了很好的社会效益，主要体现在：① 盘活社会闲置空间。原本空置的公共文化服务场所（设施）通过长期开展各类精心策划的文化志愿服务，实现良性循环，从门可罗雀到川流不息，到"抢课没"成了大家见面最时尚的"问候"。②整合社会公益力量。通过联合社会力量建设运营"文化连锁店"，更多行业、社会组织参与到文化志愿服务工作中，全面调动社会优良资源。文化志愿者队伍也不断壮大，新增招募基层文化志愿者 540 人，120 人以上的志愿服务队伍达 18 支。"文化连锁店"成为凝聚社会公益力量、培育文化志愿者队伍、传播文化志愿者精神的重要基地。③ 提升志愿服务能力。文化志愿者们通过参加"文化连锁店"的公益艺术培训课程，切实提升了综合文艺素养，夯实了文化志愿者提供高品质文化服务的基础。④拓展延伸服务触角。"文化连锁店"提供的定制类"特色文化志愿服务"，面向青工、农民工留守儿童、残疾人等弱势群体提供分门别类的特色文化服务，使文化志愿者服务渗透至社会的各个角落。⑤增进社会凝聚力。"文化连锁店"深入社区、企业等人群集约化、同类化程度较高的区域，承担起"社会黏合剂"的作用，极大促进了社会和谐。

"文化连锁店"志愿服务项目是成都市进一步深入贯彻落实《中华人民共和国公共文化服务保障法》和中宣部、中央文明办等七部门《关于在公共文化设施开展学雷锋志愿服务的实施意见》精神的最直接、最有力的实践。成都"文化连锁店"志愿服务项目的创新探索，正是解决了各级各类文化资源独立分散的问题，通过均衡统筹起各级各类文化资源，有效提升服务效能，满足人民对美好生活向往的生动实践。

七　花灯演艺传承文产扶贫"千村计划"——贵州省基层文化志愿服务品牌

2016年8月，贵州省普定县文化馆、普定县马官文化公司和马堡农民艺术团启动了花灯演艺传承文产扶贫"千村计划"基层服务项目，通过对贵州"西路花灯"非物质文化遗产资源的挖掘整理、保护传承，以创新民族民间演艺，拓展文化市场，延伸花灯文化产业链，组织文化志愿者对地方文艺人才和文化经营管理人才的培养，带动群众（贫困户）脱贫致富。

（一）主要做法

该项目采取"公司＋合作社（演出团队）＋农户（演员）"订单式扶贫模式，助推文化产业脱贫攻坚，开创了"三联行动、四大平台、五个载体、六类人群"的"3456"模式：①"三"联行动强基础。"文化联村、花灯联情、党建联心"的三联行动，以"党委领导、政府搭台、企业实施"为抓手，全面抓好"文化联村"。按照"以文扶农、以文促农、以文富农"的发展任务，把文化"种"入村民心中，实现全镇文化Wi–Fi全覆盖，引导群众建设文明新村、促进乡风文明，传递了党的政策好声音，全面构建社会主义精神文明。②"四"大平台拓市场。通过分批组织文化志愿团队赴厦门、深圳、西安和北京参加四大文化产业创意博览会，累计产品销售额达60万元，通过这些高端的文产交易平台，开阔志愿者们的视野，增加了农民的收入，为文产大扶贫、文军大行动提供了有力的思想和市场保障。③"五"个载体助发展。项目选派文化志愿者到所帮扶的村寨进行驻村，37名文化志愿者全部到所包的村，围绕"建好一支乡村文化宣传队伍，育好一批乡土志愿文化人才，办好一份乡风文明文化简报，唱好一首乡愁特色文化歌曲，演好一台乡音正气文化大戏"的要求抓实文化联村发展工作，受到了广大群众的称赞和好评。④"六"类人群助脱贫。项目把"缺劳力、缺资金、缺技术、因病致贫、因学致贫和因灾致贫家庭"纳入了服务重点帮扶对象。对缺劳力的贫困家庭，把"能力素质提高"作为帮扶的着力点，以家庭作坊为单位，把帮扶点建到了贫困户的家里；对缺资金的贫困家庭，组织文化公司志愿者把生产所需的原材料送到帮扶点，作坊以"代加工"的形式完成公司所下的订单；对缺技术的贫困家庭，对他们在职业技能培训、教育帮扶等方面，有计划、有针对性地开展劳动技能培训；对因病致贫的家庭，以"文化精准扶贫"的模式，对他们在生活引导、生活救助、产业带动上进行帮扶；对因学致贫的家庭，对其进行心理疏导，引导热爱文艺，大量吸纳加入花灯表演队伍，多数还成为文化志愿者；对因灾致贫的家庭，积极为其寻找发展产业的机遇，让其尽快就业。

（二）项目成效

通过一年多以来的工作开展，该项目取得了"助推经济发展、引领乡风文明、创新社会管理、密切党群关系、构建社会和谐"的明显社会效益。通过该项目，扶助文艺团队19支，开展免费艺术培训130余次，帮助排练文艺节目50余个，培养了500多人的民间文化艺术队伍，签约演出队伍9支，演员142名，其中，贫困人员81人。仅2017年春节期间，项目带动村级文艺团队演出44场，人均纯收入突破5000元，帮扶村11

个，支持成立乡村文化演艺团队和民间手工作坊 28 家，带动周边村落 76 户贫困户脱贫。

八 "群众自乐班"展演——陕西省基层文化志愿服务品牌

"群众自乐班百场巡演"项目是陕西省渭南市临渭区的特色文化品牌，现已成为活跃陕西省渭南市临渭区群众文化生活的重要载体之一。"群众自乐班巡演"突出弘扬了社会主义核心价值观和文化志愿服务精神，为戏曲爱好者搭建自我展示、学习、交流平台，同时紧扣当地群众实际文化需求和文化发展需求，面向群众，扎根基层。该惠民文化项目不仅大大丰富了广大群众的休闲娱乐生活，也营造了充满文化韵味的城市氛围。

（一）主要做法

该项目的主要做法包括：①精心策划，服务基层：陕西省渭南市临渭区以创建公共文化服务体系示范区为契机，立足服务基层、服务群众的目标，在每年春节期间为了丰富全区人民的精神文化生活，让全区人民度过一个多姿多彩、祥和喜庆的春节，区文化馆从 2015 年起开始连续举办自乐班巡演，包括"临渭区十佳优秀群众自乐班百场巡演""富美临渭秦声激扬群众自乐班展演""金鸡贺新春群众自乐班展演"等。临渭区文化馆精心策划，各个群众志愿者自乐班组织编排选送节目参加演出，丰富演出形式和内容。文化馆对群众参与演出的节目提前由专业人员审查、辅导，以保证演出节目编排水平和质量。每年春节前期，由区馆选定的 20 家优秀自乐班深入各公园、广场、街镇社区，开始展演活动，各自乐班按照区馆安排的演出要求，拉起横幅，架起音响、挂衣表演，有序的组织和安排保证了演出的秩序和效果。②领导高度重视，安排落实迅速。本项目由临渭区委宣传部、区文化广电局主办，区文化馆承办，为确保项目活动的有效开展，区馆召开专题会议对活动开展做出部署、提出要求，并将具体活动进

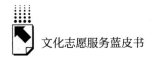

行任务分解，落实到人，保证了活动实效。③在举办以上活动的同时，区文化馆还组织非遗项目参加渭南市举办的文化大庙会、组织临渭区皮影参加展演。

（二）项目成效

"群众自乐班百场巡演"项目每场演出参与演员都在 600 人以上，观众达近万人，其中每年在城区公园、广场社区展演 75 场，村镇文化站演出 25 场，演出的节目有挂衣折子戏《祝福》《华庭相会》《三娘教子》等脍炙人口的经典剧目，有清唱《洪湖赤卫队》《智取威虎山》等现代戏剧目，演出场面喝彩声此起彼伏，掌声不断，成为深受群众欢迎的品牌活动。该项目结合地方实际，以深入基层、服务群众为出发点，持续开展春节特色文化活动，广泛吸引全区人民参与到文化活动中，让全区人民度过一个多姿多彩、祥和喜庆的春节；让全区人民群众在快乐健康的文化活动中，焕发工作激情、弘扬文明新风、加快经济发展、促进社会和谐，全面实施文化强区战略，推进文明城市创建活动，有力地推动了文化建设。

九 "金管银弦"文艺志愿服务团队重庆市南岸区基层志愿帮扶活动——中国交响乐团基层文化志愿服务品牌

2010 年，中国交响乐团在重庆市南岸区迎龙镇建立基层文化联系点，组建"金管银弦"文艺志愿服务团队，进行"深扎"系列主题实践活动，连续七年坚持基层志愿服务，产生了广泛的社会影响。

（一）主要做法

1. 帮助农民建立铜管乐队并登上国家级舞台

中国交响乐团"金管银弦"文艺志愿服务团队帮助北斗村建立了"北斗农民铜管乐队"，捐赠乐器，担任辅导员，如今北斗乐队已经有了近40人的规模，能演奏20多首较为复杂的曲目，手拿锄头的农民不仅奏出了动听的交响乐，还频繁应邀参加重庆地区群众文化活动，甚至多次登上重庆施光南大剧院、国家大剧院等专业舞台，赢得了社会广泛关注和赞许。

2. 帮助盲童"扬帆管乐团"实现音乐梦想

2012年，中国交响乐团"金管银弦"文艺志愿服务团队与"扬帆管乐团"建立帮扶关系。几年来，志愿者们为孩子们开设了"音乐梦想课堂""梦想沙龙"等艺术课程和活动。2015年9月，中国交响乐团邀请"扬帆管乐团"赴京参加文化部国家艺术院团演出季音乐会，盲童们第一次登上国家大剧院舞台，与国家交响乐队同台演奏，出色的表现赢得了全场观众热烈的掌声和感动的泪水，并得到了部领导的高度评价。

3. 帮助留守儿童组建"梦之翼"童声合唱团

为了关爱留守儿童，志愿者们将艺术课堂开设到重庆市南岸区的迎龙小学。七年来，中国交响乐团为该校先后捐赠了两台钢琴和大量学习用品。2016年，中国交响乐团还帮助迎龙小学组建了"梦之翼"童声合唱团，并开设"音乐梦想课堂"，辅导孩子们排练和演出，充分发挥音乐启迪心智、价值引导作用，为留守儿童健康成长助力护航。

4. 为农民演奏"田园音乐会"

为丰富贫困群众的精神文化生活，中国交响乐团"金管银弦"文艺志愿服务团队每年都要为重庆南岸区迎龙镇北斗村农民们演出一场"田园音乐会"。虽然演出地点在田间地头，条件简陋，但中国交响乐团每次都努力为农民群众献上最精彩的演出。每次中国交响乐团党委都要和北斗村党支部一起在村里现场召开党员干部民主生活会，倾听农民兄弟对文化帮扶的感受，交流研讨文化帮扶工作的需求和经验。

（二）项目成效

"金管银弦"文艺志愿服务团队在重庆市南岸区基层志愿帮扶活动开展的七年中，帮助了农民兄弟、盲童和留守儿童，使他们不仅在艺术上得到了

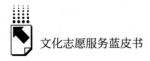

提高，也丰富了他们的内心精神生活和对美好未来的向往，真正发挥出文化志愿服务的重要作用。新华社、《人民日报》、中央电视台、《中国文化报》等多家媒体给予高度肯定。特别是《焦点访谈》栏目，曾先后制作两期专题节目深度报道国家交响乐团的精准文化帮扶，称赞"北斗农民铜管乐队"等帮扶活动"充分展示出文化帮扶的突出成果"。

专 题 篇

Reports on Special Subjects

B.23

我国公共图书馆文化志愿服务信息传播状况研究

——基于省级公共图书馆微信公众号推送信息的分析

良警宇　刘继文　毛 鑫*

摘　要： 通过对31个省级图书馆微信公众号信息发布状况的分析，本研究发现当前各省级公共图书馆开始注意通过这一自媒体平台向公众发布志愿服务信息和提升自身影响力，但对志愿服务活动开展情况呈现不足，微信推送形式和内容相对单一，许多信息对文化志愿服务与图书馆工作人员服务未明确区分，东部与中西部地区推送情况存在较大差异。为发挥微信公众号作为分享志愿服务信息和开展数字化服务平台的功能，需要结合这一媒介的特点，进一步明确志愿服务范畴，增强文

---

* 良警宇，中央民族大学教授；刘继文，中央民族大学研究生；毛鑫，中央民族大学研究生。

化志愿服务成果展示，增强与读者的互动，促进图书馆更好地利用微信平台，提高群众对文化志愿服务的理解，吸引更多的社会公众参与文化志愿服务。

关键词： 公共图书馆　文化志愿服务　信息传播　微信公众号

在移动互联网时代，微信造就了一种全新的生活方式。截至 2017 年 9 月，根据腾讯官方发布的《2017 微信数据报告》，微信的日登录用户已超 9 亿人。①

微信公众号作为自媒体平台也已成为各类机构提高用户黏性、维系用户关系、提升自身影响力的工具。在此背景下，各级公共图书馆陆续申请微信公众号，或选择订阅号，或选择服务号，借助这一平台分享公共文化服务信息，开展数字化服务，实现查询借阅、参考咨询、信息发布等多项功能。

作为地区公共图书馆服务体系建设的龙头馆，省级公共图书馆是开展文化志愿服务的重要阵地。本文在此通过对全国省级公共图书馆（以下简称"省图"）微信公众号中有关文化志愿服务信息的检索和汇总，分析我国省级图书馆利用微信公众号平台进行信息传播的特点，存在的问题，并在此基础上提出优化建议，促进图书馆更好地利用微信平台，提高群众对文化志愿服务的理解，吸引更多的社会公众参与文化志愿服务和公共文化服务体系建设。

一　研究对象及方法

本研究的研究对象为中国大陆地区所有省级公共图书馆及其官方微信公

---

① 网易财经，微信 2018 大数据：日登录用户超 9 亿　老年用户 5000 万，http：//money. 163. com/17/1109/15/D2QE4Q8F002580T4. html。

众号所发布的文化志愿服务相关推送消息，对相关公众号消息统计的起始日期为 2018 年 1 月 1 日，截至 2018 年 8 月 31 日。笔者通过手机微信客户端，在相关栏目中以相应省图名称为关键词，查找微信公众号，通过其介绍和认证方式逐一确定研究对象。在查找中我们发现，中国大陆 31 个省级行政单位均设有省级公共图书馆，相应的微信公众号也运营良好，因此本研究的有效公众号样本数量为 31 个。

图书馆文化志愿服务的内容涉及广泛，日常管理、讲座、展览、阅读推广等活动也都可能有文化志愿者的参与，但如未明确提及或呈现为文化志愿服务，本研究则不将其列入统计范围。采取这一统计方式，一为贴近对文化志愿服务缺乏深度了解的读者视角；二为突出研究主题，聚焦于图书馆微信公众号消息对于文化志愿服务的规范呈现。本研究关于"文化志愿服务"概念的界定是参照 2016 年文化部发布的《文化志愿服务管理办法》中的相关界定。从统计结果来看，当前省级图书馆文化志愿服务消息主要包括三类：一是微信推送消息中明确提及文化志愿服务、公益服务的推送消息；二是有文化志愿者、文化志愿服务组织参与的文化志愿服务活动相关推送消息；三是以社会弱势群体和特殊群体为重点服务对象的文化志愿服务活动的相关推送消息。

二 文化志愿服务信息发布状况分析

（一）发布信息数量

发布信息数量代表了图书馆公众号在志愿服务信息报道方面的及时性，也是一个反映图书馆开展志愿服务活动活跃程度的指标。按照本研究的筛选标准，在本研究的统计时段内，31 个省图公众号所发布的全部推送消息中，符合分析要求的文化志愿服务相关推送消息共计 522 篇，总阅读量 422407 人次，总点赞量 6802 人次，共计获得留言 523 条，公众号运营者回复 150 条。在全部推送文章中，共附有志愿服务活动现场照片 1376 张，其他相关图片（活动海报、日程安排等）1309 张，另有动图 107 张，视频 17 段。经过统计和分析，各省图公众号所发布的文化志愿服务相关消息在数量、所附图片数量、使用视频数量等方面存在明显差异，具体情况如下。

在 31 个省图公众号中，发布文化志愿服务消息最多的是首都图书馆（71 篇），其次是黑龙江省图书馆（62 篇），之后是重庆市图书馆（36 篇）。此外，2018 年度文化志愿服务消息超过 30 篇的微信公众号还有云南省图书馆（32 篇）和广东省立中山图书馆（31 篇）（见图 1）。通过比较分析，可以发现，各省图公众号在文化志愿服务消息度发布数量上差别很大，仅首都图书馆和黑龙江省图书馆两个公众号所发布的文化志愿服务消息就占到全部消息的 25.5%，有 7 个省图公众号所发布的文化志愿服务消息未超过 5 篇。

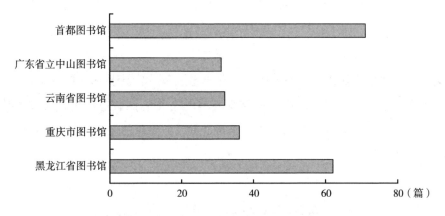

图 1　省级图书馆发布文化志愿服务信息较多的公众号

资料来源：根据 31 个省馆微信公众号 2018 年 1～8 月推送的文化志愿服务主题信息汇总整理。

从此次研究的 522 篇文章来看，平均每篇大约附有照片 5 张。在所发布的文化志愿服务消息中附有图片最多的是首都图书馆，共使用各类图片 557 张（其中活动现场图片占 50.1%，其他相关图片 49.4%，动图占 0.5%）；其次是广东省立中山图书馆（241 张，其中活动现场图片占 46.1%，其他相关图片占 51.7%，动图占 2.2%），之后是湖南省图书馆（233 张，其中活动现场图片占 9.9%，其他相关图片占 89.7%，动图占 0.4%）、安徽省图书馆

（144 张，其中活动现场图片占 31.9%，其他相关图片占 48.6%，动图占 19.5%）和四川省图书馆（129 张，其中活动现场图片占62%，其他相关图片占38%）（见图2）。此外，使用照片超过100张的还有浙江省图书馆、上海图书馆、新疆图书馆、重庆市图书馆、辽宁省图书馆、陕西省图书馆和黑龙江省图书馆。7 个省图公众号在文化志愿服务消息推送中所使用的各类图片数量均低于25 张，不及使用图片数量最多的首都图书馆公众号的二十分之一。

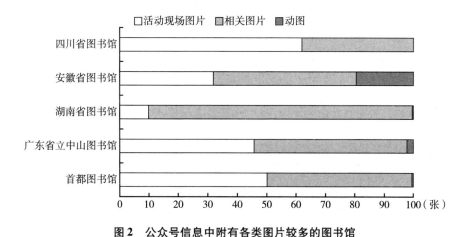

图2　公众号信息中附有各类图片较多的图书馆

资料来源：根据31 个省馆微信公众号2018 年1 ~ 8 月推送的文化志愿服务主题信息汇总整理。

　　视频在各省图书馆公众号文化志愿服务消息中运用较少，31 个公众号的全部文化志愿服务消息中共使用视频17 段，其中使用视频较多的有首都图书馆（10 条）、广东省立中山图书馆（2 条）、辽宁省图书馆（2 条）。除此之外，四川省图书馆、重庆市图书馆和海南省图书馆各使用了1 条视频，而其他25 个省图公众号在文化志愿服务消息的推送中并未使用视频。

（二）阅读量与点赞数

　　阅读量与点赞数代表了受众对于文化志愿服务信息的关注程度，也是体现信息自身影响力和图书馆影响力的一个指标。此次研究的522 篇文章，平均每篇阅读量约为809 人次，同时每篇约有13 人次的点赞量。由于各省图公众号在粉丝数量、文化志愿服务消息数量、推送消息吸引性等方面存在差异，不同公众号所获得的阅读量和点赞量也呈现较大差异。获得阅读量最多的是湖南省图书馆（42258人次），占全部公众号文化志愿服务消息阅读量的10%。山东省图书馆是获得点赞量最多的公众号，共获得点赞量1117人次，占全部公众号文化志愿服务消息点赞量的16.4%。

文化志愿服务消息阅读量超过20000人次的省图公众号还有上海图书馆（32942人次）、四川省图书馆（32157人次）、安徽省图书馆（31472人次）、首都图书馆（28346人次）、重庆市图书馆（24157人次）、黑龙江省图书馆（22862人次）和辽宁省图书馆（20681人次），以上8个公众号文化志愿服务消息所获阅读量占全部阅读量的55.6%（见图3）。而获得阅读量低于5000人次的公众号有9个，所获阅读量仅占全部阅读量的4.2%。

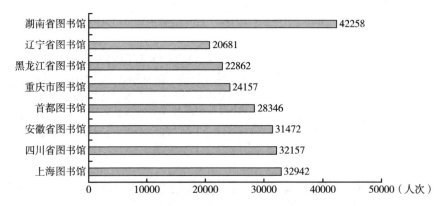

图3　公众号文化志愿服务信息阅读量超过2万人次的省级图书馆

资料来源：根据31个省馆微信公众号2018年1~8月推送的文化志愿服务主题信息汇总整理。

文化志愿服务消息获得点赞量超过200人次的省图公众号有14个，这14个公众号所获点赞量总数为5556，占总点赞量的81.7%。其他17个省图公众号文化志愿服务消息所获点赞量相对较少。

（三）信息内容及其受关注状况

各省图微信公众号推送的文化志愿服务相关消息种类繁多，形式多样。

就具体的消息内容而言，文化志愿服务消息多是由各地图书馆组织，由馆内志愿服务人员或招募和邀请社会志愿者和志愿组织开展的文化志愿服务活动，包括公益讲座、公益咨询、公益培训、公益捐赠、志愿者招募、志愿者培训、文化惠民、古籍修复文化志愿项目、非遗传承等。在全部 522 篇文章中，阅读量超过 3500 人次的共有 10 篇，具体信息见表 1。

表 1　阅读量前十名的信息内容（超过 3500 人次）

单位：人次

序号	公众号名称	标题	阅读量
1	南京图书馆	叮咚！请查收"南图暑期大餐"！（7 月 1 日至 8 月 31 日）	12491
2	上海图书馆	上海图书馆"4·23"世界读书日系列活动	7911
3	辽宁省图书馆	【志愿者招募】寒假与辽图有个志愿之约，来吗	6282
4	湖北省图书馆	参加本周六省图书馆文化志愿者培训吧，成为一名光荣的志愿者！	6099
5	山东省图书馆	山东省图书馆寒假社会实践启动招募	5167
6	安徽省图书馆	重磅｜安徽省图书馆再出惠民新举措！	5141
7	内蒙古图书馆	"世界读书日"内蒙古自治区图书馆活动预告，"阅读新世界"视障读者读书朗诵会	4319
8	湖北省图书馆	湖北省图书馆培训 1000 名文化志愿者	4233
9	湖南省图书馆	约起！"猜灯谜　读名著　庆元宵"，湖南图书馆元宵节系列活动等你来	3851
10	山西省图书馆	山西省图书馆 2018 年"世界读书日"活动安排，山西省公共图书馆志愿者表彰大会	3758

资料来源：根据 31 个省馆微信公众号 2018 年 1～8 月推送的文化志愿服务主题信息汇总整理。

从阅读量最高的志愿服务信息内容可以看出，最受群众欢迎的文化志愿服务消息主要包括志愿者招募、志愿者培训、志愿者表彰、文化惠民活动、弱势群体服务等。这些类型的文化志愿活动与群众日常生活联系密切，有助于参与者兴趣培养和能力提升，丰富公共文化生活。志愿者招募和培训的相关推送消息往往得到较多的关注，阅读量、点赞量和留言数量相较于其他类型的消息都更高，这也体现出公众号在快速传播这类信息中的优势，也是群众志愿参与公共文化活动的积极性的一个体现。

各省图组织的文化志愿服务中，针对社会弱势群体和特殊群体开展的活动占有较高比例，其中大部分针对盲人，少部分以其他类型残疾人、自闭症儿童、狱中服刑人员等为服务对象。在公众号推送消息中，有以盲人为服务对象开展文化志愿服务信息的包括安徽省图书馆、重庆市图书馆、甘肃省图书馆、广西图书馆、黑龙江省图书馆、辽宁省图书馆、内蒙古图书馆、青海省图书馆、陕西省图书馆、西藏图书馆和云南省图书馆；公众号推送消息中文化志愿服务以除盲人外其他类型残疾人为服务对象的包括广东省立中山图书馆、内蒙古图书馆、宁夏图书馆、新疆图书馆；公众号推送消息中，文化志愿服务以农民工子女为服务对象的包括湖北省图书馆、辽宁省图书馆；此外，内蒙古图书馆报道开展了"走进戒毒所，为学员提供精神食粮"专题活动，青海省图书馆和四川省图书馆分别针对自闭症儿童和贫困青少年开展了文化志愿服务，反映出服务于弱势群体的项目和活动是省图文化志愿服务重点实践、关注和传播的信息。

三 存在的问题

（一）东部与中西部地区差异大，总体而言中部地区处于落后位置[①]

为分析中国大陆东中西部地区省图公众号志愿服务消息分布方面存在的差异，我们在研究中按照东部、中部、西部对各省图公众号志愿服务消息进行划分汇总，并对文化志愿消息数量、阅读量、点赞量、留言数、回复数、使用照片数、使用视频数进行了详细统计和分析。由折线图（见图4）可以看出，东部与中西部地区省图公众号文化志愿服务消息推送情况存在较大差异。总体而言，东部地区省图公众号在文化志愿服务消息的数量、阅读量、点赞量、留言数、回复数、使用照片数、使用视频数等方面均超过中西部地

---

① 东部地区包括北京、天津、河北、辽宁、上海、江苏、浙江、福建、山东、广东和海南等11个省（市）；中部地区包括山西、内蒙古、吉林、黑龙江、安徽、江西、河南、湖北、湖南、广西等10个省（区）；西部地区包括四川、贵州、云南、西藏、陕西、甘肃、青海、宁夏、新疆、重庆等10个省（区）。

区。中西部地区在文化志愿服务消息的数量、点赞量、使用照片数等方面基本持平。中部地区在文化志愿服务消息的点赞量、留言数、回复数、使用照片数、使用视频数等方面均处于落后位置。此外，东部地区在文化志愿服务消息推送中使用的照片数占全部公众号文化志愿服务消息使用照片数的50.1%，使用视频数占比88.2%，在文化志愿服务消息推送中适当使用照片和视频也是中西部地区后续需要改善之处。

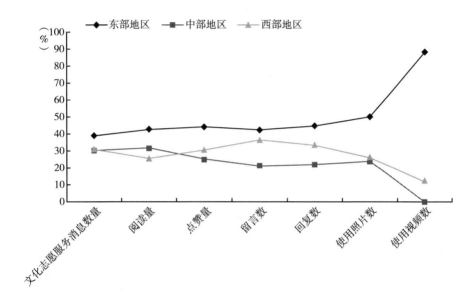

图4　东中西部地区省图公众号志愿服务信息发布情况比较

资料来源：根据31个省馆微信公众号2018年1~8月推送的文化志愿服务主题信息汇总整理。

（二）许多信息推送对文化志愿服务与图书馆工作人员服务未进行明确区分

在对省图文化志愿服务消息进行分析时不难发现，同一类文化志愿服务活动在不同的公众号中呈现方式不同：一些省图会在标题中表明其文化志愿服务性质，例如在首图推送的71条文化志愿服务消息中，有49条明确在标题中提及"志愿"一词；部分省图会在正文中提及志愿者或志愿服务组织的参与，但还有许多图书馆虽然在举办的活动中有志愿者的身影，却在微信消息中"隐身"。如某图书馆的少儿系列活动，是由名为"××故事团"的志愿者团体为小读者讲绘本故事，然而在推送的消息中只是简单提及"××故事团"的参与者，并未将其作为文化志愿者进行明确界定。一些图书馆招募了文化志愿者协助开展讲座、展览、读者活动，但是在相关活动预告和新闻信息中并没有明确提及文化志愿者的参与。这体现出各馆对文化志愿服务的认知不清晰，对于文化志愿服务的定义标准存在差异，对文化志愿服务与图书馆工作人员服务的边界不明确。

（三）服务活动成果展示较少，多数公众号未能全面呈现志愿服务活动开展情况

根据相关调查，截至 2014 年 6 月 30 日，我国大陆地区省级公共图书馆已普遍开展志愿者服务活动。[①] 虽然不少省图都引入了志愿者机制，但从前面统计中可以看出，很多图书馆未能通过微信公众号全面呈现志愿服务活动开展情况。所呈现的活动开展场所主要是馆内活动形式，所呈现的与外部志愿者和志愿组织的合作较少。在各图书馆微信推送中呈现的文化志愿服务消息中，多为讲座、读书会、电影放映等活动预告，还有部分招募志愿者的通知公告，有少部分展示文化志愿服务的新闻信息，如某图书馆微信公众号所推送的 25 条文化志愿服务消息全部为活动预告。在推送信息较多的首都图书馆推送的 71 条相关信息中，66 条为活动预告，5 条为新闻信息。这些都表明文化志愿服务活动虽然经常开展，但在公众号中只有极少部分成果能够被展示出来。对这些成果的展现形式也较单一，图文并茂的消息不多。

（四）微信推送形式和内容相对单一，吸引力较弱

在微信推送内容方面，重复性高是一个突出的特点。有很多格式类似的

[①] 谢海华、文红峰：《省级公共图书馆文化志愿服务调查分析》，《图书馆工作与研究》2015年第 1 期。

标题，虽然标题格式类似能够反映出活动的常态化和规律性，起到反复提醒的作用。但太多的重复会使读者对新信息的把握不足，反而降低消息的传播效果。此外，部分公众号每条信息的内容几乎都差不多，从标题到正文、图片、排版几乎没有变化，自然会降低读者的阅读兴趣和对此类图书馆微信公众号的吸引力。

在全部 522 条文化志愿服务消息中，留言数为 523 条，回复数仅为 150 条。平均每条消息有 1 条留言，3 条留言有 1 个回复。其中大多数仅是单纯的信息发布，与读者的互动有待加强。有些公众号甚至没有开通留言功能。读者很难从推送消息中得到共鸣和萌生参与意愿。也有少许互动较成功的案例：例如南京图书馆在推送文章《南图·阅空间 ｜ 国际盲人节·南京图书馆视障人图书室》中介绍了馆内视障人图书馆的基本情况和服务内容，就有两位读者在文章下留言表示自己愿意作为志愿者给视障人士阅读故事的意愿，公众号运营者也积极回复对读者表示感谢，并提供了参与方式。这类与读者的良好互动不仅有利于维护和读者的关系，而且有助于图书馆改进文化志愿服务。

四　总结与建议

通过对 31 个省级图书馆微信公众号信息发布状况的分析，可以发现当前各省级公共图书馆都开始注意通过这一自媒体平台向公众发布志愿服务信息和提升自身影响力。但总体而言，多数图书馆更多是将这一平台作为发布活动预告和招募信息的平台，其服务活动成果展示较少，多数公众号未能全面呈现志愿服务活动开展情况，微信推送形式和内容相对单一，吸引力较弱，许多信息对文化志愿服务与图书馆工作人员服务未进行明确区分，东部与中西部地区省图公众号文化志愿服务消息推送情况存在较大差异，总体而言中部地区还略落后于西部地区。

为发挥微信公众号作为分享志愿服务信息和开展数字化服务平台的功能，需要结合这一媒介的特点，在继续做好这一平台能快捷方便发布活动预告和招募培训等信息的同时，明确志愿服务范畴，增强文化志愿服务成果展示，增强与读者的互动，促进图书馆更好地利用微信平台，提高群众对文化志愿服务的理解，吸引更多的社会公众参与文化志愿服务。

在具体措施方面，首先，各省图应尽可能按照统一的标准明确图书馆服务和文化志愿服务的范畴和边界，以便帮助读者形成对于文化志愿服务的清晰认知。其次，建议各省图分析用户属性，针对性编写内容，努力引发读者共鸣。在语言上，可使用人格化的称谓，以一种讲述者的口吻与读者沟通。再次，不仅要欢迎读者留言，积极回应，也可采取线上线下相结合的方式，加强与读者的互动。此外，在推送的方式、时间及频率方面都应该根据具体情况进行更为精妙的把控。在展现形式上，除了文字之外，照片、视频等是能在短时间内直接赋予人现场感的媒介形式，建议各图书馆应该多借助图文并茂的新闻信息呈现活动效果。优质服务成果的生动呈现，有助于引得参与活动的人转发好评，有利于扩大活动的影响力，让更多人参与其中，也有助于壮大文化志愿者队伍。

参考文献

陈琼、杨芳怀：《浅谈"互联网＋"视域下的公共图书馆志愿者管理——以首都图书馆为例》，《河南图书馆学刊》2018 年第 9 期。

王方园、徐向东：《我国公共图书馆文化志愿服务的发展趋势及应对策略》，《图书馆学刊》2018 年第 6 期。

朱亚萍：《公共图书馆开展文化志愿服务的探讨》，《河南图书馆学刊》2018 年第 8 期。

杨国栋：《图书馆微信公众号的传播策略探析》，《出版广角》2018 年第 6 期。

叶颖：《公共图书馆文化志愿服务常态化思考》，《河南图书馆学刊》2018 年第 3 期。

王丽荣：《公共文化服务体系下的图书馆志愿服务》，《兰台世界》2017 年第 24 期。

王康、王晓慧：《省级公共图书馆微信公众号服务现状与影响因素研究》，《公共图书馆》2017 年第 3 期。

丁若虹：《搭建文化志愿服务平台，打造公共图书馆特色志愿服务品牌——以河北省图书馆开展志愿服务活动为例》,《图书馆理论与实践》2017 年第 4 期。

朱多刚、刘城晨:《公共图书馆微信服务现状与传播影响力研究——基于省级样本数据的分析》,《图书馆学研究》2016 年第 12 期。

吴爽:《省级公共图书馆微信公众平台服务的现状及对策》,《图书馆学刊》2016 年第 1 期。

B.24
我国文化馆（群艺馆）文化
志愿服务信息传播状况研究

——基于省级文化馆（群艺馆）微信公众号推送信息的分析

郭宇坤　辛媛媛*

摘　要： 近年来，各省级文化馆（群艺馆）在公共数字文化建设方面已初具雏形，不仅提高了公共文化服务的深度与广度，也加强了公共文化服务的影响力，微信公众号平台日益成为传播文化志愿服务信息的网络阵地。各省级文化馆（群艺馆）文化志愿服务信息的传播正在逐步模式化、制度化、常态化，但也面临着许多问题，需要通过进一步开发微信公众号功能，凸显文化志愿服务特色，创新文章推送模式，展示文化志愿服务活动成效，推进我国各省级文化馆（群艺馆）文化志愿服务信息的传播与推广。

关键词： 文化馆（群艺馆）　文化志愿服务　信息传播　微信公众号

在当今移动互联时代，开发文化志愿服务信息化平台，促进文化志愿服务管理规范化、制度化、数据化，拓宽文化志愿服务内容共享与传播渠道，成为各省级文化馆（群艺馆）数字化建设的既定工作，并取得了一定的成绩。目前中国大陆共有29家省馆设有公众号。为了解各省馆对微信公众号

---

* 郭宇坤，中央民族大学博士生；辛媛媛，中央民族大学博士生。

推送有关文化志愿服务信息的状况和存在的问题，本文对此进行研究，并希望以此为基础提出改进和提升的对策建议。

一　研究对象及方法

本次调研样本选择对象是以中国大陆省级文化馆（群艺馆）（以下简称"省馆"）为账号主体的微信公众号所推送的文化志愿服务信息。样本采集有效期时间为 2018 年 1 月 1 日至 8 月 31 日。本次调研发现，全国共有 29 家省馆设有公众号，在样本采集有效期内，共有 28 个省馆的公众号正常运营，故本次调研有效公众号样本数量为 28 个。文化志愿服务活动领域的信息分类以 2016 年文化部发布的《文化志愿服务管理办法》中的规定为标准。

二　文化志愿服务信息发布状况分析

（一）发布信息数量

在研究选取的时间段内，28 个省馆微信公众号共推送 226 篇文化志愿服务相关文章，文章中共附照片 1588 张，视频 20 段，另有动图 20 余张。各省馆微信公众号发布的文化志愿服务信息与照片数量存在明显差异，具体情况如下。

推送文化志愿服务相关信息最多的是重庆市群众艺术馆（29 篇），紧随其后的是福建省艺术馆（18 篇），之后是贵州省文化馆（17 篇），除此之外，文章推送量超过 10 篇的还有四川省文化馆（16 篇）、安徽省文化馆（11 篇）、海南省群众艺术馆（11 篇）、天津市文化馆（11 篇）四个微信公众号。通过比较发现，各省推送文化志愿服务信息数量上参差不齐，仅重庆一个公众号发布的信息量就占全部信息的 12.8%，发布信息最多和最少的两个省级公众号推送信息数量相差 28 篇（见图 1）。

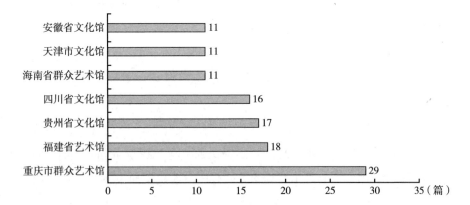

图 1 省级文化馆（群艺馆）发布文化志愿服务信息较多的公众号

资料来源：根据 28 个省馆微信公众号 2018 年 1～8 月推送的文化志愿服务主题信息汇集整理。

使用照片最多的是天津市群众艺术馆，共有 171 张，其次是贵州省文化馆（147 张），之后是四川省文化馆（137 张），照片数量超过 100 张的还有重庆市群众艺术馆、海南省群众艺术馆、河南省文化馆、上海市群众艺术馆，分别为 120 张、127 张、107 张、115 张（见图 2）。

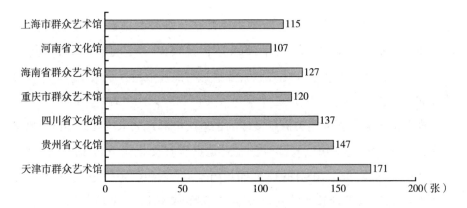

图 2 公众号信息中附有图片 100 张以上的省级文化馆（群艺馆）

资料来源：根据 28 个省馆微信公众号 2018 年 1～8 月推送的文化志愿服务主题信息汇集整理。

各省馆微信公众号使用的视频数量较少，28 个公众号共计 20 段视频，除了贵州省文化馆（6 段）、北京群艺之窗（3 段）、辽宁省群众艺术馆（3 段）、陕西省艺术馆（3 段）、天津市群众艺术馆（2 段）、重庆市群众艺术馆（2 段）、海南省群众艺术馆（1 段）等 7 个公众号外，其余 20 个公众号均未使用视频。

（二）阅读量与点赞数

28 个省馆公众号阅读量总计 80000 人次，点赞数为 1548 人次，各省馆公众号间差异显著。阅读量最多的是重庆市群众艺术馆，共有 21095 人次，占总阅读量的 26.4%，接近总量的 1/3。由于阅读量占较大优势，点赞量最多的仍然是重庆市群众艺术馆，共有 348 人次，占总点赞量的 23.9%（见图 3）。

阅读量在 3000 人次以上的省馆公众号还有广东省文化馆（5661 人次）、贵州省文化馆（3311 人次）、海南省群众文化艺术馆（7968 人次）、河南省文化馆（3623 人次）、辽宁省群众艺术馆（5855 人次）、上海市群众艺术馆（4444 人次）、天津市群众艺术馆（3511 人次），以上 8 个公众号总阅读量达 57251 人次，占总体的 69.9%（见图 3）。

总点赞量在 50 人次以上的公众号有 11 个，这 11 个公众号点赞量总计 1211 人次，占总量的 78.2%，剩余 16 个公众号点赞量较少。

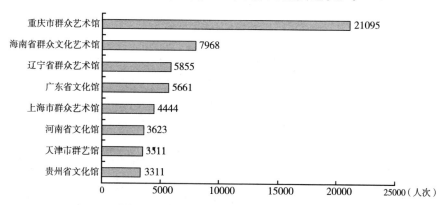

图 3　公众号文化志愿服务信息阅读量超过 3000 人次的省级文化馆（群艺馆）

资料来源：根据 28 个省馆微信公众号 2018 年 1~8 月推送的文化志愿服务主题信息汇集整理。

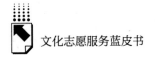

（三）信息类型及其受关注状况

各省馆微信公众号推送的文化志愿服务相关文章内容丰富，类型多样，主要是由本省文化馆或群艺馆组织，文化志愿者参与的公共文化服务活动，包括文化惠民演出、文化下乡、文化下基层、文化扶贫、公益培训、志愿者招募及培训、各类艺术培训、艺术展览、非遗传承、各种节日庆典活动以及"春雨工程""阳光工程"的相关活动等。

从此次研究的 226 篇文章来看，平均每篇大约附有照片 7 张，平均每篇阅读量约为 353.9 人次，同时每篇有 6.8 人次的点赞量。

在所有公众号中，上海市群众艺术馆发布的文章阅读量平均最多且最为稳定，每篇阅读量在 600 人次以上，同时也有较高的点赞量。其中《喜乐元宵，福旺新春——第十二届"海上年俗"风情展系列活动》这篇文章，由于发表于节日，且内容涉及当地年俗，因此获得了人们的关注，阅读量达到 1343 人次，点赞量 12 人次。文中还附有年俗风情展照片 8 张，充分展示了上海年俗风情的魅力。

在全部 226 篇文章中，阅读量超过 1000 篇的共有 15 篇，阅读量前十名的内容具体信息见表 1。

表 1 阅读量前十名的信息内容

单位：人次

序号	公众号名称	标题	阅读量
1	重庆市群众艺术馆	【培训报名】重庆市群众艺术馆 2018 年"免费开放"服务第二季(4～6月)培训科目	6945
2	重庆市群众艺术馆	【培训报名】重庆市群众艺术馆 2018 年"免费开放"服务第一季(1～3月)培训科目	3581
3	海南省群众艺术馆	省群艺馆 2018 年秋季公益性免费开放培训班报名	2146
4	辽宁省群众艺术馆	期待已久！省群众艺术馆公益培训再度招生！	1915
5	广东省文化馆	"南粤木棉红"合唱团交流惠民演出预告	1870
6	河南省文化馆	河南省文化馆全民艺术普及走进郑州双汇	1793
7	重庆市群众艺术馆	【免费领票】"曲艺大联欢新春乐翻天"2018 京津沪渝四直辖市曲艺交流展演	1693

序号	公众号名称	标题	阅读量
8	海南省群众艺术馆	【诚邀观展】美丽海南——柯兴发国画作品展	1574
9	重庆市群众艺术馆	第八届重庆市乡村文艺会演网络人气奖出炉！	1398
10	上海市群众艺术馆	喜乐元宵，福旺新春——第十二届"海上年俗"风情展系列活动	1343

资料来源：根据28个省馆微信公众号2018年1～8月推送的文化志愿服务主题信息汇集整理。

从上述内容中不难发现，最受群众欢迎的文章一般涉及公益培训、免费演出、艺术展览、民俗活动等，这些主题与群众生活联系紧密，且能够给予群众较多益处，如：学习艺术特长，增强生活技能，丰富精神生活，获得文化知识等。

公众号发布的文章获得的留言数量较少，留言最多的是重庆市群众艺术馆推送的消息《夏日福利｜中国民族音乐专题讲座及作品赏析免费赠票啦》，有6条留言。

三 存在的问题

（一）功能未充分开发，多数未能发挥公众号管理作用

微信公众号具有微官网、微推送的功能，可以成为宣传消息或文化信息传播的窗口，此外，通过二次开发，还可以使微信公众号具备微支付、微活动、微报名、微分享、微名片等多种多样的功能。

综合各省馆公众号有关文化志愿服务的运用方式，在28个省馆公众号中，有9个省馆公众号设立了文化志愿云服务功能，其中安徽、福建、江苏、广州、贵州、云南省馆6个公众号可实现文化志愿服务线上报名和云管理。在未开通文化志愿云平台的18个省馆公众号中，微信公众号未能成为文化志愿服务管理的有效工具，仅仅是推送以文化志愿服务活动信息为主的内容。

（二）许多推送标题不明，内容也未能显现文化志愿服务特色

总体而言，微信公众号推送的文章中文化志愿服务信息数量过少，在研究选取的 2018 年 1～8 月，文化志愿服务活动消息数量最多的是重庆市群众艺术馆（29 篇），平均每月发布近 4 篇。大部分省级文化馆（群艺馆）公众号平均每月发布文化志愿服务活动消息不足一条，显现出部分文化馆对文化志愿服务的重视度仍旧不高。

此外，除了"春雨工程""阳光工程"两个文化志愿服务典型活动外，多数文章存在标题不明的情况，一些文章从标题看不出是文化志愿者活动，内容也没能体现文化志愿服务的特色。另外，很多公益培训、免费讲堂、文化惠民演出都有文化志愿者参与，但是文章中并没有体现。

（三）推送形式不能充分激发群众阅读与互动兴趣

许多公众号推送信息形式陈旧，不足以吸引阅读，留言评论的人数少。本次研究中，226 篇文章仅有留言 47 条，平均约 5 篇才有一条评论，表明文章内容与读者没有产生共鸣，不够吸引读者，没有能够形成获得广泛回应和交流的话题。

（四）缺少反映志愿服务过程与成效的相关信息

通过对各省级（文化）馆公众号推送的文化志愿服务信息的内容分析可以发现，多数信息为文化志愿者招募信息，且仅能反映出有动员社会服务力量加入服务行列的环节，缺少体现社会力量参与文化志愿服务的过程与成效的相关报道或活动消息，这就难以提高社会志愿者参与文化志愿服务的积极性，也难以形成文化志愿服务项目与社会文化志愿者的良性互动。此外，在内容上，文化行政系统内部工作人员的本职工作与志愿服务的界限难以区分，两者分工不明，缺乏协作。

四 总结与建议

基于省级文化馆（群艺馆）微信公众号推送信息的分析，可以看出我国各省文化馆（群艺馆）文化志愿服务信息的传播正在逐步模式化、制度化、常态化。在 28 个省馆微信公众号推送的 226 篇文化志愿服务相关文章中，除文字描述外，还运用了照片、视频、动图等形式，体现了各省文化馆（群艺馆）利用微信公众号平台传播文化志愿服务信息的探索与努力。同时，80000 人次的总阅读量和 1548 人次的点赞数，也反映了在线文章推送取得的成效。各省馆微信公众号的推送信息进一步提高了公共文化服务的深度与广度，加强了公共文化服务的影响力。针对目前存在的问题，本研究建议应加强以下几方面的工作。

首先，为了解决公众号功能较少，管理作用发挥不明显的问题，建议各省馆进一步开发微信公众号功能，提高微信公众号的运用率，在文化志愿者招募、文化志愿者报名信息在线采集、文化志愿者信息的数据库后台管理等方面进一步优化应用软件。同时还可以通过公众号的信息存储功能，掌握公众号订阅用户的基本信息和关注取向，以便更有针对性地发布文化志愿服务动员信息，提升订阅用户参与文化志愿服务的积极性，将新媒体运用真正注入"互联网＋志愿服务"的资源整合模式。

其次，为了凸显文章内容中文化志愿服务的特色，建议各省馆在为文章设置标题时，尽量选择简洁明了的语句，突出文章主题，或将文化志愿服务的关键词标注在文中，进一步凸显文章特色。或是将微信公众号文章的内容分类设置得更为精细，将文化志愿服务列为独立的栏目，方便群众关注文化志愿服务相关信息。另外，希望各省馆在现有条件下，多组织文化志愿服务活动，并且将活动的成果展示出来，让更多群众通过微信公众号平台了解到文化志愿服务。

再次，为了激发群众的阅读兴趣，提升群众的参与度，建议各省馆微信公众号创新文章推送模式，例如：可以在文章显著位置标出特色宣传语及二

维码，设置点赞或评论抽奖环节，并在文章的顶端或结尾处列出奖励办法，鼓励群众阅读，积极评论与留言，参与到线上公众平台的建设中来，谏言献策，推动线下文化志愿活动的不断完善与发展。

最后，为了更好地展示文化志愿服务活动的实施过程与成效，充分动员群众参与，协调文化志愿者与馆内工作人员的岗位分工，建议各省馆微信公众号在推送信息中详细介绍文化志愿服务活动的实施过程，并总结活动取得的成效与意义，承担起文化志愿服务组织者和服务者的双重角色，打造服务主体多元化的文化志愿者队伍，在微信公众号中区分出文化志愿者与馆内工作者岗位职责，分类展示工作成果，并合理安排分工，促进文化志愿者与馆内工作者双方的协作。

参考文献

林林、张苏媛：《"大档案"视角下高校文化馆群协同创新管理研究》，《浙江档案》2018 年第 11 期。

肖贵中：《互联网时代数字文化馆的建设现状及发展方向》，《电子技术与软件工程》2018 年第 16 期。

卢莉娜：《文化馆开展数字文化服务的探索与思考》，《中国多媒体与网络教学学报》（中旬刊）2018 年第 8 期。

马知力：《如何运用微信进行文化馆的群文宣传工作》，《中国民族博览》2016 年第 1 期。

唐喆：《文化馆如何开展文化志愿服务——以溧水区文化馆为例》，《大众文艺》2017 年第 8 期。

蒋恩智、吴冰心、王凯元、崔伟文：《"互联网＋"时代文化志愿者服务探析——以浙江省仙居县为例》，《内蒙古科技与经济》2016 年第 21 期。

B.25

我国博物馆文化志愿服务
信息传播状况研究

——基于省级博物馆（院）微信公众号推送信息的分析

辛媛媛　郭宇坤*

摘　要： 本文在统计分析省级博物馆微信公众号有关文化志愿服务的相关推送信息的基础之上，发现微信公众号已成为各省博文化志愿服务工作的信息载体和管理工具，反映出各省博文化志愿服务工作品牌引领、特色突出、关注度高的发展特点，但还存在诸如功能开发有待深入、内容推广有待深化、互动效果有待加强的问题。建议各省博微信公众号通过深化功能开发、完善文化志愿服务推送内容、调动订阅用户线上互动积极性的改进措施，创新博物馆文化志愿服务的线上推广与资源整合模式。

关键词： 博物馆　文化志愿服务　信息传播　微信公众号

近年来，博物馆微信公众号的开发利用，成为运用新媒体技术传播文化惠民信息，调控参观人流量，发挥社会教育功能的有效手段。博物馆将微信公众号作为数字化、网络化、信息化的多功能性载体，日益成为博物馆管理文化志愿服务的工具。但通过对比分析发现，各省级博物馆文化志愿服务对

---

* 辛媛媛，中央民族大学博士生；郭宇坤，中央民族大学博士生。

公众号的利用情况存在一定的差异，为了解各省馆对微信公众号推送有关文化志愿服务信息的特点和存在的问题，本文对此进行专题研究，并以此为基础为博物馆文化志愿服务的线上推广与资源整合模式创新提出改善建议。

一 研究对象及方法

本次调研样本选择对象是以全国省级博物馆（院）（以下简称"省博"）为账号主体的微信公众号所推送的文化志愿服务信息。本次调研发现，全国共有 31 家省博设有公众号，其中 29 家省博公众号正常运行，故本次调研有效公众号样本数量为 29 个。本报告样本信息采集有效时间为 2018年 1 月 1 日至 8 月 31 日。文化志愿服务活动消息的选取以 2016 年文化部发布的《文化志愿服务管理办法》中阐述的文化志愿服务内容为标准。

二 文化志愿服务信息发布状况分析

（一）发布信息数量

在此次研究所设区间内，各省级博物馆微信公众号共发表 590 篇文化志愿服务相关文章，文章中照片共计 3908 张，视频 62 段，另有动图 10 张。各省博物馆微信公众号推送的文化志愿服务信息与照片数量的具体情况如下。

推送文化志愿服务相关信息最多的是河北博物院（55 篇），是唯一超过50 篇的公众号，推送超过 30 篇文章的公众号有黑龙江博物馆互动平台（39篇）、云南博物馆（38 篇）、安徽博物院（34 篇）、广东省博物院（33 篇）、上海博物馆（31 篇），这 6 个公众号的文章数共计 230 篇，占总文章数的近40%（见图 1）。通过数据可以直观地看到，各省博物馆公众号的文章数存在较大差异，最少的公众号仅有 6 篇与文化志愿相关的文章。

使用照片最多的是辽宁省博物馆，24 篇文章中共有照片 326 张，之后

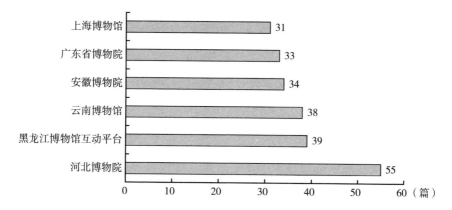

图1　省级博物馆发布文化志愿服务信息较多的公众号

资料来源：根据29个省博微信公众号2018年1~8月推送的文化志愿服务主题信息汇集整理。

是上海博物馆31篇文章中共有314张照片（含2张动图），照片数在200张以上的还有陕西省历史博物馆（255张）、黑龙江博物馆互动平台（250张）、内蒙古博物院社会教育部（204张，含3张动图）、四川博物院（201张，含4张动图）（见图2）。以上6个公众号文章中照片数共计1550张，占总照片数的48%。

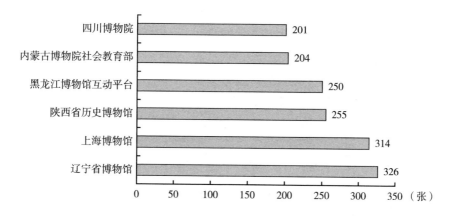

图2　公众号信息中附有图片200张以上的省级博物馆

资料来源：根据29个省博微信公众号2018年1~8月推送的文化志愿服务主题信息汇集整理。

相较于照片的数量而言，各省级博物馆微信公众号展示的视频数量极少，29个公众号共有视频62段，内蒙古博物院社会教育部、上海博物馆两个公众号的文章中包含7段视频，并列视频数量最多的公众号。9个省馆均未在文章中使用视频。

（二）阅读量与点赞数

29个公众号阅读量总计1577256人次，点赞数为16153人次。阅读量最多的是上海博物馆，共有259754人次，占总阅读量的16%，平均每篇文章的阅读次数约为8379人次。上海博物馆的点赞量为1839人次，大幅超过其他公众号，占总点赞数的11.7%。

阅读量在50000人次以上的公众号还有山西博物院（219785人次）、广东省博物馆（196912人次）、湖南省博物馆（156489人次）、河北博物院（106853人次）、陕西省历史博物馆（90045人次）、云南博物馆（75507人次）、辽宁省博物馆（55923人次）（见图3），以上8个公众号的阅读量总计为1161268人次，占总阅读量的比重约为76.4%。

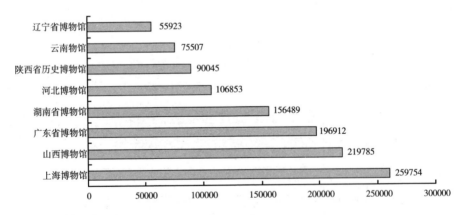

图3 公众号文化志愿服务信息阅读量超过5万人次的省级博物馆

资料来源：根据29个省博微信公众号2018年1~8月推送的文化志愿服务主题信息汇集整理。

点赞数在 1000 人次以上的有广东省博物馆、河北博物院、湖南省博物馆、上海博物馆、山西博物馆等 5 个公众号，点赞数分别为 1383 人次、1622 人次、1228 人次、1839 人次和 1457 人次。总体上看，点赞数与阅读量基本成正比。点赞数最少的是新疆生产建设兵团军垦博物馆，11 篇文章仅有 11 个赞。

（三）信息内容分析

各省级博物馆微信公众号推送的文化志愿服务相关文章内容充实，涉及主题广泛，主要是由本省博物馆组织的公共文化服务活动，包括展览信息预告、活动项目安排、志愿者招募与管理、讲座内容介绍、活动情况回顾、公益培训与课堂、节日庆祝活动、文化惠民项目、馆校合作共建等。综合各省博开展的文化志愿服务项目内容来看，具有以下突出特点。

1. 品牌引领

综合各省博公众号推送的文化志愿服务项目内容，有特色突出、推广性强的品牌性项目，能够突出代表和反映博物馆作为文化志愿服务平台的优势和本质需求，也在全国文化志愿服务内容中发挥着示范性作用。其中，"小小讲解员"志愿服务项目广泛分布于各省博，在各省博推送的文化志愿服务消息中都有体现，且消息类型涉及"小小解讲员"项目运行的招募、培训、上岗、表彰各大环节，其项目管理的科学性，项目运行的规范性使之能够成为其他文化志愿服务项目的标杆。

在文化部发布的 2017 年文化志愿服务工作的相关部署中，以"扎根基层、服务群众"为主要内容的基层文化志愿服务活动，是博物馆文化志愿服务工作的方向之一。在各省博公众号中，"结对子、种文化"主题帮扶活动和"馆校共建"活动成为众多省博文化志愿服务的代表性项目。比如黑龙江博物馆公众号推送的消息中，"结对子、种文化"主题帮扶活动和"环球自然日"进校园活动占总文化志愿服务类消息推送量的 27.5%，是黑龙江博物馆代表性文化志愿服务项目，同时也是博物馆下基

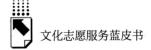

层，让更多的基层社会公众感受历史，有效发挥博物馆社会教育功能的途径之一。

2. 特色突出

从文化志愿服务参与主体和实施内容上考量，博物馆文化志愿服务具有以下突出特点：首先，参与主体多样。在各省博的志愿服务团队中，主要包括两大主体类型，一是博物馆内部的工作人员，承担起非本职工作外的服务活动；二是博物馆招募的社会志愿者，包括中小学生、专家老师、文物爱好者等群体，有效发掘并利用了社会资源。其次，服务内容多样。自 2008 年博物馆免费对社会公众开放以来，为了进一步满足社会公众的文化诉求，博物馆开展的公益性服务类型也不断开拓创新，从各省博公众号反映的服务内容上看，常态性服务与特色性服务兼具，既能够保证博物馆基础职能的发挥，还能够与节日意义、国际文物重大发现事件相结合，向社会公众传递了较为丰富的历史知识。

3. 关注度高

根据此次收集的数据来看，全部 590 篇文章，平均每篇约有照片 7 张，平均每篇阅读量约为 2673 人次，平均点赞约为 27 人次。

在 29 个公众号中，山西博物院发布的文章阅读量平均数最高，16 篇文章阅读量就达到了 219785 人次，平均每篇阅读量约为 13737 人次，位居所有公众号文章平均阅读量的第一位。同时山西博物院所发布文章的点赞量排名也在前列，仅次于河北博物馆与上海博物馆，但后两者的文章数大大超过前者，因此，平均点赞量也是山西博物院最多。在山西博物院发布的 16 篇文章中，《【明日开展】金字塔·不朽之宫——古埃及文明特展》这篇展览预告的阅读量达到了 44756 人次，点赞量有 296 人次，留言也有 103 条，由于特展内容新奇有趣，参观机会难得，因此获得了大众的广泛关注。文章中包括照片展示 36 张，视频讲解 1 段，让大众了解了古埃及文明特展的基本情况，提升了大家的观展兴趣。

在全部 590 篇文章中，阅读量超过 15000 人次的共有 15 篇，现将阅读量前十名具体信息呈现如表 1 所示。

表1 阅读量前十名的信息内容

单位：人次

序号	公众号名称	标题	阅读量
1	山西博物院	【明日开展】金字塔·不朽之宫——古埃及文明特展	44756
2	上海博物馆	上博新展@法国丨在巴黎轻嗅"中国芳香"	38329
3	广东省博物馆	千呼万唤→2018年广东省博物馆志愿者招募启动啦！	22952
4	上海博物馆	在线直播丨博物馆里的奇妙一课	22556
5	山西博物院	【暑期志愿者招募】这个夏天，成长在博物馆！	21573
6	上海博物馆	时间、宝藏、血脉，以及给中学生的博物馆奇妙一课	21006
7	山西博物院	【明日开展】争锋——晋楚文明特展	21001
8	山西博物院	【明日开展】回乡——忻东旺的艺术人生	20351
9	湖南省博物馆	讲座预告丨"湘博讲坛"第六期招募现场听众	19663
10	湖南省博物馆	活动预告丨博物馆探索车活动首秀	18073

资料来源：根据29个省博微信公众号2018年1~8月推送的文化志愿服务主题信息汇集整理。

从表1中可以看出，大众喜爱的文章一般包含以下要素，国外文物展、暑期活动、志愿者招募与表彰、公益讲座与免费培训、博物馆成果展示等。以上内容可以引起大众的学习与观赏兴趣，无须支付费用，且便于在微信公众号平台展示，因此获得了较多的阅读量。

三 存在的问题

（一）微信公众号功能开发不完善

从各省博微信公众号订阅用户的视角出发，发现在29个省博微信公众号中只有3个公众号开发了文化志愿服务功能链接，有的省博物馆微信公众号可通过公众号实现线上报名，有的虽然也有志愿服务工作板块的功能链接，但无法实现线上报名，仅仅是志愿服务工作的介绍和报名方式推广。

（二）文化志愿服务内容推广不完整

文化志愿服务作为一项组织性行为，应该是一个从管理投入到实施运行

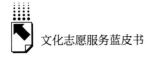

的完整性系统。从管理投入上，文化志愿服务应包括制度建设、人员安排、岗位开发、项目建设等，实施运行涉及志愿者招募、培训、服务过程记录、激励与反馈等各大环节。但从各省博公众号推送的文化志愿服务消息中，通常只能片面地了解志愿者招募、志愿者培训和志愿者表彰三大环节，志愿者服务过程也仅是在活动新闻稿件上有所体现。

（三）博物馆与阅读者之间缺乏线上互动

各省博公众号推送的文章评论与留言数量少，文化场馆与群众之间互动不足。虽然各省博物馆微信公众号浏览信息的群众很多，但是参与到互动和留言的群众很少。如三个省博物馆文章总阅读量都超过 1 万人次，但留言数仅为 20 个以内，有 4 个博物馆都有着上千人次的阅读量，但是没有任何群众留言。这反映出文化场馆对于群众关于活动的建议和意见还不够重视，有的场馆甚至没有开放留言界面。

四 总结与建议

通过对省博微信公众号推送的文化志愿服务信息的分析，发现微信公众号已成为各省博文化志愿服务工作的信息载体和管理工具，反映出各省博文化志愿服务工作品牌引领、特色突出、关注度高的发展特点，但各省博文化志愿服务工作依托于微信公众号的实施成效还存在诸如功能开发有待深入、内容推广有待深化、互动效果有待加强的问题。针对以上问题，本研究提出如下建议。

首先，深度开发微信公众号运行方式，完善微信公众号功能。各省博应围绕微信公众号，对其数字化、网络化及信息化的功能进一步挖掘与更新，让其成为集信息传播、拓展服务、团队管理等功能于一体的志愿服务信息化平台。

其次，保证微信公众号对文化志愿服务工作推广的完整性。各省博微信公众号作为社会公众了解文化志愿服务工作的窗口之一，不应该仅仅局限于文化志愿服务招募、培训和表彰环节的记录，还应该加强文化志愿服务工作经验总结、反思评估工作，并在公众号推广中有所体现，以此促进文化志愿服务项目的科学化运行，提高社会公众对于博物馆文化志愿服务工作的认知度、认同感和参与积极性。

最后，进一步发挥微信公众号的桥梁纽带作用，增强与订阅用户的互动性。通过对 590 篇文化志愿服务推送消息阅读量、点赞数和留言数的分析，发现微信公众号订阅用户对于文章内容兴趣不足，不愿参与博物馆微信公众号的线上活动。建议博物馆公众号开放留言界面，设置抽奖机制，定期选出优秀的建议，鼓励群众留言与评论，使博物馆了解群众意愿，提升线上活动的群众参与度。

参考文献

钱兆悦：《文旅融合下的博物馆公众服务：新理念、新方法》，《东南文化》2018 年第 3 期。

仝召娟、梁婕、许鑫：《我国非遗保护政府机构官微利用现状及优化策略》，《图书情报工作》2017 年第 2 期。

马晓华：《高校博物馆志愿讲解服务工作与大学生素质教育——以中央民族大学民族博物馆志愿者中心为例》，《民族教育研究》2009 年第 3 期。

孙丽霞：《志愿服务与博物馆公共性的发展》，《四川文物》2011 年第 5 期。

郭珽：《如何吸引和留住用户——故宫博物院新媒体运营策略》，《新闻与写作》2017 年第 3 期。

赵玉：《基于观众视角的我国博物馆微信营销策略研究》，《东南文化》2016 年第 4 期。

B.26
我国图书馆文化志愿服务研究状况

——基于中国知网（CNKI）2010~2017年文献的分析

闻瑶 毛鑫*

摘　要： 根据2010~2017年中国知网收录期刊文献成果分析，从地域来看，已有成果多集中于东部地域，对中西部的研究成果较少；从研究主题来看，重视围绕各地省、市级公共图书馆文化服务体系建构进行经验总结以及理论探讨；在研究方法上，以定性研究成果为主，也有基于问卷数据、大数据的定量分析；从研究者来源看，多为高校及公共图书馆工作人员；从时间上来看，2017年是期刊论文研究成果数量快速上升的年份。

关键词： 公共图书馆　文化志愿服务　文献分析　中国知网

2012年，我国《公共图书馆服务规范》正式提出"公共图书馆应导入志愿者服务机制"。自此以来，各地图书馆不断从服务内容、工作方式和活动载体等多方面进行思考与总结，以期形成具有特色的文化志愿服务模式，对图书馆文化志愿服务的研究成果不断涌现。本文在此尝试基于中国知网（CNKI）中国学术期刊全文数据库2010~2017年收录的相关文献成果，对我国图书馆文化志愿服务研究状况进行梳理，以期更好地促进图书馆文化志愿服务的实践与理论研究水平。

---

* 闻瑶，中央民族大学在读博士，江苏省淮阴工学院讲师；毛鑫，中央民族大学研究生。

一 我国图书馆文化志愿服务的研究总况

在 CNKI（中国学术期刊全文数据库）以"图书馆文化志愿服务"模糊匹配方式跨库检索，得到 2010～2017 年文献总数为 130 篇，可以看出我国图书馆建设不断加快的同时，图书馆文化志愿服务也成为各级图书馆共同关心的议题之一。其中，以公共图书馆（46 篇）文化志愿服务研究最多，此外还有针对基层中小型（公共）图书馆的文化志愿服务、社区图书馆、农家书屋的研究。就 2010～2017 年搜索所得文献做分析（见图 1），可以看出：从地域来看，现有研究多集中于有代表性的东部发达地域，对中西部图书馆的文化志愿服务研究较少。在研究主题上，主要围绕各地省、市级公共图书馆文化服务体系建构进行经验总结以及理论探讨。在研究视角上，多以经验视角来探讨志愿服务管理实践的改进与发展路径。在研究对象上，图书馆志愿者管理、志愿服务发展、志愿者团队建设以及社区、农村地区、弱势群体得到重点关注。在研究方法上，以定性分析为主，也有基于问卷数据、大数据的定量分析。从研究者来看，多为高校及公共图书馆工作人员。从时间上来看，2017 年是期刊论文研究成果快速上升的年份。

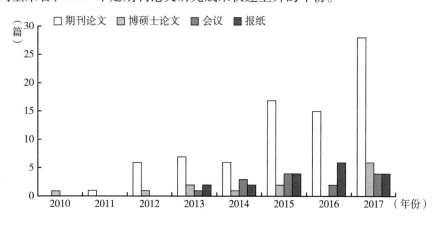

图 1　2010～2017 年图书馆文化志愿服务文献分布

资料来源：根据中国知网收录 2010～2017 年图书馆文化志愿服务文献汇集整理。

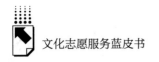

二　我国图书馆志愿服务的研究重点及其观点

2010～2017 年的成果重视对图书馆文化志愿服务的概念界定研究，重视对图书馆文化志愿者队伍的研究，重视对馆内服务的研究并兼顾研究面向基层的服务实践，重视对服务管理体系与机制的研究。

（一）重视对图书馆文化志愿服务的概念界定研究

《公共图书馆服务规范》（国家标准 GB/T 8220－2011）于 2012 年 5 月 1 日起正式施行。它以国家标准的方式倡导导入志愿者服务机制，同时将外界志愿者进入图书馆提供的志愿服务与图书馆工作人员作为志愿者对外提供服务都界定为图书馆文化志愿服务。此外，一些研究者针对图书馆文化志愿服务的概念内涵进行了研究。

刘芳（2015）、朱美华等（2015）与刘丹（2017）等的研究区分了专业志愿服务与非专业志愿服务，刘丹（2017）与朱美华（2015）都认为专业志愿服务指的是掌握一定技术能力、拥有一定专业知识或具备相应专业资格的人员，利用自身的时间、技能、工作经验和社会资源等，为弱势群体、公益慈善机构、社会组织等提供无偿的专业服务。朱美华等（2015）认为，就服务的属性而言，非专业性志愿服务指技术含量较低的一般性服务活动。刘丹进一步解释了专业志愿服务的形式可以包含培训、咨询、诊断、研究等。① 可以看出，刘丹指涉的专业志愿服务，是图书馆外界的专业人士进入图书馆开展与其技能和专长相关的服务，而朱美华等则是把图书馆工作人员视为具有技能与专业的专业人士，为社会开展志愿服务，两者的视角不同，对图书馆文化志愿服务的界定内涵亦不同。省市级公共图书馆研究多为外部社会志愿者进入图书馆提供服务，而高校图书馆研究除了上述范畴外还指涉图书馆工作人员作为文化专业者对社会开展支持和帮助性服务。谢海华等

---

① 刘丹：《公共图书馆专业志愿服务应用构想》，《图书馆建设》2017 年第 9 期。

（2015）认为，图书馆日常的清洁环保、阅览室秩序维持、日常期刊借阅查询等工作内容都不能被列入文化志愿服务包含范围内。①

从上述学者对于图书馆文化志愿服务的不同界定可以看出，尽管《公共图书馆服务规范》对于文化志愿服务做了简单的界定，但学界仍然对图书馆文化志愿服务的定义给予了研究重视，并且呈现理解上的分歧。这种分歧之所以存在主要是由于研究者在是否强调志愿服务的专业性、文化性以及文化志愿服务是否有特定的服务领域等方面存在不同理解。这种分歧会影响到图书馆对文化志愿服务的设计与管理，服务方向以及图书馆开展文化志愿服务的效果与质量。

（二）重视对图书馆文化志愿者队伍的研究

现有知网文献中的成果对图书馆文化志愿者队伍构成的多元化特点进行了探讨。丁若虹（2017）以河北省图书馆为例将文化志愿者分为个人志愿者和团体志愿者，其中文化志愿者队伍主要成员为学生志愿者与专家志愿者，其中学生志愿者比例占 61%。② 现实中，以中小学生及大学生课外实践为目的的学生群体确实构成了图书馆文化志愿者的重要部分。程大帅（2017）把图书馆文化志愿服务区分为专家型和服务型。③ 团体志愿者研究方面，文化、教育领域的社会团体、高校、行政机关单位依托公共文化服务这一平台参与志愿服务，并提出了硬性工作任务及考核措施，这是图书馆志愿者的常见组织形式。施国权（2012）、邓银花（2014）及李娟（2015）对社会组织介入图书馆文化志愿服务进行了探讨，认为这是社会力量参与图书馆建设的主要模式。此外，一些学者针对图书馆文化志愿者本身开展了研究。出于对图书馆文化志愿者进行时间管理的目的，孟志丹（2014）以辽

---

① 谢海华、文红峰：《省级公共图书馆文化志愿服务调查分析》，《图书馆工作与研究》2015年第1期。

② 丁若虹：《搭建文化志愿服务平台　打造公共图书馆特色志愿服务品牌——以河北省图书馆开展志愿服务活动为例》，《图书馆理论与实践》2017年第4期。

③ 程大帅：《公共图书馆开展文化志愿服务可行性及实践探究——基于信息弱势群体的视角》，《图书馆工作与研究》2017年第5期。

宁省图书馆文化志愿服务为例对志愿者的服务时间进行了分析。邓银花（2014）对志愿者参与图书馆志愿活动的动机进行了研究，将志愿者参与动机概括为情境取向、自我取向、人际取向。①

由此可见，对图书馆文化志愿者队伍的研究主要包括对志愿者队伍职业背景、专业程度、参与动机、参与途径等方面的研究。笔者注意到图书馆文化志愿者的构成有两类重要的区分即为个人志愿者和团体志愿者，以个人身份加入图书馆文化志愿者队伍的人员与以团体形式参与图书馆文化志愿服务的人员在参与动机和服务方式等方面都存在差异。这种差异性的志愿者队伍构成有利于不同形式的文化志愿服务的组织和开展。然而也正是因为文化志愿者队伍规模较小，多元性有限，导致了图书馆文化志愿服务仍然存在同质性强的局限。

（三）重视对馆内服务的研究，兼顾研究面向基层的服务实践

研究者对于图书馆文化志愿服务的研究重视对志愿服务进行分类，对图书馆文化志愿服务的分类标准主要是服务内容、服务地点和服务形式。李金秀（2012）将图书馆志愿服务分为以下五类：馆内向导、日常管理、宣传活动、特殊服务和公益活动。② 谢海华等（2015）对文化志愿服务的分类与李金秀（2012）一样区分了图书借还、架位整理等基础型服务；针对特殊群体的特殊服务；讲座、阅读推广活动。此外，他特别强调了社区公益活动。③ 李娟（2015）按照志愿行为形式区分了无组织的志愿服务和有组织的志愿服务。④

可以看出，上述学者研究中涉及的图书馆文化志愿服务主要集中于馆内活动，讨论了文化志愿者如何以"义务馆员"的身份协助图书馆开展日常

---

① 邓银花：《社会力量参与图书馆建设的缘由、模式和激励》，《图书馆杂志》2014 年第 2 期。
② 李金秀：《幸福社会建设中图书馆志愿服务创新探讨》，《图书馆理论与实践》2012 年第 6 期。
③ 谢海华、文红峰：《省级公共图书馆文化志愿服务调查分析》，《图书馆工作与研究》2015 年第 1 期。
④ 李娟：《社会力量参与基层图书馆服务供给模式研究综述》，《图书馆》2015 年第 3 期。

工作，而较少关注到除日常工作以外的文化志愿服务和走出场馆面向社会的公共文化服务。换句话说，以图书馆工作人员作为专业身份向社会提供的专业文化志愿服务在现有研究中涉及的比例较低，有的即使给予了相应的关注但仍旧停留在相对浅层次的象征性的社区公益活动。

孙广成（2014）、李雅玲（2016）对上述问题进行了反思，其中孙广成提出图书馆志愿服务应进行延伸，提供真人图书馆服务、基层用户服务、智慧服务、网络服务①四大方面内容，以保证更加专业性或者说文化性层次更高的志愿服务。此外，陈世海（2015）、马莉虹（2005）对社区图书馆进行了研究，认为社区图书馆可以为社区提供图书驿站、社区矫正及社区教育服务。潘美英（2011）、钟燕（2007）和叶爱香（2007）分别针对高校图书馆为农民工提供信息服务、高校图书馆对弱势群体的信息服务、高校图书馆对农村留守儿童的文化关怀展开了探索。面向社会的公共文化服务不仅在服务地点上是对于图书馆文化志愿服务的延伸，而且扩大了受益群体，创新了服务方式。

（四）重视对服务管理体系与机制的研究

在全部针对图书馆的文化志愿服务研究中，对服务管理体系的研究占绝大多数。丁若虹（2017）以河北省图书馆为例，说明了志愿者的招募、筛选、培训、定岗、评定与考核、激励的志愿者一般性工作流程。②本文从招募与准入机制、教育培训机制、考核与激励机制、退出机制、长效机制等方面对图书馆文化志愿者服务管理体系与机制相关研究观点进行总结。

1. 招募与准入机制

刘伟（2010）提出图书馆志愿者的招募首先应根据图书馆工作岗位需要制订志愿者招募计划，随后开展具体招募工作，选拔、录用合格志愿者的

---

① 孙广成：《面向用户的公共图书馆志愿者服务延伸途径研究》，《图书与情报》2014 年第 5 期。

② 丁若虹：《搭建文化志愿服务平台 打造公共图书馆特色志愿服务品牌——以河北省图书馆开展志愿服务活动为例》，《图书馆理论与实践》2017 年第 4 期。

过程。① 在招募方式上，各地图书馆做法基本相同，都选择通过宣传的方式扩大知晓度，多元媒体渠道招募。程大帅（2017）认为招募要坚持以需求为导向，刘丹（2017）认为专业志愿服务的招募要使公共图书馆需求与专业资源相匹配，必须要与专业志愿者达成服务内容、服务方式、工作量等各方面的一致。② 赵丽香（2014）认为志愿者使用部门要负责规划需求岗位，并由图书馆审查核定。

志愿者的准入程序主要包括筛选定岗和注册。杨杰（2017）指出应依据不同岗位需要设定专业技能及文化知识背景要求，明确招募志愿者的具体条件，以确保志愿服务的精准性。③ 刘芳（2014）介绍了筛选定岗的具体过程，包括审核志愿者申请材料及个人有效证件进行初选，通过面试对申请人员的服务动机、专业背景、沟通能力等方面进行评估等。④ 赵丽香（2015）则强调要由志愿者、用人部门双向选择筛选定岗，建立供需平台，实现志愿者、服务对象和活动项目的有效衔接。⑤

从以上文献的梳理可以看出，在志愿者招募过程中，学者大都认为需要首先明确图书馆实际需求，制订有针对性的招募计划，并结合多种媒体平台面向社会进行广泛的宣传。在对志愿者进行选拔时要充分考虑申请人员的专业背景、服务动机等与图书馆的实际需求的匹配程度，为不同志愿者提供不同的岗位，以确保志愿服务专业化精准化运行。此外，对于志愿者注册程序也应该严格规范。毋庸置疑，这种招募流程能够改善由于盲目招募和用人不当造成的志愿者人才资源浪费等问题，提高文化志愿服务水准，但如果能充分考虑到志愿者的个人意愿和服务偏好，将能进一步提升志愿者服务积极性。

---

① 刘伟：《北京公共图书馆志愿者管理长效机制构建与对策研究》，西南大学硕士学位论文，2010。
② 刘丹：《公共图书馆专业志愿服务应用构想》，《图书馆建设》2017年第9期。
③ 杨杰：《公共图书馆文化志愿者服务案例启示》，《图书馆学刊》2017年第5期。
④ 刘芳：《图书馆文化志愿服务体系构建研究——以全运会文化志愿服务为例》，《图书馆工作与研究》2014年第8期。
⑤ 赵丽香：《构建高校图书馆志愿服务长效机制的探索》，《图书馆研究》2015年第1期。

2. 教育培训机制

王方园（2013）、刘芳（2014）、刘晓艳（2015）、杨杰（2017）、马谊（2017）与丁若虹（2017）等都认为志愿者培训对于图书馆文化志愿服务具有重要意义，但对培训时间、培训方式、培训要求、培训内容等展开了不同的讨论。刘芳（2014）认为培训是一个有计划的连续的系统的过程，刘伟（2010）和刘芳（2014）都认为需要针对培训的需求，明确培训的目标，制定相应的培训内容，并选择合适的培训方式，最终对培训效果进行评估。刘芳（2014）提出对志愿者培训的内容应该包括通识培训、专业培训和岗位培训三个方面。[①] 程大帅（2017）认为应该建立志愿者培训管理制度。[②]

3. 考核与激励机制

志愿者激励是研究的偏好之一，大部分研究者都认为对志愿者的评定与激励应建立在对志愿者的考核评价的基础上。马谊（2017）认为我国还没有成熟、客观、系统、公开的志愿服务评价体系，未形成由全国公共图书馆共享的志愿者服务情况数据库。[③] 针对这一缺陷，赵丽香（2015）认为需要在一系列管理环节中对志愿者的工作表现进行评价并记录在案。在记录志愿者服务的时长、内容、基本评价及建议的基础上，通过检查和评估，详细了解志愿者的工作态度和工作能力。[④] 刘芳（2014）建议图书馆评估标准应将文化志愿者的参与次数和服务时间等量化指标以及服务水平、服务态度、服务评价等非量化指标进行综合评估。[⑤]

李金秀（2012）等多人提到了文化志愿服务激励机制的重要性。刘伟（2010）提出激励应建立在对志愿者动机的了解之上，管理人员应该根据志

---

① 刘芳：《图书馆文化志愿服务体系构建研究——以全运会文化志愿服务为例》，《图书馆工作与研究》2014 年第 8 期。

② 程大帅：《公共图书馆开展文化志愿服务可行性及实践探究——基于信息弱势群体的视角》，《图书馆工作与研究》2017 年第 5 期。

③ 马谊：《中美公共图书馆志愿服务比较研究》，《图书馆研究》2017 年第 4 期。

④ 赵丽香：《构建高校图书馆志愿服务长效机制的探索》，《图书馆研究》2015 年第 1 期。

⑤ 刘芳：《图书馆文化志愿服务体系构建研究——以全运会文化志愿服务为例》，《图书馆工作与研究》2014 年第 8 期。

愿者具体的参与动机与需求采取激励措施。[①] 在激励方式上，刘丹（2017）认为图书馆应使激励机制多元化，如每年年底评选出若干名优秀文化志愿者或者定期召开文化志愿者交流座谈会。[②] 从实践经验来看，由各馆各自制定的文化志愿服务激励方法有相同之处，除了精神激励外会组织一些联谊活动。除了上述方式鼓励志愿服务之外，佟昭（2015）提到，辽宁省直接以经费形式进行支持，对文化志愿者服务基层成效显著的市和单位给予经费扶持。[③]

志愿者的考核机制和激励机制是两项紧密相关的管理机制，要对志愿者的文化志愿服务工作情况进行激励首先要对其进行考核，要对其进行考核就需要一套系统完整的考核标准，而这正是图书馆文化志愿服务管理机制的缺陷。针对这一问题，学者认为，首先应该明确考核指标，综合研究者的研究内容，这些考核指标包括服务时长、服务内容、服务态度和服务评价等多方面。在激励机制方面，研究者结合不同地区的实践经验提出建议：针对不同志愿者的参与动机和需求，采取多样化的激励方式，充分保证志愿者的服务积极性。

4. 退出机制

研究者通过对图书馆文化志愿服务的相关规定和案例分析发现，目前国内志愿者服务条例中并没有对志愿者的退出机制做出明确规定。而忽视这一方面的工作会造成志愿者人才队伍的形式化或浪费。[④] 杨杰（2017）认为需要针对不同情况来完善志愿者清退制度，这种清退制度主要适用于自愿退出志愿服务队伍的人员和违反有关志愿者服务制度及章程的人员。[⑤] 刘芳（2014）提到辽宁省图书馆的做法，文化志愿者每年都要注册，逾期未注册或

① 刘伟：《北京公共图书馆志愿者管理长效机制构建与对策研究》，西南大学硕士学位论文，2010。
② 刘丹：《公共图书馆专业志愿服务应用构想》，《图书馆建设》2017 年第 9 期。
③ 佟昭：《广泛开展文化志愿服务的实践与思考》，《图书馆学刊》2015 年第 4 期。
④ 丁若虹：《搭建文化志愿服务平台 打造公共图书馆特色志愿服务品牌——以河北省图书馆开展志愿服务活动为例》，《图书馆理论与实践》2017 年第 4 期。
⑤ 杨杰：《公共图书馆文化志愿者服务案例启示》，《图书馆学刊》2017 年第 5 期。

1 年内未参加文化志愿服务的人员，图书馆将自动注销其文化志愿者资格。①

可见，在目前的讨论中有研究者注意到了志愿者退出机制对于更新志愿者队伍、保持志愿者队伍活力和服务水平的重要性。但对于如何清退不合格或不活跃的志愿者的具体方法尚缺乏充分的讨论。

5. 长效机制

李金秀（2012）强调建立志愿服务的长效运行管理机制已刻不容缓。②赵丽香（2015）认为应促使志愿服务运作机制实现常态化，在实践中更多凸显志愿服务的日常性、持久性。③陈琦等（2014）指出引入职业化管理体系，促进公共图书馆文化志愿服务可持续发展，具体做法有：明确管理职责，强化职业素养；建立管理制度，提高职业技能；注重风险管理，规范职业行为；完善考评内容，建立激励机制；营造文化氛围，加强人文关怀。④杨杰（2017）则认为要实现可持续发展，需要完善志愿者准入及清退制度，建立志愿者数据库，开展志愿者的绩效评估，建立健全志愿者的奖励和保障机制。

若要使图书馆文化志愿服务实现常态化，需要长效运行机制的保证。从以上文献的回顾中可以看出，长效机制与上文中提到的准入机制、考评机制、激励机制和退出机制等都密切相关，长效机制的顺利运行建立在各种管理机制良好运作的基础上。

三 关于图书馆文化志愿服务发展趋势的研究

（一）图书馆文化志愿服务的专业化趋势

针对图书馆文化志愿服务专业化，李娟（2015）指出，图书馆文化志

① 刘芳：《图书馆文化志愿服务体系构建研究——以全运会文化志愿服务为例》，《图书馆工作与研究》2014 年第 8 期。
② 李金秀：《幸福社会建设中图书馆志愿服务创新探讨》，《图书馆理论与实践》2012 年第 12 期。
③ 赵丽香：《构建高校图书馆志愿服务长效机制的探索》，《图书馆研究》2015 年第 1 期。
④ 陈琦等：《公共图书馆志愿服务管理工作调查研究——以浙江省为例》，《图书馆界》2014 年第 2 期。

愿服务的组织者和志愿者存在非专业性和零散性等特点，因而会在志愿服务开展过程中遇到"瓶颈"。[①] 刘丹（2017）认为由于文化志愿服务概念尚不明确，尚未从图书馆志愿服务中具体细分出图书馆文化志愿服务，专业化不足。[②] 在此基础上，孙广成（2014）认为，图书馆可以建立智慧服务中心，利用志愿者的专业知识与智慧，为图书馆用户提供法律援助、决策参考等方面的服务，以提升图书馆志愿服务专业水平。[③]

（二）以数字化推动规范化管理的趋势

现有研究中，对图书馆志愿服务的规范化路径进行了较多探讨。李雅玲（2016）认为图书馆志愿服务虽然呈现规范化趋势，但仍需加强组织建设和制度建设，将志愿服务纳入组织机制，设置专门机构并安排特定岗位负责志愿服务工作的实施；完善志愿者的相关规章制度，严格执行并评估，规范志愿者服务行为。[④] 刘丹（2017）认为，为了保持图书馆文化志愿服务活动的长期良好发展势头，建立科学健全的管理制度以及宣传招募、组织培训等文化志愿服务环节是关键。此外，现代信息技术可用于创建志愿者信息管理平台。[⑤]

其中，以数字化、网络化平台建设推动规范化管理的讨论增长较多。何义珠（2014）强调了公共数字文化服务体系建设的重要性。杨杰（2017）认为，图书馆应建立志愿者数据库，以电子方式存储和管理志愿者信息，使数据完整有序。[⑥] 丁若虹（2017）强调充分利用现代网络和新媒体，建立志愿者线上交流平台，为志愿者招募和服务项目引入图文信息和表彰奖励，这

---

① 李娟：《社会力量参与基层图书馆服务供给模式研究综述》，《图书馆》2015 年第 3 期。

② 刘丹：《公共图书馆专业志愿服务应用构想》，《图书馆建设》2017 年第 9 期。

③ 孙广成：《面向用户的公共图书馆志愿者服务延伸途径研究》，《图书与情报》2014 年第 5 期。

④ 李雅玲：《面向公共文化服务体系的图书馆志愿者服务职能拓展》，《图书馆学刊》2016 年第 4 期。

⑤ 刘丹：《公共图书馆专业志愿服务应用构想》，《图书馆建设》2017 年第 9 期。

⑥ 杨杰：《公共图书馆文化志愿者服务案例启示》，《图书馆学刊》2017 年第 5 期。

不仅可以成为志愿者之间联系交流的互动平台，增强志愿者的服务意识，也有利于扩大志愿服务知晓度，吸引社会公众广泛参与图书馆志愿服务。① 另外，谢海华等人（2015）认为建立志愿者网络平台也有利于图书馆之间及图书馆与其他志愿者组织之间的资源共享，有助于各馆文化志愿者人力资源的合理利用。②

（三）图书馆文化志愿服务的品牌化、项目化、特色化发展趋势

谢海华等（2015）调查发现，目前，我国图书馆文化志愿服务趋于单一和同质化，较少形成自身的特色文化品牌，主要集中在书刊维护，讲座展览服务以及针对特殊群体和青少年儿童的阅读推广服务。暂无省馆文化志愿者参与网络咨询和网络社区的管理。③ 因此，李雅玲（2016）认为最好能够建立志愿者服务品牌，以品牌促进发展。丁若虹（2017）认为，有必要开展多层次的服务项目，提高志愿服务的知晓度，创建公共图书馆特色志愿服务品牌，他总结了河北省图书馆引入、设计、组织、实施、控制和评估等六个环节的项目化运作流程。④ 程大帅（2017）也认为有必要创新图书馆文化志愿服务形式，将流动服务与定点服务相结合，将信息弱势群体"请进来"与把文化"送出去"相结合。⑤ 此外，学者认为引入数字化服务是图书馆文化志愿服务创新发展的契机，程大帅（2017）认为应该提高图书馆数字服务的深度与广度。⑥

---

① 丁若虹：《搭建文化志愿服务平台　打造公共图书馆特色志愿服务品牌——以河北省图书馆开展志愿服务活动为例》，《图书馆理论与实践》2017 年第 4 期。
② 谢海华、文红峰：《省级公共图书馆文化志愿服务调查分析》，《图书馆工作与研究》2015 年第 1 期。
③ 谢海华、文红峰：《省级公共图书馆文化志愿服务调查分析》，《图书馆工作与研究》2015 年第 1 期。
④ 丁若虹：《搭建文化志愿服务平台　打造公共图书馆特色志愿服务品牌——以河北省图书馆开展志愿服务活动为例》，《图书馆理论与实践》2017 年第 4 期。
⑤ 程大帅：《公共图书馆开展文化志愿服务可行性及实践探究——基于信息弱势群体的视角》，《图书馆工作与研究》2017 年第 5 期。
⑥ 程大帅：《公共图书馆开展文化志愿服务可行性及实践探究——基于信息弱势群体的视角》，《图书馆工作与研究》2017 年第 5 期。

（四）图书馆文化志愿服务的精准化与基层化趋势

为不同群体提供有针对性的精准服务，为基层群众提供非精英化服务，是图书馆文化志愿服务的发展趋势。程大帅（2017）建议根据不同信息弱势群体的需求开展精准文化志愿服务。如依托文化馆等部门为空巢老人、留守妇女及生活困难群众送上反映本地文化特色的文化演出、地方戏曲等艺术形式；为农村留守儿童进行阅读推广；深入老少边穷地区开展信息扶贫。① 李雅玲（2016）依据图书馆志愿者服务日趋多元化的发展前景，图书馆所设置的服务项目的关键是求准、求精，服务项目的设置应基于志愿者的专业能力和个人特长，并结合读者需求和实际情况。② 马谊（2017）认为，志愿者队伍存在人数不足的问题在一定程度上是由于不合理的人才利用机制，因此有必要按照志愿者的性格特点、教育背景、服务意愿等方面的差异，提供相应的服务岗位，做到合理任用，如此才能充分发挥志愿者特长，有利于提供更加精准的服务。③

（五）文化志愿服务的互动化趋势

以往文化志愿服务往往停留在图书馆的单方面服务输送上，志愿者与服务对象之间的互动往往趋于被动，图书馆发展的当务之急在于如何提供吸引公众关注、体验独特、形式灵活的创新型文化志愿服务。孙广成（2014）提及，"真人图书馆"是一种创新互动服务典型，随着"真人图书馆"服务模式日趋成熟，以高校图书馆为代表的众多图书馆都引进和采用了这种创新服务方式，"真人图书馆"的互动方式受到了用户的欢迎和热捧，公共图书馆如果可以吸引更多的人员加入"真人图书馆"志愿者队伍，将有利于扩展图书馆文化志愿服务的组织方式和服务形态。④

---

① 程大帅：《公共图书馆开展文化志愿服务可行性及实践探究——基于信息弱势群体的视角》，《图书馆工作与研究》2017 年第 5 期。
② 李雅玲：《面向公共文化服务体系的图书馆志愿者服务职能拓展》，《图书馆学刊》2016 年第 4 期。
③ 马谊：《中美公共图书馆志愿服务比较研究》，《图书馆研究》2017 年第 4 期。
④ 孙广成：《面向用户的公共图书馆志愿者服务延伸途径研究》，《图书与情报》2014 年第 5 期。

（六）图书馆文化志愿服务的多元化发展趋势

李娟（2015）认为，随着政府服务转型的不断深入和公共文化服务机制的逐步完善，我国已经建立了图书馆服务多元供给的发展方向。[①] 施国权（2012）建议在服务对象上实现多元化，可以组织经济较为发达地区的城市文化志愿者前往边远山区和贫困地区开展图书馆志愿服务，使社会组织的志愿服务网络逐步从城市地区向农村地区延伸和拓展。同时应当面向社会倡导和推广志愿服务精神，培育志愿服务的社会力量，建立本地群众广泛参与志愿服务体系，吸引更多群众加入志愿服务的行列，提供多元化的图书馆公共文化服务。[②] 杜水琴（2014）认为，服务支持力量的来源应该多元化，国内图书馆可以借鉴国外经验，借助图书馆基金会的支持，这在很大程度上能够使公共图书馆战胜困境。[③]

本文对我国图书馆文化志愿服务的研究总况、研究重点和研究趋势进行了梳理。在这些研究中也不难看出，我国图书馆文化志愿服务研究仍然处于探索阶段，可以预见的是，未来研究将进一步进行理论化设计，以建构地方特色乃至中国特色的服务模式和管理体系，从而推动我国图书馆公共文化志愿服务的发展。

参考文献

刘芳：《图书馆文化志愿服务体系构建研究——以全运会文化志愿服务为例》，《图书馆工作与研究》2014 年第 8 期。

孟志丹、张焱：《公共图书馆文化志愿服务时间研究——以辽宁省图书馆文化志愿服务为例》，《图书馆学刊》2016 年第 12 期。

佟昭、康尔平：《广泛开展文化志愿服务的实践与思考》，《图书馆学刊》2015 年第

① 李娟：《社会力量参与基层图书馆服务供给模式研究综述》，《图书馆》2015 年第 3 期。
② 施国权：《社会组织参与图书馆公共服务的模式与限度》，《图书馆杂志》2012 年第 8 期。
③ 杜水琴：《重视图书馆基金会建设推进图书馆事业的发展》，《图书馆杂志》2014 年第 8 期。

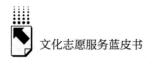
4 期。

王方园、徐向东：《我国公共图书馆文化志愿服务的发展趋势及应对策略》，《图书馆学刊》2018 年第 6 期。

王方园：《国内外图书馆文化志愿服务研究述评》，《图书馆学刊》2016 年第 12 期。

谢海华、文红峰：《省级公共图书馆文化志愿服务调查分析》，《图书馆工作与研究》2015 年第 5 期。

张皓珏：《"欧洲文化之都"对我国公共图书馆文化志愿服务的启示》，《图书馆工作与研究》2017 年第 11 期。

B.27
我国文化馆志愿服务研究状况

——基于中国知网（CNKI）2010～2017年文献的分析

毛　鑫　良警宇*

摘　要：　本文对中国知网（CNKI）2010～2017年文献中有关我国大陆地区文化馆志愿服务的相关研究成果进行梳理，发现目前这一领域的期刊论文研究成果较少，研究深度不足，研究议题不广。已有成果的主要议题集中于文化馆志愿者队伍建设、文化馆志愿服务现状及实践案例、文化馆志愿服务的重要作用、文化馆志愿服务中存在的问题以及推进文化馆志愿服务发展的措施等方面。本文提出文化馆志愿服务研究应拓展视野、扩大关注点和改进研究方法等建议。

关键词：　文化馆　文化志愿服务　文献分析　中国知网

在我国，省（市）文化馆（群艺馆）、区（县）文化馆（群艺馆）、街道（乡镇）文化站和社区（村）文化室是开展文化志愿服务的重要阵地。自文化馆免费开放以来，文化馆文化志愿服务的广泛开展成为改进文化馆公共文化服务的重要方式，学界和实务工作者对于文化馆文化志愿服务的研究成果也随之增长。本文尝试基于中国知网（CNKI）中国学术期刊全文数据库2010～2017年收录的相关文献成果，对我国文化馆文化志愿服务研究状

---

* 毛鑫，中央民族大学研究生；良警宇，中央民族大学教授。

况进行综述，以期更好地提升文化馆系统文化志愿服务的实践与理论研究水平。

一　文化馆文化志愿服务的研究概况

笔者以"文化馆文化志愿服务"或"群众艺术馆（群艺馆）文化志愿服务"在中国知网（CNKI）上进行主题模糊检索，得到 2010～2017 年文献总数为 22 篇，其中仅 13 篇资源类型为期刊，另外 9 篇资源类型为报纸。说明学界对文化馆（群艺馆）文化志愿服务情况较少进行有针对性的研究。这 13 篇文章中，12 篇均为文化馆工作人员写作，发表的期刊级别均是普通刊物，没有核心期刊成果。所刊载期刊都属于文艺类期刊，说明文化馆志愿服务还未引起社会科学界的重视。在发表年份上，2017 年 3 篇，2016 年 4 篇，2015 年 3 篇，2013 年 2 篇，2011 年 1 篇。研究主题主要涉及文化志愿者的培育、现状调查与经验总结、开展文化志愿服务的方式以及文化志愿服务的意义等。

但是考虑到不少学者可能在"文化志愿服务"这一主题下涉及文化馆的讨论，因此，笔者又以"文化志愿服务"为主题进行精确检索，在 2010～2017 年时间段内得到 851 条结果，其中 381 条资源类型为期刊。但多数为论述图书馆、高校学生和医院等主体开展文化志愿服务的情况，或者仅介绍志愿服务的情况，并非对文化馆志愿服务的专门研究。

此外，笔者也注意到一些省市区文化行政部门和文化馆主办的刊物对文化馆文化志愿服务近几年也予以较多的讨论，但这类刊物主要面向本地区本行业人员或内部发行，未被收录到相关学术期刊网中，外界人员难以查询，因此不具有广泛的社会影响力，因此本次讨论的成果未涉及这部分。

近几年的中国文化馆年会收录的相关会议论文中，也有一部分涉及对文化馆志愿服务的分析讨论，但也未被收录到相关学术期刊网中，因此本次讨论也未涉及这部分成果。2016 年出版的首部文化志愿服务蓝皮书《中国文化志愿服务发展报告》刊载了王全吉对于我国文化馆文化志愿服务发展状况、特点的研究报告，可视为一篇较早的完整讨论文化馆文化志愿服务的研究成果。

因此可以看出，总体而言学界对文化馆志愿服务的专题研究不足，从一个侧面说明需要扩大宣传和加强研究，提升全社会对文化馆文化志愿服务的关注和认识。

二　文化馆文化志愿服务的研究议题

在梳理文化馆系统文化志愿服务相关文献时，笔者发现目前这一领域研究的主要议题集中在五个方面：文化馆文化志愿者队伍的建设、文化馆文化志愿服务现状及实践案例、文化馆文化志愿服务的重要作用、文化馆文化志愿服务中存在的问题以及文化馆文化志愿服务发展的改进措施。

（一）文化馆文化志愿者队伍的建设

高迎刚（2013）通过调查访问得出结论，我国当前的公共文化建设的总体水平有待提高。组建优秀、完备的文化志愿者队伍是破解当前公共文化建设中存在的丰富性、活跃性不足这一困境的有效方式之一。[①] 耿心波（2014）指出，要保障文化馆的发展，不仅要加强文化馆发展的硬件保障，而且加强文化志愿者队伍建设是文化馆发展的人才保障。[②] 黄莘（2015）在研究山东省各级文化馆系统公共文化服务均等化现状时指出，山东省文化馆系统面临的一个重要问题是基层文化队伍建设不相称，即文化馆系统基层文化队伍存在人员年龄偏大、观念相对落后、知识结构陈旧、能力和素质难以适应新时期文化工作的需要等问题。他以厦门市海沧区文化馆文化志愿者为案例参照，提议积极向外省甚至国外引进优秀文化人才，同时引导优秀人才

---

① 高迎刚：《当代中国公共文化建设的历史回顾与现状分析》，《艺术百家》2013 年第 6 期。
② 耿心波：《当代中国公共文化馆发展的保障措施研究》，《艺术百家》2014 年第 1 期。

前往落后地区开展文化志愿服务，为缩小区域差异和城乡差异提供人才保障，促进文化队伍均衡发展。① 唐喆（2017）以南京市溧水区文化馆为例，指出为改善文化志愿者队伍人才稀缺的现状，应该依托各级群众文化机构，建立广泛覆盖各类社会背景的社会成员的文化志愿者网络。通过人才队伍的多样化实现公共文化服务项目的多元化。②

　　总的来说，从2013年到2017年，部分学者和实务工作者讨论了文化馆志愿者队伍建设的必要性，这些讨论多是建立在某一地区具体的实践经验的基础上，特别是针对基层群众文化建设、公共文化建设及文化馆的发展中存在的文化队伍人员规模小、人员构成同质化、区域发展不均衡等困境进行分析时提出的，都强调了文化志愿服务在缓解文化馆系统人才资源缺乏状况及促进公共文化服务效能中的重要作用。虽然也有学者提到文化馆文化志愿队伍的建设目标，但对于文化馆文化志愿者队伍建设的具体要求和有效举措的谈论尚且不足。

（二）文化馆文化志愿服务的现状及案例研究

　　现有期刊研究成果缺少对全国文化馆文化志愿服务总体情况的介绍，但一些学者和实务工作者针对某一地区文化馆的文化志愿服务发展实际状况进行了调查和分析，对这些文献进行梳理有助于了解不同等级文化馆（站）文化志愿服务的大概面貌。

　　在省级文化馆的案例中，佟昭和康尔平（2015）按照辽宁省开展文化志愿服务工作的具体情况，总结了辽宁省开展文化志愿服务的实践经验。辽宁省文化工作的特点是以主题活动带动全省文化志愿服务的发展。由辽宁省群众艺术馆（文化馆）组织的以"群星漂流·欢乐百姓"为主题的文化惠民演出，深入14个偏远村镇送戏16场。此外，通过加强组织领导、明确工

---

① 黄苹：《山东省文化馆（站）公共文化服务均等化的现状研究》，山东大学博士学位论文，2015。
② 唐喆：《文化馆如何开展文化志愿服务——以溧水区文化馆为例》，《大众文艺》2017年第8期。

作目标、健全管理制度、建立激励机制、重视宣传交流、深化理论研究、规范服务标志，辽宁省群艺馆建设文化志愿服务管理机制的工作取得了显著性成效，保证了文化志愿服务工作的规范化开展。[①] 冯莉（2017）则总结了2015 年河南省各市级文化馆和县级文化馆文化志愿者的活动开展、组织等情况。[②]

在市级文化馆的案例中，马杰（2015）研究了石家庄群艺馆，该馆于2013 年组建以馆内专业技术人员和 12 支文化艺术团队为主要力量的共计160 余人的"学雷锋文化志愿者服务队"，这支志愿者队伍依托基层文化设施，深入广大群众，开展形式多样的文化活动。这些活动的主要形式有知识普及、文艺演出、文化展览等。[③] 王成成（2016）研究了秦皇岛市群艺馆的现状，秦皇岛市先后有 6000 余人选择注册成为文化志愿者。同时，这些志愿者并非松散无组织的。秦皇岛在市一级依托群众艺术馆组织建立了文化志愿活动服务中心，在区县一级依托各个文化馆建立了分中心。较为完善的文化志愿服务体制为文化志愿者队伍向人民群众提供志愿服务创造了平台。[④] 常虹（2016）研究了深圳市文化馆，深圳市文化馆组建了"深圳市文化志愿服务总队"，并成立"深圳市文化馆文化志愿服务队"，动员全馆干部职工、参训学员加入文化志愿服务队伍，队伍规模近 300 人。2016 年，文化馆在全市各基层社区、剧场举办合唱、京剧演出共 8 场，参与志愿服务近400 人，现场观众超过 3000 人次。[⑤] 徐跃（2016）的研究中提供了长春市文化志愿者队伍的具体数据：2016 年长春市登记注册的文化志愿者总数已超过 30000 人，其中，在市群艺馆登记注册的文化志愿者已达 4000 人。长春市群艺馆对文化志愿者队伍进行了系统的培训。经过系统培训的文化志愿者

① 佟昭、康尔平：《广泛开展文化志愿服务的实践与思考》，《图书馆学刊》2015 年第 4 期。
② 冯莉：《现代公共文化服务的重要补充——河南省文化馆系统文化志愿者服务调查》，《大众文艺》2017 年第 14 期。
③ 马杰：《浅谈文化志愿服务在省会群众文化建设中的作用》，《大众文艺》2015 年第 13 期。
④ 王成成：《秦皇岛市文化馆（群艺馆）发展现状分析与研究》，《大众文艺》2016 年第 3 期。
⑤ 常虹：《浅谈文化志愿者对群众文化建设和发展的重要性》，《艺术评鉴》2016 年第 3 期。

在各类群众性文化活动中发挥了积极的作用。①

2010～2017 年缺少对于区（县）文化馆的文化志愿服务的研究成果。在街道（乡镇）文化站中，陈长平（2012）基于其对浙江省邱隘镇文化站的调查，说明了该地文化志愿者的运作机制。首先是志愿者的广泛招募。邱隘镇借助多种媒介平台面向全社会进行广泛的志愿者招募。愿意报名的人员可以首先通过媒体了解招募名额、招募要求和服务项目等公开信息。此后，他们需要通过提交书面申请、业务考核等程序才能确认其是否能加入文化志愿者队伍。其次是服务内容的多元化。该市将文化志愿者队伍分为三支活动组，分别根据具体的服务对象开展相应的针对性的细致化服务。再次是人才的科学化管理。该镇对文化志愿者进行制度化管理、专业化培训以提高组织的协调性和管理的有效性。最后是资金的有效保障。邱隘镇文化站为文化志愿者团队建设提供相应的资金支持，为志愿者发放一定的补贴。②

综上所述，部分学者和实务工作者以各级文化馆（文化站）为案例，考察了文化馆（文化站）文化志愿服务活动的组织和开展情况以及针对文化志愿者的招募机制和激励机制等管理机制。尽管现有研究对省（市）文化馆、街道（乡镇）文化站的研究都有所涉及，但成果较少，研究内容较为单一和同质化，并缺少对全国总体情况的研究，对于区（县）文化馆的文化志愿服务的研究成果近年也少见；对各地文化馆（站）文化志愿服务的实践经验所具有的共性和差异性的研究不够，还难以对实践提供重要指导。

（三）文化馆文化志愿服务的作用研究

2010～2017 年，一些学者和实务工作者对文化馆文化志愿服务的作用

---

① 徐跃：《从长春市文化志愿者实践看其在公共文化服务中的作用》，《大众文艺》2016 年第
16 期。
② 陈长平：《"文化义工"在公共文化服务中的运作及其功能性分析——基于浙江省邱隘镇文
化站的调查》，《理论与改革》2012 年第 2 期。

展开了讨论。陈长平（2012）指出，相对于没有引入文化志愿者服务机制的地区而言，文化志愿者服务机制首先有利于民间文艺爱好者的文化素养的提高，有利于群众文化类组织的发展；其次，有效地缓解了文化志愿服务人员供不应求的现状，降低了各级群众文化机构的运行成本；最后，有利于公共精神的培育，推动和谐社会的建设。[①] 应华霞（2015）认为，群众文化志愿者在推动文化建设的进步，发挥道德示范作用，拓展文化活动的范围，补充人力资源等方面发挥了重要作用。她认为，文化志愿者在群众日常文化生活中扮演着重要的角色，是人民群众精神上的榜样。[②] 徐跃（2016）以长春市群众艺术馆为例，阐明了文化志愿者在公共文化服务中发挥的积极作用，说明了文艺演出、文化展览等活动的成功举办都离不开文化志愿者的辛勤努力。[③] 郭海龙（2017）认为文化志愿者保障了群众文化机构充足的人力资源；有效扩展了文化活动的范围；多种的公共文化活动促进了文化自身的发展；文化志愿者起到了一定的道德示范作用；志愿精神的弘扬有利于去除功利性，增加文化氛围，促进公共文化体系完善和发展。[④]

综合上述学者研究，可以看出文化馆文化志愿服务具有多方面的积极作用：首先，对于志愿者而言，提高了个人文化素质，实现了自身社会价值；其次，站在文化馆系统的角度上，补充了人力资源，缓解了人才队伍不足的窘境，使多元化、高质量的文化志愿服务活动得以组织开展，扩大了群众文化传播的辐射范围；最后，对于全社会，满足了群众的文化需求，形成了精神文明建设的良好氛围，起到了道德示范作用，培养了人们的公共精神，推动了和谐社会的建立。研究者对于这些作用的强调实际上能从侧面反映出文化馆文化志愿服务中存在的问题，后者也是文化志愿服务中重要的研究议题。

---

① 陈长平：《"文化义工"在公共文化服务中的运作及其功能性分析——基于浙江省邱隘镇文化站的调查》，《理论与改革》2012 年第 2 期。

② 应华霞：《群众文化志愿者在群众文化实践中的重要作用》，《大众文艺》2015 年第 17 期。

③ 徐跃：《从长春市文化志愿者实践看其在公共文化服务中的作用》，《大众文艺》2016 年第 17 期。

④ 郭海龙：《公共文化服务体系建设有效助力——文化志愿者作用分析》，《大众文艺》2017 年第 3 期。

（四）文化馆文化志愿服务存在的问题研究

研究者对文化馆文化志愿服务中存在的问题进行了广泛的讨论。胡本春
（2012）指出了马鞍山市总量为 3000 人的文化志愿者队伍存在年龄结构不
合理、老年人比例过高等问题，由于身体和知识结构老化，他们所提供的志
愿服务远不能满足社区居民的需求。首先，文化志愿者服务水平参差不齐，
大多数人只能做些简单的艺术辅导。[1] 崔英杰和张旸（2015）通过调查发
现，石家庄市文化志愿者多为初高中文化水平，高端人才缺乏。[2] 冯莉
（2017）认为河南省文化馆系统文化志愿者准入条件不够严谨，部分文化志
愿者是由于机关单位行政动员而参加，因此容易把文化志愿服务当成任务敷
衍对待，必然缺乏可持续性。[3] 蔡兴建（2013）认为秦皇岛市部分文化志愿
者同样存在积极性与主动性不足的问题，一旦出现活动动员不及时或活动中
断的情况，文化志愿服务活动的持续开展就会受到影响。其次，相关部门对
于文化志愿服务工作重视不足，志愿者招募、准入、培训、考评、激励等方
式和制度有待完善。[4] 在志愿者招募方面，胡本春（2012）提到马鞍山市文
化志愿者的招募停留于新闻通知和驻点招募，没有主动到社会上去和有文艺
专长的人士接触，这种招募方式缺乏主动。在培训方面，马鞍山市在培训内
容、培训力度和培训方式等方面都有待改进。[5] 申海英（2017）认为，志愿
者服务水平的高低大多取决于培训的水平，目前山东省的文化志愿者培训机
制还不够健全，缺乏系统化、有针对性的培训。[6] 马杰指出，石家庄市文化

① 胡本春：《对文化志愿者队伍建设的调查与思考——以安徽马鞍山为例》，《长春工业大学
学报》（社会科学版）2012 年第 3 期。
② 崔英杰、张旸：《文化志愿者服务现状及对策研究——以石家庄市为例》，《大众文艺》
2015 年第 11 期。
③ 冯莉：《现代公共文化服务的重要补充——河南省文化馆系统文化志愿者服务调查》，《大
众文艺》2017 年第 14 期。
④ 蔡兴建：《文化志愿者队伍的建设与完善》，《大众文艺》2013 年第 17 期。
⑤ 胡本春：《对文化志愿者队伍建设的调查与思考——以安徽马鞍山为例》，《长春工业大学
学报》（社会科学版）2012 年第 3 期。
⑥ 申海英：《文化志愿服务助力公共文化服务体系建设》，《人文天下》2017 年第 14 期。

主管部门及相应机构并未形成系统的管理机制，导致志愿者身份不明确，社会认可度不高。再次，文化志愿者活动内容单调，行政色彩浓厚，各地发展不均。各地文化志愿服务普遍停留在"送文化"的阶段，有针对性、特点突出的志愿服务项目较少。参与者往往是被动接受，缺少互动性。[①] 毛田慧（2015）认为，发展缺乏协调性和行政色彩浓厚、自上而下开展服务是山东省开展文化志愿服务面临的主要问题。最后，文化活动形式单一，群众参与度不高。[②] 马杰认为，由于精神文化建设总体滞后于经济社会发展，加上对文化志愿服务的宣传不到位，精神文化生活需求无法得到满足，群众文化生活观念日益淡薄。[③] 同时，毛田慧（2015）提出，私性文化的兴起是对公共文化和公共精神的重要挑战。[④]

综上，目前有关文化馆文化志愿服务存在的问题的研究主要关注到三个方面：第一，志愿者队伍中存在的规模小、年龄结构不合理、知识结构不合理、主动积极性缺乏、持续性不足等问题；第二，志愿服务活动存在的形式单一、内容同质化、针对性不足和特色不突出等问题；第三，志愿者的招募、准入、培训、考评、激励等管理机制有待健全完善。这也说明文化馆文化志愿服务尚处于起步阶段，文化志愿服务的目标局限于满足群众精神文化生活的基本需求。这些方面的确是文化志愿服务面临的现实困境，但笔者认为，文化志愿服务中面临的问题不仅在于文化馆系统和文化志愿者队伍方面存在不足，与全社会文化志愿服务精神的提升也有关系，而这方面的讨论学界较少涉及。

（五）推进文化馆文化志愿服务发展的措施研究

面对当前文化馆文化志愿服务实际工作中存在的问题，不少学者提出了

① 冯莉：《现代公共文化服务的重要补充——河南省文化馆系统文化志愿者服务调查》，《大众文艺》2017 年第 14 期。
② 毛田惠：《山东省文化志愿服务发展现状与前景研究》，山东大学博士学位论文，2015。
③ 马杰：《浅谈文化志愿服务在省会群众文化建设中的作用》，《大众文艺》2015 年第 13 期。
④ 毛田惠：《山东省文化志愿服务发展现状与前景研究》，山东大学博士学位论文，2015。

具有针对性的建议。高和荣（2012）提出了以下四条建议：一是完善文化志愿者的准入和退出制度，确保文化志愿者合理流动。二是加强文化志愿者组织建设，提高志愿者队伍的组织效能。三是完善文化志愿者绩效考核制度，明确文化志愿者绩效要求。四是引进先进管理手段，对文化志愿者进行网络管理。这些意见是作者基于对厦门市文化志愿者队伍进行调查分析的基础上得出的。[①] 符史安（2012）认为文化馆人才队伍建设必须落实到文化馆人才队伍建设的主要内容上来，具体而言，包括思想建设、组织建设、制度建设、道德建设、文化建设、科技建设、业务建设和理论建设。这需要通过全面培训、理论研讨、自我学习和认真考核等形式来实现。[②] 蔡兴建（2013）认为，完善文化志愿者队伍建设应从建设志愿者服务制度；建立服务评价与激励机制；健全志愿服务机制，主抓城乡统筹规划这三方面着手。[③] 佟昭和康尔平（2015）认为，在文化馆文化志愿服务建设工作中，文化主管部门应发挥主导性作用；各级公共文化单位是无可取代的主要力量；完善的制度与政策是确保文化志愿服务步入常态化的重要保障。他们的建议是在总结辽宁省文化馆文化志愿服务的现实经验后提出的。[④] 毛田惠（2015）为文化志愿者建设提供了如下思路：首先，政府需要完善相关法律及规章制度建设，鼓励扶植文化志愿服务；加快职能转变，构建政府和志愿组织的合作机制；建立省级文化志愿者统筹协调机构及监管部门；鼓励社会性文化志愿组织注册和发展。其次，在全社会倡导志愿奉献精神，提高群众对于文化志愿服务的认同度和参与热情；科学管理，加强志愿组织自身建设；促进省内文化志愿服务的沟通交流与合作发展；加强文化志愿组织自主筹资能力；与新媒体技术相结合，创新文化志愿服务平台；建立形象生动、准确的视觉识别系统。[⑤] 崔英杰和张旸（2015）认为石家庄市群艺馆文化志

---

① 高和荣：《文化志愿者队伍的建设与完善——基于厦门的研究》，《湖湘论坛》2012 年第 6 期。
② 符史安：《试论群众文艺创作选题的重要性》，《戏剧之家》（上半月）2012 年第 12 期。
③ 蔡兴建：《文化志愿者队伍的建设与完善》，《大众文艺》2013 年第 17 期。
④ 佟昭、康尔平：《广泛开展文化志愿服务的实践与思考》，《图书馆学刊》2015 年第 4 期。
⑤ 毛田惠：《山东省文化志愿服务发展现状与前景研究》，山东大学博士学位论文，2015。

愿者服务工作总体上还处于起步阶段，为了保障文化志愿活动的深入和持续，石家庄群艺馆需要：第一，吸纳专业人才，丰富活动内容；第二，扩充文化志愿者队伍，优化年龄结构；第三，建立健全文化志愿者管理机制；第四，加大宣传力度，扩大社会认知。① 刘高红（2017）针对加强文化志愿队伍建设提出如下建议：政府应该加大对文化志愿队伍建设的支持力度；积极发挥人才引领作用；建立完善的内部管理机制：人才管理培训机制、财务管理机制和奖励机制、文化志愿者队伍的相关协调机制。②

综合以上研究，笔者认为可以将促进文化馆文化志愿服务的措施总结为以下几点：首先，在全社会倡导志愿精神，提高文化志愿服务的社会认知度，提高社会参与度。其次，壮大文化志愿者队伍，丰富文化志愿服务项目，做好示范品牌，提高文化服务水平，实现城乡均衡协调发展。最后，为文化馆文化志愿服务提供管理机制保障，需要健全文化志愿者准入与招募机制、培训机制、考评机制、激励机制及退出机制等方面各项机制，推动志愿服务立法，保障志愿者的合法权益，促进文化志愿服务制度化、常态化。可见，促进文化馆文化志愿服务的发展既需要文化主管部门、各级公共文化机构在组织和开展文化志愿服务活动中做出自上而下的制度保障、政策支持等方面的努力，也需要志愿者和群众的广泛参与，如此才能体现出文化志愿服务的公共性，切实保障人民群众的文化权利，培养全社会的文化氛围。以上这些措施在宏观层面都具有重要作用，是指导文化馆文化志愿服务工作的重要原则，然而，在具体实践中应该如何结合当地实际情况调整和落实以上对策，学界的研究尚且欠缺，对这方面的经验总结也较少。

三　总结与思考

通过综述可以发现，目前关于文化馆文化志愿服务的研究文献数量

---

① 崔英杰、张旸：《文化志愿者服务现状及对策研究——以石家庄市为例》，《大众文艺》2015 年第 11 期。
② 刘高红：《新形势背景下加强文化志愿者队伍建设的相关思考》，《文化创新比较研究》2017 年第 12 期。

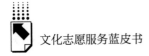

少，研究方法的可靠性有待提升。研究议题主要集中于文化馆文化志愿服务队伍建设、文化馆文化志愿服务的现状与案例研究、文化馆文化志愿服务的作用、文化馆文化志愿服务存在的问题和推进文化馆文化志愿服务发展的措施。基于此，笔者对未来此领域内的研究提出以下三点建议。

1. 拓展视野，扩大关注点

当前关于文化馆文化志愿服务的成果多是从文化馆系统或文化志愿者的视角出发，而很少关注到文化志愿服务对象即普通群众。而实际上，群众的反馈对于促进文化志愿服务活动的发展具有突出意义。因此，笔者建议以后的研究将接受文化志愿服务的群众纳入研究视野内，对于他们的参与度、满意度及反馈意见等进行全面的考察。

2. 改进研究方法

目前的研究大多是采用文献和个案研究的方法进行案例分析，对研究地区的文化志愿服务现状进行简单的描述。部分采用参与观察和无结构访谈的研究则普遍存在研究不够深入的问题，采用问卷调查法的研究存在样本总量不足、代表性较差的问题。因此，笔者认为以后的研究应注意将定性研究与定量研究相结合，提高研究结果的可靠性。

3. 挖掘理论深度

现有研究受限于文化馆文化志愿服务的具体经验实践，停留在简单的案例分析层次，总体水平有限，缺乏理论指导。实际上，要想推动公共文化服务和文化志愿服务的发展，不仅需要结合各地情况落实具体措施，更应该关注到其背后的培育文化空间和公共精神的重要性。

参考文献

高迎刚：《当代中国公共文化建设的历史回顾与现状分析》，《艺术百家》2013 年第6 期。

李国新：《公共文化服务保障法的制度构建与实现路径》，《图书情报工作》2017 年第 16 期。

谭建光：《中国志愿服务发展的十大趋势——兼论"十三五"规划与志愿服务新常态》，《青年探索》2016 年第 2 期。

田庚、杨依凡、刘旭霞：《我国新农村建设中社区志愿文化导向机制研究》，《中北大学学报》（社会科学版）2008 年第 4 期。

王婕：《中国青年志愿服务项目的现状与对策研究——基于 505 个志愿服务项目的数据调查》，《中国青年研究》2016 年第 6 期。

徐向文、李迎生：《志愿服务助力城乡社区自治：主体协同的视角》，《河北学刊》2016 年第 1 期。

赵剑民：《作为文化时尚的志愿服务及其组织机制——兼论志愿服务事业的长效机制》，《学术论坛》2010 年第 1 期。

周余姣：《保障与方向——对〈公共文化服务保障法〉社会力量参与公共文化服务条款的解读》，《图书馆论坛》2017 年第 6 期。

B.28
我国博物馆文化志愿服务研究状况

——基于中国知网（CNKI）2010~2017年文献的分析

郭宇坤 刘 洋 王书洁*

摘　要： 本文对中国知网（CNKI）2010~2017年我国大陆地区博物馆志愿服务的相关文献进行梳理，发现该研究领域文献发表数量逐年增长，研究视角开始扩展，研究内容深度与广度逐步提高。现有的研究议题重点集中于对博物馆文化志愿服务案例、志愿服务的价值与作用、管理制度和激励机制、存在的问题以及发展的对策等方面的探讨分析。在方法上，注重案例分析和对比分析，定性与定量资料综合运用有了一定推进，研究视角也得到进一步拓展。但总体而言，还需要进一步加强研究的规范性、分析的深度性和案例的丰富性。

关键词： 博物馆　文化志愿服务　文献分析　中国知网

近年来，博物馆开放程度逐渐增大，博物馆志愿服务工作在文化发展与社会建设中发挥着特有的社会功能和社会效果，成为我国文化事业发展的重要组成部分。博物馆"志愿性"的基本属性也决定了博物馆与志愿者相互匹配的密切关系，"博物馆志愿者"应运而生。因此，学界逐渐开展了对于"博物馆志愿"这一主题的相关研究。基于这一现状，笔者试图对2010~

---

* 郭宇坤，中央民族大学博士生；刘洋、王书洁，中央民族大学研究生。

2017 年收录在中国知网 CNKI 学术期刊全文数据库的相关文献成果进行分析，呈现该领域学术研究概况，并推进对博物馆文化志愿服务实践与理论的研究。

一　我国博物馆文化志愿服务研究概况

笔者在中国知网以"博物馆 文化志愿服务 文化志愿者"为主题进行跨库检索，结果显示 2010～2017 年文献总数为 55 篇，经过内容筛选后剩余 49 篇文献。文献类别可以分为：期刊论文 31 篇，硕博论文 14 篇，会议论文 4 篇。文献发表年份及数量为，2010 年 1 篇，2011 年 3 篇，2012 年 2 篇，2013 年 3 篇，2014 年 8 篇，2015 年 10 篇，2016 年 8 篇，2017 年 14 篇（见图 1）。文献发表刊物级别除两篇文章发表在核心期刊以外，其他文章均发表于普通期刊。文章引用率较低，《博物馆志愿者管理研究》一篇文章被引 10 次，是唯一一篇引用次数达到两位数的文章。上述文献检索及分类情况反映出，博物馆文化志愿服务相关文献总量不多，但每年文献发表数量在不断提高；文献研究议题逐渐丰富，研究视角逐步多元。

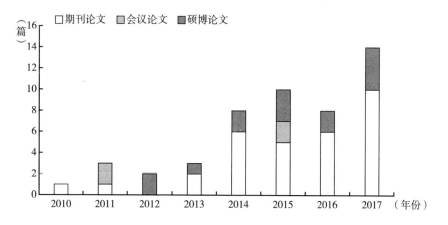

图 1　2010～2017 年博物馆文化志愿服务文献分布

资料来源：根据中国知网收录 2010～2017 年博物馆文化志愿服务文献汇集整理。

二 博物馆文化志愿服务的研究视角与议题

通过对 2010～2017 年博物馆文化志愿服务相关文献的梳理，笔者依据文章主要内容将现有文献归纳为以下几个方面：博物馆文化志愿服务研究的新视角、博物馆文化志愿服务案例研究、博物馆志愿者的价值与作用、博物馆志愿者的管理制度、博物馆志愿者的激励机制、博物馆志愿服务中存在的问题以及博物馆志愿服务发展的对策等方面。

（一）博物馆文化志愿服务研究的新视角

近些年，研究者在总结与反思已有研究议题的基础上，提出了多个博物馆文化志愿服务研究的新视角。孙丽霞（2011）讨论了志愿服务与博物馆公共性二者的关系，她认为公共性、开放性、公益性是博物馆公共性的基本内涵，这三个特征与志愿服务的原则不谋而合，二者有紧密结合的可能，互相促进从而更好地服务社会。博物馆为志愿服务提供了广阔的舞台，志愿服务提升了博物馆公共服务水平，推进了博物馆文化建设，提高了博物馆的文化影响力，对博物馆公共性发展有着重要意义。此外，她还强调了志愿精神的重要性，指出志愿精神有助于博物馆的文化建设水平的提升。[①] 彭玮（2014）总结了国外博物馆志愿者的工作及管理状况，以此为案例与国内博物馆志愿者的工作及管理状况进行对比，凸显出我国博物馆志愿者发展的不足之处，并提出了一些改进意见。他改变了以往以博物馆为主体，从社会大环境建设的视角研究管理制度的方式，转而关注志愿者本身。他的研究重点是志愿者与博物馆之间的关系，主张以"心理契约"建设为重，维护二者联系的纽带。通过对"心理契约"的分析，找到博物馆进行管理的着力点。他认为只有在志愿者与博物馆之间建立起强大的心理契约之后，才更有利于博物馆志愿者大环境的建设发展，内部与外部的共同作用与发展才能对未来

---

① 孙丽霞：《志愿服务与博物馆公共性的发展》，《四川文物》2011 年第 5 期。

博物馆志愿者的事业进步产生最大化的推动。[①] 白国庆和许立勇（2017）关注移动互联网背景下数字博物馆公共文化服务的"共享机制"，指出目前数字博物馆"共享机制"还存在政策支持力度偏低、博物馆数量及参观人数不足、科技支撑和衍生服务质量有待提升等问题。构建公共文化服务共享"范式"，应从提升政策服务力、增强技术支撑力、促进市场服务力、提高行业保护力、加强人才影响力等方面不断加强完善。[②]

综上，研究者分别从博物馆公共性、"心理契约"分析、参与动机分析、数字博物馆公共文化服务等视角，对博物馆文化志愿服务进行了讨论。这些新视角扩展了该领域学术研究的关注点，使研究内容变得更为丰富充实。

（二）博物馆文化志愿服务案例研究

虽然近些年的文献缺少对博物馆文化志愿服务总体情况的详细介绍，但也仍不乏一些研究者关于某一地区不同等级博物馆文化志愿服务多个主题的案例研究。

这些案例多以市级博物馆为主，李楚芬（2013）介绍了东莞市可园博物馆的志愿者情况，就博物馆志愿者服务工作中的不足提出为志愿者提供培训学习和交流的机会，完善志愿者激励制度等建议。[③] 陈敏和李喆（2016）展示了苏州博物馆志愿者招募流程及运作过程，探讨了博物馆志愿者自主管理机制，认为自主管理机制具有实现志愿者与博物馆之间的合作伙伴关系，促进志愿者团队的成长和建设，为志愿者更好地提供服务等作用。[④] 刘剑波（2017）通过对深圳博物馆志愿者不同阶段的心理研究提出博物馆志愿者组

---

① 彭玮：《我国博物馆志愿者管理研究》，中央美术学院硕士学位论文，2014。

② 白国庆、许立勇：《移动互联网背景下数字博物馆公共文化服务的"共享机制"》，《深圳大学学报》（人文社会科学版）2017年第4期。

③ 李楚芬：《浅谈博物馆的志愿者服务——以可园博物馆为例》，《东方企业文化》2013年第14期。

④ 陈敏、李喆：《博物馆志愿者自主管理机制探索——以苏州博物馆为例》，《经济与社会发展》2016年第4期。

织发展的三个策略：一是在志愿者组织起步期、提升期和成熟期，采取不同的招募策略。二是做好培训，满足志愿者的学习需求；健全招募、聘任和使用制度，推动志愿者组织规范化运行和发展。三是根据志愿者需求，设置一套包括精神激励、工作激励及其他激励方式的机制。[①] 蔺琳（2017）以廊坊博物馆为例，尝试论述文博志愿者的功能定位，提出通过选树典型，以榜样力量凝聚优秀的志愿者团队；巧用平台，创新文博志愿者服务载体；丰富活动，准确定位志愿工作的社会服务功能等方式发挥博物馆志愿者的社会服务功能。[②]

总的来说，以上成果对于地方博物馆志愿服务的发展情况做了系统介绍，并且根据不同的主题进行讨论，尝试指出博物馆志愿服务工作中存在的不足，并思考了如何完善志愿者管理制度，创新激励机制，使志愿者更好地发挥社会服务功能。但相对于我国 4000 余个博物馆的总数，现有研究成果的展现是远远不够的。

（三）博物馆志愿者的价值与作用研究

马立伟（2010）在经济学视野下对博物馆志愿行为进行了分析，他将博物馆志愿行为定义为"依据博物馆的各项工作需要而产生的有利于博物馆和社会发展的、无须经济报偿的利他性行为"，并指出志愿者是博物馆的人力资源，他们的劳动产出与成果便是社会与公众所需的形而上的精神产品；志愿者向公众传播博物馆文化，赢得公众对博物馆的信任，进而为博物馆赢得社会效益和经济效益；志愿者是博物馆根据其文化物质资源对人力资源进行合理化分配的表现；志愿者提供低成本和高质量的服务，为博物馆培育了观众市场。另外，志愿者的经济和物质捐赠以及提供的实际帮助，也或

---

① 刘剑波：《博物馆志愿者组织发展策略研究——以深圳博物馆为例》，《中国博物馆》2017年第4期。

② 蔺琳：《以廊坊博物馆为例，试论文博志愿者的功能定位》，《中国民族博览》2017年第3期。

多或少地增加了博物馆营销的方式。① 史红（2012）提出，博物馆志愿者的多重价值与意义体现在经济、教育、社会三个层面。在经济层面，志愿者节省了人力费用，间接增加了博物馆收入；在教育层面，志愿者可以增强或落实博物馆的教育功能，有助于构建公共服务与终身学习相结合的模式，有助于促进馆内工作人员的互相学习与进步；在社会层面，志愿者的行动增强了博物馆与社会的互动，改善社会风气和人际关系，促进社会整体志愿服务的发展，有助于培养公民意识、公共参与精神。② 程翔（2017）从宏观与微观两个维度看博物馆志愿者的重要价值，宏观上看，博物馆志愿者作为志愿者的重要组成部分，积极地参与着博物馆的工作，是人民参与博物馆工作最直接以及最为有效的方法。微观上看，他也从教育、经济、社会三个层面进行了分析，认为志愿者与博物馆教育职能相呼应，提供了低成本人力资源，节约人事经费，架起了博物馆与社会沟通的桥梁。③

郝二霞（2015）提出了三点高效发挥志愿者作用的对策，一是大力弘扬志愿精神，培育"我为人人、人人为我"的社会风尚；二是抓好博物馆志愿活动，突出博物馆志愿活动的特色；三是进一步完善制度建设，建立长效的志愿服务机制。④ 蔺琳（2017）思考了如何找准文博志愿者定位，以发挥志愿者的最大效用。她以廊坊博物馆为例，指出要让志愿者行为遵循社会主义核心价值观，让志愿者服务理念契合文博事业的发展，让志愿者素质与博物馆工作水平共同提升，同时创新工作方式，使得志愿者能够找准自身定位，不断彰显社会服务功能。⑤

综上，上述学者基本上一致认为博物馆志愿者对于博物馆发展具有积极的价值与意义，主要从经济、教育、社会层面考量了志愿者的实际作用，并

---

① 马立伟：《博物馆经济学视野下的志愿行为初探》，《博物馆研究》2010 年第 4 期。
② 史红：《博物馆志愿者内涵及价值初探》，兰州大学硕士学位论文，2012。
③ 程翔：《从参与动机的角度探索我国博物馆志愿者管理模式》，北京舞蹈学院硕士学位论文，2017。
④ 郝二霞：《应高效发挥博物馆志愿者的作用》，《中国资源综合利用》2015 年第 8 期。
⑤ 蔺琳：《以廊坊博物馆为例，试论文博志愿者的功能定位》，《中国民族博览》2017 年第 3期。

思考了如何使志愿者更好地发挥正向作用。概括而言，这些成果认为博物馆志愿者的价值与作用概括为以下几点：节约了博物馆人力成本，间接增加博物馆收入；强化了博物馆的教育职能，扩展了社会服务范围；搭建起博物馆与公众联系的桥梁，增强与外界的沟通与交流。

（四）博物馆志愿者的管理制度研究

关于博物馆志愿者管理制度的讨论最多。耿坤（2011）通过对故宫博物院、首都博物馆、中华世纪坛世界艺术馆、北京自然博物馆四家博物馆志愿者的研究，重点关注志愿者的参与动机与工作满意度，指出了博物馆与博物馆志愿者之间关系不平衡，志愿者人力资源流失严重等问题。① 隋永琦（2013）以青岛市博物馆为例，提出志愿者的培训工作主要困难在于志愿者本身的文化程度与个人素质不一；尚未建立科学、具有人性化的管理制度；志愿者的权益的维护也缺少可以参照的法律法规。② 刘剑波（2017）主要思考了志愿者培训过程中存在的问题，指出博物馆对培训重要性认识不足，培训方式单一，培训针对性差，培训没有规划，培训缺乏评估和激励，培训缺乏制度保障。③ 程翔（2017）从参与动机的角度审视了中国博物馆志愿者管理制度，提出部分博物馆缺少与志愿者签订或明确岗位合约、博物馆志愿者稳定性较弱、管理者缺少对志愿者必要的心灵抚慰等三个问题。④

为了应对上述问题，学者们对现存志愿者管理制度进行了深刻的思考与讨论。施慧（2011）提出要对博物馆志愿者进行科学的管理，应该满足志愿者的工作需求，对志愿者进行培训，并设立清晰的服务项目。⑤ 裴佳丽（2013）的讨论从中国博物馆志愿者存在的发展不平衡、缺乏科学的整体

---

① 耿坤：《博物馆志愿者工作满意度研究》，《中国民族文博》2011年。
② 隋永琦：《博物馆志愿者管理的实践与思考——以青岛市博物馆为例》，《中国文物报》2013年。
③ 刘剑波：《对加强我国博物馆志愿者培训工作的若干思考》，《文物世界》2017年第6期。
④ 程翔：《从参与动机的角度探索我国博物馆志愿者管理模式》，北京舞蹈学院硕士学位论文，2017。
⑤ 施慧：《对新时期博物馆志愿者工作的思考》，江苏省博物馆学会2011学术年会，2011。

计划、培训机制不科学等问题入手，提出建立和完善博物馆志愿者法律和章程，展开制度化、规范化的博物馆志愿者活动，并形成稳定的运行机制；建立科学的培训机制，提高志愿者素质，以提升文化志愿服务质量；建立科学的岗位配置机制，增加志愿者积极性；建立和完善志愿者资料库，使志愿者之间共享资源、加强联系、规范发展。[①] 樊荣（2016）介绍了辽宁省博物馆的基本情况，根据过去 8 年辽博志愿者工作成功的经验，强调了建立健全各项规章制度，提供高质量培训，拓展社会服务范围，塑造志愿者文化的重要性。[②] 赵菁（2016）梳理了中国国家博物馆文化志愿服务管理制度发展的三个阶段，她提出博物馆志愿者管理制度应该从人性管理转变为制度管理的模式，通过提高志愿者协会的独立性与自主性，合理安排上岗制度，建立多元化的奖励机制等方法解决中国博物馆管理制度的现存问题。[③]

整体上看，近十年来博物馆志愿者管理制度已经得到一定程度的完善，志愿者人才流失，志愿者素质参差不齐，管理制度不够人性化，缺乏可循的法律和章程等问题已经慢慢改善，志愿者管理正在逐步地制度化与规范化。然而我们必须意识到，博物馆志愿活动还要得到更广泛的认同，志愿者的管理应受到更多的重视，志愿者的组织目标应该更加清晰化与明确化，志愿者的归属感、成就感也应得到进一步的加强。

（五）博物馆志愿者的激励机制研究

陈博君（2013）以中国湿地博物馆为例，结合该馆在志愿服务工作中的探索与实践，讨论了怎样提高大众参与博物馆志愿服务的积极性，他提出首先要在硬件配置上满足志愿者服务要求；其次对博物馆志愿服务进行规范化管埋，使管埋制度更加合埋；再次要探索活动载体，丰富博物馆志愿服务

---

① 裴佳丽：《博物馆志愿者管理研究》，郑州大学硕士学位论文，2013。
② 樊荣：《浅析辽宁省博物馆志愿者的管理工作》，《学园：学者的精神家园》2016 年第 31 期。
③ 赵菁：《中国国家博物馆文化志愿服务管理模式探究》，《中国美术馆》2016 年第 5 期。

的形式；最后深化服务内涵，提升博物馆志愿服务的实效。① 樊荣（2014）详细介绍了辽宁省博物馆志愿者的情况，将辽博志愿者流失的主要原因归纳为博物馆志愿者工作与心理预期不符，满足心理需求后主动退出，工作、家庭、身体健康等原因无法完成正常服务而退出，因缺乏尊重或亲朋好友的理解而退出等四点，并提出进一步进行博物馆志愿者的宣传，重视志愿者招募机制与培训机制，完善各项规章制度，拓展博物馆志愿者的服务范围等措施，以防范志愿者人才流失。② 涂风帆（2015）主要从志愿文化与志愿精神方面入手，强调文化对志愿者的激励作用。他认为爱岗敬业、无私奉献、攻坚克难、不断进取等精神是维持志愿者进行志愿服务的文化力量。③ 王杉杉（2015）较为详细地介绍了国家博物馆使用的文化激励、心智激励、授权激励、物质激励、榜样激励、负激励等6种"硬性激励方式"。在认可"硬性激励方式"效果的同时，她也指出了这种激励方式的缺陷，缺乏博物馆与志愿者之间的沟通渠道，使双方容易产生误解。另外，志愿者的情感需求不被重视，志愿者遇到情感问题没有表达、排解的方式，尤其体现在组织进行变革时并没有对志愿者的指导，这极为不利于组织的发展。④

综合以上文献中对于博物馆志愿者激励机制的讨论，可以发现早期学者们提倡从博物馆角度出发，加大宣传力度，强化硬件基础，丰富服务形式，提高管理水平，以此吸引大众参与志愿活动，这种激励方式没有充分考虑志愿者的个性需求，因此有学者进一步提出，博物馆要在良好的硬件基础上，重视志愿者的情感需求，加强博物馆与志愿者之间的沟通，塑造积极的文化氛围，弘扬志愿精神，综合考虑博物馆与志愿者双方的需求，以进一步改进与完善博物馆志愿者激励机制。

---

① 陈博君：《博物馆有效吸引公众开展志愿服务的探索和实践》，《中国纪念馆研究》2013年第2期。
② 樊荣：《浅谈如何建立合理的激励制度避免博物馆志愿者的流失——以辽宁省博物馆志愿者为例》，《辽宁省博物馆馆刊》2014年。
③ 涂风帆：《志愿文化和志愿精神是推动博物馆事业新发展的动力》，《温州文物》2015年第1期。
④ 王杉杉：《中国国家博物馆志愿者激励方式研究》，中央民族大学硕士学位论文，2015。

（六）博物馆志愿服务中存在的问题研究

施慧（2011）关注志愿者的可持续发展问题，认为目前志愿者招募机制不够完善和志愿者待遇低是影响志愿者可持续发展的主要因素。[①] 李楚芬（2013）以可园博物馆为例，发现了目前博物馆志愿者建设工作中存在一些不容忽视的问题：其一，缺乏对志愿者的服务技能培训；其二，缺乏有效的志愿激励机制。[②] 彭玮（2014）通过比对国内外博物馆志愿者的工作及管理状况，总结出我国博物馆志愿者发展的几点不足之处：第一，志愿者参与基础小，流失率高；第二，志愿者职责范围狭窄、培训内容单一；第三，招募形式不够灵活，限制大；第四，志愿者自由度低；第五，志愿者管理体系不完善，激励机制不够明确；第六，志愿者本身的能动性不强；第七，法律法规的缺失。[③] 良警宇（2016）通过对我国公共美术馆与博物馆文化志愿服务模式的分析，归纳了美术馆、博物馆志愿服务的特点与问题，她指出当前文化志愿服务中存在以下四个问题：首先，服务项目和服务的领域仍需要增加与扩大；其次，志愿服务的平台较少，一些一线城市中有很多有意参与志愿服务的志愿者，但是没有与之匹配的合适位置；再次，一些地方和民营馆与一线城市大馆相比，在志愿者的管理、培训等方面差距过大，因此致使志愿者大量流失，尤其体现在对大学生志愿者的管理上，并没有形成常态化、稳定的服务；最后，相较于场馆志愿服务，馆外志愿者参与流动志愿服务和数字志愿服务的程度需要再提高。[④] 刘静（2017）研究了中小博物馆志愿服务活动中存在的问题，一是志愿服务的效率不高；二是服务岗位与志愿者意愿不匹配；三是志愿服务任务分配不清；四是缺少来自服务对

① 施慧：《对新时期博物馆志愿者工作的思考》，江苏省博物馆学会 2011 学术年会，2011。
② 李楚芬：《浅谈博物馆的志愿者服务——以可园博物馆为例》，《东方企业文化》2013 年第 14 期。
③ 彭玮：《我国博物馆志愿者管理研究》，中央美术学院硕士学位论文，2014。
④ 良警宇：《我国公共美术馆与博物馆文化志愿服务的模式与拓展略论》，《中国美术馆》2016 年第 5 期。

象的反馈与鼓励。①

综上，学者们对博物馆志愿服务中存在的问题进行了深度讨论，这些问题可以归纳为以下几个方面：第一，志愿者人员流动性强，流失率高；第二，志愿者招募、培训、管理、激励等机制有待改进；第三，志愿者岗位类型单一，且数量不匹配；第四，各地区之间博物馆志愿工作开展水平参差不齐；第五，志愿者工作自由度低，限制能力发挥；第六，志愿者相关法律与章程亟须完善。

（七）博物馆志愿服务发展的对策研究

李芳（2012）通过对湖南省博物馆志愿组织的管理经验总结，主张依靠良好的志愿设计增强志愿者满足感、培育优良的志愿者组织文化提高认同感、利用完善的激励机制进行长效驱动，构建以人为本的管理体系尊重志愿者的价值，维护良好的人际关系以保持志愿者间的互动。② 步雁（2014）从分析当今博物馆志愿者工作现状入手，针对博物馆志愿者管理中的常见问题，提出依据志愿者身份进行个性化管理的方式；设置专门的部门或指定负责人来管理志愿者，协调志愿服务工作；明确志愿者身份认同和归属感。③ 郭译阳（2014）针对博物馆志愿者岗位流动性强、人员不稳定、专业培训不足等问题，提出建立捆绑式固定团队，构成稳定的"家庭"框架；活用激励机制，打造"家庭"式和谐氛围；加强培训管理，提升志愿者技能素质等措施。④ 为应对博物馆志愿者培训中出现的问题，刘剑波（2017）指出必须健全志愿服务法规政策，保障志愿者培训经费投入，建立以志愿者为主导的培训工作体制，健全志愿者培训长效工作机制。⑤ 郑文成（2017）以桂林博物馆宣教志愿者队伍建设为参照，对博物馆志愿者服务体系建设提出建

---

① 刘静：《浅议中小博物馆志愿服务发展方向》，《大众文艺》2017 年第 12 期。
② 李芳：《湖南省博物馆志愿者管理与维系研究》，中南大学硕士学位论文，2012。
③ 步雁：《浅析博物馆志愿者的规范化管理》，《文博》2014 年第 5 期。
④ 郭译阳：《博物馆志愿者管理工作浅析》，《大众文艺》2014 年第 13 期。
⑤ 刘剑波：《对加强我国博物馆志愿者培训工作的若干思考》，《文物世界》2017 年第 6 期。

立健全保障机制，建立健全管理的规章和制度，加强素质和技能培训，志愿岗位的多元化，多重激励制度等五点建议。①

　　整合上述文献所讨论的内容，这些成果关于推动博物馆志愿服务发展的对策可以归纳为以下几点：第一，通过塑造志愿者文化与精神，提升志愿者待遇，活用激励机制等手段，降低志愿者的流失率，提升岗位人员的稳定性；第二，确保志愿者培训有足够的经费投入，为全面提高志愿者的素质而建立更为健全的培训机制；第三，改进与完善志愿者管理体制，健全管理的规章制度，保障志愿者合法权益；第四，加强志愿者之间的交流与联系，处理好博物馆与志愿者间的平等关系，尊重志愿者的工作成果。这些对策涉及博物馆志愿工作的多个方面，具有较强的针对性，也反映出我国博物馆志愿服务仍存在较大的提升空间。

三　总结与思考

　　2010～2017年我国博物馆文化志愿服务领域的学术研究取得了很大进步，虽然成果总量依然较少，但发表量处于逐年增加的趋势。可以看出，学界对博物馆志愿服务相关研究重视度在逐步提高。此外，现有成果已有少量核心期刊成果，关于博物馆文化志愿服务的理论与实践研究正在不断深入。总体而言，现有期刊文献成果在方法上注重案例分析和对比分析，定性与定量资料综合运用有了一定推进，研究视角也得到进一步拓展，但还需要进一步加强研究的规范性、分析的深度性和案例的丰富性。

参考文献

刘剑波：《博物馆志愿者工作的指南——招募与管理志愿者：博物馆志愿者管理手

---

① 郑文成：《新形势下博物馆志愿者制度的思考——以桂林博物馆宣教志愿者队伍建设为参照》，《文物鉴定与鉴赏》2017年第6期。

册》,《博物院》2017 年第 5 期。

彭舟、曹珺:《浅谈博物馆志愿者建设》,《文物鉴定与鉴赏》2018 年第 17 期。

王敏:《博物馆志愿者管理与激励机制探析》,《博物馆发展论丛》2017 年。

尤丽雪:《探索博物馆志愿者自我管理的新模式——以厦门市博物馆为例》,《文物世界》2017 年第 2 期。

郑小萍、周瑾璇:《博物院志愿者管理工作初探——四川博物院工作实践》,《博物院》2017 年第 4 期。

张彩玲:《对博物馆志愿者培训和激励机制的探讨》,《大众文艺》2017 年第 8 期。

借 鉴 篇

Reports on Foreign Countries

B.29

法国文化志愿服务发展经验分析

王 鲲*

摘 要: 法国是欧洲志愿服务相对发达的地区,形成了较完善的志愿服务法制体系。法国从法律、法规和公共政策、税收政策、劳动政策等多个层面入手形成合力,鼓励民众参加文化志愿服务活动,促进了法国文化事业的发展,提高了民众文化生活水平和参与度。法国在文化志愿服务方面体现出来的特点主要是政府鼓励、协会依托、制度规范、民众参与、社会获益。此外,法国在志愿服务法律规定的假期制度、公益性质、责任划分、保险制度、减税政策、积分制度和认可方式等方面都有有益的经验。

关键词: 法国 文化志愿服务 经验分析

---

* 王鲲,北京外国语大学法语语言文化学院副院长,教育部中法人文交流研究中心负责人。

在法国，志愿者和协会组织是一个硬币的两面，法国的志愿服务便是以这两个重要元素为依托实现的。法国的志愿服务有悠久的历史，1848 年法国大革命在反对封建王朝复辟和推进世俗化改革的风潮下，协会条款首先写入了法国宪法。半个世纪之后，法国议会又通过了《1901 年协会法》，正式确立了协会组织的法律地位。协会组织在地方文化生活中扮演着重要的角色，也是市民参与文化生活的重要渠道。协会组织的蓬勃发展也为文化志愿服务开辟了广阔的天地。随着法国协会组织的不断发展壮大，围绕协会管理、志愿服务和志愿者的法律法规也愈加完备。到了 20 世纪六七十年代，随着法国文化事业的不断发展，法国文化志愿服务也进入了一个高速发展时期。今天，法国的文化志愿服务已经成为社会生活的一个重要组成部分，这主要得益于完备的制度建设，以及各级政府与协会组织的良好互动。

一　法国文化志愿者队伍与组织的发展现状

志愿服务是欧洲的一个大潮流，约23% 的 15 岁以上的欧洲人参与到志愿服务当中，规模为 9300 万 ~ 9400 万人。[①] 这一数字近十年来还在不断增加。欧洲国家之间的志愿服务也存在着一定差距，瑞典以 40% 的人口进行志愿服务而高居榜首，保加利亚这一数字仅为 10%，而法国则处于中间偏上的位置，其志愿服务人口大约为总人口的 25%。[②] 在志愿服务的领域划分中，超过半数的欧盟国家，其志愿者最集中的领域是体育，其他重要领域包括社会服务、文化、娱乐和教育。

志愿者是协会组织的主力成员，法国的志愿者规模为 1200 万 ~ 1400 万人，分布在 130 万个左右的协会组织之中。因为历史原因，法国秉持了慈善

[①] 法国国民教育部网站，《志愿者指南 2017 ~ 2018》，http：//www. associations. gouv. fr/guide – pratique – vie – associative. html。本文法国政策措施部分主要参考该指南。

[②] 法国国民教育部网站，《志愿者指南 2017 ~ 2018》，http：//www. associations. gouv. fr/guide – pratique – vie – associative. html。

与社会服务的传统，慈善行动志愿者多达 350 万人，位列第一；体育志愿者位居第二，达到 320 万人；娱乐和青年教育分别有 280 万和 230 万志愿者。法国的文化志愿者人数达到了 220 万人。①

法国文化志愿服务的发展历史较长。根据 1959 年法国第五共和国文化部成立时的统计，法国共有文化协会 7200 个。在 50 余年的时间里，法国的文化协会数量从 7200 个增加到 26 万余个，相当于全国协会总数的 21%，这一飞跃最主要的动力是 20 世纪六七十年代的文化政策。到 2011 年，每两个法国人中就有一个参与到协会组织中，其中 8% 的人参加的是文化类协会。文化协会组织形式多样，包括社区文化协会、全民教育协会联盟、公共机构协调协会等，负责组织社区活动、人员培训和职业化教育。

2014 年法国文化部一项研究显示，目前的文化协会总数达到了 26.7 万，其中只有 3.5 万个文化协会雇用了专职人员，约 16.9 万人，占法国协会组织雇用专职人员总数的 9.4%。其余所有的 23.2 万余家文化协会都依靠志愿者的服务来运行。根据 2011 年的数据，法国共有 470 万人次参与了文化协会组织的志愿活动，其工作量相当于 18.9 万名全职人员。平均每个文化协会有 18 名志愿者。每名志愿者每年为无专职雇员的文化协会服务达到 63 小时，为有专职雇员的文化协会服务达到 86 小时。②

二 法国文化志愿服务制度建设经验

在社会管理政策方面，法国属于典型的政府鼓励社会来办协会的国家。法国设立的"协会生活最高委员会"（HCVA）对协会生活和志愿活动提出

① 法国国民教育部网站，《志愿者指南 2017~2018》，http：//www. associations. gouv. fr/guide - pratique - vie - associative. html。
② 法国文化部网站，研究报告：《文化协会的就业、志愿者与资金来源》，http：//www. culturecommunication. gouv. fr/Thematiques/Etudes - et - statistiques/Publications/Collections - de - synthese/Culture - chiffres - 2007 - 2017/Emploi - benevolat - et - financement - des - associations - culturelles - CC - 2014 - 1。

过明确的原则①：①让所有有意愿的个体无差别地参与到志愿活动中来，无论年龄、性别、身体条件、社会阶层或文化水平；②考虑到全体志愿者的情况，无论其参与协会的性质与程度如何；③志愿者参与志愿活动的基础是利他主义和大公无私，他们不应因为志愿活动而遭受损失，志愿者的志愿活动不应收取回报，但理应获得应有的承认；④为志愿者提供所需的、恰当的信息，使志愿服务更有质量。对于民众参与协会生活抱着宽容和支持的态度，在体制上保留了足够大的灵活性，为人们参与协会生活、成为志愿者提供了广阔的空间。可以说，法国文化志愿服务体系的发展，主要得益于如下几项制度安排。

（一）定义缺失成就灵活体制

法国属于大陆法系，其司法体系以严谨著称。然而在法国的法律中，并没有专门对志愿者和志愿服务做出法律的定义。现行普遍公认的定义是法国经济与社会委员会于1993年给出的："任何人在非职业与家庭时间内，自由地参与一项指向他人的无薪活动，即为志愿者。"从这个定义可以推导出，志愿服务就是这样一个情形，即"一个人将自己的时间与能力免费地贡献给某个个人或组织"。志愿服务与就业情形（领薪劳动）的区别主要在于以下两点：①志愿者不收取报酬，但其参与活动所产生的相应费用（交通、住宿、采购等）可以报销；②志愿者不受任何法律上的从属关系约束。志愿者完全自愿参与志愿活动，并无须程序随时可以决定终止该活动，也无须赔偿，但必须遵守协会章程以及其所从事领域的安全规章。因此可以说，法国对志愿者和志愿服务是没有明确定义的，只有关于志愿服务的特点描述，其中最重要的两点即自由与义务。

虽然任何人只要有意愿都有成为志愿者的自由，但是并非完全没有规则。法律对志愿者的年龄和身份是有一定界定和限制的。首先，针对18岁

---

① 法国国民教育部网站、协会生活最高委员会编《志愿服务共识基础》，http：//associations. gouv. fr/IMG/pdf/hcva_ socle_ commun_ benevolat2014. pdf。

以下人群，"2017 年 1 月 27 日法"修改了《1901 年协会法》的第二条乙的规定，允许：①18 岁以下未成年人参与协会组织，从事志愿者活动；②在父母书面允许的前提下，16 岁以下未成年人可以创建、管理一个协会组织；③16～18 岁的未成年人可以不经父母书面允许创建、管理协会组织，但协会成员必须书信通知其合法代表人。此外，从 12 岁起，未成年人可以创建无行政身份的"青年协会"，隶属于"全国青年协会网络"，并可获得保险，开立协会银行账户。对于失业者，劳动法典仅强调志愿活动不可替代职业，不可妨碍求职。对于工薪阶层，参与协会组织志愿活动必须利用私人时间，但是如果企业愿意将拥有相应技能的员工临时派往公益协会组织服务，其损失可以按小时工资抵扣应缴税款。此外，法国 37% 的 65～74 岁人群是志愿者，1/3 的协会主席年龄在 65 岁以上。对于退休和即将退休的人员，一些社会机构和企业提供协会生活辅导和实习。

（二）灵活的志愿活动请假制度

第一种形式的事假是"参与协会活动的事假"，这个假期是"2017 年 1 月 27 日法"第 10 条正式建立的。[①] 这个假期旨在鼓励私营企业领薪员工或公务员队伍当中的成员积极地参与志愿协会组织的活动，并在其中承担领导职务。这些职位主要针对协会中当选的领导团队成员，以及负责管理志愿者的团队负责人，比如慈善中心负责人、全国协会的地方分会领导等。为了协会活动，需要在工作时间请假的相关人员，在一年中可以请假 6 天，每次最少半天。在带薪事假期间，这些人员应当从事与其当选职位、领导职务或志愿者团队领导职务相符的活动，如与志愿团队共同制订年度工作计划、参加协会总会的领导层会议、会见地方民选官员等。

---

① 该假期由法国劳动法典 L3142－54－1 及以下条款规定，正式名称为"青少年活动干部及主持人培训假以及志愿协会负责人、除行政管理者之外的互助会当选人以及市民委员会成员带薪事假"（Congé de formation de cadres et d'animateurs pour la jeunesse, des responsables associatifs bénévoles, des titulaires de mandats mutualistes autres qu'administrateurs et des membres de conseils citoyens）。详见：http：//www. associations. gouv. fr/IMG/pdf/conge_ engagement. pdf。

此外，法国的协会组织经常会向公权力机构派驻专业委员会，如市镇土地规划委员会中的环境专业委员会、减债专业委员会等。这些专业委员会经常需要在工作时间开会。代表各自协会的志愿者可以因此请假，被称为"代表事假"。这个假期旨在鼓励在私营企业和公职单位工作的协会代表参加国家或地方权力机构专业委员会的工作会议。一个代表每年可以累计请假9天。请假期间，如果雇主继续为其发放工资，则被视为捐赠行为，可以依照税法有关规定①获得减税。如果雇主拒绝发放工资，则该代表将获得统一规定的小时工资补贴，其标准参照法国劳资调解委员会成员补贴标准执行。② 此外，如果是学生家长协会派驻国家、大区或省级学区委员会的代表，其请假权利由法国国民教育部2017年3月1日通令（2017 – 032号）规定。

法国的其他法律规定也鼓励其他形式的志愿服务事假。员工如果当选协会组织领导，可通过集体合同、协议或个别协议的形式，与企业协商缩减劳动时间，或者获得更为灵活的请休假制度。此外，员工如果利用个人休假期间从事南方国家的志愿服务活动，称为"团结假期"，企业可为其资助出差费用。人道主义协会赴南方国家执行任务可以长达数月，员工可以申请"国际团结假期"来进行志愿服务，在此期间其劳动合同将获得暂时终止并延期。法国的国民教育部也规定，教师可以利用每七年一次的学术休假从事志愿服务，在此期间，其合同也获得暂时终止并延期。员工可在任务结束后回到原单位工作，并保留原有权益，工龄计算不受影响。③

（三）协会管理义务性与志愿服务公益性的基本守则

《1901年协会法》将协会定义为"两个或两个以上人员将自己的知识或行动持续提供给公众，并不以分享利益为目的的协会"。协会因其非营利、纯公益性质而豁免征税。因此协会必须遵守义务管理原则，即管理行为不应

---

① 参见法国普通税法典238条乙的有关规定。
② 参见法国劳动法典第L3142 – 60至64条，及R3142 – 45至51条。2017年法国劳资调解委员会的离岗补贴为7.1欧元每小时。
③ 劳动法L3142 – 28、31条，关于教师每隔七年休假一年的制度。

从其活动的结果中直接或间接获利，亦不得以任何直接或间接形式进行利益分配，因此协会成员也不得以任何名义声称对协会资产拥有所有权。

但是，志愿者为实现志愿活动所产生的真实、合理的花费应予以报销。在没有发票证明的情况下，也可以偶尔采取接近实际发生费用的一揽子补贴形式（如按照志愿者出行公里数提供汽车燃油补贴①）。协会还可以为志愿者购买并发放餐券②，餐券旨在全部或部分补贴志愿者的餐费，餐券只能在餐厅使用，超市无效。按照上述规定进行的补贴和报销是免予征税的。协会应当保留有关凭证以备审计。如果志愿者主动要求协会不报销其为公益事业所做志愿活动产生的花费，并将其视为捐助，则可以减税，这种情形需要协会组织隶属于税法典200条第1款所列领域，情形视同个人向协会进行捐赠。

志愿者从协会领到的"补贴"在法国是一个非常敏感的话题，除了报销之外，任何形式的回报都被视为收入，无论是补贴金、各种形式的好处、无息贷款等。而获取收入会导致协会的属性被重新评估，志愿者将被视为与协会有着实际劳动雇用关系，协会将必须缴纳商业税收、社会摊派金以及替"志愿者"缴税。但上述情况并不包含协会正式雇用工作人员的情况。③协会严格的非营利性是志愿活动的社会公益性的根本保证，也避免了关于志愿活动初衷和属性的许多纷争。

（四）法律责任划分清晰

法国的协会组织拥有法人地位，对协会负有民事、刑事责任，并对协会所造成的损失或过错负有赔偿的义务。然而组织的法人地位并不排除参与其

---

① 这个标准每年更新，2017年汽车每公里补贴0.308欧元，摩托车0.12欧元。
② 2017年每张餐券6.4欧元。
③ 然而，法国法律仍然预见了协会领导人报酬的两个特殊条款：①志愿组织允许一名领导每月领薪，水平是全国最低工资水平的3/4。②对于总私人资产超过20万欧元、50万欧元和100万欧元的协会，法律分别允许1名、2名和3名领导领薪，薪资水平是社会保险上限的3倍。部分青年协会30岁以下的领导也适用该领薪标准。领薪的义务则是在章程中明确规定发放和使用规则，2/3代表投票通过，财务透明，定期选举，定期审查等。（普通税法典，261 - 7 - 1）

中的自然人在损失或过错中的责任，且责任有可能累加。但事实上，追究个体责任的情况非常之少。协会推选出来的负责人对协会负责，他们对可能造成的协会损失要负法律责任。

法国的法院认为，志愿者在参加协会组织的志愿活动中所遭受的损失，应由协会承担，法律上二者之间被视作拥有"默认救助协议"（Convention tacite d'assitance）。但是，志愿者有举证的义务，需要证明志愿活动与遭受损失之间的因果关系。而协会可以证明志愿者主管存在过错、损失由第三者造成或者损失由不可抗力造成。此外，尽管志愿者与协会并不签署劳动协议，但是志愿者的行动都在协会领导下，在法律上，协会被视为拥有"前置关联"（lien de préposition），即可以对志愿者发号施令。因此，由于志愿者所造成的损失，根据"法国民法典"第1242条规定的"他者责任原则"，可以向协会追究责任。协会如想免责，则需要证明志愿者的错误与志愿活动无关。在法律面前协会与志愿者的责任划分清晰，对于志愿者从事协会志愿服务是有力的保护。

（五）因地制宜的保险制度

公法内并未强制协会组织购买保险，但是对一些特定活动做了要求，如度假营、娱乐中心、残疾儿童接待中心、体育组织、协会组织的旅游活动等。在其他领域，法律鼓励协会组织购买民事责任保险。在签订保险合同时，需要覆盖所有活动参与方（双方及第三者）以及活动和活动工具（车辆、器材……）等。在临时增加活动时，承包人应当获得通知，以考虑临时调整保障范围。协会也可以为志愿者购买事故保险、车辆保险等险种。如果协会需要志愿者用个人车辆运送人员，需要事先了解这些车辆是否符合此用途，是否有相应的保险。法国的银行和保险公司往往愿意为协会提供个性化的保险，这使参与协会志愿活动的志愿者获得了更好的保障，同时也为协会的合法、正常运行提供了保障。

（六）志愿服务认可机制的激励政策

为培养公共意识，法国中小学也开展志愿服务。中小学生们可以通过软件（Folios[①]）管理自己在学校或协会社团的志愿服务经验。[②] 同时，法国2017 年的《公平与民众法》也要求大学为其在校学生提供志愿服务认可机制。[③] 目前，法国70% 的大学都以学分、绩点的形式对学生的志愿服务进行认证。2017 ~ 2018 学年度，这些举措在所有法国大学普及。同时，法律还规定大学应为大量投入协会领导工作的学生的课程安排提供灵活解决方案。在就业方面，法国就业部门为曾经参与志愿活动的志愿者求职过程中所表现出来的能力和经验提供了一些记录工具，如一份指南，称为"能力皮夹"（Le portefeuille de compétences），或者一份记录，称为"志愿者护照"。求职者可以根据指南和记录，识别、撰写、描述、介绍自己在志愿服务过程中所获得的能力与发展出来的经验。此外，对于拥有至少30 小时理论培训，以及20 日以上协会工作的志愿者，法国还颁发《协会管理培训证书》（CFGA）[④]，这份证书对志愿者在协会中进入领导职位非常有帮助。对于参加过一年以上时间志愿服务的志愿者，法国还颁发《协会工作经验获得证明》（VAE）[⑤]。志愿者可以借此证明来获得与其志愿服务领域活动相关的某些资质、文凭或证书。

2016 年法国《劳动法》改革中，为16 岁以上的民众设立了"个人活动账户"（Compte personnel d'activités）。这个账户使得民众可以从16 岁起累计自己所从事的志愿服务活动，并在积累到一定的时候兑换成相应的社会权益。这个账户随人而走，不会受到工作领域、职位变动或失业的影响。个人活动账户涵盖了三个子账户，分别对应个人培训、个人劳动和个人参与领域。在民众参与志愿服务账户中，民众可以自愿积累他参与的所有志愿活动。这个账户是由一个免费的网络服务终端管理的。民众能够记入账户的志愿活动包括协会志愿者、志愿培训师、公共服务（民兵、警

---

① 应用软件网站：https：//folios. onisep. fr。
② 参见法国教育法典第 L611 - 9 条和第 L 611 - 11 条。
③ 参见法国 2017 年 5 月 1 日有关大学生社团、社会和职业生活的法令第 2017 - 962 号。
④ 参见法国 2008 年 10 月 1 日第 2008 ~ 1013 号法令。
⑤ 参见法国教育法典第 L335 - 5 条。

察、安保、消防、卫生）预备役等。在民众参与志愿服务账户中累积的点值，在适当的条件下（志愿者活动组织者、协会领导），可以用来兑换免费的职业、志愿服务培训课时。志愿者每年最高可享受 20 小时的免费培训，前提是他在上一个自然年，在一家或几家会龄三年以上的正式注册的协会组织内累计服务超过 200 小时。志愿者也可以用累积点值向雇主换取申请带薪休假，具体兑换方式与雇主协商，志愿者对这些权益的使用有个人自主权。

三　经验启示

通过法国文化志愿服务参与情况及组织发展现状的介绍，以及制度安排的分析，我们可以看出，法国的文化志愿服务获得高度的发展不是一个偶然现象，而是在政府的有序安排和引导下，借助于协会组织的蓬勃发展而实现的，是全民参与，旨在丰富个人文化生活、助力社会建设、繁荣文化发展的互利共赢的良性社会互动。这种社会实践的过程不是平面的，而是涉及社会不同阶层、不同年龄群体，群策群力，共同参与的。具体来看，有以下几方面启示值得我们思考。

（一）法国人民对志愿服务的高度参与

在法国政府文化政策的鼓励之下，法国人民参与文化志愿服务的热情高涨。特别是在表演艺术类的协会当中，雇用长期全职领薪人员的比例仅为30%，而参与文化活动的志愿者的人数达到全国平均水平，且志愿者协会的预算支出比例大大低于全国平均水平，公共资金仅占文化志愿协会支出的40%，低于全国水平。这些都充分说明，文化志愿服务是一个群众参与热情高，投入低，自组织能力强，具有可持续发展潜力的领域。这种状况可谓借力发力，文化志愿服务的发展自然得益于社会志愿服务政策，但也和文化领域自身魅力与特点息息相关。

（二）志愿服务管理有章可循，有法可依

《1901 年协会法》是法国所有协会组织存在的根基，而文化志愿服务则是以协会组织的繁荣为依托。因此，协会管理规章制度的完备程度与志愿服务的管理水平呈正比关系。法国并未给志愿服务单独立法，而是在教育法典、劳动法典、普通税法典、政府政令等多种法律法规中体现出鼓励协会发展、让社会来办协会的政策思路。法国的相关法律法规从教育、培训、休假、就业、税收、保险等领域对志愿服务的性质、管理、激励政策进行了详尽的、极具可操作性的规定，使得志愿服务有法可依、有章可循，避免了实际操作中许多的纷争，大大激发了人民参与志愿服务的热情。

（三）完备的志愿服务认可体系

目前，法国正在借助互联网的力量建立一个统一的志愿服务记录、证明平台，并希望通过这个平台助力志愿者个人的成长和发展。志愿服务认可体系伴随每个公民的成长，让积累的经验和奉献的时间成为个人经历中的闪光点。因为只有当每一个志愿者的志愿服务活动都得到良好的记录，当积累的服务时间和参与协会生活的经验在社会上广泛获得认可，给求学、就业、升职等领域带来实实在在的帮助，志愿服务才能真正形成良性循环，让爱心和志愿精神在社会中流动起来，让每个人都受到感染，并见贤思齐，自觉自愿地投身其中。

从法国的文化志愿服务发展经验来看，既体现了法国教育体系对公共意识教育的成果，也反映了鼓励全社会参与志愿服务政策的成功。让全民参与到社会建设中来，才能真正满足人民对美好生活的渴望。法国的文化志愿者中，既有退休和即将退休的白发人群，也有初出茅庐的青少年学生，拥有专业技能的在职人员更不乏其人。每个人都能通过协会生活，在自己的私人生活和职业生活之外，继续为社会的建设贡献着自己的力量。这种活动在社会上蔚然成风，成为社会生活的重要组织方式，成为家庭的一种生活常态。让文化志愿服务成为一种生活方式，才是让生活更美好的最好办法。

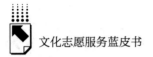

参考文献

协会生活最高委员会编《志愿服务共识基础》，法国国民教育部网站，http：//associations. gouv. fr/IMG/pdf/hcva_ socle_ commun_ benevolat2014. pdf。

B.30

美国布鲁克林博物馆志愿服务
发展经验分析

赵　菁*

摘　要： 布鲁克林博物馆志愿工作紧扣博物馆使命，将为观众带来伟大的艺术和精彩的艺术体验作为目标，注重志愿导览员的专业发展，提出了以"艺术、研究、教育"为核心的发展理念。志愿工作力求用志愿服务引领社会和谐发展，用博物馆教育代替博物馆导览，用培训体现博物馆对志愿者的尊重，对我国博物馆志愿工作有一定借鉴意义。

关键词： 美国　布鲁克林博物馆　志愿服务　经验分析

布鲁克林博物馆地处美国纽约市布鲁克林区，是一座综合性艺术博物馆，其前身可以追溯到 1823 年的布鲁克林学徒图书馆协会，1890 年时更名为布鲁克林艺术和科学学院，该学院包括现在的布鲁克林博物馆、布鲁克林植物园、布鲁克林音乐学院和布鲁克林儿童博物馆，目前是纽约地区藏品数量排名第二的博物馆。进入 20 世纪以后，拥有大量藏品的布鲁克林博物馆将如何向公众展示艺术、"为观众带来伟大的艺术和精彩的艺术体验"作为自己的工作目标和价值追求，并在发展博物馆志愿服务方面进行了积极探索。[①]

---

* 赵菁，中国国家博物馆培训部副研究馆员。
① 布鲁克林博物馆官方网站，http：//www.brooklynmuseum.org。

一 布鲁克林博物馆志愿者服务项目和内容

布鲁克林博物馆志愿者大体可以分为三类：社区志愿者、青年项目志愿者和展厅导览志愿者。

（一）社区志愿者

居住在布鲁克林地区的人们本着回馈社区的目的，自愿申请到布鲁克林博物馆服务，申请由博物馆人力资源部门受理并根据各部门的需求安排志愿者工作岗位。一般情况下，社区志愿者无须具备特殊技能，只需根据要求的时间到馆服务即可，服务次数也没有硬性规定。社区志愿者对社区有着极强的归属感和责任感，期望通过博物馆志愿工作表达自己对社区的关爱，实现自己对社区的回馈。博物馆则通过提供社区志愿者岗位，实现了与社区的密切联系，建立起与社区之间和谐而牢固的纽带关系。同时，社区志愿者岗位的提供，也吸引了社区人群的关注，社区志愿者的加入使博物馆的活动能够更顺利地开展，让博物馆成为社区文化传播和思想交流的中心。

（二）青年项目志愿者

美国博物馆的教育部门常常会为青年（通常为高中阶段的学生）专门设立青年项目，青年项目打造了博物馆与青年沟通的渠道，并通过各种形式的活动为青年亲近博物馆、提升专业技能提供各种机会。美国博物馆的青年项目活动内容丰富多彩，而志愿服务就是其中常见而重要的一类。

布鲁克林博物馆的青年项目中有一个"青年之夜"活动，该活动从策划到组织、实施都由青年人自己完成，活动当天有大量的青年作为志愿者在现场服务。另外，布鲁克林博物馆青年项目中还有一个"导览员培训"活动，由博物馆教育员对青年进行展厅导览培训，参与的青年通过考核之后才能正式上岗服务。青年导览员的服务对象不是普通的观众，而是特定的青少年群体，如暑假期间由各类夏令营组织来博物馆参观的青少年们。青年导览员不拿报酬，但可以通过博物馆的培训增加对艺术的理解和欣赏能力，提升在公众面前讲话的语言表达能力，同时这段经历将成为他们服务社区的重要记录。

青年项目根据青年的兴趣特点为他们设计适合的志愿工作内容，让青年乐于参加博物馆活动，另外在工作中大胆放手，给予青年话语权，让他们成为主导。同时为青年提供了接触艺术、了解文化和主动参与公共事务的机会，为博物馆赢得了年轻一代的关注。

（三）展厅导览志愿者

展厅导览志愿者是最常见的美国博物馆志愿项目。布鲁克林博物馆现有志愿者35人，"非常活跃"志愿者25人，占比71%。其中退休人员占绝大多数，还有少量的大学生志愿者。展厅导览志愿者隶属于布鲁克林博物馆教育部的成人教育项目，为志愿者提供日常培训和记录登记，配有一名专职管理人员。展厅导览志愿者与我国博物馆志愿者类型比较接近，以下对此类志愿者进行重点介绍。

1. 工作类型

展厅导览志愿者主要提供两种类型的导览服务。第一，公共导览服务。布鲁克林博物馆官方网站每天发布当天的服务时间，观众可以提前查询。已经到馆的观众，可以在前台或在志愿导览的出发点，了解当天志愿导览安排。值得一提的是，如果有专业团体预约导览如大专院校的学生或中小学教师团体，一般由博物馆的教育人员承担，以确保导览的专业性。第二，私人（VIP）导览服务。私人导览服务是收费服务，任何个人和团体可向博物馆的观众服务部门预约导览服务，然后由观众服务部安排志愿者服务。一般情况下，观众服务部每月为志愿者安排2次私人导览服务工作，旺季需求量大时导览次数也会相应增加。但是如果与志愿者本人时间冲突，志愿者也有权拒绝增加导览工作安排。

2. 培训时间

布鲁克林博物馆非常重视志愿者培训，新志愿者必须接受3个月培训，考核通过才可以正式上岗服务。与其他博物馆不同，布鲁克林博物馆为正式志愿者提供不间断的长期培训。时间安排与学校学期安排类似，即秋季和春节学期每周一次，寒暑假期间停止培训。而且为了照顾不同志愿者接受培训的时间，工作日的培训往往分为上午、下午和晚上三个场次，志愿者可根据自己的时间灵活选择。

3. 培训内容

培训类型主要有三类，一是关于展览和展品的专业知识讲座；二是展厅导览技能培训；三是各类文化主题培训。具体培训内容主要包括：了解展览策划背后的故事并提前参观展览；在展厅内进行的每周两小时的跨类型展品研讨；由博物馆策展人、专家和教育部的教育员（负责前三个月的培训）带领开展的藏品研究工作坊（这类工作坊通常是两个月一次）；博物馆固定收藏和特别展览的跨学科讨论；对于艺术史和博物馆教育的重点学习，等等。

4. 志愿者管理与激励

正式志愿者至少要在博物馆服务2年，每年的工作时间为10个月，每个月至少完成2小时的导览服务工作。在激励政策上，布鲁克林博物馆为志愿者提供了非常专业的博物馆培训机会，以此帮助其提升个人艺术素养和讲解技能水平。在物质层面，布鲁克林博物馆志愿者还享有在博物馆商店和咖啡厅消费与员工同等的折扣权利；获得参与博物馆各类收费活动的免费参与权；凭布鲁克林博物馆志愿者证件获得纽约市内以及美国国内博物馆免门票参观的权利。在每个工作年度结束时，博物馆还会举办志愿者感谢晚宴，由博物馆提供经费支持，志愿者中的热心人士提供场地并组织活动。日常工作中，博物馆为志愿者提供一间专门的休息室，配有电脑和图书供志愿者学习使用。

二 布鲁克林博物馆志愿工作的主要经验

（一）艺术、研究、教育是志愿工作的中心

在英语中 Volunteer 对应中文"志愿者"一词，很多美国博物馆在表述志愿工作时直接使用 Volunteer 一词，如大都会博物馆的 Volunteer Origination

（志愿者组织），波士顿艺术馆的 Volunteer Program（志愿者项目），而布鲁克林博物馆则把志愿者称为 Museum Guide（博物馆导览员）。这个称谓凸显两方面作用：第一，强调了该馆志愿者的工作内容以展厅导览志愿服务为主，不参加其他岗位服务；第二，对该岗位承担的教育责任的属性界定。2017 年下半年，布鲁克林博物馆再次更改了其志愿者项目的名称，改为"艺术、研究和教育项目"（Art，Research，and Teaching Program）简称"BKM A. R. T"。布鲁克林博物馆认为，艺术、研究和教育这三个关键词可以成为该馆志愿者项目的重要特征。

艺术：志愿者有机会参与博物馆策展人、教育人员和专家开设的讲座和深入培训，这些培训将为志愿者打开一扇领略博物馆百科全书式收藏和特别展览的艺术之门。与此同时，志愿者再通过导览、对话和展厅经验，与大众分享他们葆有的文博知识和对艺术的热情。

研究：布鲁克林博物馆以艺术、教育和深入的艺术领域研究为核心。志愿者可以享用该馆丰富的图书和档案资源，同时志愿者可以对固定收藏和特别展览中的展品进行研究。志愿者还可以参加每周深入展开的关于艺术史和博物馆教育问题的课程。

教育：布鲁克林博物馆是美国博物馆教育领域的领导者。志愿者将加入博物馆敬业而富有远见的教育员队伍，进一步围绕艺术、博物馆文化和民众教育功能进行交流。通过深入的教学培训，BKM A. R. T 志愿者们将把博物馆作为一个在这里可以继续学习和拓展看待自己、世界及可能性的平台。

艺术、研究、教育三个方向的确立将布鲁克林博物馆志愿者工作引入了一个专业化发展的道路，展厅导览志愿者需以更加专业的姿态为观众提供服务。

（二）认清实际，找准方位

纽约的博物馆多集中于曼哈顿岛上，其中大都会、古根汉姆、惠特尼等世界知名博物馆吸引着全世界游客的注意力，地处布鲁克林区的布鲁克林博物馆与其他博物馆相比在位置上处于劣势。虽然其藏品总量排名纽约市博物馆第二，并拥有美国国内博物馆时代覆盖最全面的埃及收藏，但知名度始终不及纽约其他博物馆。布鲁克林博物馆并未因此而沮丧，该馆认为服务对象应以社区观众为重要目标，该馆的展览也不刻意追求当下热点而始终秉承"创造与艺术激动人心的碰撞，扩大我们看自己、世界以及多种可能性的方式"的博物馆使命。这种对于自身使命的清晰定位和立足本馆优势制定发展目标的做法，使布鲁克林博物馆成为纽约众多博物馆中的一股"清流"，虽小众却让人印象深刻。

因为对自身定位有着清醒的认识，布鲁克林博物馆志愿管理者并不刻意追求团队规模的扩大，而是把工作重点放在如何加强团队专业能力提升之上。该馆的志愿者虽然团队规模不大，但整体活力和凝聚力很强。志愿者工作着重展厅导览，不盲目增加志愿服务类型。在竞争中坚持选择适合自己的方向，正是布鲁克林博物馆志愿服务工作清醒、理智的做法，也是其重要的经验。

当然，布鲁克林博物馆在志愿者老龄化、"对话式"导览实际实施与预期有差距、志愿者族群结构单一等方面还存在很多需要解决的问题，但作为身处多元文化聚集地的布鲁克林博物馆坚持不懈地在艺术教育和推广、多元文化融合等方面进行探索。

三　布鲁克林博物馆志愿服务工作的启示

（一）用志愿服务引领社会和谐发展

社区在美国社会中是非常重要的概念，强烈的社区意识催生了美国人对社区的归属感和责任感，积极参与社区事务成为普遍共识。博物馆是社区的艺术文化中心也是服务中心、社交中心，因此博物馆成为促进多元文化交流融合、社会和谐发展的重要载体和担当。[①] 布鲁克林博物馆志愿工作的出发点不是完成场馆内具体服务项目，而是意图通过志愿服务培育民众的社会责

---

① 纪秋发：《美国人参与志愿服务现状及启示》，《北京青年研究》2016 年第 4 期。

任感、参与意识和志愿精神。布鲁克林博物馆的三类志愿服务项目面向人群各有侧重，服务内容设计灵活且有针对性，管理上不一概而论，不同项目难易有别，让有志参与志愿服务的民众都能找到适合的岗位。同时，布鲁克林博物馆志愿工作把服务与学习贯穿项目始终，技能培训不是单纯提高个人能力，而是有着明确的社区现实需求和博物馆宗旨作为内推力，志愿者通过参加博物馆志愿服务加深对志愿精神的理解，提升服务意识，实现自我与社会关系的和谐与完善。

我国博物馆志愿服务工作也不能满足于志愿团队规模扩大和形式上的轰轰烈烈，需要进一步树立清晰的志愿者身份定位和认同，明确志愿者的权利和义务，让志愿者在每一个切实的岗位角色中对自我身份有充分的认识和把握，理解其所承担的社会责任，从而理解和谐社会需要每个人的努力和创造。

（二）用博物馆教育代替博物馆导览

教育作为美国博物馆核心价值早已渗透在博物馆工作的方方面面，志愿工作也以教育为核心向着更加专业化发展。布鲁克林博物馆有着一支高水平的教育员队伍，他们在展厅中广泛推广以问题引导为基础的"对话式"导览，不是直接给观众"标准答案"，而是引导观众自主观察、独立思考从而获得个性化艺术体验。这些先进的教育理念通过密集培训在志愿导览中也不断得到强化，这在美国博物馆志愿工作中也是首屈一指的。

目前，我国一些场馆的志愿导览工作还是传统的"灌输式"导览，以知识讲授为主的导览对志愿者本人的专业能力要求较高，观众也被动地以听为主，虽然现场效果好像不错，但过后又有多少内容能被记住，有多少触及内心的感受可以铭记呢？近几年，我国博物馆教育理念快速更新，许多新手段、新方法得以实践，一些博物馆教育工作已经达到西方先进博物馆水平，然而志愿导览员何时能进入博物馆教育的新领域恐怕还需博物馆志愿工作管理者转变观念，把志愿导览员放到与专职导览员同等重要的地位才能实现。

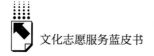

（三）用培训体现博物馆对志愿者的尊重

布鲁克林博物馆为志愿者制定了持续不断且高频率的培训，所有培训都经过精心准备，而且从师资到内容与博物馆专职人员的培训完全一样。对志愿培训工作的重视程度，使得志愿者在博物馆获得了高水平的艺术训练，志愿者们也由此感受到博物馆对他们的尊重。许多志愿者就认为布鲁克林博物馆没有安排他们从事导览以外的工作是因为没有把志愿者当作"免费劳动力"，他们并不羡慕其他博物馆丰富多样的志愿工作内容，而是非常自豪他们的价值得到了最大体现。高质量的培训既满足了志愿者的个人需求也兼顾了岗位对服务品质的要求，形成了志愿者与博物馆双赢互惠的局面。

我国许多博物馆的志愿者培训还存在着培训时间短，培训内容缺乏成体系性的设计，随意性强，培训师资水平参差不齐，馆内专家参与少等问题。布鲁克林博物馆对志愿者培训的安排和重视程度值得我们借鉴和学习。

日本志愿服务制度与公民馆的发展

良警宇　杨江浩*

摘　要： 日本的志愿服务广泛存在于图书馆、博物馆、公民馆等许多公共教育文化设施领域。日本通过逐步完善登录制度和保险制度以保证志愿者资源的供需对接和有效利用，保障了志愿者的权益。民间非营利组织是日本志愿者活动的重要实施主体。作为社区公共教育和文化设施的日本公民馆的发展，除了政府政策和财政的支持，与非营利组织合作以及招募志愿者推动活动开展是实现公民馆职能和发展的重要基础，其经验对我国基层综合性文化中心的管理和运行具有启示意义。

关键词： 日本　志愿服务　制度　公民馆

日本的志愿服务广泛存在于图书馆、博物馆、公民馆等许多公共教育文化设施领域。日本通过逐步完善登录制度与建立保险制度，以保证志愿者资源的供需对接和有效利用以及保障志愿者的权益。民间非营利组织是日本志愿者活动的重要实施主体之一，日本全国社会福祉协议会（全国社会福祉協議会）作为一个在日本各地设置网络的非营利民间组织，通过旗下遍布全国的志愿者服务中心推进志愿者服务，并健全完善了各项制度。作为社区公共教育文化设施的日本公民馆的发展，除了政府政策和财政的支持，与非

---

* 良警宇，中央民族大学教授；杨江浩，中央民族大学研究生。

营利组织合作运营以及招募志愿者推动活动开展是实现公民馆职能和发展的重要基础。

一 逐步发展的登录制度和完善的保险制度

为了保证有效利用志愿者资源，实现对志愿者的招募、培训、服务以及宣传等活动的有效管理，日本建立了志愿服务管理制度，其中建立登录制度和保险制度是掌握志愿者资源和保障志愿者权利的重要方面。

（一）逐步发展的登录制度

日本的登录制度系统经历了缓慢的发展过程，总体而言，实施登录制度的公民馆比例不高。根据统计，2015 年实施了登录制度的日本公民馆有2228 家。[①] 日本的登录制度可分为团体登录制度和个人登录制度。团体登录制度为相关机构和社会服务组织或者某些民间团体所进行的登录；个人登录制度为个体所进行的登录。进行登录后，志愿者的相关数据可以在各个服务机构进行分享，如果有相关合适的志愿项目就可以通知本人，也会定期寄送志愿者杂志。团体登录制度和个人登录制度的细分，有助于服务机构更好地实施志愿者的管理和志愿者资源的利用。根据日本政府数据，2015 年在实施团体登录的公民馆中有6591 个相关团体进行了登录，在这些登录团体中有男性志愿者54140 人，女性97402 人。在实施个人登录的628 个公民馆中，有5248 个男性志愿者和8410 个女性进行了个人登录。总体来看，通过团体登录的志愿者人数远远多于个人登录的人数，显示了日本公民馆志愿服务的一个显著特点是以团体志愿者为主。[②] 此外，从实施登录制度的地区机构层次来看，市（区）、町和村公民馆实施登录制度的公民馆分别为1877 个、321 个和29 个，显示出实施登录制度的公民馆主要为市（区）公民馆。

---

① 〔日〕文部科学省：社会教育调查，平成27 年。
② 〔日〕文部科学省：社会教育调查，平成27 年。

（二）完善的保险制度

保险制度为志愿活动提供了安全的保护。日本的志愿者活动保险是利用商业保险方式达到促进社会公益活动发展目的的保险制度。其诞生于 1977 年，最初是由民间非营利组织全国社会福祉协议会推行的一种商业保险，以解决因志愿活动而诱发的赔偿责任。后来地方自治体也针对注册志愿者设立了志愿活动保险制度，由市町村代替所有被保险者向保险公司缴费。如果志愿者加入公益法人或民间非营利组织举办的志愿者活动保险制度，虽然需要自己缴纳保费，但赔付比例比前者要高。[1] 保险的有效时间一般为一年的有效期，从 4 月 1 日开始，至次年的 3 月 31 日。从保险所覆盖的范围来说，包括死亡赔付金、入院保险金、手术保险金、特定感染赔偿、赔偿责任保险金等，覆盖范围十分广泛。根据社会福祉保险的相关数据，进行志愿者保险赔偿最多的是摔倒类的事故，包括自行车摔倒等，占到 70% 的比例。因为交通事故进行的赔偿为 11.4%，其余的为冲撞和跌落。从事故发生的年龄层面来说，老年人占最大比重，49.3% 的人为 60 岁以上的老年人，70 岁以上的占 25.1%，50 岁以上的占 11.2%。[2] 这种情况的发生与日本志愿者群体的年龄构成有关，日本志愿者的年龄构成整体偏大，所以在服务过程中，易出现老年人的事故赔偿。健全的保险制度有效地排解了居民参加志愿活动以及使用志愿者的后顾之忧。

二　非营利组织与日本志愿服务发展

日本志愿服务的机制特点之一是非营利社会团体是志愿服务活动的重要实施主体。自 1998 年 3 月 25 日颁布《特定非营利活动促进法》（《NPO 法》）以来，NPO 法人数量迅速扩大。这部关于民间团体组织的专门法律在

---

[1]　焦培欣：《日本志愿者活动保险的运作机制及其借鉴价值》，《人力资源管理》2015 年第 1 期。

[2]　〔日〕全国社会福祉協議会：《ボランティア情報·保険のひろば》，平成 28 年 11 月号。

第一条中指出："通过对举行特定非营利活动的团体予以法人资格，来促进以志愿者活动为主的、以社会服务为内容的特定非营利活动的健全发展，目的是进一步增进公益事业。"[①] 该法对于日本社会的志愿服务事业的组织化与规范化发展发挥了极其重要的作用。政府对经过法人资格审查与认证的NPO给予税收优惠等政策支持。在有关志愿者服务的相关民间团体中，全国社会福祉协议会是其中一个重要的民间团体。这一团体从昭和26年（1951年）开始创立，经过60多年的发展，目前全国拥有2000多所服务机构，职员人数达到15万人，实现了全国范围内的志愿者管理。[②] 在全国社会福祉协议会旗下专门管理和服务志愿者的机构中心有地域福祉部和全国志愿者·市民活动振兴中心（全国ボランティア·市民活動振興センター）。为了广泛推进志愿者和市民活动的开展，该组织在全国范围内进行管理和调查研究。从具体职责来说，包括支援地区级的机构中心、对志愿者协调人员进行培训、相关志愿者活动的调查、发行志愿者的月刊杂志等。除此之外，作为一个社会福祉法人组织，机构还同当地的政府部门、行政机关进行沟通合作。其范围业务十分广泛，建立了从全国的社会福祉协议会到都道府县指定城市的社会福祉协议会，到基层的市町村的社会福祉协议会机构的层层部署，确保推动志愿者活动的开展。他们的志愿者活动类型多样，体育、文化、艺术相关活动是其中重要组成，包括指导文体兴趣班，举办各种宣讲会（情报、信息化），进行音乐等各类艺术培训，组织与运营市民剧团演出，以及开展继承与发扬传统文化的公共文化服务等内容。

非营利组织法人机构的发展为开展志愿服务提供了动力。从NPO的人数来说，正式的有偿职员为少数，根据2004年的数据，NPO法人的带薪员工为7.17万人，平均每个机构4.89人，志愿者的人数为17.19万人，平均每个机构为11.73人。[③] 机构的发展与扩张需要大量的志愿者，而NPO机构

---

① 〔日〕日本内阁府：《特定非营利活动促进法》，平成10年3月25日；平成23年修正。
② 〔日〕全国社会福祉協議会，http：//www.shakyo.or.jp/tsuite/gaiyo/index.html。
③ 〔日〕日本厚生労働省：《NPO法人における雇用·ボランティアの現状》，http：//www.mhlw.go.jp/topics/npo/。

也为志愿者提供了良好的工作环境。机构掌握了各类项目的资源，通过机构的指导培训，志愿者便能根据自己的所愿投身项目中去。

为了指导 NPO 机构的发展，政府也提出了很多政策性引导。例如，在日本政府提出的"健全育成计划"中，就明确地提及了志愿者服务的培养是其构成的一个部分。同时，召开"共助社会恳谈会"，为非营利机构和志愿者的相关政策提出方向性的指导。同样，厚生劳动省也在 2015 年 9 月公开发表了《对应新时代的社会福祉》，提出构建全年龄阶段、全对应型支援体制。在政府政策性的支持和相关法律的保护下，培养了大批高质量的服务机构。

三 志愿服务与公民馆的运营

公民馆是日本扎根于社区地域教育文化工作的一种公共设施。日本的《社会教育法》第二十条对公民馆的职能进行了明确的界定：是市町村和其他一定区域内的住民，遵循其原有的社会生活，开展教育、学术以及文化相关活动的机构。公民馆设置的目的在于提高居民的修养、增进健康，并通过振兴生活文化以增进社会福祉。日本的《社会教育法》共有 7 个章节，公民馆独自成为一个章节。可以说作为社区居民进行教育、学术、文化所相关活动的教育机构，其核心定位在于社会教育事业，也成为提高社区凝聚力、塑造地方文化的全方位社会机构。

日本公民馆的发展历史可以大致分为三个阶段。第一阶段为"二战"之前，明治维新之后。在这个阶段，初步提出了公民馆的概念。第二阶段为"二战"后发展到 20 世纪 90 年代为止。第三阶段为 20 世纪 90 年代发展至今。总体来说，第一阶段的公民馆处于概念的初步提出阶段，其社会背景是处于明治维新后的日本社会迅速发展，带来了社会阶级差异增大，人口素质不均等众多社会矛盾问题。为缓解社会压力，提高全民的综合素质，而提出建立一个能全民共同参与互动的社会机构组织。"二战"后，公民馆的建设正式成为政府的工作，纳入文部科学省的管理范畴，其目的是在社会民主化下，为培养高素质的社会民众所成立的机构。1949 年制定的《社会教育法》，将公民馆纳入社会教育的行政机构中。此法条为公民馆确立了明确的法律地位，公民馆也开始在日本各市町村遍地开花，成为为公民进行社会教育的重要行政教育机构。20 世纪 90 年代后期，随着日本经济泡沫，公民馆开始发生了转变。一方面，更多地集中在地域文化的建设，地域性也成为公民馆建设的代名词。通过建设公民馆，培育地域文化、增强区域文化实力、提高地域社会教育，成为公民馆活动的主旨。另一方面，2006 年通过改正《教育基本法》，开始提出了"生涯学习"的概念，也就是终身学习的概念，公民馆的教育宗旨得到了进一步的提升。

（一）公民馆的职能与人员结构

公民馆日常的各项工作在《社会教育法》第 22 条进行了明确的规定。[1]从其规定可以看出，公民馆的目的性十分明确。一是进行文化教育的场所。提供图书、讲座、展览等活动，以当地居民为中心，围绕文化、教育、体育等公共文化事业展开活动。二是公共性活动场地。为当地居民提供一个公共活动的场地，公民馆禁止支援任何特定的宗教、教派；禁止进行任何营利性活动或任何以公民馆的名义从事特定的营利性活动；禁止进行关于任何特定政党的利害活动或者公私的选举活动、支持特定候选人的活动。[2] 具有中立性，不受任何政党、组织的控制，使公民馆保持了高度的独立性。三是地域性。公民馆将当地的居民需求紧紧地联系在一起，推动当地的文化教育发展。

从整体的管理上来说，日本公民馆由文部科学省管辖。根据文部省的数据，截至 2015 年，日本全国有公民馆 14171 个，基本覆盖日本所有的市町

---

① 包括：①开展定期的讲座；②开设讨论会、讲习会、演讲会、实习会、展示会等；③配备图书、记录、模型、资料等，并有效利用；④召开有关体育、娱乐等集会；⑤进行各个团体、机关的联络；⑥提供给居民的集会或其他以公共目的的活动。参见〔日〕《社会教育法》第 22 条。

② 〔日〕《社会教育法》第 23 条。

村，公民馆的使用者达到了 161869866 人。① 公民馆已经完全形成了社会组织网络，并在基层市区、村落中发挥着重要的社会教育作用。

公民馆的人员配置可以分为三类，馆长、公民馆主事和其他行政人员。在人员采用方面，采取了两种方式进行。一类是通过市町村的公务员录用的方式；一类是指定管理者制度下的公民馆由指定管理者决定。虽然并非必要要求，但是一般需要大学专门修过相关教育课程。在人才培养方面，在职的公民馆成员需参加各级别的公民馆联合会。根据不同的需求和工作经验，提供不同的培训机会。公民馆人才队伍的建设与公务员队伍建设看齐，确保高质量的管理队伍。

（二）公民馆的组织架构

本文在此以日本松江市法吉公民馆为例来介绍公民馆的组织架构。松江市法吉公民馆是由法吉公民馆运营协议会所运营的，由松江市教育委员会所管辖。公民馆协议会下设 1 名馆长、1 名主任、2 名主事。公民馆设有 8 个不同的部门，分别为总务部、成人部、青少年部、幼儿部、文化部、健康福祉部、人权教育推进部和环境部。一些部门的设置是根据居民的年龄进行划分的。在幼儿部下，设置有雏鸟年级、快来快来沙龙等；青少年部则有法吉孩子广场、公民馆文化祭、畅游科学等；成年部则设置有视察研修、健康讲座等。另一部分则按照功能需求进行划分，例如文化部负责公民馆举行的文化祭等；环境部负责林道清扫、启发活动、视察研修等；人权教育推进部负责人权教育研修会等；健康福祉部负责志愿者活动的推进及健康推进事业等。总务部则负责大型的活动策划、公民馆报刊的发行、体育大会的召开等活动。② 其部门分类和人员构成特征非常鲜明。首先是正式员工少而精。整个公民馆仅仅只有 4 名正式职员。其次，部门设置按照实际需求进行设置。每个不同地域的公民馆，会有一些自己特色的部门。

---

① 〔日〕文部科学省：社会教育調查，平成 27 年。

② 法吉公民館：http：//matsue－city－kouminkan.jp。

（三）公民馆的活动机制与志愿服务的开展

日本公民馆的正式工作人员一般不超过 3~4 人，除了对日常事务和设施的管理外，还要完成法定的开展丰富多彩的教育培训和社会文化交流活动等职能，就必须要建立起有效的运转和活动机制。在运行中往往以公民馆为平台，广泛与文化、艺术、体育等各团体和机构进行合作，公民馆实际上成为文化、艺术、体育等非营利组织的中枢。公民馆多与自治会、老人俱乐部等各类自治团体以及学校（从幼儿园到大学）和专业性非营利组织展开合作，这些组织的成员多是以志愿者的身份参与。公民馆则通过合作共同承办活动，获得了团体志愿者的支持，不仅有效地解决了人力资源短缺问题，而且提高了工作效率。特别是得到一些非营利组织专业性人员的支持，提升了活动的吸引力和丰富性，公民馆也因此成为众多民间志愿组织交流的枢纽。公民馆通过各种活动、讲座等方式将地域上的各种团体的居民联系起来，成为一个社会凝聚力高的统一整体。例如在佐伯市的弥生地区公民馆，通过弥生地区的三个小学和当地的老人俱乐部合作，每个月都会举行一次小学生和老人俱乐部高龄老人的游园会。老人和孩子的沟通与交流，为孩子提供了更为丰富的人生经验，也为老人提供了生活的乐趣。类似的活动在各公民馆都能发现。例如前面提到的法吉公民馆，从 2017 年 8 月至 2017 年 11 月，举行了松江夏日舞蹈大会、法吉地区围棋大会、法吉地区体育大会、第三回健康福祉祭、第 45 回法吉公民馆文化祭等各类市民活动，日本基层社会通过公民馆将人与人之间的距离拉近，通过非营利组织和志愿服务使活动顺利开展。

日本出现政府削减社会福利性财政倾向后，公民馆开始从市民"参与"、官民"协办"模式，向由市民"主导"的"第六代"公民馆的模式转型。在这种模式下，以市民或市民团体为主体的管理网络得到推动，公民馆馆员仅提供理论上的指导和操作上的协助，以充分发挥居民的自治能力。这一趋势将进一步推动非营利组织和志愿者的服务参与。

四　总结与思考

日本志愿服务管理体系中登录制度的推行以及完善的保险制度有利于保障志愿者的权益，使人力资源得到有效的利用。民间非营利组织和各类志愿团体作为日本志愿者活动的重要实施主体，推动了日本志愿者服务的发展和各项制度的健全完善。作为社区公共教育和文化设施的日本公民馆的普遍设立和发展，除了政府政策因素外，非营利组织和志愿者参与是重要的基础。其经验对我国基层文化中心的管理和运行具有一定启示意义。

参考文献

〔日〕文部科学省：《社会教育調査》，平成 27 年。

〔日〕日本厚生劳働省：《NPO 法人における雇用・ボランティアの現状》，http：//www. mhlw. go. jp/topics/npo/。

〔日〕全国社会福祉協議会：《ボランティア情報・保険のひろば》，平成 28 年 11 月号。

〔日〕日本内閣府：《特定非营利活動促進法》，平成 10 年 3 月 25 日，平成 23 年修正。

〔日〕全国社会福祉協議会：《ボランティア情報・保険のひろば》，平成 28 年 11 月号。

焦培欣：《日本志愿者活动保险的运作机制及其借鉴价值》，《人力资源管理》2015 年第 1 期。

附 录

Appendix

B.32
大事记

- 2016 年 3 月 1 日，文化部、中央文明办发布《关于开展 2016 年文化志愿服务工作的通知》，通知共提出了三项主要任务，分别以"行边疆、走基层、种文化"为主要内容，深入实施 3 项示范性文化志愿服务活动；以"扎根基层、服务群众"为主要内容，广泛开展 9 个主题基层文化志愿服务活动；以"健全组织、规范管理、壮大队伍"为主要内容夯实文化志愿服务工作基础。

- 2016 年 3 月，文化部公布 2015 年文化志愿服务典型案例名单，155 个典型案例中包括 40 个"春雨工程"项目、15 个"大地情深"项目以及 100 个基层文化志愿服务活动项目。

- 2016 年 3 月，文化部、中央文明办发布《2016"阳光工程"——中西部农村文化志愿服务行动工作方案》的通知，将在中西部 22 个省（区、市）和新疆生产建设兵团招募 1200 名农村文化志愿者，配备到 1200 个行政村，开展为期一年的文化志愿服务，以充分发挥文化志愿者在村级公共文化建设方面的积极作用。

- 2016 年 7 月 18 日，文化部印发了《文化志愿服务管理办法》，共 6 章 28 条。《文化志愿服务管理办法》对文化志愿服务的意义、文化志愿者概念、文化志愿者的权利与义务、文化志愿服务的范围、文化志愿服务的激励和保障等方面进行了明确的规定，对于文化志愿服务的制度化、规范化具有重要的意义。

- 2016 年 7 月 21 日，全国文化志愿服务工作现场经验交流会在广东召开，全面总结 2011 年以来文化志愿服务工作成果，部署"十三五"时期文化志愿服务工作。

- 2016 年 8 月 30 日，中共中央总书记国家主席中央军委主席中央全面深化改革领导小组组长习近平主持召开中央全面深化改革领导小组第二十七次会议并发表重要讲话。会议审议通过了《关于公共文化设施开展学雷锋志愿服务的实施意见》。会议强调，公共文化设施开展学雷锋志愿服务，要以培育和践行社会主义核心价值观满足人民群众日益增长的精神文化需求为出发点，以公共图书馆、博物馆、文化馆、美术馆、科技馆和革命纪念馆为平台，稳步推进公共文化设施志愿服务站点建设，广泛吸引志愿者参与文化志愿服务，发展壮大学雷锋志愿服务队伍，加强志愿服务保障和支持。

- 2016 年 11 月 29 日，中国文化馆协会文化志愿服务委员会在广东省文化馆正式成立。

- 2016 年 11 月，首部《文化志愿服务蓝皮书：中国文化志愿服务发展报告》正式出版。该书全面系统地展现 2010~2015 年以来中国文化服务事业发展的历史过程、成就、问题以及发展趋势，以文化志愿服务的视角阐述我国现代公共文化服务体系建设，为新形势下做好公共文化服务提供权威、系统、全面的文化志愿服务资料。

- 2016 年 12 月 4 日，中央宣传部、中央文明办等七部门联合印发《关于公共文化设施开展学雷锋志愿服务的实施意见》，提出到 2020 年基本建成公共文化设施志愿服务组织体系、志愿服务项目体系和志愿服务管理制度体系。同时公布了公共文化设施开展学雷锋志愿服务首批 61 个示范单位。

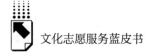

• 2016 年 12 月 22 日，文化部办公厅公布 2016 年文化志愿服务典型名单，共有 59 个"春雨工程"和"大地情深"示范活动典型案例，100 个基层文化志愿服务活动典型案例，52 个文化志愿服务团队，59 名文化志愿服务个人入选。

• 2016 年 12 月 25 日，全国人大常委会通过《公共文化服务保障法》。《公共文化服务保障法》提出公共文化服务单位必须结合各自的文化服务职能，组织开展各种形式的文化志愿服务活动，解决公众日益增长的精神文化需求与公共文化服务人员有限的矛盾。《公共文化服务保障法》的出台，有利于推进文化志愿服务的法制化、制度化。

• 2017 年 2 月 23 日，文化部发布《文化部"十三五"时期文化发展改革规划》，提出"推进文化志愿服务，建立和完善文化志愿者注册招募、服务记录、管理评价和激励保障机制，提高文化志愿服务规范化、专业化和社会化水平"。提出实施全国文化志愿服务行动计划，"每年实施 100 个左右具有示范意义的志愿服务项目，培育文化志愿服务品牌。实施'阳光工程'——中西部地区农村文化志愿服务行动计划。建立健全各级文化志愿服务组织，壮大文化志愿者队伍，加强分级分类管理和培训"。

• 2017 年 7 月 19 日，2017 年"阳光工程"——中西部农村文化志愿服务行动计划工作座谈会在日照举行。文化部、中央文明办推出了 10 个省级项目办、25 个地市级或县级项目办、50 名农村文化志愿者作为 2016 年"阳光工程"典型进行了表彰。

• 2017 年 10 月 23～26 日，全国文化志愿服务工作培训班在广东省中山市举办，来自全国副省级以上文化馆（群艺馆）文化志愿服务工作业务骨干、广东省的文化志愿服务工作人员共 150 余人参加了此次培训学习。

• 2017 年 11 月 4 日，第十二届全国人民代表大会常务委员会第三十次会议通过了《中华人民共和国公共图书馆法》，明确提出"国家鼓励公民参与公共图书馆志愿服务。县级以上人民政府文化主管部门应当对公共图书馆志愿服务给予必要的指导和支持"，肯定了文化志愿服务对公共图书馆事业发展的作用。

● 2017 年 11 月 8 日，中国古籍保护协会古籍保护志愿服务专业委员会暨文化志愿者联合会成立。

● 2017 年 11 月 30 日，在安徽省马鞍山市举行的中国文化馆年会上，举办了由文化部公共文化司主办、广东省深圳市文化馆承办的 2017 年全国文化馆文化志愿服务项目展示活动。北京、辽宁、上海等地的 10 个优秀文化志愿服务项目进行了现场展示。

● 2018 年 3 月 15 日，文化部办公厅下发了《关于公布 2017 年文化志愿服务典型名单的通知》，44 个"春雨工程"和"大地情深"示范活动典型案例，62 个基层文化志愿服务活动典型案例，53 个基层文化志愿服务典型团队，67 名文化志愿服务典型个人入选典型。

● 2018 年 4 月，由中央宣传部、中央文明办等十五部门组织开展的 2017 年宣传推选学雷锋志愿服务"四个 100"先进典型名单公布，天津师范大学文学院副教授、中国古籍保护协会文化志愿者联合会志愿者石祥、辽宁省图书馆文化志愿者团队志愿者宁家宇、广东省"第一人称"残智障人士艺术服务中心志愿者李振华等 3 人被评为"最美志愿者"；湖南省文化志愿服务总队、中国国家交响乐团"金管银弦"文化志愿者服务团队、重庆图书馆志愿者协会被评为"最佳志愿服务组织"；中华古籍普查文化志愿服务行动项目、"美丽乡村　文化先行"——宁夏贫困地区农村文化志愿服务活动项目、北京市西城区第一文化馆"温馨影院"志愿服务项目被评为"最佳志愿服务项目"。

● 2018 年 5 月，文化和旅游部、中央文明办印发《2018 年"阳光工程"——中西部农村文化志愿服务行动计划工作安排》，2018 年将继续实施中西部地区农村文化志愿服务行动计划，将招募 1471 名"阳光工程"志愿者深入 600 个贫困村和 871 个乡村学校少年宫开展文化志愿服务。

● 2018 年 5 月 23 日，文化和旅游部、中央文明办印发《关于开展 2018 年文化志愿服务工作的通知》，对开展 2018 年文化志愿服务工作做出部署。《通知》着重对 10 项工作任务进行部署，包括"春雨工程"——全国文化志愿者边疆行活动、"阳光工程"——中西部农村文化志愿服务行动

计划、公共图书馆志愿服务活动、文化馆（站）志愿服务活动、博物馆志愿服务活动、美术馆志愿服务活动、关爱重点群体文化志愿服务活动、节日纪念日文化志愿服务活动、企业文化志愿服务活动和乡镇、村学校文化志愿服务活动。

● 2018 年 7 月 4 日，文化和旅游部公共文化司下发《关于做好 2018 年文化志愿服务项目实施工作的通知》，公布了 2018 年实施的 142 个"春雨工程"——文化志愿者边疆行项目以及 1471 名"阳光工程"文化志愿者名单。

● 2018 年 8 月，中央文明办、文化和旅游部公共文化司发布《关于实施"圆梦工程"——农村未成年人文化志愿服务计划》。2018 年"圆梦工程"共分配中西部 22 省及新疆生产建设兵团文化志愿者 610 人，招募乡村学校少年宫文化志愿者，开展为期一年的文化志愿服务。

● 2018 年 9 月 27 日，2018 年中国文化馆年会在四川省成都市开幕。年会上举行了"2018 年全国文化馆文化志愿服务工作论坛"，全国 10 个文化志愿服务的优秀品牌案例进行了展示。这些案例立足群众需求，结合地方实际，着眼文化民生，通过创新载体、培育品牌、扩展领域，打通公共文化服务"最后一公里"，使公共文化服务惠及到民，便利于民。

B.33
作者列表

总报告、分报告、地方篇和机构篇作者

B1　良警宇，中央民族大学教授，国家公共文化服务体系建设专家委员会委员，中国社会学会城市社会学专业委员会副会长。

B2　王筱雯，辽宁省图书馆馆长、研究馆员，辽宁省图书馆学会理事长；王天泥，辽宁省图书馆馆员。

B3　王惠君，广东省文化馆馆长、研究馆员，广东省非物质文化遗产保护中心主任、中国文化馆协会文化志愿服务委员会主任；邓芸芸，广东省文化馆团队部副主任、馆员，中国文化馆协会文化志愿服务委员会委员兼秘书长；杨伟庆，广东省文化馆团队部主任、馆员，中国文化馆协会文化志愿服务委员会委员。

B4　陈雯鸶，中国国家博物馆社会教育宣传部馆员，公共教育工作室志愿者管理工作负责人。

B5　杨应时，中国美术馆公共教育部副主任；庞桂馨，中国美术馆公共教育部副主任；张帆，中国美术馆公共教育部项目负责人；杨兰亭，中国美术馆公共教育部项目负责人；文航，中国美术馆公共教育部项目负责人。

B6　刘惠平，中国古籍保护协会会长、研究馆员；梁爱民，中国古籍保护协会秘书长、副研究馆员；吕婷婷，国家图书馆中国古籍保护协会秘书长、馆员。

B14　舒阳，深圳市文化馆事业发展部部长，深圳市文化志愿服务总队秘书长。

B15　果美侠，故宫博物院宣传教育部副主任、研究馆员。

B16　宣艺瑶，国家图书馆馆员。

B17　杨丹丹，首都博物馆馆长助理兼宣教部主任、副研究馆员。

B18　陈娟，厦门市文化馆馆长；苏华琦，厦门市文化馆副馆长；鄢新艳，厦门市文化馆调研部干部；庄红伟，厦门市文化馆文化志愿者站长。

B19　沈海涵，温州市文化馆馆员。

专题研借鉴篇作者

B24、B25、B28　郭宇坤、辛媛媛，中央民族大学博士生；刘洋、王书洁，中央民族大学研究生。

B26　闻瑶，江苏省淮阴工学院讲师，中央民族大学博士生。

B29　王鲲，北京外国语大学法语语言文化学院副院长，教育部中法人文交流研究中心负责人。

B30　赵菁，中国国家博物馆培训部副研究馆员。

B23、B27、B31　良警宇，中央民族大学教授；刘继文、毛鑫、杨江浩，中央民族大学研究生。

B.34
后 记

　　2016 年出版的《中国文化志愿服务发展报告（2016）》首次梳理和展现了我国文化志愿服务在 2010~2015 年的发展状况。承接第一部蓝皮书的时序和基本框架，本书全面、系统地介绍了我国文化志愿服务在 2016 年以来的发展成就、问题以及发展趋势，继续以《文化志愿服务蓝皮书》为平台梳理和记录文化志愿服务事业的发展过程，分析中国文化志愿服务发展的实践特征与发展模式，探讨文化志愿服务发展的理论和政策，为我国文化志愿服务实践提供参考，并以文化志愿服务的视角观察我国现代公共文化服务体系建设以及社会治理与服务创新实践的特点和趋势，为新形势下做好公共文化服务和社会建设工作提供系统全面的文化志愿服务资料。

　　全书由"总报告""分报告""地方篇""机构篇""项目篇""专题篇""借鉴篇"七个部分组成。"总报告"回顾了 2016 年以来文化志愿服务的发展历程，梳理了文化志愿服务发展取得的成就、存在的主要问题，展望了新时期我国文化志愿服务事业发展面临的机遇和发展趋势。"分报告"主要对我国公共图书馆、文化馆、博物馆、美术馆、古籍保护等主要领域的文化志愿服务整体发展状况进行了分析。"地方篇"对内蒙古自治区、宁夏回族自治区、广西壮族自治区、黑龙江省、贵州省、四川省、重庆市、深圳市等省、市、自治区的文化志愿服务发展状况进行了梳理和分析。"机构篇"分析了故宫博物院、国家图书馆、首都博物馆、厦门市文化馆（美术馆）、温州市非物质文化遗产馆等具有代表性的公共文化机构志愿服务的发展历程和制度建设等经验。"项目篇"对"春雨工程"——全国文化志愿者边疆行活动、"大地情深"——国家艺术院团志愿服务走基层活动以及全国基层文化志愿服务活动等文化志愿服务的典型品牌案例进行了介绍，以具体展现当

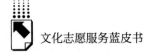

前文化志愿服务活动的实践特点和品牌建设特色。"专题篇"重点对图书馆、文化馆和博物馆微信公众号的信息传播状况进行了分析,对学界关于图书馆、文化馆和博物馆志愿服务的研究状况进行了专题研究。"借鉴篇"分别对法国、美国和日本文化志愿服务发展经验进行了介绍与分析。附录中的"大事记"记录了2016年以来我国大力发展文化志愿服务的重要事件。

与第一本蓝皮书相比,本书在承接《中国文化志愿服务发展报告(2016)》原有基本结构和体例的基础上,对相关内容和名称进行了调整和规范:首先,将原来"专题研究报告"汇集的内容归类,并形成了新的"分报告""机构篇""专题篇"三个部分,以更全面反映当前文化志愿服务发展的重要领域和发展状况;其次,以"篇"对各个部分的名称进行统一,将"地方发展报告""项目品牌案例""中国港澳台和国外发展经验"改为"地方篇""项目篇""借鉴篇",增强了系统性和规范性。

文化和旅游部公共服务司、国家公共文化服务体系建设专家委员会对本研究给予了有力指导和帮助。为本书提供稿件和予以协助的各地政府、文化厅局、公共文化机构以及高校和科研机构、社会科学文献出版社等单位和个人,都为成果完成付出了辛勤的劳动。

Abstract

This book comprehensively and systematically shows the development of Chinese cultural volunteer service since 2016, analyzes the practical characteristics, development models and development trends of Chinese cultural volunteer service development, and discusses the theories and policies of cultural volunteer service.

The book consists of seven parts: "General Report" "Supporting Reports" "Reports on Local Development" "Reports on Public Cultural Institutions" "Reports on Projects" "Reports on Special Subjects" and "Reports on Foreign Countries' Volunteering ". The "General Report" shows the achievements and problems of the development of Chinese cultural volunteer service since 2016, and looks ahead to the development opportunities and trends of China's cultural volunteer service in the new era. The "Supporting Reports" analyzes the status quo of cultural volunteer service development in important areas of China. The "Reports on Local Development" combs and analyzes the current situation of the development of cultural volunteer service in various regions. The "Reports on Public Cultural Institutions " presents the development characteristics and experiences of volunteering services in public cultural institutions. The "Reports on Projects" introduces the typical brand cases of "Spring Rain Project" – the National Cultural Volunteers' Going to the Frontiers , "Love to the Earth" – the Volunteer Services of National Arts Troupes Going to Grassroots, and the Cultural Volunteer Service Activities of Grassroots in China. The "Reports on Special Subjects" analyzes the information dissemination and academic research status of WeChat public accounts of the provincial libraries, cultural centers and museums. "Reports on Foreign Countries' Volunteering " analyzes the experiences of French, American and Japanese cultural volunteer services. The "Memorabilia" in Appendix records the important events of cultural volunteer service in China between 2016 and 2018.

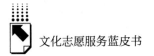

This report proposes that China's cultural volunteer service industry, as an important part of the construction of volunteer service and modern public cultural service system, has made significant achievements between 2016 and 2018 in the context of comprehensive and deepening reform : the development of cultural volunteer service has been integrated into the overall deployment of national deepening reform and the important contents of the national and local "13th Five-Year Plan" for cultural development. The social environment for the development has been fundamentally improved, and the foundation of the rule of law has been consolidated. Cultural volunteer service has made remarkable achievements in institutional norms construction, organizational networks and talent teams development, activity brands building, service fields expansion and forms innovation, volunteers management and training, etc.. Active explorations have been carried out in social developments and informational constructions. The researches on the practices and theories of cultural volunteer service have also been promoted.

However, due to historical and realistic factors, there are still lots of problems, such as the uneven developments among regions, social groups and classes, the problems of informational platform constructions and networks connectivity, the implementation of management rules and the service norms, the improvement of incentive measures, the development of social organizations and diversification, the improvement of theoretical research level etc.. Under the national strategies and development opportunities of comprehensively constructing the modern public cultural service system, implementing cultural precision and benefiting the people, inheriting excellent traditional culture and protecting intangible cultural heritages, promoting "the Belt and Road" initiative and Chinese culture to go out, realizing rural revitalization and promoting the integration of culture and tourism, cultural volunteer services also presents new development trends and development tasks.

Contents

I General Report

Abstract: Under the background of comprehensive and deepening reform, as an important part of the construction of volunteer service and modern public cultural service system, China's cultural volunteer service industry has made significant achievements between 2016 and 2018: the development of cultural volunteer service has been integrated into the overall deployment of national deepening reform and the important contents of the national and local "13th Five-Year Plan" for cultural development. The social environment for the development has been fundamentally improved, and the foundation of the rule by law has been consolidated. Cultural volunteer service has made great achievements in construction of institutional norms, development of organizational networks and talent teams, activity brands building, service fields expansion and forms innovation, volunteers management and training, etc.. Active explorations have been carried out in socialized developments and information constructions. The researches on the practices and theories of cultural volunteer service have also been promoted.

However, due to historical and realistic factors, there are still lots of problems, such as the uneven developments among regions, social groups and classes, the problems of informational platform constructions and networks connectivity, the implementation of management rules and service norms, the improvement of incentive measures, the development of social organizations and diversification, the improvement of theoretical research level etc.. Under the national strategies and development opportunities of comprehensively constructing the modern public cultural service system, implementing cultural precision and benefiting the people, inheriting excellent traditional culture and protecting intangible cultural heritages, promoting "the Belt and Road" initiative and Chinese culture to go out, realizing rural revitalization and promoting the integration of culture and tourism, cultural volunteer services also presents new development trends and development tasks.

Keywords: China; Cultural Volunteer Service; Development Process and Trend

II   Supporting Reports

B. 2   The Analysis on the Development of Voluntary Service
of Public Libraries in China   / 030

Abstract: Since 2016, the cultural volunteer service of public libraries in China developed rapidly. From the view of the development of construction progress, management systems at all levels have been introduced intensively, organizational construction and service activities have been carried out extensively and academic research results have been enriched. From the perspective of construction achievements, the cultural volunteer service teams and the service networks have been further expanded, and the service work has been widely recognized by the society and the government of Public libraries. The successful exploration of many libraries in volunteer management, service activity planning and service brand operation has provided a useful reference for the development of voluntary service in public libraries. The cultural voluntary service of public libraries in China will show a more institutionalized and standardized management, more normalized and specialized content, and a transformation of service mode from offline mode to "internet plus" mode.

Keywords: Public Library; Cultural Volunteer Service; Development Process

B. 3   The Analysis on the Development of Cultural Volunteer Service

of Cultural Centers in China   / 043

Abstract: Cultural center voluntary service is an essential component of cultural volunteer services. According to the requirements of the Ministry of Culture and related ministries, public cultural facilities like cultural centers carried out cultural voluntary services, and provided people with a large amount of daily local cultural voluntary services across the country. In recent years, the ranks of cultural center voluntary service grew larger, standardized management was furtherly intensified, pushed forward the standardization of recruitment and registration system of cultural centers, explored and established innovational organization and management patterns of culture voluntary services, established cultural volunteer service committee which belongs to Chinese cultural center association; continuously polished the brand of cultural volunteer service project, expanded service content of cultural voluntary services, intensified training of volunteering personnel, and theoretical studies began to attract attention. However, facing the problems during the developments, for example, management mechanism is not perfect, regional level is not balanced, social participation is not enough, we will need to promote the all-round development of cultural voluntary services in China through methods like perfecting the top-level design, strengthening the network, playing exemplary roles, and improving the incentive mechanisms.

Keywords: Cultural Center; Cultural Volunteer Service; Development Progress

B. 4   The Analysis on the Development Status of Volunteer

Service and Incentive Mechanism of Chinese Museums   / 055

Abstract: Based on researches aiming at volunteer teams in 5 museums, this paper studies on museum volunteers' essential feature, incentives, motivation and satisfaction in many ways. The study finds out that, on the whole, volunteers are in a high degree of satisfaction on the environment and the chance to learn and train in the museum; and they are positive towards improving abilities and public-spirited. Recently, most museums use "hard incentives" in voluntary work, which helps to create many professional, stable and efficient volunteer teams. However, it also has limitations. The incentive mechanism needs to be improved in creating a more unhindered communication access and a better platform for volunteers to express their emotions.

Keywords: Museum; Volunteering; Incentive Mechanism

B. 5   The Analysis on the Development of Volunteer Service of Art Museums in China   / 072

Abstract: Based on the investigation of the present situation of cultural volunteer service in art galleries in Beijing, Chongqing, Shanghai and Sichuan province, this paper analyzes the current development and existing problems of cultural volunteer service in art galleries. And puts forward the need to deepen the understanding of cultural volunteer service in art galleries, and improve the level of cultural volunteer service in art galleries. Actively promoting the specialization, humanization and modernization of cultural volunteer service management, and improving the security system, the level of theoretical research. Perfecting the incentive mechanism, optimizing the general environment of cultural volunteer service, and creating a new situation of future-oriented and innovative cultural volunteer service. It also promote the construction of digital, information and intelligent platforms.

Keywords: Art gallery; Cultural Volunteer Service; Development

Abstract: In recent years, the activities of protection of ancient books has continued to move forward to the era of public participation. Cultural volunteer service organized by Ancient Books Preservation and Conservation Association of China has effectively promoted the process of nationwide census of ancient books. It also makes the activities of protection of ancient books and the idea of social participation more accessible to the general public and advocates the sense of responsibility among young students. This article summarizes the favorable experiences suchas taking Association as an organizational platform, strengthen the organizational leadership, standardizes management, innovatesing implementation methods and paysing attention to propaganda and so on.

Keywords: Ancient Books Protection of China; Cultural Volunteer Service; Development

Ⅲ   Reports on Local Development

Abstract: In 2016, Inner Mongolia Autonomous Region took strengthening team building as the basic point to shape a high-quality service team, in combination with its own practice of cultural volunteer service. Inner Mongolia Autonomous Region established the Inner Mongolia Cultural Volunteer Corps, which is composed of the autonomous region's cultural volunteer service team and the region's 12 leagues and cities. With demonstration activities as its starting point, it has carried out various cultural volunteer service activities. These teams and activities promoted the spirit of cultural volunteer service, and improved long-term working and activity mechanism for cultural volunteer service, thus promoted the prosperity and development of the region's cultural undertakings. The autonomous region will continue to strengthen team building, cultivate and build cultural volunteer service brands, improve the online registration and management platform for cultural volunteers, innovate working methods, and further promote the standardization, institutionalization and normalization of cultural volunteer service in Inner Mongolia.

Keywords: Inner Mongolia Autonomous Region; Cultural Volunteer Service; Development

B. 8　Report on the Development of Cultural Volunteer Service in Ningxia Hui Autonomous Region　　/ 123

Abstract: The Ningxia Hui Autonomous Region has incorporated cultural volunteer service into the construction of public cultural service system. By standardizing management, improving organization and expanding ranks, the Ningxia Hui Autonomous Region has consolidated the foundation of cultural volunteer service. Taking " Walking in the grassroots and Planting culture" as the main contents, three demonstration activities have been implemented in depth. Taking " Rooted in the Grassroots, Serving the Masses" as the main content, nine theme grassroots cultural volunteer service activities have been carried out extensively. The level and efficiency of volunteer service is improved by constantly innovating service forms, enriching service contents and introducing internal links. Public cultural service is equalized by serving the grassroots and special groups. In view of the problems faced by Ningxia at present, such as unbalanced regional development, imperfect organization of cultural volunteer service in some cities and counties, imperfect guarantee and incentive mechanism and so on, Ningxia will focus on four key tasks in the future to promote the normalization, standardization and socialization of cultural voluntary service. team construction, demonstration project guidance, thematic voluntary service, and improvement of guarantee and incentive mechanism.

Keywords: Ningxia Hui Autonomous Region; Cultural Volunteer Service; Development

B. 9   Report on the Development of Cultural Volunteer

Service in Guangxi Zhuang Autonomous Region   / 131

Abstract: The Guangxi takes the national demonstration activities as a guide to boost the development strategy of Guangxi's ethnic culture area and China's cultural power. In order to promote the full popularization of culture benefiting the people, Guangxi takes the improvement of cultural volunteers network and the cultural volunteer service system as the starting point. Through strengthening the cultural volunteer service brand activities, Guangxi has the highlight of the characteristics, and has served the grassroots by integrating cultural resources. Besides, Guangxi has made good achievements in promoting en hanced the development of rural cultural volunteer service relying on the demonstration areaes creation. In the next step, Guangxi will continue to focus on the national demonstration activities, promote innovation in the contents and forms of cultural volunteer service, improve the quality of cultural volunteer service projects, strengthen social influence, improve and perfect the cultural volunteer service mechanism, expand the cultural volunteer team and improve the service quality and efficiency.

Keywords: Guangxi Zhuang Autonomous Region; Cultural Volunteer Service; Development

B. 10   Report on the Development of Cultural Volunteer

Service in Heilongjiang Province   / 139

Abstract: Heilongjiang Province regards cultural volunteer service as an important force in building a public cultural service system and an effective way to

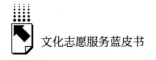
文化志愿服务蓝皮书

flourish and develop urban and rural grass-roots culture. Heilongjiang explores and promotes cultural volunteer service actively, pays special attention to organization and leadership by strengthening top-level design, and focuses on promoting the construction of cultural volunteer teams. Heilongjiang does a good job in the organization of activities and actively promote the development of cultural volunteer services relying on the overall deployment; using the digital platform, do well in standardized management and promote the efficient operation of the volunteer teams; forming a series of organizational, operational security and service mechanisms of cultural volunteer service; giving full play to the positive role of cultural volunteers in mass cultural and sports activities; promoting the spirit of voluntary service and enriching the cultural life of the grassroots.

Keywords: Heilongjiang Province; Cultural Volunteer Service; Development

B. 11 Report on the Development of Cultural Volunteer Service in Guizhou Province / 145

Abstract: Guizhou Province vigorously promotes the notion of notion volunteer service and actively builds cultural volunteer teams. During the "12th Five-Year Plan" period, in conjunction with the establishment of the National Public Cultural Service System Demonstration Zone (project), through the guidance of public opinion, organization promotion, service brands and contents building, Guizhou actively explores the cultural volunteer service mechanism and establishes provincial, city (state), county (city, district) level's cultural volunteer service teams, organizes a series of grassroots cultural volunteer service activities, and fosRoots a group of cultural volunteer service teams rooted in grassroots, which greatly enriched the spiritual and cultural life of the people.

Keywords: Guizhou Province; Cultural Volunteer Service; Development

B. 12　Report on the Development of Cultural Volunteer

Service in Sichuan Province　　　　　　　　　　/ 153

Abstract: Sichuan Province carries out cultural volunteer service as an important part of building a modern public cultural service system. As the main content of building a cultural well-off and the main means of cultural precision and poverty alleviation, the province will continue to improve the cultural volunteer service management mechanism and build a network of volunteer service organizations, strengthen the management of volunteer service standards, promote the construction of digital platforms, conduct cultural volunteer service education and training, carry out national demonstration cultural volunteer service activities, continue to carry out grassroots cultural volunteer service activities, and promote the institutionalization and normalization of cultural volunteer services. Sichuan Province actively organizes various forms of cultural volunteer service activities such as "Han and Tibetan Cultural Exchange" and "Cultural Poverty Alleviation and Helping Village Action" according to its own reality. The social influence of volunteer service has contributed to the great development of the province's public cultural undertakings.

Keywords: Sichuan Province; Cultural Volunteer Service; Development

B. 13　Report on the Development of Cultural Volunteer

Service in Chongqing　　　　　　　　　　　/ 161

Abstract: Chongqing takes the promotion of cultural volunteer service as an important part of strengthening the construction of public cultural service system. It is an effective means to develop urban and rural grass-roots culture and promote the construction of grass-roots cultural team. Through internal training and external introduction, Chongqing has initially formed a cultural volunteer service project, district and county village (community) volunteer service station, and district

文化志愿服务蓝皮书

（county）level civilized units to coordinate and cooperate with a wide range of three-dimensional, multi-dimensional volunteer service pattern. The teams and scale of cultural volunteers have been continuously expanded. The cultural volunteer service work in chongqing has developed from the cultural system personnel as the main body to the mass practice activities jointly participated by the administrative region. It is the first province in the country to build a unified public cultural service Internet platform to meet the basic cultural needs of the broad masses of the people, innovative culture volunteer service model, which has promoted the new development of Chongqing's cultural volunteer service.

Keywords: Chongqing; Cultural Volunteer Service; Development

B. 14　Report on the Development of Cultural Volunteer

Service in Shenzhen　　　　　　　　　　　/ 169

Abstract: With the proposed and successful completion of the "City of Volunteers" in Shenzhen, the cultural volunteer service in Shenzhen has also shown a vigorous development trend. Shenzhen insists on the construction of cultural volunteer service as an important starting point for mobilizing social forces to invest in the construction of public cultural service system, and constantly improving the scientific, standardized and professional level of cultural volunteer service. The public welfare cultural service provided by cultural volunteers has become important components of Shenzhen's "cultural strong city" construction. Cultural volunteers have also become an important force and a new force in Shenzhen's public cultural services. Clarify the connotation of cultural volunteer service, rationalize the demand relationship between cultural volunteers, cultural managers and social beneficiaries, and pay attention to the guarantee of cultural volunteer service are important experiences to ensure Shenzhen's standardization and normalization of cultural volunteer service.

Keywords: Shenzhen; Cultural Volunteer Service; Development

414

Ⅳ Reports on Public Cultural Institutions

B. 15 The Development Course and Experience of Culture

Volunteer Services at the Palace Museum / 180

Abstract: As one of the earliest institutions providing volunteer services, the Palace Museum has a leading position in the organization and management of volunteers among museums nationwide. The Palace Museum has long been committed to standardizing the management of volunteers, improving personnel stability and team structure, and providing quality culture services for the public. Thanks to over a decade of exploration and practice, the Palace Museum has formed complete systems for managing and regulating culture volunteer services. In team building, the scientific and reasonable recruitment, training and assessment of volunteers have been achieved by clarifying volunteers' missions and responsibilities. In organization, a highly efficient and coordinated three-level volunteer management system has been set up and running. In system construction, four aspects, namely certificate management, systematic management, assessment management and incentive management, have been well institutionalized, which ensures smooth operation of volunteer services and promotes the volunteers' sense of honor and purpose.

Keywords: the Palace Museum; Volunteer Services; Management System

B. 16 The Development History and Experience of Cultural

Volunteer Service of National Library of China / 198

Abstract: Based on its own functional orientation, the combination of volunteer service spirit, library spirit and National Library of China spirit, a volunteer team with internal volunteers who works in the library as the core and

415

volunteers outside the library as the supplement is gradually established according to cultural volunteer service of National Library of China. Cultural volunteer service of National Library of China takes leading cadres of the leading Party group, focuses on system construction, takes business needs as the core, gives full play to the advantages of literature collection resources, fully relies on the "Spring Rain Project-National Cultural Volunteer Frontier Campaign" activity, actively explores a new mode of work, and gradually establishes a working chain of leadership of the Library's Party Committee and cooperation of various departments and groups. Under the new situation, cultural volunteer service of National Library of China will further consolidate the management system. The library will optimize the cultural volunteer service system expand the scope of volunteer service, and strive to build a standardized, information-based and diversified volunteer service brand with national library of China, characteristics, professional expertise and library characteristics.

Keywords: National Library of China; Cultural Volunteer Service; Development Course

B. 17 The Development Course and Experience of Cultural Volunteer Service of the Capital Museum / 213

Abstract: Founded in the 1990s, The Capital Museum volunteer team is one of the earliest volunteer teams in China. The Capital Museum combines its own positioning and the needs of the public and accurately recruit the volunteer with required competence to ensure the quality, event management and excellent service state of the volunteer team; taking the initiative with an open-minded and pioneering perspective, The Capital Museum volunteer team aims at building a well-performed interactive platform for volunteers, the museum itself and the public, in which the participants can gain opportunities to grow, develop and dig out their own potentials and values. Therefore this platform realized the efficient operation and sound development of the volunteer team, and further achieved a high-level of reputation in the society.

Keywords: The Capital Museum; Cultural Volunteer Service; System Construction

B. 18   The Development Course and Experience of Cultural

Volunteer Service in Xiamen Culture Service   / 225

Abstract: The cultural volunteer service work of Xiamen Cultural Service started in 2003 with the aim of "adhering to the public welfare and benefiting the people in culture", carrying out art training and counseling, art performance and creation, art exhibition and collection, non-genetic inheritance and protection for the people, establishing volunteer service stations to strengthen the management of cultural volunteer service and promote service activities, and forming influential activity teams and brand projects such as Xiamen Youth National Orchestra, intangible cultural heritage exhibition groups, art caravans, etc. The City Cultural Center played a leading role in uniting all the District Cultural Centers to form cultural center with cultural volunteer service alliance of Xiamen and its own districts, and made full use of the new media platform to create the Xiamen Digital Cultural Center joint network and cultural volunteer cloud service platform, providing technical support and platform for the management, exchange and supply-demand docking of cultural volunteer service.

Keywords: Xiamen; Cultural Center; Cultural Volunteer Service

文化志愿服务蓝皮书

B. 19　The Development Course and Experience of Volunteer

　　　Service in Wenzhou Intangible Cultural Heritage Museum

/ 239

Abstract: With the vigorous development of volunteer service for non-heritage culture in Wenzhou, relying on the Wenzhou Intangible Cultural Heritage Museum. Non-heritage protection volunteers have participated in and assumed the service of protecting, inheriting and innovating non-heritage culture. Since the opening of Wenzhou Intangible Cultural Heritage Museum in 2012, it has experienced the development from "youth volunteers" to "social volunteers" to "small volunteers" service projects, and explored the management experience for different teams. Relying on the Wenzhou Intangible Cultural Heritage Volunteer Association established by the Intangible Cultural Heritage Museum in 2014, Wenzhou's intangible cultural heritage volunteer service has been steadily moving towards standardization, institutionalization and socialization. Under the new situation, The Museum should further promote the formation of a scientific and systematic management mode, strengthen volunteer education and training, and improve the service incentive and assessment mechanism to promote the sustainable development of Wenzhou's non-heritage protection work.

Keywords: Wenzhou; Intangible Cultural Heritage Museum; Volunteer Service

V　Reports on Projects

B. 20　"Spring Rain Project" —the Typical Cases of National

　　　Cultural Volunteers Going to the Frontier　　　/ 251

Abstract: The Ministry of Culture and the Central Civilization Office jointly organized the activities of "Spring Rain Project" —the National Cultural Volunteers Going to the Frontier in 2010, which has become a platform for horizontal cultural exchanges between inland and frontier areas, and among the ethnic areas, the old revolutionary areas and the poor areas in China and has produced a number of excellent typical cases. Eight typical cases of "Spring Rain Project" are chosen to show the experiences and effectiveness of the activities in this article.

Keywords: Spring Rain Project; Cultural volunteers; Going to the Frontier; Typical Cases

Abstract: The Ministry of Culture and the Central Civilization Office launched the "Love to the Earth Project" —Volunteer Services of National Arts Troupes Going to Grassroots in 2013. The activities take the cities of national demonstration areas and demonstration projects of public cultural service system as the main service areas. The national art troupes have been organized to introduce high arts into the public cultural domain and have increased the supply of public cultural products to grassroots. Four typical cases from the China National Peking Opera Company, China National Symphony Orchestra and China Railway Art Troup are chosen to show the experiences and effectiveness of activities in this article.

Keywords: Love to the Earth Project; National Arts Troupes; Going to Grassroots; Typical Cases

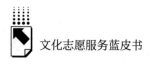

文化志愿服务蓝皮书

Abstract: The Ministry of Culture and the Central Civilization Office launched the culture volunteer service activities of grassroots in 2013. Taking the "Rooted in the Grassroots, Serving the Masses" as the main contents, it has formed a group of extensive social influence brands and smoothed the social forces to participated in cultural volunteer services. This paper introduces nine typical cases from Beijing, Shanghai, the provinces of Henan, Sichuan, Guangdong, Guizhou, Shanxi and China National Symphony Orchestra to show the experiences and effectiveness of the cultural volunteer service activities of grassroots in China.

Keywords: Cultural Volunteer Service; Activities of Grassroots; Typical Cases

VI Reports on Special Subjects

Abstract: According to analysis of released information of WeChat official accounts of 31 Provincial Libraries, it can be found that provincial public libraries have begun to pay attention to the release of volunteer service information and have enhanced their influence through this self-media platform presently. However most failed to fully present the development of volunteer service activities, forms and contents of information release are relatively simple, many information does not clearly distinguish services between cultural volunteer services and library staff services, and there is a big difference between the eastern and the central and western regions. In order to make WeChat official accounts function as a platform sharing volunteer service information and developing a digital service, it's necessary to combine the characteristics of this medium, further clarify the scope of volunteer service , enhance cultural volunteer service results display, enhance interaction with readers, promote libraries to make better use of WeChat platform to improve people's understanding of cultural volunteer service and attract more public participation in cultural volunteer service.

Keywords: Provincial Public Library; Cultural Volunteer Service; Information Dissemination; WeChat Public Account

B. 24 Information Dissemination of Cultural Volunteer Service in Chinese Cultural Centers

—An Analysis Based on the Released Information of WeChat Public Accounts of Provincial Cultural Centers / 306

Abstract: In recent years, the provincial-level cultural Centers have taken shape in the Progress of construction of public digital culture, which not only improves the depth and breadth of public cultural services, but also strengthens its influence. The WeChat public accounts has become increasingly a network position to disseminate cultural volunteer service information. The information dissemination of cultural volunteer service in various provincial cultures centers is gradually being modeled, institutionalized, and normalized, but it also faces many problems. It is necessary to further develop the WeChat public accounts function, highlight the characteristics of cultural volunteer service, and innovate the article pushing mode, show the effectiveness of cultural volunteer service activities, etc. to promote the dissemination and promotion of cultural volunteer service information in various provincial cultural Centers in China.

Keywords: Provincial Cultural Center; Cultural Volunteer Service; Information Dissemination; WeChat Public Accounts

B. 25   Information Dissemination of Cultural Volunteer
Service in Museums in China
— *An Analysis Based on Released Information of WeChat*
Official Accounts of Provincial Museums（Institutes）   ／315

Abstract：Based on statistical analysis of relevant Released Information of
WeChat Official Accounts of Provincial Museums（Institutes）, this paper finds
that WeChat Public Accounts have become the information carrier and
management tool of cultural volunteer services in various provinces, reflecting the
development characteristics of cultural volunteer services in various provinces, such
as brand leadership, prominent features and high attention. However this paper also
find some problems such as the development of functions to be deepened, the
promotion of contents to be deepened and the interaction effect to be
strengthened. It is suggested that the public accounts of each provincial blog and
WeChat should innovate the online promotion and resource integration mode of
museum cultural volunteer service by deepening the function development,
improving the push content of cultural volunteer service and mobilizing the
enthusiasm of subscription users for online interaction.

Keywords：Provincial Museum；Culture Volunteer Service；Information
Dissemination；WeChat Public Accounts

B. 26   The Research Situation of Cultural Volunteer Service
of Library in China
— *An Analysis Based on the Literature of CNKI*
from 2010 to 2017   ／324

Abstract：According to the analysis of the literature achievements of journals
collected China National Knowledge Infrastructure（CNKI）from 2010 to 2017,
it can be seen that the existing achievements are mostly concentrated on the eastern

region of China, and the research results on the central and western regions are less. From the point of view of the research theme, most of them focus on the construction of the cultural service system of the public libraries in various provinces and cities. From the perspective of research, most of them mainly discuss the improvement and development path of volunteer service management practice from the perspective of experience. In terms of research methods, some researches use qualitative methods, such as interviews, documentary research and other qualitative methods, some get results on the basis of questionnaire data and big data. From the sources of researchers, the majority of researchers are from the university library or public library. From the time point of view, the largest number of research results is in 2017 which is the fastest growing time.

Keywords: Provincial Public Libraries; Cultural Volunteer Service; Research Situation; China National Knowledge Infrastructure

B. 27　The Research Situation of Cultural Volunteer Service
of Cultural Centers in China
—*An Analysis Based on the Literature of CNKI*
from 2010 to 2017　　　　　　　　　　　　　/ 339

Abstract: By examining the relevant research results of literature on the volunteer service of cultural centers in mainland China from 2010 to 2017 collected by China National Knowledge Infrastructure (CNKI), this paper found that there are few journal research articles in this field currently. Although Some papers deal with the volunteer services in cultural centers to be the theme of " cultural volunteer service", overall there are not many research results, the research depth is not enough, and the topics are not wide when compared with research on libraries and museums and with the practice of volunteer service in the cultural center. Current research results focus on five topics: construction of volunteer team of cultural centers; volunteer service situation and practice cases of cultural centers;

the important role of volunteer service of cultural centers; problems of the volunteer service of cultural centers and measures to promote the development of volunteer services of cultural centers. This paper advises that research on volunteer service of cultural centers should expand horizons, concerns and improve research method.

Keywords: Provincial Cultural Center; Cultural Volunteer Service; Research Situation; China National Knowledge Infrastructure

B. 28　Research Situations of Cultural Volunteer Service of
Museums in China
—*An Analysis Based on the Literature of CNKI
from 2010 to 2017*　　　　　　　　　　　/ 352

Abstract: This paper sorts out the related literature on volunteer service of museums in mainland China from 2010 to 2017 collected by China National Knowledge Infrastructure (CNKI), and it finds that the number of publications in this research field has increased year by year. The research perspective has begun to expand, and the depth and breadth of research contents have gradually increased. The existing research topics focus on the discussion and analysis of museum cultural volunteer service cases, the value and role of volunteer service, management system and incentive mechanism, existing problems and development countermeasures. In terms of methods, case analysis and contrastive analysis are emphasized, and the comprehensive application of qualitative and quantitative data has been promoted, and the research perspective has been further expanded. On the whole, however, it is necessary to further strengthen the standardization of research, the depth of analysis and the richness of cases.

Keywords: Provincial Museums; Cultural Volunteer Service; Research Situation; China National Knowledge Infrastructure

VII   Reports on Foreign Countries

Abstract: The volunteer service is relatively well developed in France amount European countries. A perfect legal system of voluntary service has been formed so that the country can create a joint effort from various levels, such as laws, regulations and public policies, tax policies and labor policies. These institutional network encourages people to participate in cultural volunteering activities in order to promote the development of French culture, improve the people's cultural living standards and stimulate their participation. The characteristics of French cultural volunteering can mainly be summered up as government encouragement, association support, institutional norms, people's participation and social benefits. In addition, France has useful legal stipulations on Voluntary Service concerning the holiday, public welfare, division of responsibilities, insurance, tax reduction, point-accumulation and recognition model.

Keywords: France; Cultural Volunteer Service; Development Experience

Abstract: Brooklyn museum volunteer program closely links to the museum mission. It aims to bring great arts and wonderful artistic experiences to the audiences. Brooklyn museum focuses on the professional development of their volunteer guides and it outlines the three key features of volunteer program—Art, Research, and Teaching as their core words. The Brooklyn Museum volunteer program seeks to lead the harmonious development of society. Through in-depth

pedagogical training, museum volunteer guides will develop further conversations around the cultural and art in the gallery. The Brooklyn museum also attaches great importance to the training of volunteer guides, reflecting the museum's respect for volunteers.

Keywords: Brooklyn Museum; Volunteer Program; Development experience

B. 31   Japan's Volunteer Service System and the Development of the Citizen's Public Hall

Abstract: Voluntary service in Japan exists widely in many fields of public education and cultural facilities, such as libraries, museums, citizen's public halls, etc. Japan has ensured the supplies and demands of volunteer resources and effective utilization by gradually improving the registration system and insurance system, thus safeguarding the rights and interests of volunteers. Non-governmental non-profit organizations are the important implementation bodies of Japanese volunteer activities. As for the development of the Japanese public hall, in addition to government policy and financial support, the cooperation with non-profit organizations and recruitment of volunteers to promote activities are important foundations for realizing the functions and development of the public hall.

Keywords: Japan; Voluntary Service; Sitizen's Public Hall

Ⅷ   Appendix

✤ 皮书起源 ✤

"皮书"起源于十七、十八世纪的英国，主要指官方或社会组织正式发表的重要文件或报告，多以"白皮书"命名。在中国，"皮书"这一概念被社会广泛接受，并被成功运作、发展成为一种全新的出版形态，则源于中国社会科学院社会科学文献出版社。

✤ 皮书定义 ✤

皮书是对中国与世界发展状况和热点问题进行年度监测，以专业的角度、专家的视野和实证研究方法，针对某一领域或区域现状与发展态势展开分析和预测，具备原创性、实证性、专业性、连续性、前沿性、时效性等特点的公开出版物，由一系列权威研究报告组成。

✤ 皮书作者 ✤

皮书系列的作者以中国社会科学院、著名高校、地方社会科学院的研究人员为主，多为国内一流研究机构的权威专家学者，他们的看法和观点代表了学界对中国与世界的现实和未来最高水平的解读与分析。

✤ 皮书荣誉 ✤

皮书系列已成为社会科学文献出版社的著名图书品牌和中国社会科学院的知名学术品牌。2016年，皮书系列正式列入"十三五"国家重点出版规划项目；2013~2018年，重点皮书列入中国社会科学院承担的国家哲学社会科学创新工程项目；2018年，59种院外皮书使用"中国社会科学院创新工程学术出版项目"标识。

中国皮书网

（网址：www.pishu.cn）

发布皮书研创资讯，传播皮书精彩内容
引领皮书出版潮流，打造皮书服务平台

栏目设置

关于皮书：何谓皮书、皮书分类、皮书大事记、皮书荣誉、

皮书出版第一人、皮书编辑部

最新资讯：通知公告、新闻动态、媒体聚焦、网站专题、视频直播、下载专区

皮书研创：皮书规范、皮书选题、皮书出版、皮书研究、研创团队

皮书评奖评价：指标体系、皮书评价、皮书评奖

互动专区：皮书说、社科数托邦、皮书微博、留言板

所获荣誉

2008 年、2011 年，中国皮书网均在全
国新闻出版业网站荣誉评选中获得"最具
商业价值网站"称号；

2012 年，获得"出版业网站百强"称号。

网库合一

2014 年，中国皮书网与皮书数据库端
口合一，实现资源共享。

权威报告·一手数据·特色资源

皮书数据库
ANNUAL REPORT(YEARBOOK)
DATABASE

当代中国经济与社会发展高端智库平台

所获荣誉

- 2016年，入选"'十三五'国家重点电子出版物出版规划骨干工程"
- 2015年，荣获"搜索中国正能量 点赞2015""创新中国科技创新奖"
- 2013年，荣获"中国出版政府奖·网络出版物奖"提名奖
- 连续多年荣获中国数字出版博览会"数字出版·优秀品牌"奖

成为会员

通过网址www.pishu.com.cn访问皮书数据库网站或下载皮书数据库APP，进行手机号码验证或邮箱验证即可成为皮书数据库会员。

会员福利

- 使用手机号码首次注册的会员，账号自动充值100元体验金，可直接购买和查看数据库内容（仅限PC端）。
- 已注册用户购书后可免费获赠100元皮书数据库充值卡。刮开充值卡涂层获取充值密码，登录并进入"会员中心"—"在线充值"—"充值卡充值"，充值成功后即可购买和查看数据库内容（仅限PC端）。
- 会员福利最终解释权归社会科学文献出版社所有。

数据库服务热线：400-008-6695
数据库服务QQ：2475522410
数据库服务邮箱：database@ssap.cn
图书销售热线：010-59367070/7028
图书服务QQ：1265056568
图书服务邮箱：duzhe@ssap.cn

社会科学文献出版社 皮书系列
SOCIAL SCIENCES ACADEMIC PRESS (CHINA)
卡号：342187247258
密码：

S 基本子库
SUB DATABASE

中国社会发展数据库（下设 12 个子库）

全面整合国内外中国社会发展研究成果，汇聚独家统计数据、深度分析报告，涉及社会、人口、政治、教育、法律等 12 个领域，为了解中国社会发展动态、跟踪社会核心热点、分析社会发展趋势提供一站式资源搜索和数据分析与挖掘服务。

中国经济发展数据库（下设 12 个子库）

基于"皮书系列"中涉及中国经济发展的研究资料构建，内容涵盖宏观经济、农业经济、工业经济、产业经济等 12 个重点经济领域，为实时掌控经济运行态势、把握经济发展规律、洞察经济形势、进行经济决策提供参考和依据。

中国行业发展数据库（下设 17 个子库）

以中国国民经济行业分类为依据，覆盖金融业、旅游、医疗卫生、交通运输、能源矿产等 100 多个行业，跟踪分析国民经济相关行业市场运行状况和政策导向，汇集行业发展前沿资讯，为投资、从业及各种经济决策提供理论基础和实践指导。

中国区域发展数据库（下设 6 个子库）

对中国特定区域内的经济、社会、文化等领域现状与发展情况进行深度分析和预测，研究层级至县及县以下行政区，涉及地区、区域经济体、城市、农村等不同维度。为地方经济社会宏观态势研究、发展经验研究、案例分析提供数据服务。

中国文化传媒数据库（下设 18 个子库）

汇聚文化传媒领域专家观点、热点资讯，梳理国内外中国文化发展相关学术研究成果、一手统计数据，涵盖文化产业、新闻传播、电影娱乐、文学艺术、群众文化等 18 个重点研究领域。为文化传媒研究提供相关数据、研究报告和综合分析服务。

世界经济与国际关系数据库（下设 6 个子库）

立足"皮书系列"世界经济、国际关系相关学术资源，整合世界经济、国际政治、世界文化与科技、全球性问题、国际组织与国际法、区域研究 6 大领域研究成果，为世界经济与国际关系研究提供全方位数据分析，为决策和形势研判提供参考。

法律声明

　　“皮书系列”（含蓝皮书、绿皮书、黄皮书）之品牌由社会科学文献出版社最早使用并持续至今，现已被中国图书市场所熟知。“皮书系列”的相关商标已在中华人民共和国国家工商行政管理总局商标局注册，如 LOGO（▧）、皮书、Pishu、经济蓝皮书、社会蓝皮书等。“皮书系列”图书的注册商标专用权及封面设计、版式设计的著作权均为社会科学文献出版社所有。未经社会科学文献出版社书面授权许可，任何使用与“皮书系列”图书注册商标、封面设计、版式设计相同或者近似的文字、图形或其组合的行为均系侵权行为。

　　经作者授权，本书的专有出版权及信息网络传播权等为社会科学文献出版社享有。未经社会科学文献出版社书面授权许可，任何就本书内容的复制、发行或以数字形式进行网络传播的行为均系侵权行为。

　　社会科学文献出版社将通过法律途径追究上述侵权行为的法律责任，维护自身合法权益。

　　欢迎社会各界人士对侵犯社会科学文献出版社上述权利的侵权行为进行举报。电话：010-59367121，电子邮箱：fawubu@ssap.cn。

社会科学文献出版社